20대를 위한 심리학

성장과 관계를 위한 탐구

조난숙 · 황선미 공저

학지사

머리말 1

나는 오랜 시간 대학에서 심리학을 교양과목으로 가르쳐 왔다. 내가 재직하는 대학에는 심리학과가 따로 존재하지 않기에, 수강생은 모두 비전공자였다. 이들은 대부분 심리학을 '삶에 도움이 되는 학문'으로 기대하며 수강 신청을 한다.

처음에는 전통적인 방식의 '심리학 개론' 수업을 강의하였는데, 그 반응은 나에게 적지 않은 충격이었다. 학생들은 유난히 심리학 수업에 환상을 갖고 있다. 그들은 연애를 잘하는 법, 자신을 더 잘 이해하는 법, 친구나 가족과의 갈등을 푸는 법과 같은 삶과 밀접하면서 실용적인 해답을 찾고자 하였다. 일종의 '심리학적 치유' 혹은 '마음의 사용 설명서'를 기대하는 것 같았다. 그러나 정작 그들을 맞이하는 것은 실험 결과, 이론적 개념, 복잡한 용어로 가득 찬 교과서였다. 그 결과 많은 학생이 중간고사가 다가오기 전부터 실망하였고, 어떤 학생은 "심리학이 이렇게 어려운 줄 몰랐어요."라며 좌절을 표현하기도 하였다. 사실 심리학은 단순한 '마음의 이야기'가 아니라 실험과 과학적 검증을 기반으로 하는 복합 학문이며, 생리학, 통계학, 인지과학까지 아우를 만큼 스펙트럼이 넓다.

그 이후로 나는 줄곧 고민해 왔다. '학생들이 진정으로 원하는 심리학은 무엇인가?' '심리학은 비전공자에게 어떤 방식으로 다가가야 할까?'라는 질문은 나의 수업과 강의자료, 교재 선택에 중심적인 기준이 되었다. 그 과정에서 『심리학의 이해』 『현대인을 위한 심리학』 등 다양한 교재를 접해 보았지만, 대부분은 여전히 학생들의 기대와 간극이 있었다. 결국 제목만 달라졌을 뿐, 여전히 그들의 일상과는 멀게 느껴지는 내용이 대부분이었다. 나는 보다 새로운 방향이 필요하다고 느꼈다. 삶과 직접 연결되며, 동시에 학문적 깊이도 놓치지 않는 심리학 수업을 지향해야 한다고 판단하였다. 이 책은 그러한 시도를 바탕으로 구성한 교재다.

책에 담긴 내용은 내가 그동안 여러 강의를 준비하며 모아 온 교재와 논문, 실제 강의 사례를 정리한 결과물이다. 자기이해, 자존감, 성격 유형, 애착, 연애, 진로, 습관, 공부법 등 20대 청년들이 실제로 궁금해하고 필요로 하는 주제들을 중심으로 구성하였으며, 심리학 이론과 실생활의 접점을 최대한 살리고자 하였다. 이 책이 심리학이라는 학문을 처음 접하는 학생들에게 지적인 자극과 실질적인 통찰을 동시에 제공하고, 무엇보다 그들의 삶 속에서 자기 자신을 더 잘 이해하고 건강한 방향으로 나아가는 안내서가 되기를 진심으로 바란다.

끝으로, 이 책이 출간되기까지 도움을 주신 분들께 깊은 감사의 마음을 전하고자 한다. 심리학을 공부하는 사람이라면 누구나 알고 있는 학지사의 김진환 사장님께서 가까이에서 적극적인 협조를 아끼지 않으셨다. 존경과 감사의 마음을 이 자리를 빌려 전한다. 또한 앞장서서 함께 집필해 주신 황선미 교수님 그리고 정성스럽게 편집해 주신 김범규 선생님께도 진심 어린 감사를 드린다.

2026년 1월

저자 조난숙

머리말 2

심리학과에 입학해서 처음 들었던 수업은 심리학개론이었다. 보이지 않는 마음을 연구하고 이해할 수 있다는 사실은 마치 마법처럼 느껴졌다. 인간의 내면을 과학적으로 다룬다는 것, 삶을 설명할 수 있는 이론이 존재한다는 것이 신기하고도 흥미로웠다. 하지만 학기가 시작되자 그 신비감은 곧 무너졌다. 수많은 학자 이름과 개념, 복잡한 실험을 외우는 데 급급하면서 심리학은 오히려 일상과는 멀게 느껴졌다. 학부생의 기대는 감성적이었고, 현실의 심리학은 건조하였다. 그러다 시간이 흘러 가르치는 일을 반복하면서 그때는 보이지 않던 것이 보이기 시작하였다. 딱딱하게만 보였던 개념들 속에는 사실, 인간을 향한 호기심과 연민, 이해하고 돕고자 하는 마음이 숨어 있었다. 이론은 삶에서 탄생하였고, 연구는 누군가의 고통을 해소하고 질문에 응답하고 싶은 마음에서 출발하였다는 것을 깨닫기까지 제법 긴 시간이 필요하였다.

『20대를 위한 심리학』 역시 심리학의 주요 개념과 이론을 소개하는 교과서다. 그러나 개념과 지식을 통해 지금의 삶을 해석하고 성찰할 수 있도록 구성하려고 노력하였다. 각 절은 이 책의 주요 독자인 대학생과 청년이 실제로 경험하는 심리적 주제들을 중심에 두었다. 예를 들어, 나의 자존감은 지금 어떠한지, 어떻게 하면 더 안정적인 연애를 할 수 있을지, 효과적인 공부 방법은 무엇인지, 당신과 나의 성격은 왜 그렇게 다른지, 미래에 어떤 진로를 선택해야 할지와 같은 물음은 세대와 성별을 넘나드는 보편적인 심리적 질문이다. 그러나 삶의 많은 부분이 불확실한 청년기에는 이러한 질문들이 유독 더 절실하고 날카롭게 다가온다. 심리학이라는 렌즈를 통해 이러한 질문들을 바라보는 일은 단순한 학습을 넘어 삶을 깊이 이해하며 지혜를 기르는 과정이 될 수 있다. 공부를 하면서 동시에 삶의 중요한 부분을 돌아보고 나와 타인을 이해하려 애쓸 수 있다는 것, 이 책을 읽으며 심리학 공부하기의 매력을 여러분도 함께 느끼기를 바란다.

책을 함께 집필할 수 있도록 제안해 주신 조난숙 교수님과 이 작업이 책으로 나올 수 있도록 만들어 주신 학지사의 김진환 대표님, 김범규 편집자님께 깊은 감사를 드린다.

2026년 1월

저자 황선미

차례

제1부 자기정체성과 자존감

제2부

성격에 대한 이해

제3부

데이트와 연애

제4부

최적의 공부법

제5부

진로와 직업

제1부

자기정체성과 자존감

조난숙

01 자기
02 자기정체성
03 자기개념
04 자기에 대한 이해
05 자존감
06 자기효능감과 학습된 무기력
07 자기실현과 자아강도
08 회복탄력성

01 자기

자존감을 영어로는 보통 self-esteem으로 말한다. self-는 뒤의 단어들과 결합되어 여러 단어를 만든다. 자기효능감(self-efficacy), 자기평가(self-estimate), 자기개념(self-concept) 등 자기와 관련된 매우 다양한 개념들이 있다. 이 단어들은 자기로 연결된 만큼, 서로 의미들이 연관된다. 이렇게 자기와 관련된 개념들을 살펴보기 전에 먼저 자기(self)부터 살펴볼 필요가 있다.

자기는 심리학과 철학에서 다양한 맥락에서 정의되어 사용되어 왔다. 각 사람이 가지고 있는 자기개념에 대한 이해는 매우 중요하다. 왜곡된 자기개념은 사실 어느 순간 주어진 것이기보다는 오랜 기간에 걸쳐 만들어지는 경우가 많다. 한 개인이 유아기 초기부터 가족 체계 안에서 경험하는 다양한 경험은 자신의 자기를 구성하는 데 결정적인 역할을 하게 된다.

1 자기의 의미

처음 사람을 만나거나 새로이 참석하는 모임에서 자신을 어떻게 소개할 것인가? 자기는 자신에게 속한 모든 것으로 다른 사람과 구별할 수 있는 '나'에 대한 심리학적 용어라고 할 수 있다. '나는 ______사람이다.'라는 문장의 빈칸을 생각해 보자.

어원학자들은 영어 단어 'self'가 사용된 17세기의 기록을 추적한다. 이때 self라는 단어의 초창기 용례는 신을 거부하고 부인하는 인간의 본성을 의미하는 내적 상태를 반영한다. 하지만 자기를 종교에서 독립해 정의하려는 존 로크(John Locke)를 비롯한 철학자들의 새로운 개념 정의가 시작되었다. 로크는 인간의 내적인 핵심은 인식하는 자기(perceiving self)라고 선언한다. 그는 "누구나 자신이 인식한다는 것을 인식하는 그 기능 자체가 없이 인식할 수 없으며, 인식 그 자체가 늘 사고를 동반하고 이것이 자신을 다른 모든 생각하는 존재들과 구별하여 자신을 자기로 부를 수 있도록 만든다."라고 설명한다.

'나는 생각한다. 고로 존재한다.'라는 데카르트(Descartes)의 유명한 명제에서 self라는 단어의 중심에는 인간의 인식하는 기능이 자리한다. 칸트(Kant) 역시 인간의 모든 경험들은 사고하는 자기(thinking self)와 연관되어 있다고 믿었다. 윌리엄 제임스(William James, 1890)는 자기를 두 가지의 기능적인 하부 체계인 '주격 나'와 '목적격 나'로 구별하였다. 자기가 주격으로 쓰이는 I와 목적격으로 쓰이는 me의 두 가지 기능을 함께 수행한다는 것이다. 인식자로서의 나(knower)와 인식되는 나(known)다.

'나는 ______사람이다.'라고 생각하는 '나'는 주체(subject)로서, 사고하고 기억하고 능동적으로 행동하는 사람이다. 반면, '나'를 관찰의 대상(object)으로서 개념화할 수 있는데, 이는 대상으로서의 자기다. 따라서 자기는 주관적 자기(의식하는 주체)와 객관적 자기(의식되는 대상)로 나누기도 한다.

자기는 다음과 같은 여러 측면을 포함한다.

- 자기개념(self-concept): 자신에 대한 인식과 믿음, 자아상(自己像). 이는 개인이

자신의 특성, 능력, 성격, 역할 등을 어떻게 생각하는지를 포함한다.

- 자기인식(self-awareness): 자신의 내면 상태, 감정, 생각, 행동에 대한 의식적인 인식. 이는 자신이 누구인지를 이해하고, 자신의 행동과 감정을 반성할 수 있는 능력을 포함한다.
- 자존감(self-esteem): 자신에 대한 평가와 가치를 나타내며, 이는 자신을 얼마나 긍정적이고 존중하는지에 대한 감정이다.
- 자기정체성(self-identity): 자신을 특정한 사회적 또는 개인적 맥락에서 인식하는 방식. 이는 개인의 문화, 사회적 역할, 경험으로 형성된다.
- 자기효능감(self-efficacy): 어떤 일을 성공적으로 수행할 수 있다는 자신의 능력에 대한 기대나 신념을 의미한다.

2 프로이트와 정신역동이론에서의 자기

프로이트(Freud)의 자기이해는 '주격 나'에 대한 새로운 인식의 전환을 가져왔다. 프로이트는 "내가 나의 주인이 아니다."라고 말하며 '하나의 통일된 자기'를 거부한다. 내가 자기의 주인이 아니라는 것이다. 그가 이해한 자기는 늘 갈등 가운데 있는 분열된 모습이다. 프로이트는 성격의 삼중구조이론을 말하면서 인간의 정신이 원초아(id), 자아(ego), 초자아(super ego)로 이루어졌다고 주장하고, 자기를 자아의 일부로 보았다. 이런 관점은 후대의 정신분석학자들에 의해 수정되었지만, 자기와 자아는 혼용되어 사용되어 왔다.

융(Jung)은 자기를 의식과 무의식을 포함한 성격 전체의 중심으로 설명한다. 자기는 성격을 구성하고 통합하는 에너지를 제공하는 일을 한다. 자아가 의식의 중심이라면 자기는 성격 전체의 중심으로 본 것이다. 융은 자기의 실현이 인간 삶에서의 궁극적 목표라고 주장한다.

위니컷(Winnicott)은 아이가 엄마를 비롯한 주위의 충분히 좋은 돌봄을 통하여 건강한 자기를 구성한다고 주장한다. 그는 성인들의 자기개념을 임상 현장에서 다루기 위하여 참 자기와 거짓 자기의 개념을 소개한다. 위니컷에 의하면 진정한 참 자기는 실재를 느끼는 반면, 거짓 자기의 존재는 비현실감과 무력감을 생성한다고 지적한다.

자기심리학을 창시한 코헛(Kohut, 1977)은 자기를 주도권의 중심이자 심리적 인상들의 수령자로 여겼다. 자기를 자아의 일부로 보는 프로이트와 달리 자기를 심리적 존재의 정수로 여겼다. 즉, 자기를 자발적인 능력을 갖춘 독립적인 심리적 기구(apparatus)로 설명하였다. 여러 정신역동학자는 대상(object)이라는 개념을 도입하며 자기와 대상에 관한 이론들을 발전시켰다.

3 인본주의 심리학에서의 자기

자기는 사람들이 자신에 대해 갖고 있는 조직적이고 지속적인 인식을 말하며, 성격구조의 중심이다. 자기는 개인이 다른 사람과 상호작용한 결과로 발달하며, 우리 경험의 조합체이자 감정의 근원이다(Hill & O'Brien, 1999). 인간이 자라면서 유기체적으로 반응하는 것을 다른 사람들이 존중해 주고 반응해 줄 때 건강한 자기가 발달한다. 건강한 자기가 발달한 사람들은 경험에 개방적이고, 자신의 감정을 수용하고, 과거나 미래에 얽매이지 않고, 현재의 삶을 충실히 살아간다.

로저스(Rogers, 1961)는 유아가 자신의 내부에서 지각되는 자기경험과 외부의 타인에 대한 경험을 구별하기 시작하면서 자기 존재에 대한 인식이 발달한다고 보았다. 그는 자기와 자기개념이라는 용어를 혼용하여 사용하였는데, 자기 또는 자기개념은 개인이 자신에 대하여 지닌 지속적인 체계적 인식을 의미한다.

자기개념은 현재의 자기 모습을 반영하는 현실적 자기(real self)와 긍정적 존중을 받기 위해 추구해야 할 이상적 자기(ideal self)를 포함한다. 로저스에 따르면, 이상적 자기와 현실적 자기의 차이가 크면 우울증에 걸리기 쉽다. 로저스 또한 모든 사람은 자기실현의 동기가 있다고 주장하였다. 연속적인 경험을 통해 '자기'가 인식되는데, 경험하는 자기에 조건적 가치를 부과받지 않고 무조건적인 긍정적 존중을 받으면 자기실현을 성취할 수 있다.

02 자기정체성

자기정체성은 에릭슨(Erikson)이 1950년경에 처음 사용한 용어다. 에릭슨은 정체성으로 큰 어려움을 겪은 사람이었다. 그는 독일에서 덴마크인 아버지와 유대인 어머니 사이에서 태어났다. 그의 친아버지는 그가 태어나기 전에 가족을 떠났고, 어머니는 3년 뒤에 유대인과 재혼하였다. 당시 유대인에 대한 차별이 심하였던 유럽에서 에릭슨은 유대인 친구들 사이에서 푸른 눈을 가진 금발의 노르만인이라 괴롭힘을 당하였고, 학교에서는 유대인이라며 놀림을 당하였다.

자기정체성이란 '나는 누구인가?' '나 자신이 어떠한 존재인가?'라는 물음에 대하여 스스로가 내리는 답이라고 말할 수 있다. 에릭슨(1959)은 정체성 위기에 느끼는 감정을 고통스러운 고립감, 내면세계의 분열감, 수치심, 무능함 등으로 묘사하였다. 이러한 위기에 처한 청소년의 경우, 불가능해 보이는 현실적인 요구에 부응하는 것보다는 오히려 사회의 규범에서 벗어난 행위와 가치에 자신을 던지기가 더 쉬울 수 있다.

우리나라 「청소년기본법」에 따르면 만 24세까지를 청소년으로 규정한다. 이 기준에 따르면, 많은 대학생이 아직은 청소년이다. 게다가 고등학교 때 입시 준비로 인하여 '나는 누구인가?'에 관한 고민을 할 여력이 없었기에 대학생이 자기정체성을 고민하는 것은 너무나 당연하다.

1 에릭슨의 발달이론

에릭슨(1959)은 프로이트의 이론을 충실히 따르면서도 그의 이론을 확장하여 사회 심리적 발달이론을 발표하였다. '청소년기'라는 발달단계는 그의 고유한 표현이라고 알려져 있으며 이 시기에 중요한 발달 과업이 '정체성 형성'임을 주장하였다. 정체성에 대한 그의 정의를 간단히 말하면 자산을 타인과 구별된 독립된 개체로 인식하는 자기의식이라고 할 수 있다. 청소년기는 고민의 시기라고 특징지을 수 있을 만큼 많은 고민이 새롭게 싹트기 시작하는 시기인데, 고민의 대부분은 자기 자신과 관련된 것이라고 해도 과언이 아니다.

에릭슨은 성격을 결정함에 있어서 생물학과 심리 사회학의 통합을 강조한다. 사람에게는 연속적인 발달단계가 있으며 단계마다 발달 과업이 있음을 주장한다. 에릭슨은 이 발달 과업에 직면하는 독특한 대인관계적 · 문화적 · 역사적 맥락에 초점을 두며, 각 문화는 개인들이 직면한 위기를 해결하도록 도움으로써 그들의 자아가 보다 강해지도록 하는 독특한 방법을 지니고 있음을 주장한다. 따라서 에릭슨의 이론은 개인이 발달 과정에 내재하는 위기를 해결할 때 나타나는 강한 자기정체성에 초점을 둔다.

또한 에릭슨은 자아의 성장과 긍정적인 기능을 강조한다. 자아의 발달은 전 생애를 거치면서 노년기까지 계속된다고 주장한다. 에릭슨에 따르면, 각 단계는 특히 심리 · 사회적 위기(crisis)나 전환점에 의해 특징지어진다. 그는 개인을 외부의 힘에 좌우되는 수동적 존재로 보지 않았으며, 각 사람을 자신의 경험을 다루기 위해 건설적이고 성장을 촉진하는 방향으로 능동적 탐색을 하는 존재로 보았다.

에릭슨은 사람의 평생을 8개의 주기로 나누어 '생의 8단계 설'을 제시하고 각각의 단계마다 발달의 양극을 대조적으로 설명한다. 즉, 각 단계마다 긍정적 · 부정적 발달 국면이 있어 긍정적인 발달을 습득하지 못하였을 경우 이에 상응하는 부정적인 발달을 습득하게 된다는 것이다. 그의 발달이론에 따르면, 단계마다 위기의 긍정적인 해결은 자기를 점진적으로 강하게 만들지만, 부정적인 해결은 자기를 약화시킨다. 개인이 한 단계에서 긍정적인 해결을 하면, 그다음 단계에서도 위기를 해결할 기회는 확장된다. 반대로, 주어진 단계에서의 위기를 잘 해결하지 못하면 이후 다가올 단계에서 성공적으로 적응할 기회가 감소한다. 그러므로 이러한 단계들은 서로 밀접한 관련이 있으며 상호의존적이고, 각 단계는 앞선 단계들이 축적되어 나타난다. 또한 어떤 위기가 처음 나타난 그 단계에서 한 번 성공적으로 해결되었다고 해서 개인이 전 생애 동안 끊임없이 성공적 행보를 나타낸다는 의미는 아니라고 주장한다. 에릭슨의 발달이론을 정리하면 다음과 같다.

- **1단계**: 기본 신뢰감 대 불신감의 형성(영아기)

출생 후부터 18개월경 사이의 시기로서 프로이트의 구강기에 해당하는 시기다. 이때 아기는 주로 엄마와의 관계에서 대인관계를 배우기 시작하는데, 아기가 필요로 할 때 엄마가 적절한 반응을 보이면 인간에 대한 기본적 신뢰감을 형성하게 되지만 그렇지 못할 때 불신감을 발달시키게 된다.

- **2단계**: 자율성 대 수치와 회의의 형성(유아기)

생후 18개월부터 약 3세 사이의 시기로서 프로이트의 항문기에 해당하는 시기다. 이 단계의 기본 양식은 간직하기와 밀어내기의 두 가지이며, 배변훈련이 이루어진다. 손으로 물건을 잡았다가 밀어내기도 하며 다른 사람에게 다가갔다가 밀쳐 내기도 하는 선택과 배변훈련 과정에서 자율성, 즉 자신의 의지를 연습하게 된다. 자율성은 아동의 내면에서 생겨나는 데 비해, 외부적인 제재를 받아 자율적인 행동이 금지될 때 수치심과 회의를 키워 나가게 된다.

- **3단계**: 주도성 대 죄의식의 형성(어린 아동기)

약 3세에서 6세 사이로 프로이트의 남근기에 해당되는 시기다. 이 시기에 유아는 다른 사람과 더불어 놀이를 하고 또래와의 놀이를 통해 주도권을 발휘하는 것을 연습한다. 주도권 획득에 실패하면 죄의식이 형성된다.

● 4단계: 근면성 대 열등감의 형성(아동기)

약 6세에서 11세의 시기로서 프로이트 이론에서는 잠복기에 해당한다. 이 시기는 초등학생 아동에 해당된다. 아동은 지적인 기술과 다양한 경험, 또래와 놀면서 함께 어울리는 사회성 등을 습득한다. 이러한 작업에서 얻는 성공 경험은 근면감과 유능감을 갖게 하나, 실패한 경험은 부적절감과 열등감을 안겨 준다.

● 5단계: 자기정체성 대 정체성 혼미의 형성(청소년기)

12세에서 18세의 시기로서 청소년기가 이에 해당된다. 프로이트는 12세 이후는 모두 생식기로 간주한다. 에릭슨은 이 시기에 이르면 앞의 네 단계를 거치면서 미숙한 형태이지만 그들 나름의 자기상을 형성한다고 보았다. 이때까지의 자기형성 과정은 거의 무의식적인 과정으로 진행되어서 본인 스스로가 이 문제로 인하여 크게 고민하지 않았다가, 이 시기에 이르면 자기정체성 형성 문제가 의식적인 수준으로까지 떠올라 본격적인 고민이 시작된다.

청소년기에 집중적으로 다가오는 과제들을 긍정적으로 극복하지 못할 때 이들은 때로 자신을 정리할 시간을 갖기 위해 심리 · 사회적 유예 기간을 원한다. 용기 있는 사람은 학교를 그만두거나, 그렇게는 못 하더라도 수업을 거부하거나 집을 떠나 여행하며 자신을 압박하고 있는 현실적 상황에서 벗어나 자기와 화해하기 위한 시간을 갖는다. 이 기간을 성공적으로 보낸 사람은 정체성을 형성하게 되나 끝내 맞서지 못한 사람은 정체성 혼미에 부딪히게 되는데, 이 시기를 가리켜 에릭슨은 정체성 위기(identiy crisis)라고 불렀다. 에릭슨은 정체성 위기일 때 느끼는 감정을 고통스러운 고립감, 내면세계의 분열감, 수치심, 무능함 등으로 묘사하였다. 이러한 위기에 처한 청소년의 경우, 불가능해 보이는 현실적인 요구에 부응하는 것보다는 오히려 사회의 규범에서 벗어난 행위와 가치에 적응하는 것이 더 쉬울 수 있다.

● 6단계: 친밀감 대 고립감(초기 성인기)

청소년기에 자기정체성이 확립되면 자신의 정체성을 타인의 정체성과 연결하고 조화시키려고 노력한다. 자신의 고립을 배우자, 부모, 동료 등 사회의 여러 다른 성인들과의 친밀감으로 극복하고자 한다. 그렇게 하지 못하면 고립된 인생을 영위하게 된다.

● 7단계: 생산성 대 침체성(중년기)

다른 성인들과의 원만한 관계가 성취되면 중년기에는 자신에게 몰두하기보다 생산적인 일에 몰두하고 자녀 양육에 몰두한다. 이것이 원만하지 못하면 어릴 때와 마찬가지로 자신에게만 몰두하고 사회성 발달에서 정체를 면하지 못한다.

● 8단계: 통합성 대 절망감(노년기)

통합성은 인생을 인정하고 받아들여 인생에 대한 통찰과 관조로 자신의 유한성을 인정하고 죽음까지도 수용하는 것을 의미한다. 그렇지 못하면 인생의 짧음을 탓하고 불가능함에도 불구하고 다른 인생을 시도해 보려고 급급해한다. 급기야 생에 대한 절망에서 헤맨다.

표 2-1 에릭슨의 발달 8단계

시기	심리 · 사회적 주제	관련 덕성
영아기	신뢰 대 불신	희망
유아기	자율성 대 수치심	의지
어린 아동기	주도성 대 죄책감	목표
아동기	근면성 대 열등감	유능
청소년기	정체성 대 역할 혼미	성실
초기 성인기	친밀감 대 고립감	사랑
중년기	생산성 대 침체성	배려
노년기	통합성 대 절망감	지혜

2 자기정체성의 요소

자기정체성을 형성하는 데 관여하는 요인을 살펴보는 일은 매우 큰 도움이 된다.

첫째, 자기정체성을 구성하는 여러 요소 중 하나로 '자기개념(self-concept)'을 들 수 있다.

둘째, 자기정체성과 자기개념을 구성하는 중요한 요소로 자존감을 들 수 있는데 자존감(self-esteem)은 자기 자신에 대한 자신의 평가라고 할 수 있다. 자기개념과 자존감에 대해서는 다음 절에서 더 자세히 다룰 것이다.

셋째, 자기정체성을 형성하는 요인으로 신체 조건과 능력이 있다. 신체장애 여부와 외모 그리고 능력 등은 일차적으로 자신을 남과 구별해 주는 요인이 되기 때문이다.

넷째, 본능적 충동이나 욕구도 자기정체성을 형성하는 중요한 요인이다. 잠복기 동안 잠자고 있던 성적 · 공격적 충동이 의식의 표면으로 떠오를 때 당황하게 되고 자신에 대한 새로운 인식이 필요하게 된다. 또한 개인마다 우선시되는 욕구가 다른데, 이 또한 자기정체성 형성의 중요 요인이다.

다섯째, 자기정체성 형성에는 개인적 요인뿐 아니라 사회적인 요인이 작용하는 바가 크다. 면밀히 말한다면 앞에서 말한 개인적 요인도 실은 사회적 요인과 연관된다. 주변 사람들과의 비교가 자기정체성 형성에 큰 영향을 미치는 것은 대부분 경험하고 있을 것이다.

3 자기정체성 상태와 정체성 성취

어려서부터 가져온 여러 동일시 모델 역시 개인의 자기정체성 형성에 관여한다. 또한 개인이 지금껏 성취해 온 경험들이 그의 정체성 형성에 기여한다. 에릭슨(1959)은 청소년기에 발생하는 규범 갈등이 정체성 성취와 정체성 혼란 사이의 갈등이라고 제안하였다. 심리학자 마르시아(James Marcia, 2002)는 청소년기의 단계는 정치, 직업, 종교, 친밀한 관계, 우정, 성 역할을 포함한 다양한 삶의 영역에서 정체성을 탐구하고 헌신한 정도로 더 잘 이해할 수 있다고 제안한다. 청소년이라는 호칭이 거북할 수 있는 대학생에게도 중요한 헌신을 해야 하는 영역들이다.

마르시아는 정체성 상태에 대한 면담을 개발하여 다양한 삶의 영역에서 개인의 탐색과 헌신 정도를 조사한 후 네 가지 정체성 상태를 구별하였다. 이는 정체성 압류(foreclosure), 정체성 확산, 정체성 유예(moratorium), 정체성 성취다.

정체성 압류는 종종 청소년에게 의심 없이 받아들여지는 부모의 생각과 신념에 근거한다. 특히 권위주의적인 부모에 의해 정체성이 압류당할 수 있다. 정체성 확산은 정체성 개발의 필요성에 직면할 수 없는 청소년이 자기 삶의 영역을 탐색하거나 헌신하지 않는 상태다. 그들은 정체성 문제를 경험하였을 수도 있고 경험하지 않았을 수도 있다. 정체성 유예는 위기를 느끼며 아직 헌신하지는 않았지만, 대안을 적극적으로 탐구하는 상태다. 정체성 성취는 위기와 정체성 탐색을 겪으며 헌신을 한 개인적 상태다.

그렇다면 정체성은 어떻게 성취할 수 있을까? 몇 가지 방법을 외우는 것만으로는 결코 달성할 수 없다. 무엇보다 자신의 상태를 객관적으로 알아차리는 것이 필요하다. 나의 상태가 어떠한지 내가 무엇을 원하고 무엇을 좋아하는지부터 분명히 알아야 한다. 그리고 나의 소망과 나의 가치가 어디에 있는지, 그 소망과 가치 실현을 방해하는 내적인 힘이나 외부의 압력을 살펴보기를 권한다. 내적인 힘이란 그 소망을 방해하는 두려움이나 수치감 등 부정적 정서를 말한다. 나의 감정을 잘 알아차리는 것도 나를 알아 가는 중요한 과정이다. 외부의 압력이란 부모님의 강요된 소망, 사회의 평가와 분위기 등이 될 수 있다. 그리고 조금씩 내가 원하는 것을 실행해 보자. 작은 성취를 통해 자신감뿐만 아니라 '이게 바로 나야.'라는 자기정체성을 맛볼 수 있다. 어느 책의 제목처럼 '실행이 답'일 수 있다. 여기서 답이라고 확언하지 못하는 이유는 이런 심리적 영역에서는 절대적인 법칙이 없기 때문이다. 우리 각자가 끊임없이 찾고 노력해야 한다.

03 자기개념

자기개념은 현재 자신이 어떤 사람인지에 대한 개인의 인식, 즉 나 자신에 대한 나의 생각, 신념, 감정의 총체라고 말할 수 있다. 자기개념은 '남이 나를 어떻게 볼 것인가?' 하는 자기인식에 기초하여 형성된다. 이때 중요한 비중을 차지하는 타인을 '의미 있는 타자(significant others)'로 칭한다. 자기개념 형성에 관계되는 영역에는 지적 능력, 신체적 매력, 신체적 특기, 사교적 매력, 남자다움, 여자다움, 지도력, 도덕적 자질, 유머 감각 등이 있다. 자기개념은 자존감 형성에 중요하게 기여한다.

심리학자들에 따르면, 자기개념은 여러 하위 요소로 구성되어 있다. 윌리엄 제임스(James, 1890)는 자기개념의 구성 요소를 크게 세 가지로 나누었다. 그 세 가지는 물질적 자기(material self), 심리적 자기(psychic self) 그리고 사회적 자기(social self)다. 물질적 자기는 육체와 그 특성 그리고 소유물 등을 포함한다. 심리적 자기는 성격, 능력 등의 내면적 특성을 말한다. 사회적 자기는 타인과의 관계 속에 나타나는 나의 위치와 신분을 말한다.

자기개념을 구성하는 요소들에 관한 연구와 더불어 자기개념이 다측면적인 구조를 지닌다는 주장도 제기되었다. 즉, 나의 자기에 여러 측면이 있다는 것이다. 첫째, 현재의 나에 대한 정보를 포함하는 현실적 자기(real self)다. 둘째, 이상적으로 되기를 바라는 나의 모습인 이상적 자기(ideal self)다. 셋째, 부모와 같이 중요한 타인들에 의해 기대되는 의무적 자기(ought self)다. 넷째, 앞으로 노력하면 가능하다고 보는 나의 모습인 가능한 자기(possible self)다(권석만, 1996).

자기의 여러 측면 간의 비교를 통하여 자기평가가 이루어진다. 이상적 자기와 현실적 자기를 비교할 때 그 간극이 크면 좌절감에 빠지거나 우울증에 걸리기 쉽다. 의무적 자기와 현실적 자기 사이의 괴리가 크면 불안과 죄책감을 느끼게 된다. 반면, 가능한 자기의 수준이 높다면 현재의 현실적 자기에 불만족하더라도 좌절감 대신 희망을 지닐 수 있다.

자기개념은 변화하며 평생 보다 건강하고 바람직한 구축 과정이 수반되고, 나를 구성하는 다양한 요소에 대한 여러 차원의 평가로 구성된다. 이러한 지기개념은 자기존중감에 큰 영향을 끼친다.

1 자기와 자아: 나를 알기 위한 자아분석

'self'와 'ego'는 심리학과 철학에서 자주 언급되는 개념으로, 각각 자기와 자아로 번역되고 있다. 둘 다 개인의 정체성과 관련이 있지만, 서로 다른 측면을 강조한다. 자기는 앞에서도 언급한 바와 같이 개인의 전체적인 정체성, 본질 또는 존재를 나타내는 포괄적인 개념이다. 이는 사람이 자신을 인식하고, 경험하며, 이해하는 방식과 관련이 있다.

자아는 특히 프로이트의 정신분석학에서 주로 사용되는 개념으로, 인간의 정신 구조를 설명하는 한 부분이다. 프로이트는 인간의 정신을 이드(id), 자아(ego), 초자아(superego)라는 세 부분으로 나누었다. 자아는 현실 원리에 따라 작동하며, 이드의 본능적 충동과 초자아의 도덕적 요구 사이에서 균형을 맞추는 역할을 한다. 자아는 외부 현실을 고려하여 이드의 충동을 통제하고 조절하며, 합리적인 결정을 내리도록 한다.

프로이트의 이론 외에도, 현대 심리학에서는 자아를 개인의 자기중심적 성향이나 자기인식의 일부로 보기도 한다. 예를 들어, 높은 자존감을 가진 사람은 긍정적이고 강한 자아를 갖고 있다고 이해할 수 있다. 반면, 강한 자아는 과도한 자기중심성이나 자만심을 의미할 수도 있다.

2 진짜 자기와 가짜 자기

위니컷(Winnicott, 1960)은 영국의 정신분석학자로, 진짜 자기(true self)와 가짜 자기(false self)라는 개념을 통해 인간의 자아 발달과 정신 건강을 설명하였다. 이 두 개념에는 개인의 자기정체성과 관련된 중요한 차이점이 포함되어 있다. 위니컷은 진짜 자기와 가짜 자기의 개념을 통해, 사람들이 어떻게 자기 자신을 보호하고, 사회적 기대에 맞추어 행동하는지를 설명하였다. 또한 그는 진짜 자기를 찾고 발달시키는 것이 개인의 정신 건강과 행복에 중요하다고 강조하였다.

1) 진짜 자기

위니컷의 진짜 자기(true self)는 개인의 본질적이고 진정한 자기를 의미한다. 이는 개인이 내면에서 느끼는 진정한 감정, 욕구 그리고 경험을 반영하는 자기 상태다. 진짜 자기는 다음과 같은 특징을 가지고 있다.

- **자발성**: 진짜 자기는 자연스럽고 자발적으로 표현되며, 외부의 압력이나 기대에 억눌리지 않는다.
- **정체성**: 개인이 진정으로 누구인지를 나타내며, 자신에 대한 명확한 이해와 자기수용을 포함한다.
- **창의성**: 진짜 자기는 창의적이고 활기차며, 자유롭게 자신의 잠재력을 발휘할 수 있다.
- **건강한 대인관계**: 진짜 자기는 진정한 감정과 욕구를 바탕으로 건강하고 진실된

대인관계를 형성할 수 있다.

- 자기수용: 진짜 자기는 자신의 내적 욕구와 감정을 왜곡하지 않고 있는 그대로 인정하며 받아들인다.

2) 가짜 자기

위니컷의 가짜 자기(false self)는 외부의 기대와 요구에 맞추기 위해 형성된 자기 상태를 의미한다. 이는 개인이 자신을 보호하고 적응하기 위해 만들어진 방어적인 자기 상태다. 가짜 자기는 다음과 같은 특징을 가지고 있다.

- 지나친 순응적 행동: 가짜 자기는 외부의 압력이나 사회적 기대에 맞추기 위해 자신의 진정한 감정과 욕구를 억압하고 지나치게 순응적 행동을 보인다.
- 자기왜곡: 개인의 진정한 정체성과는 다른 모습을 보여 주며, 이는 개인의 내적 갈등과 혼란을 초래할 수 있다.
- 피상적 관계: 가짜 자기는 피상적이고 진정성이 부족한 대인관계를 형성할 가능성이 높다. 이는 깊은 정서적 유대감을 형성하기 어렵게 한다.
- 내적 공허감: 가짜 자기는 개인에게 내적 공허감과 불안감을 초래할 수 있으며, 이는 자기불일치와 자존감의 문제로 이어질 수 있다.

3 진짜 자기와 가짜 자기의 예시

- 자유롭게 감정을 표현하는 사람: 한 아이가 부모 앞에서 기쁨, 슬픔, 분노와 같은 자신의 감정을 솔직하게 표현한다. 부모는 이러한 감정을 수용하고 아이의 감정을 억압하지 않기 때문에 아이는 자신의 감정이 정당하다고 느끼고 이를 자유롭게 표현할 수 있다. 이 아이는 진짜 자기로 살아가고 있다고 볼 수 있다.
- 자신의 진로를 스스로 선택하는 사람: 한 청년이 부모의 기대와 달리 자신이 진정

으로 좋아하는 예술 분야에서 일하기로 결심한다. 주변의 반대와 상관없이 자신이 원하는 길을 가기 위해 노력하고 열정을 쏟는다. 이 경우 청년은 자신의 진정한 욕구와 소망을 따르며, 진짜 자기를 표현하고 있다.

- 솔직한 대인관계를 유지하는 사람: 한 친구가 자신의 실수를 솔직하게 인정하고, 관계에서 문제가 생길 때 회피하지 않고 상대방과 대화를 통해 해결하려고 한다. 이 사람은 관계에서 진정성을 유지하며, 자신의 본질적인 감정과 생각을 솔직하게 드러낸다. 이는 진짜 자기를 기반으로 한 건강한 대인관계다.
- 과도하게 타인의 기대에 맞추는 사람: 한 직장인이 상사의 인정을 받기 위해 자신의 의견을 억누르고 상사의 의견에만 맞추며 행동한다. 자기 생각과 다르게 행동하면서 점점 내적 불안을 느끼고, 결국에는 진정한 자신의 감정을 표현하지 못하고 스트레스를 받는다. 이는 가짜 자기로 살아가고 있는 사례다.
- 과도하게 사회적 역할에 적응하는 사람: 한 주부가 '완벽한 엄마'로 보이기 위해 과도하게 노력하면서 실제로는 자신의 취미나 관심사를 모두 포기한다. 외부적으로는 완벽한 엄마처럼 보이지만, 내면에서는 자신의 진짜 욕구와 관심사를 무시하고 있기 때문에 점차 불만족과 공허함을 느낀다. 이는 가짜 자기에 해당한다.
- 자신을 보호하기 위해 거짓된 모습을 보이는 사람: 한 학생이 학교에서 친구들 사이에서 인기를 얻기 위해 자신이 실제로 좋아하지 않는 스포츠나 활동에 참여한다. 실제로는 다른 취미를 가지고 있지만, 친구들이 좋아하는 것을 따라가며 자신의 진정한 모습을 감춘다. 이러한 행동은 내면의 불안과 정체성의 혼란을 유발할 수 있다. 이는 가짜 자기를 표현하는 예다.

04 자기에 대한 이해

1 에고 그램

에고 그램(ego gram)은 개인의 성격을 분석하기 위한 도구로, 에릭 번(Eric Berne, 1961)의 교류분석(Transaction Analysis: TA)이론을 기반으로 개발되었다. 번의 이론은 인간의 성격을 세 가지 주요 자아 상태로 구분하며, 각 자아 상태는 특정한 생각, 감정, 행동 패턴을 반영한다. 에고 그램은 이러한 자아 상태를 그래프 형태로 시각화하여 개인의 성격 특성을 파악할 수 있도록 한다. 에고 그램은 주로 심리상담과 자기계발에서 사용되며, 개인의 강점과 약점을 파악하고, 보다 균형 잡힌 성격을 개발하는 데 유용한 도구로 활용된다. 에고 그램의 세 가지 자아 상태는 부모 자아, 성인 자아, 어린이 자아로 다음과 같다.

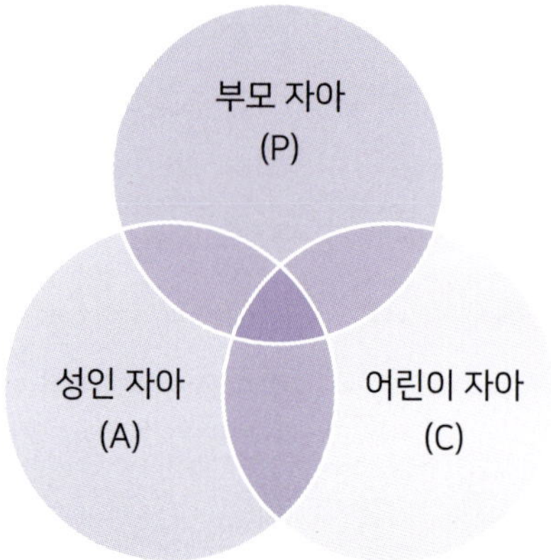

그림 4-1 에고 그램의 세 가지 자아

1) 부모 자아

부모 자아(parent ego state)는 권위적이고 보호적이며, 규칙과 규범을 강조하는 자아 상태다. 부모 자아는 다시 비판적 부모(Critical Parent: CP)와 양육적 부모(Nurturing Parent: NP) 자아 상태로 나뉠 수 있다. CP는 규칙과 권위를 중요시하며, 비판적이고 통제적인 성향을 나타낸다. 반면에 NP는 보호적이고 돌보는 성향을 나타내며, 타인을 돕고 지원하려는 성향을 나타낸다.

부모가 자녀을 양육할 때나 직장 상사가 부하 직원을 대할 때, 혹은 친구 관계에서도 부모 자아의 상태에 따라 다양한 모습이 나타난다. 부모 자아의 예를 보면 다음과 같다.

- 부모가 자녀에게 "너는 이렇게 행동해야 해!"라며 강하게 훈육하거나, 지침과 규칙을 엄격히 지키도록 요구하는 경우는 비판적 부모 자아의 표현이다.
- 친구가 힘든 일을 겪을 때, 따뜻한 말을 건네고 위로하며 지지해 주는 사람으로, "네가 할 수 있다는 걸 믿어."라고 격려하고, 필요할 때 도움을 제공한다. 이는 양육적 부모 자아의 예다.
- 직장에서 상사가 부하 직원에게 업무 관련 팁을 주고, 개선할 점을 지적하며 성장을 돕기 위해 지도하는 경우, 이는 조언하고 가르치며, 성장을 위한 방향을

제시하는 부모 자아의 긍정적 측면을 나타낸다.

2) 성인 자아

성인 자아(adult ego state)는 논리적이고 객관적인 사고를 통해 현실을 평가하고 문제를 해결하는 자아 상태를 나타낸다. 현재의 현실을 기반으로 합리적인 결정을 내리는 경향이 있고, 문제 해결에 집중하는 태도를 보이며, 객관적인 정보에 근거한 의사결정을 내린다. 또한 중립적이고 공정한 대화를 주로 한다. 성인 자아의 예를 보면 다음과 같다.

- 한 회사원이 중요한 프로젝트에서 발생한 문제를 객관적으로 분석하여, 문제의 원인을 파악하고 해결책을 찾기 위해 팀원들과 협력한다. 이 과정에서 그는 감정적 반응을 억제하고, 논리적이고 합리적인 결정을 내린다.
- 쇼핑할 때, 충동적으로 물건을 사는 대신 가격, 성능, 후기를 비교하고 자신의 예산을 고려한 후에 최고의 선택을 한다. 그는 자신의 필요와 사용 목적에 맞추어 객관적으로 결정을 내린다.
- 두 친구 사이에서 발생한 오해에 대해 한 사람이 양쪽의 이야기를 차분하게 듣고 객관적인 입장에서 조언을 해 준다. 그는 감정에 휘둘리지 않고 상황을 논리적으로 판단하여 중재한다.

3) 어린이 자아

어린이 자아(child ego state)는 감정적, 즉흥적이고 자유로운 행동을 보이는 자아 상태로, 종종 무의식적이고 감정적인 반응을 나타낸다. 어린이 자아는 다시 자유로운 어린이(Free Child: FC)와 순응적 어린이(Adapted Child: AC)로 나뉜다. FC는 창의적이고 자발적이며, 놀이와 자유를 즐기는 성향을 나타낸다. AC는 규칙과 기대에 순응하며, 타인의 요구에 맞추려는 경향을 보인다. 우리에게 어린이 자아는 우리가 즐겁게 놀 수 있고 자연스럽게 감정을 표현하게 하며, 때로는 무책임하고 충동적인 행동을 하게 한다. 어린이 자아의 예를 보면 다음과 같다.

- 한 사람이 공원에서 친구들과 신나게 뛰어놀거나 놀이기구를 타며 소리를 지르고 웃는다. 이 사람은 자신의 순수한 즐거움을 자유롭게 표현하고 있다.
- 한 아이가 가게에서 예쁜 장난감을 보고 갑자기 사고 싶다고 떼를 쓴다. 이 아이는 자신의 욕구를 충동적으로 표현하고 있다.
- 직장에서 칭찬을 받자마자 기뻐하며 환호하고, 기분이 좋으면 방에서 춤을 추거나, 기분이 나쁘면 바로 울음을 터뜨린다. 이는 자신의 감정을 즉시 표현하는 어린이 자아의 예다.

에고 그램 테스트를 통해 각 자아 상태의 비율을 그래프로 표현할 수 있으며, 이를 통해 개인의 성격적 특성을 이해하고, 인간관계에서의 행동 패턴을 분석할 수 있다. 이 그래프는 개인이 특정 자아 상태를 얼마나 많이 사용하는지 시각적으로 나타내 주며, 이를 기반으로 자기이해와 대인관계 개선에 도움을 줄 수 있다.

에고 그램 테스트

질문에 대하여 점수를 적어 보세요.
(매우 그렇다.=5, 그렇다.=4, 보통이다.=3, 그렇지 않다.=2, 전혀 그렇지 않다.=1)

1	대화에서 격언, 속담을 잘 인용한다.	
1	내가 말하는 대로 된다는 식으로 말한다.	
1	사회의 윤리, 도덕, 규칙 등을 중시하고 준수한다.	
1	책임감이 강하고 약속 시간을 지킨다.	
1	아이나 부하를 엄격하게 다룬다.	
1	상대방의 말을 가로막고 자기 생각을 말하는 편이다.	
1	상대의 실수를 지적하고 정정한다.	
1	상대를 바보 취급하거나 멸시하는 편이다.	
1	'당연히 ~해야 한다.' '~하지 않으면 안 된다.' 식의 말투를 잘 쓴다.	
1	권리를 주장하기 전에 의무를 다한다.	
1번 합계		

2	다른 사람을 헐뜯기보다는 칭찬을 잘하는 편이다.	
2	상냥하고 부드러우며 애정이 깃들어 있는 대화나 태도를 보인다.	
2	학교 내외에서 사회봉사활동에 참가하기를 좋아한다.	
2	다른 사람에게서 부탁을 받으면 거절하지 못한다.	
2	상대방의 이야기를 잘 경청하고 공감하는 편이다.	
2	부하나 아이의 실패에 대해 관대하고 격려한다.	
2	의리와 인정에 끌려서 아이나 부하, 동료 등 누군가를 마음에 걸려 한다.	
2	친구나 동료, 아이들이나 부하에게 신체적 접촉과 같은 스킨십을 자주 하는 편이다.	
2	동정심이나 배려심이 강하고 어린이나 타인을 돌보기를 좋아한다.	
2	곤경에 처해 있는 사람을 위로하거나 북돋아 주기를 즐겨 한다.	
	2번 합계	

3	말이나 행동을 냉정하고 침착하게 해서 안정된 분위기를 느낀다.	
3	육하원칙에 따라 사리를 따지거나 설명하는 편이다.	
3	자세가 바르며 여유가 있다.	
3	타산적이며 이해득실을 생각하고 행동한다.	
3	일을 능률적으로 잘 처리해 간다.	
3	대화에서 감정적으로 되지 않고 이성적으로 풀어 간다.	
3	어떤 일이나 사실에 근거해서 판단한다.	
3	미래의 일을 냉정하고 예리하게 예측하고 행동한다.	
3	어떤 결정을 내릴 때 사실을 확인하거나 반대 의견을 듣는다.	
3	현상을 잘 관찰 · 분석하고 합리적으로 의사결정을 한다.	
	3번 합계	

4	행동이나 말이 자유롭고 자연스럽다.	
4	TV, 영화 등을 보면서 마음이 약해 눈물을 잘 흘리는 편이다.	
4	호기심이 강하고 기발한(창의적인) 착상을 잘한다.	
4	자신을 멋대로라고 생각한다.	
4	신이 나면 도가 지나쳐서 실수한다.	
4	밝고 유머가 있으며 장난을 잘 치는 편이다.	
4	오락을 만족할 때까지 하거나 술 등 음식물을 만족할 때까지 먹는다.	
4	욕심나는 것을 가지지 않고는 못 배긴다.	
4	기쁨이나 화를 내는 등 희로애락을 직접적으로 표현한다.	
4	"와! 멋있다." "굉장하군!" "아하!" 등 감탄사를 자주 쓰며 농담을 잘한다.	
	4번 합계	

5	법이 없어도 살아갈 수 있는 사람이라는 소리를 잘 듣는다.	
5	말할 때 상대방의 안색을 자주 살핀다.	
5	다른 사람의 마음에 들고 싶다고 생각한다.	
5	부모나 상사가 시키는 대로 한다.	
5	매사에 조심스럽고 소극적인 편이다.	
5	생각하고 있는 바를 입 밖으로 내지 못하는 성격이다.	
5	열등감이 강한 편이고 자신의 감정을 억눌러 버리는 편이다.	
5	자기 생각을 관철하기보다 타협하는 경우가 많다.	
5	중얼중얼하는 목소리로 말하거나 우물쭈물 사양하는 편이다.	
5	"~해도 괜찮을까요?" "~할 생각이다." "이젠 됐다." 등의 말을 자주 쓴다.	
5번 합계		

출처: 김종운(2017).

에고 그램 그래프

50					
48					
46					
44					
42					
40					
38					
36					
34					
32					
30					
28					
26					
24					
22					
20					
18					
16					
14					
12					
10					
8					
6					
4					
2					
	1=CP	2=NP	3=A	4=FC	5=AC

채점 및 해석

해석할 때는 에고 그램에서

① 어느 자아 상태가 가장 높은지를 본다.
② 어느 자아 상태가 가장 낮은지를 본다.
③ P가 높은 사람은 CP와 NP를 비교한다. C가 높은 사람은 FC와 AC를 비교한다.
④ A가 어느 정도 높으며, A가 다른 자아 상태와 비교해서 높은지 혹은 낮은지를 본다.

에고 그램 검사 후 자신의 에고 그램 그리기

① 자신이 원하는 에고 그램 그래프를 그려 본다.
② 그린 그래프와 실제 나타나 있는 그래프를 비교해 보고 어느 부분을 바꿀 것인지를 계획해 본다. 높은 것을 낮추는 것보다 낮은 것을 높이는 쪽으로 계획한다.
③ 낮은 자아를 높이기 위해 구체적으로 어떻게 행동할 것인지를 계획하고, 실천할 수 있는지 정리해 본다.
④ OK 그램과 에고 그램을 비교해 본다.

2 OK 그램

OK 그램(OK gram)은 에릭 번의 교류분석이론에서 파생된 도구로, 사람들의 자아 상태와 그로 인해 형성되는 대인관계의 질을 시각적으로 나타내는 방식이다(김종운, 2017). OK 그램은 개인이 자신의 대인관계 패턴을 이해하고 개선하는 데 도움을 줄 수 있는 유용한 도구다. 이 개념을 통해 사람들은 자신과 타인을 어떻게 인식하고 있는지 자각할 수 있고, 더 건강하고 긍정적인 관계를 형성하기 위한 방향을 찾을 수 있다. OK 그램은 심리상담과 자기계발에서 많이 사용되며, 개인이 보다 균형 잡힌 대인관계를 형성하고 긍정적인 삶의 태도를 개발하는 데 중요한 역할을 한다.

OK 그램은 'I'm OK, You're OK.'라는 기본 개념을 중심으로 하며, 이는 개인이 자신과 타인을 어떻게 평가하는지를 네 가지 기본 상태로 구분하여 보여 준다. 각 유형은 자신과 타인에 대한 기본적인 태도와 사고방식을 나타내며, 이로 인해 특정한 행동과 대인관계 패턴이 나타난다. OK 그램의 네 가지 기본 상태는 다음과 같다.

1) I'm OK, You're OK

이 유형은 자신과 타인을 긍정적으로 바라보며, 신뢰와 존중을 기반으로 건강한 대인관계를 유지한다. 즉, 자아 및 타인 평가에서 긍정적이고 상호 존중을 나타내며 건설적인 상호작용을 한다. 이 유형의 예를 보면 다음과 같다.

- 팀 프로젝트에서 팀원들이 서로의 의견을 존중하며 건설적인 논의를 진행한다. 모두가 자신의 역할에 자신감을 가지고 있으며, 동료의 능력을 신뢰하면서 협력하여 목표를 달성하려고 한다.
- 친구와 갈등이 발생하였을 때, 두 사람 모두 서로의 감정을 존중하고, 오해를 풀기 위해 열린 마음으로 대화한다. 그들은 서로를 이해하고자 노력하며, 관계를 회복하기 위해 긍정적인 접근을 시도한다.

2) I'm OK, You're Not OK

이 유형은 자신을 긍정적으로 바라보지만, 타인을 부정적으로 바라보며, 종종 비판적이거나 지배적인 행동을 보인다. 즉, 긍정적인 자아 평가, 부정적인 타인 평가를 하며, 자신을 우월하게 여기고 타인을 비난하거나 무시하는 경향을 보인다. 이 유형은 갈등을 유발할 수 있으며, 대인관계에서 적대적이거나 공격적인 태도로 나타날 수 있다. 이 유형의 예를 보면 다음과 같다.

- 한 상사가 부하 직원의 의견을 무시하고, "너는 이 일을 제대로 할 수 없어."라며 비난하면서 자신의 방식대로 일 처리를 강요한다. 상사는 자기 능력만을 믿고, 다른 사람의 의견은 존중하지 않는다.
- 부모가 자녀에게 "너는 항상 잘못된 선택을 해."라고 말하면서 자신의 가치관과 판단만을 강요한다. 부모는 자신이 옳고 자녀는 늘 부족하다는 태도를 유지하며, 비판적이고 지배적인 관계를 유지한다.

3) I'm Not OK, You're OK

이 유형은 자신을 부정적으로 바라보고, 타인을 긍정적으로 바라보며, 종종 순종적이거나 의존적인 행동을 보인다. 부정적인 자아 평가, 긍정적인 타인 평가에 익숙하며 자신을 낮추고 타인을 지나치게 이상화하는 경향이 있다. 이 유형은 자신감 부족과 의존성을 초래할 수 있으며, 대인관계에서 수동적이거나 희생적인 태도로 나타날 수 있다. 이 유형의 예를 보면 다음과 같다.

- 한 직장인이 회의에서 자신의 의견을 표현하지 못하고, 상사나 동료의 의견에만 따르며 수동적으로 행동한다. 그는 자기 아이디어를 제시할 때마다 "내 생각은 별로 중요하지 않아요."라고 말하며, 타인의 생각에 무조건 동조한다.
- 연인이 상대방에게 과도하게 의존하며, "나는 너 없이는 아무것도 할 수 없어." 라고 말한다. 이 사람은 자신의 가치를 낮게 평가하며, 상대방이 모든 문제를 해결해 주고 결정해 주기를 기대한다.

4) I'm Not OK, You're Not OK

이 유형은 자신과 타인을 모두 부정적으로 바라보며, 종종 절망적이거나 회피적인 행동을 보인다. 부정적인 자아 및 타인 평가에 익숙하며 절망적이고 부정적인 태도로 인해 모든 대인관계를 부정적으로 여긴다. 이 유형은 무기력함과 불신을 초래할 수 있으며, 대인관계에서 회피적이거나 파괴적인 태도로 나타날 수 있다. 이 유형의 예를 보면 다음과 같다.

- 한 학생이 '나는 공부를 잘할 수 없어, 선생님도 나에게 관심이 없어.'라고 생각하며, 학업에 대한 의욕을 잃고 학교생활을 포기하려 한다. 그는 자신과 교사를 모두 부정적으로 인식하고 있다.
- 어떤 사람이 '나는 쓸모없고, 다른 사람들도 나를 도울 수 없을 거야.'라고 느끼

며, 사회적 활동에 참여하지 않고, 혼자 고립된 생활을 하려고 한다. 그는 자신과 타인 모두에 대한 신뢰를 잃고, 모든 것을 부정적으로 인식한다.

표 4-1 인생 태도와 행동과의 관계

인생 태도 / 행동 측면	자기긍정-타인긍정	자기긍정-타인부정	자기부정-타인긍정	자기부정-타인부정
타인과의 관계	누구와도 사이 좋게 모든 일을 잘 해낸다.	지배, 추궁, 징벌, 배타적이다.	타인으로부터 도피한다.	타인을 신뢰하지 않고 공격한다.
자기와의 관계	자기를 존중하고 소중하게 생각한다.	타인의 진의를 바르게 수용하는 경험이 없다.	자기는 강하지 못하고 무능하다고 생각한다.	자기에 대해서도 공격적이며 인간적 수용을 거부한다.
분노의 감정	분노를 표시해야 할 때는 자유롭게 표출한다.	원한의 분노를 품고 있다.	욕구불만의 분노가 많고 이러한 분노를 마음속에 축적한다.	체제나 세상에 대한 분노를 품고 있다. 희망 없는 세상에 대한 분노를 품고 있다.
두려움의 감정	두려워할 때는 두려워할 자유가 있다.	타인을 지배하는 힘을 잃을까 봐 두려워한다.	실패에 대한 두려움이 있다.	버림받는다거나 혼자 남는다는 두려움이 있다.
인생에의 지향	'지금-여기(here & now)'에 산다. 성공을 목표로 하는 승자의 생활을 하며 자기를 바꾸려고 노력한다.	흑백논리의 이분법적 태도를 지니고 경직된 삶을 살아간다.	무엇을 원하는지 자신도 잘 모르며 자기 것도 챙기지 못한다. 문제나 책임으로부터 도피하고 낙담한다.	인생의 목표가 없으며, 될 대로 되라는 인생이다.
의사소통	개방적	자기방어, 공격적	타인비난, 자기방어, 자기합리화	적대감, 험악, 반항적

OK 그램 테스트

다음 항목의 질문에 대하여 점수를 적어 보세요.
(매우 그렇다.=5, 그렇다.=4, 보통이다.=3, 그렇지 않다.=2, 전혀 그렇지 않다.=1)

번호	문항	U-	U+	I+	I-
1	나는 나 자신을 좋아한다.				
2	나는 타인으로부터 호감을 얻지 못하는 인간이다.				
3	나는 태어나서부터 소중하게 길러졌다고 생각한다.				
4	나의 탄생은 그다지 환영받지 못하였다고 생각한다.				
5	나는 다른 사람에게 믿음이 가지 않아 남에게 맡기지 않고 내 일을 스스로 한다.				
6	나는 지금 사회에서 필요로 하는 유익한 인간이라고 생각한다.				
7	나는 나 자신을 쓸모없는 인간이라고 생각하는 경우가 있다.				
8	다른 사람의 행동방식이나 사고방식이 나와 다르더라도 특별히 싫어하지는 않는다.				
9	상대를 존중하는 것은 그 기분을 이해하는 것이라고 생각하기 때문에 힘써 실행하고 있다.				
10	나는 다른 사람으로부터 신뢰받는 사람이라고 생각한다.				
11	나는 적극적으로 행동을 취하는 편이다.				
12	나는 소극적인 성격이므로 실패가 두려워서 매사에 손을 대지 않으려고 한다.				
13	때때로 상대를 매도하거나 꼼짝 못 하게 하기도 한다.				
14	나는 내가 한 언행에 대해 곧잘 후회한다.				
15	상대가 기대한 대로 해 주지 않으면 매우 화가 난다.				
16	다른 사람의 장점보다 단점을 지적하는 편이다.				
17	나는 기본적으로 다른 사람을 믿는다.				
18	아이들을 포함해서 누구에게도 자신의 견해를 가질 권리가 있다고 생각한다.				
19	자신이 결단하여 행동하는 것이 잘되지 않는다.				
20	자신의 용모에 자신이 없다.				
21	자기 얼굴이나 모습에 매력이 있다고 생각한다.				
22	매사에 자신이 없어서 대체로 다른 사람들이 하는 대로 따라간다.				

23	다른 사람을 돕는 일은 나쁜 버릇을 키우므로 하지 않는다.				
24	자기 능력 중 어느 면에 자신을 갖고 있다.				
25	사람들이 자기주장을 하거나 경제적으로 풍요해지는 것은 좋은 것이라 생각한다.				
26	생각이나 행동방식이 나와 다른 사람은 가능한 한 무리에서 배제해 버리고 싶다.				
27	나는 대부분의 사람과의 관계를 훌륭하게 해 가고 있다.				
28	다른 사람의 일이 순조롭게 되고 있을 때 좋은 일이라고 기뻐해 준다.				
29	다른 사람들 앞에서 이야기할 때 그다지 불안하거나 긴장되지 않고 자연스럽게 말한다.				
30	친구나 동료와 함께 있는 것을 좋아하지 않으며 고독을 즐긴다.				
31	싫어하는 사람일지라도 함께 일을 잘 해낼 수 있다.				
32	후배나 부하가 나를 따르는 것은 당연한 것이라 생각한다.				
33	사람들은 누구나 자신이 의사결정을 할 권리가 있다고 생각한다.				
34	동료가 실패해도 언제까지나 책망하지 않고 격려한다.				
35	나 자신을 그다지 존경할 수가 없다.				
36	동료와 비교하면 나의 타인에 대한 평가는 엄격하다.				
37	나는 그다지 다른 사람을 칭찬하지 않는 편이다.				
38	나는 대개 다른 사람이 하는 만큼은 할 수 있다.				
39	나는 다른 사람을 이용하여 자신의 입장이나 일을 잘 하려고 하는 경향이 있다.				
40	나는 잘못을 하거나 실망하는 경우에도 전향적으로 생각할 수 있다.				
합계		U-	U+	I+	I-

출처: 권석만(1997).

채점

U-, U+, I+, I-의 각 열에서 흰 칸의 점수를 합산하여 비교해 본다.

활동 과제

나의 장 · 단점 알아보기

〈나의 장점 열 가지 목록〉

1.
2.
3.
4.
5.
6.
7.
8.
9.
10.

<나의 단점 열 가지 목록>

1.
2.
3.
4.
5.
6.
7.
8.
9.
10.

05
자존감

앞 절에서 자기개념 형성에 관계되는 영역에는 지적 능력, 신체적 매력, 신체적 특기, 사교적 매력, 남자다움, 여자다움, 지도력, 도덕적 자질, 유머 감각 등이 있음을 살펴보았다. 이에 더하여 자존감도 자기개념을 형성하는 주요한 요인이다.

자존감은 자기 자신에 대한 자신의 평가로서 자존감이 높은 사람은 주변의 상황과 인정에서 자유로우며, 자신을 충분히 가치 있는 사람으로 여긴다. 반면에 낮은 자존감은 부정적인 자기정체성 형성과 직결된다. 대체로 부모로부터 부정적인 말이나 비판을 듣고 자랐거나, 충분히 공감받거나 인정받지 못하고, 특정 행위나 사고가 강요되는 가정 환경에서 자라난 경우 자존감이 낮다.

1 자존감의 정의와 중요성

자존감(self-esteem)은 자신에 대한 종합적 평가로서 자신에 대한 존중과 사랑의 정도 그리고 자신이 가치 있다고 믿는 정도를 의미한다. 이는 자신의 능력, 성격, 외모 등을 포함한 모든 측면에서 자신을 긍정적으로 평가하는 것을 포함한다. 자존감은 정신 건강과 직결되며, 긍정적인 자아인식을 통해 삶의 질을 높이는 데 중요한 역할을 한다. 높은 자존감은 스트레스와 역경에 대한 대처 능력을 향상시키고, 목표 달성 및 인간관계에서의 만족도를 높인다.

2 자존감의 구성 요소

- 자기가치감(self-worth): 자신의 가치를 인정하고 존중하는 태도를 의미하며. 자신을 가치가 있고 남에게 호감을 주며 사랑받을 만한 사람으로 여기는 마음이다. 자신을 존중하면 타인으로부터 존중받을 수 있는 기초가 된다.
- 자기효능감(self-efficacy): 자기 능력에 대한 믿음과 자신감(self-confidence)을 의미한다. 자기효능감이 높은 사람은 자신을 유능한 사람, 맡겨진 일을 잘 해낼 수 있는 사람이라고 평가한다. 자기효능감이 높아지면 도전에 대한 두려움이 줄고, 새로운 일을 시도할 용기가 생긴다.
- 자기수용(self-acceptance): 자신의 현재 모습, 장단점을 있는 그대로 받아들이는 것을 의미한다. 자신을 있는 그대로 수용하는 것이 자존감의 핵심이다.
- 자기신뢰(self-trust): 자신의 판단과 결정을 믿는 태도를 의미한다. 자기신뢰는 독립성과 책임감을 키우는 데 중요하다.

3 자존감이 낮은 상태의 징후와 그 영향

낮은 자존감은 부정적인 자기정체성 형성과 직결되므로 주의 깊게 다루어야 한다. 대체로 부모의 말, 생각, 판단이 항상 옳은 것으로 강요되는 가정 환경에서 자란 아이의 경우 자존감이 낮으며, 부모의 자존감이 낮을 경우 대리 만족을 위해 자식에게 압력을 가해 자식 역시 자존감이 낮아지는 악순환이 계속된다.

자존감이 낮은 사람은 자기 자신의 판단에 대한 신뢰가 없으므로 매사에 자신 없이 우유부단하고 판단력이 저하되곤 한다. 모든 관심의 초점이 자신에게만 고정되어 있으므로 남과 주고받는 관계를 만들지 못하고 자기집착에 빠지게 되거나 자신의 가능성을 말살하게 된다. 판단력이 부족하므로 윤리의식도 희박해지는 경우가 많다. 또한 또래나 주변 압력의 부정적인 영향을 많이 받는다. 그 이유는 자존감이 낮은 사람은 다른 사람이 동의해 주는가 여부에 따라 자신의 판단의 옳고 그름을 판정하기 때문이다. 자존감이 낮은 상태의 징후와 영향은 다음과 같다.

- 지속적인 자기비하와 부정적인 자기대화
- 타인의 평가에 지나치게 의존하거나, 비판에 과도하게 민감함
- 실패에 대한 두려움으로 인해 새로운 도전을 꺼림
- 완벽주의적 성향으로 인해 자신의 실수나 단점을 용납하지 못함
- 정신 건강 문제(우울증, 불안 등)의 증가
- 대인관계에서의 어려움과 갈등
- 학업 성취나 직업적 성공에 대한 낮은 만족도
- 전반적인 삶의 질 저하

4 자존감과 감정

일부 심리학자들은 건강한 자기애를 자존감이라고 설명한다. 따라서 지나친 자기애를 표현하는 나르시시스트나 자기를 사랑하지 못하는 사람들도 자존감이 낮은 사람이다. 래쉬(Lasch, 1979)는 20세기에 가장 만연한 정신적 문제로 자기애를 언급하였다. 21세기는 발달된 인터넷과 SNS 등으로 더욱 자기애적인 문제들이 사회 문화 곳곳에서 나타나고 있다. 병리적인 자기애 문제가 있는 경우 자존감이 낮을 수밖에 없다. 자존감이 낮은 사람은 정서적으로 매우 취약하다. 이들의 가장 주요한 감정에는 열등감, 수치심, 우울함 등을 꼽을 수 있다. 결국 자존감은 이러한 감정들을 알아차리고 조절하는 주제와 연관되어 있다.

1) 열등감

자존감이 낮은 경우 무엇보다 열등감과 비교의식으로 어려움을 겪게 된다. 정신과 의사이자 심리학자인 아들러(Adler)는 열등감에 관한 연구를 최초로 깊이 한 사람이다.

열등감은 우리 힘으로 어쩔 수 없는 경우가 많다. 열등감의 종류를 열거해 보면 다음과 같다. 외모 열등감, 키와 신체 일부(성기나 가슴 등)에 대한 열등감, 집안에 대한 열등감(흙수저, 금수저), 능력 열등감, 가난 열등감, 학벌 열등감 등 인생의 특정한 사건, 사고 등으로 열등감이 더 깊어지기도 한다.

이무석(2011)은 여러 열등감을 나열하며 각 열등감에 대한 해결책을 제시하였다. 예를 들어, '아무리 노력해도 이거밖에 안 돼.'라고 한탄하며 능력 열등감에 빠진 경우, 자신이 열등감에 빠진 이유를 살펴보면서 스스로를 성찰하고 분석하는 한편, 부족한 부분에 대해 인정하고 노력하는 것을 강조하였다. 또한 가난 열등감을 가진 경우는 결국 자기 재능을 개발하고 키우는 것이 해결책임을 강조하였다. 어느 열등감의 경우든 자신의 관점을 전환하고 인지행동치료 등을 통하여 작은 노력부터 시작해야 함을 강조하였다.

어떻게 열등감을 극복할 것인가는 큰 주제다. 이 답변은 자존감을 어떻게 높일 수 있는지에 대한 고찰과 연결될 수 있다. 개인심리학을 창시한 아들러는 열등감 콤플렉스를 처음 학문적으로 언급하며 열등감이 오히려 자신을 더 성장시킬 수 있는 밑거름이 될 수 있음을 언급하였다.

아들러(1907)는 열등감이 성격 형성에 중요하다고 믿었다. 자신도 선천적인 신체 장애와 병약함으로 열등감을 경험하였던 아들러는 개인이 지니는 신체적 결함을 '신체 열등(organ inferiority)'이라고 칭하였다. 그러나 그는 열등감을 부정적으로만 여기지 않고 긍정적인 측면도 강조하였다. 열등감은 매우 보편적이고 정상적인 현상으로서 그것을 극복하고 보상하려는 노력을 통해서 자신의 성장과 발전의 원동력이 될 수 있다. 그러나 개인이 자신을 지나치게 열등하다고 평가할 뿐만 아니라 그러한 열등함을 다른 사람이 인식하지 못하도록 숨기며 삶의 도전을 회피한다면 열등 콤플렉스를 갖게 되어 자신이 적응하고 성장할 수 있는 능력을 손상시키게 된다. 아들러는 열등감을 인간의 보편적인 경험으로 여겼다. 또한 열등함을 극복하고 우월함을 추구하고자 하는 노력은 긍정적인 자기성장의 원동력이 될 수 있다고 보았다. 따라서 열등감을 극복하려는 건강한 노력과 그것을 회피하려는 병적인 콤플렉스를 구별하는 것이 중요하다.

2) 수치심

수치심(shame)의 사전적인 의미는 '다른 사람을 볼 낯이 없거나 스스로 떳떳하지 못함 또는 그런 일'이다. 또한 수치심은 '숨기다(to cover).'라는 뜻을 가지고 있다(Jacoby, 1991). 심리적으로 자신의 존재를 평가하면서 발생하는 감정으로 여겨지고, 자신의 존재에 대한 부정적 평가와 관련된 정서이며, 작게 줄어든 느낌, 무가치, 무기력감 그리고 문제를 일으키는 대인관계로부터 회피하려는 정서다.

수치심은 자기에 대한 부정적 감정이다. 카우프만(Kaufman, 2004)은 수치심이 열등감과 밀접하게 관련된다고 말한다. 즉, 수치심은 열등감의 정서다. 우리는 열등감을 느낄 때, 자기에 대한 평가절하와 부정으로 인해 자신을 바보스럽고, 유치하고 어리석고 우스꽝스럽게 느껴, 종종 숨거나 사라지고 싶어 한다. 모욕감과 분노를 느끼거나, 방어적으로 타인에게 잘못을 투사하고 비난하거나, 수치심을 보상하기 위해 오만함, 거만함, 뻔뻔스러움으로 외재화하기도 한다. 수치심은 열등감 정서로 개인의 정체성을 발달시키는 데 중심적 역할을 하며, 생애 초기에는 말로 표현되지 않는 내적 경험이지만, 성장하면서 부분적으로 인지적이고 자기평가적인 경험으로 변화하기도 한다. 카우프만은 성격적인 수치심은 현상학적으로는 신체에서 오는 수치심, 관계에서 오는 수치심, 자신감과 관련된 수치심으로 이루어진다고 보았다.

어떤 다른 정서보다도 수치심은 정체성의 발달에서 중심에 있다. 이러한 주장은 수치심이 대인관계 상황에서 사회적으로 경험되는 정서임을 시사한다. 수치심은 다른 사람들로부터 소외되고, 세상 가운데 혼자임을 직면하게 한다. 죄책감은 고백을 통해 정화될 수 있어도 수치 경험에 관하여 이야기하는 자체가 수치심을 더할 때가 많다. 두 연인이 수치를 경험한 순간에 두 사람은 각기 상대방을 이방인처럼 경험할 수 있다. 코헛(Kohut)은 부모가 이상과 야망을 불충분하게 반영(mirroring)한 결과로 인한 수치심에 강조점을 둔다. 코헛은 수치심이 자기애적 자기의 과시적 욕구의 좌절과 자기애적 발달과 연관됨을 일찍이 주목하면서, 자기애적인 사람의 감정을 깊이 공감해 보면 드러나지 않은 깊고 고통스러운 감정이 바로 수치심이라고 하였다(Morrison, 2011).

프로이트가 죄책감으로 인한 신경증에 우선적인 관심이 있었다면, 코헛은 수치심으로 인한 자기애 증상의 치료에 더 관심을 기울였다. 이 분류의 사람은 자기 응집력이 약하고, 고갈되고 취약한 자기를 느끼므로 경쟁적이며, 심리의 근저에 수치심이 강한 사람이다. 어린아이의 자기애적 평형 상태를 점검하는 두 시금석(manifestations)은 수치와 분노에 대한 민감함이다. 수치심은 자기의 거대성을 반영해 주지 못하는 자기대상의 실패에 기인하고, 분노는 좌절된 전능성과 자기대상 위에서 전적인 통제를 행사하지 못하는 무능력에 대한 반응이다(Kohut, 1977).

3) 우울감 및 우울증

우울한 사람들은 자기에 대해서는 결점이 많고 부적절하며 무가치하고 사랑받지 못할 존재라고 생각한다. 또한 자신의 미래에 대해서는 비관적이고 현재의 어려움이 계속될 것으로 여기며, 타인과 세상이 자신에게 적대적이라고 생각한다. 이와 같이 우울한 사람들이 부정적인 생각을 갖고 있는 세 가지 주제(자기, 미래, 세상)를 인지삼제(cognitive triad)라고 한다. 우울한 사람들은 이러한 부정적인 사고에 따라 모든 것이 패배와 상실로 귀결되리라 생각하기 때문에 자존감이 더욱 떨어지게 된다.

로저스(Rogers, 1961)의 성격이론에서 자기개념 또는 자기는 가장 중요한 개념이다. 그에 따르면, 어린아이는 자신의 내부에서 지각되는 자기의 경험과 외부의 타인에 대한 경험을 구별하기 시작하면서 자기 존재에 대한 인식이 발달한다. 로저스는 자기개념을 현재 자신이 어떤 사람인지에 대한 개인의 의식, 즉 자아상이라고 설명한다. 자신에 대한 인식이 발달하면서, 아동은 타인으로부터 긍정적인 존중을 받고 싶은 욕구도 갖게 된다. 자기개념은 현재의 자기 모습을 반영하는 현실적 자기(real self)뿐만 아니라 긍정적 존중을 받기 위해 추구해야 할 이상적 자기(ideal self)도 포함하고 있다. 현실적 자기가 낮아질 때 자존감이 떨어진다. 로저스(1961)에 따르면, 이 낮은 자존감, 즉 현실적 자기와 높은 이상적 자기의 차이가 벌어질 때 우울감이 심해지고, 우울증에도 걸린다.

5 자존감과 심리적 장애

낮은 자존감이 계속되면 심리적 장애와 성격 문제가 생길 수 있다. 로저스(1961)는 이상적 자기와 현실적 자기의 간격이 커지면 우울증에 걸리게 된다고 말하였다. 또한 자기 자신을 부정적으로 보기 때문에 다른 사람들도 자신을 그렇게 여길 것이라고 미리 짐작하여 사람들 앞에 서거나 혹은 그런 상황을 상상하는 것만으로도 두려워하는 사회공포증을 겪을 수도 있다. 자신에 대한 불신의 마음은 주변의 대상에게 투사되어 주변 사람들도 믿기 힘들고, 의처증이나 의부증 같은 편집 상태를 겪을 수도 있다.

자신이나 주변 사람들을 불편하게 하는 성격 문제가 있는 사람들을 성격 이상자라고 부른다. 이들 성격 이상자는 자존감을 유지하기 위하여 특정한 방어기제를 사용하거나 나름의 비적응적인 대처 양식을 키우게 된다. 예를 들어, 자학적 성격인 사람은 자신에게 지나치게 엄격한 잣대를 들이대며 자신을 처벌하곤 한다. 강박적 성격인 사람은 청결, 정돈, 시간 엄수에 집착하며 자신의 자존감을 지키려고 한다. 연극적 성격인 사람은 사람들의 시선을 끄는 옷차림이나 행동을 통해서 자존감을 유지하며, 자기애적 성격인 사람은 권력, 돈과 같은 힘을 가질 때 자존감을 지킬 수 있다고 믿는다.

코헛은 자기애를 연구하며 자기심리학을 창시하였다. 사람들은 누구나 자기애적 욕구를 가지고 있으며 자존감이란 곧 건강한 자기애를 갖는 것이라 설명한다. 코헛(1977)에 의하면 아동은 부모와의 상호작용을 통하여 자기를 확립한다. 부모는 공감적이고 수용적으로 반응하는 거울 반영(mirroring)을 통해 아동의 자기애적 욕구를 만족시킬 수 있다. 아동은 초기에 과장된 자기감, 즉 과대자기를 갖는다. 그러나 점차 성장하면서 이러한 과대자기감은 좌절될 수밖에 없다. 대신 부모를 이상화하며 최적의 좌절을 통해 과장된 자기감은 수정되고 현실적으로 전환되어 건강한 야망과 이상이라는 자기의 두 축을 갖게 된다. 코헛은 이런 두 축을 갖는 건강한 자기를 응집적 자기라고 칭하며 건강의 지표로 보았다. 이런 응집적 자기를 갖지 못하면 자기가 파편화되고 제대로 충족되지 못한 자기애적 욕구 때문에 자기애적 성격이나 장애를 갖게 된다고 설명한다.

6 자존감을 유지하는 법: 자존감을 어떻게 높일 수 있나

김창대(2009)는 [그림 5-1]과 같은 세 화살표로 현재의 자기 모습을 설명한다. 참자기는 자기가 원하는 것을 선택할 수 있고 책임지는 자기의 상태라고 말할 수 있다. 하지만 우리 안에는 이 소망을 거스르는 두려움이 있다. 이 두려움은 소망의 실현을 방해하기도 하고, 이 소망을 표현하거나 의식하지도 못하게 한다. 그리고 이 소망과 두려움은 서로 반대 방향의 힘처럼 작동한다. 그리고 마치 두 반대 방향의 벡터가 새

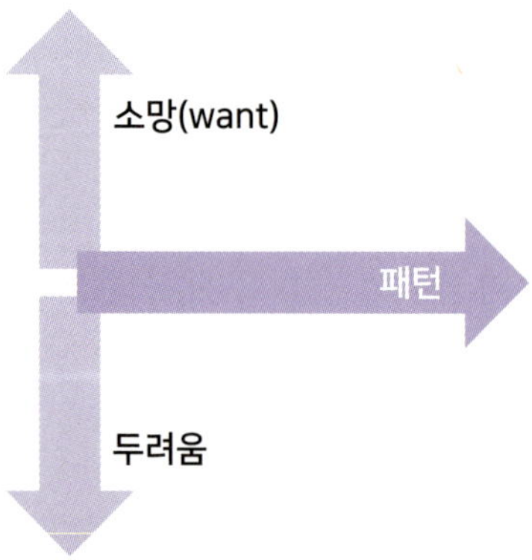

그림 5-1 소망과 두려움의 상호작용

출처: 조난숙(2019).

로운 모멘텀을 만들어 내는 것처럼, 세 번째 화살표로 표시된 패턴이 나타나게 된다. 이 패턴은 때로 심리적 · 신체적 증상으로 나타난다. 소망에 비해서 두려움이 너무 큰 경우 회피하거나 무기력에 빠질 수 있다. 또한 우울증이나 불안장애처럼 여러 심리적 장애가 나타날 수 있다. 따라서 자존감을 높이기 위해서는 자신의 소망과 두려움을 분명히 알아차리고 이 두 가지가 일으키는 자신의 패턴을 파악하고 조정할 수 있어야 한다. 그러기 위해서는 먼저 자기 자신을 알아가는 과정이 선행되어야 한다. 자기에 대한 앎, 자기의 확인 없이 진정한 자존감을 갖기 힘들다.

자존감을 높이는 것은 자신을 인정하고 사랑하는 데 중요한 요소다. 앞에서도 언급하였지만 자존감을 높이는 몇 가지 방법을 정리해 본다.

1) 자기 자신을 알아가기

자신의 감정과 생각을 알아차리고 솔직하게 표현하는 연습을 한다. 억누르지 말고 건강하게 표현하는 연습을 지속하며, 창의적인 활동(예: 미술, 글쓰기 등)을 통해 자신을 표현한다.

- 자신의 소망, 자기가 원하는 바를 명료화한다. 자기를 아는 것은 먼저 자기의 소망, 자기가 무엇을 원하는지 아는 것이다.
- 자신의 소망을 거스르는 두려움을 알아차리고 회피하지 않는다.
- 소망과 두려움의 갈등으로 일어나는 패턴을 알아차리고 수정한다.
- 실패와 실수를 성장의 기회로 바라본다. 실패와 실수를 자기를 향한 성장의 기회로 바라보고, 배움과 성숙을 추구하는 태도가 필요하다.

2) 긍정적 자기대화: 자기와 건강하게 대화하기

내부적으로 사용하는 언어와 말투는 자존감에 큰 영향을 미친다. 따라서 부정적인 자기대화를 긍정적으로 전환하는 것이 도움이 된다. 예를 들어, “나는 할 수 없어.”

대신에 "나는 노력하고 성장할 수 있어."와 같은 긍정적인 말을 사용하는 것이 좋다.

- 자기를 위로하고 격려한다.
- 자신을 과소평가하거나 실수에 예민하게 반응하지 않는다.
- 항상 자신을 격려하고 용기를 북돋아 주는 자세를 견지한다.
- (최선을 다한 후) 나를 격려하고 칭찬한다. 이로써 긍정적인 에너지를 받아 힘을 낼 수 있다.

3) 자기를 수용하기

자존감을 높이기 위해 먼저 자기를 인정하고 수용하는 것이 중요하다. 완벽하지 않음을 받아들이고 자신의 장점과 단점을 인정하는 것이 시작점이다. 자기를 부정적으로 평가하지 않고, 자신의 고유한 모습을 받아들이는 것이 중요하다. 구체적으로 자신의 작은 성취도 인정하고 자랑스러워하는 방법이 있다. "잘했어." "여기까지 온 것만으로도 대단해."라고 자신을 칭찬한다. 실패나 실수를 인정하고, 이를 배움의 기회로 삼는다. 부정적인 자기대화를 멈추고, 긍정적인 자기대화에 힘쓴다.

- 자신이 아직 '공사 중'임을 받아들인다. 인간은 누구나 공사 중이다.
- 비록 완벽하지는 않지만, 최선을 다해 살아온 자신을 인정해 준다.
- 자기비난이나 비하에 빠지지 않고 있는 그대로 수용한다.
- "왜 이렇게 한심하지?" "왜 이것밖에 못 하지?"와 같이 "~ 하지?"라는 비판적 표현보다 "내가 이번에 실수했구나." "내가 잘못했구나."와 같은 표현으로 자기수용을 연습한다.

4) 운동하기

신체적 · 정신적 건강을 돌보는 활동에 시간을 투자해야 한다. 규칙적인 운동, 건강한 식습관, 충분한 수면은 자존감 향상에도 큰 도움을 준다. 스트레스 해소를 위한 취미 활동이나 명상, 여가 시간을 자신의 일상에서 추구한다.

- 체력이 모든 실력의 기본임을 명심한다.
- 몸의 컨디션 역시 자신감에 큰 영향을 미친다는 것을 유념한다.
- 조깅과 걷기와 같은 운동을 통해 현 상황에 갇혀 있던 마음에서 벗어나 새로운 시각을 찾아본다.

5) 좋은 관계성을 쌓아 가기

지지적인 친구와 긍정적인 사람들과 어울리며, 그들의 지지를 받는 환경을 조성해야 한다. 부정적인 영향을 주는 사람들과의 관계는 최소화하고, 경쟁보다는 협력을 추구한다. 타인과 비교하기보다는 자신의 성장에 초점을 맞춘다. 비교는 자존감을 낮추는 주요 요인 중 하나이며, 사실 상대방의 상태는 자기와 상관이 없음을 깊이 인식한다. 협력을 통해 서로의 성장을 돕는 관계를 형성한다.

- 좋은 관계 경험과 진리를 추구한다.
- 주위 사람들에게 진정한 관심을 둔다.
- 대인관계에서 자신의 어색함과 불편함을 버티어 본다.
- 주변 사람들이 하는 이야기에 진심 어린 마음으로 귀를 기울인다(잘 들어주기).
- 따뜻한 관심의 질문을 한다.

6) 욕심은 줄이고 작은 성취를 이어 가기

자신에게 무리한 요구를 하지 않도록 한계를 설정한다. 자신의 한계를 인정하고, 필요한 경우 도움을 요청한다. 타인과의 관계에서도 건강한 한계를 설정하여, 자신의 가치를 지킨다. 현실적이고 달성 가능한 목표를 설정하고, 작은 목표를 달성함으로써 성취감을 느끼도록 노력한다.

- 욕심의 원인이 되는 열등감을 인식한다.
- 작은 성취감을 느낌으로써 자존감을 높인다.
- 작은 것에서 성공을 경험하여 자존감을 높인다.

7) 자기효능감 높이기

- 자신의 강점을 활용하여 목표를 설정하고 성취한다.
- 학습된 무기력에서 벗어난다.

자기효능감과 학습된 무기력에 관해서는 다음 절에서 더 자세히 다룰 것이다.

나다니엘 브랜든의 『자존감의 여섯 기둥』 요약

나다니엘 브랜든(Nathanlel Brarden)의 『자존감의 여섯 기둥』은 자존감이 삶의 전반에 걸쳐 얼마나 중요한지 설명하며, 이를 높이기 위한 여섯 가지 핵심 요소를 제시한다. 자존감은 개인의 정신 건강과 성공에 결정적인 영향을 미치는 기본적인 요소로, 브랜든은 이를 체계적으로 분석하고 구체적인 실천 방안을 제공한다.

1. 의식적으로 살아가기(living consciously)

자기 생각, 감정, 행동을 인식하고 현재 순간에 집중하는 것을 말한다. 이는 자존감을 높이기 위해 중요한 첫 번째 단계다. 무의식적인 습관에서 벗어나 자신과 주변을 명확하게 인식하며 살아가는 것이 필요하다. 이를 통해 자신을 더 깊이 이해하고, 더 나은 결정을 내릴 수 있다.

2. 자기수용(self-acceptance)

자신을 있는 그대로 받아들이는 것이다. 자신의 장단점을 모두 인정하고, 이를 통해 자존감을 높이는 것이 중요하다. 브랜든은 자기수용이 자존감의 기초임을 강조하며, 자신을 부정하거나 과소평가하지 말고, 긍정적인 자기대화를 통해 자신을 수용할 것을 권장한다.

3. 자기책임(self-responsibility)

자신의 선택과 행동에 책임지는 태도다. 이는 자신의 삶에 대한 주도권을 가지는 것으로, 외부 환경이나 타인에게 책임을 돌리지 않고 자신의 삶을 통제하는 능력을 의미한다. 자기책임은 자존감을 높이는 중요한 요소로, 이를 통해 더 주체적인 삶을 살 수 있다.

4. 자기주장(self-assertiveness)

자신의 의견과 욕구를 존중하고, 이를 표현하는 능력이다. 타인의 기대나 압력에 굴하지 않고, 자신의 생각을 분명하게 전달하는 것이 중요하다. 이는 건강한 자존감의 표시로, 자기주장을 통해 자신의 가치를 지킬 수 있다.

5. 목적의식이 있는 삶(living purposefully)

목표를 설정하고 이를 향해 꾸준히 노력하는 것이다. 목적의식이 있는 삶은 자존감을 높이는 중요한 요소로, 자신의 행동에 의미를 부여하고, 성취감을 느낄 수 있게 한다. 이는 장기적인 목표 설정과 계획 수립을 포함하며, 이를 통해 삶의 방향을 명확히 할 수 있다.

6. 개인적 진실성(personal integrity)

자신의 가치와 원칙에 따라 행동하는 것이다. 이는 자존감을 높이는 데 중요한 요소로, 자기 내면과 외부 행동이 일치하는 삶을 살 것을 강조한다. 개인적 진실성을 유지하면 자기 자신에 대한 신뢰가 높아지고, 자존감도 함께 상승한다.

나다니엘 브랜든의 『자존감의 여섯 기둥』은 자존감을 체계적으로 이해하고 이를 높이기 위한 구체적인 실천 방안을 제시하는 책이다. 의식적인 삶, 자기수용, 자기책임, 자기주장, 목적의식 있는 삶, 개인적 진실성이라는 여섯 가지 기둥을 통해 자존감을 강화할 수 있다. 이는 개인의 정신적 · 감정적 건강에 긍정적인 영향을 미치며, 더 나은 삶을 살 수 있는 기반을 마련해 준다.

출처: Branden (1995).

다음은 로젠버그의 자존감을 측정하는 척도다. 당신의 자존감은 어느 정도인가?

자존감 척도는 '내가 나 자신을 얼마나 긍정적으로 평가하고 있는지'를 측정하는 대표적인 자존감 검사다.

자존감 척도

번호	내용	전혀 그렇지 않다.	가끔 그렇다.	자주 그렇다.	매우 자주 그렇다.
1	나는 전반적으로 나 자신에 만족한다.	1	2	3	4
2	나는 내게 부족한 점이 많다고 느낀다.	1	2	3	4
3	나는 여러 면에서 좋은 자질을 가지고 있다.	1	2	3	4
4	나는 대부분의 다른 사람들처럼 일을 잘 해낼 수 있다고 느낀다.	1	2	3	4
5	나에게는 자랑할 만한 것이 거의 없다.	1	2	3	4
6	때때로 내가 쓸모없는 사람처럼 느껴진다.	1	2	3	4
7	나는 가치 있는 사람이라고 느낀다.	1	2	3	4
8	나는 스스로에게 더 만족했으면 좋겠다고 느낀다.	1	2	3	4
9	나는 실패자라고 느낄 때가 많다.	1	2	3	4
10	나는 나 자신에 대해 긍정적인 태도를 갖고 있다.	1	2	3	4
합계					

출처: Rosenberg (1965).

채점 및 해석

2번, 5번, 6번, 8번, 9번 항목은 부정 항목임으로 역채점한다.

총점	자존감 수준	설명
32~40점	높음	자신을 긍정적으로 보고, 장단점을 균형 있게 수용하는 편입니다. 어려움 속에서도 자신을 믿는 힘이 있습니다.
25~31점	보통	전반적으로 자신을 긍정적으로 평가하며, 상황에 따라 조금 흔들릴 수 있습니다. 비교적 안정적인 자존감을 가진 편입니다.
18~24점	다소 낮음	자신에 대한 부정적 생각이 종종 나타납니다. 실수에 민감하거나, 타인의 평가가 신경 쓰일 수 있습니다.
10~17점	낮음	자기비난, 무가치감이 나타날 수 있습니다. 스트레스나 관계 문제에 취약할 수 있으므로, 자신을 격려하는 방법을 배우는 것이 도움이 됩니다.

PHQ-9는 2주 동안의 우울 정도를 알아보는 검사다. 총점은 27점이며, 점수가 높을수록 우울이 강함을 나타낸다. GAD-7은 범불안장애 검사다. 총점은 21점이며 점수가 높을수록 불안이 강함을 나타낸다.

우울불안 자기평가(PHQ-9 + GAD-7)

번호	PHQ-9 문항	전혀 그렇지 않다.	가끔 그렇다.	자주 그렇다.	매우 자주 그렇다.
1	일상에 대한 흥미나 즐거움이 거의 없다.	0	1	2	3
2	기분이 가라앉거나 우울하거나 절망적이다.	0	1	2	3
3	잠드는 데 어렵거나, 자주 깨거나, 너무 많이 잔다.	0	1	2	3
4	피곤하고 기운이 없다.	0	1	2	3
5	식욕이 감소하거나 과식한다.	0	1	2	3
6	자신을 나쁘게 평가하거나 실패자라고 느낀다.	0	1	2	3
7	집중하기 어렵다.	0	1	2	3
8	안절부절하거나 너무 느릿느릿하다.	0	1	2	3
9	죽고 싶거나 자해 생각이 든다.	0	1	2	3
합계					

* PHQ-9는 원저작자가 연구 및 교육 목적의 자유로운 사용을 허가한 공개 심리척도이며, 본 교재에서는 해당 도구의 원문을 그대로 제시하였다.

출처: Kroenke et al. (2001).

번호	GAD-7 문항	전혀 그렇지 않다.	가끔 그렇다.	자주 그렇다.	매우 자주 그렇다.
1	초조하거나 불안하거나 긴장됨	0	1	2	3
2	걱정을 멈추거나 조절하기 어려움	0	1	2	3
3	여러 가지에 대해 과도하게 걱정함	0	1	2	3
4	편안히 쉬기 어려움	0	1	2	3
5	안절부절하거나 가만히 있기 어려움	0	1	2	3
6	쉽게 짜증이 남	0	1	2	3
7	뭔가 잘못될 것 같다는 두려움	0	1	2	3
합계					

* GAD-7은 원저작자가 연구 및 교육 목적의 자유로운 사용을 허가한 공개 심리척도이며, 본 교재에서는 해당 도구의 원문을 그대로 제시하였다.

출처: Spitzer et al. (2006).

채점 및 해석

1. PHQ-9 점수

(1) 총점: ____ / 27

(2) 내 점수의 의미

☐ 없음(0~4) ☐ 경도(5~9) ☐ 중등도(10~14) ☐ 중등~중증(15~19) ☐ 중증(20~27)

(3) 내가 가장 높은 점수를 준 문항

____

2. GAD-7 점수

(1) 총점:____ / 21

(2) 내 점수의 의미

☐ 정상(0~4) ☐ 경도(5~9) ☐ 중등도(10~14) ☐ 중등~중증(15~21)

(3) 불안을 더 악화시키는 상황

____

(4) 내가 오늘 시도해 볼 수 있는 작은 조절 전략

____

PSS-10은 스트레스 지각 평가 척도로서, 지난 한 달 동안 느낀 스트레스 수준을 평가한다.

스트레스(PSS-10) 척도

번호	문항	전혀 그렇지 않다.	가끔 그렇다.	자주 그렇다.	매우 자주 그렇다.
1	예기치 못한 일로 불안했다.	0	1	2	3
2	중요한 일을 통제할 수 없다고 느꼈다.	0	1	2	3
3	긴장을 많이 느꼈다.	0	1	2	3
4	개인적 문제가 감당하기 어려웠다.	0	1	2	3
5	일상에서 통제력을 유지하고 있다고 느꼈다. (역채점)	0	1	2	3
6	일이 내 뜻대로 진행되었다. (역채점)	0	1	2	3
7	어려운 일을 대처할 자신이 있었다 (역채점)	0	1	2	3
8	일상의 짜증나는 일 때문에 괴로웠다.	0	1	2	3
9	모든 것이 불리하게 돌아갔다고 느꼈다.	0	1	2	3
10	통제할 수 없는 일 때문에 화가 났다.	0	1	2	3
합계					

* PSS-10은 원저작자가 연구 및 교육 목적의 자유로운 사용을 허가한 공개 심리척도이며, 본 교재에서는 해당 도구의 원문을 그대로 제시하였다.

출처: Cohen et al. (1983).

채점 및 해석

0~13 낮음 / 14~26 중간 / 27~40 높음

PANAS는 정서 상태 측정 척도다. 이 척도는 긍정 정서와 부정 정서로 나누어 검사되며 부정 정서(NA)의 단독으로 높은 점수는 우울 불안과 연관 있으며 긍정 정서(PA)의 낮은 점수는 무기력, 끈기 감소와 관련이 있다.

정서 척도(PANAS)

번호	감정 단어	전혀 그렇지 않다.	가끔 그렇다.	보통이다.	자주 그렇다.	매우 자주 그렇다.
1	기운찬	1	2	3	4	5
2	흥분된	1	2	3	4	5
3	강한	1	2	3	4	5
4	열정적인	1	2	3	4	5
5	자부심 있는	1	2	3	4	5
6	깨어 있는	1	2	3	4	5
7	영감을 받은	1	2	3	4	5
8	결심한	1	2	3	4	5
9	관심 있는	1	2	3	4	5
10	활동적인	1	2	3	4	5
긍정 정서 합계						
11	괴로운	1	2	3	4	5
12	초조한	1	2	3	4	5
13	죄책감 있는	1	2	3	4	5
14	겁이 나는	1	2	3	4	5
15	적대적인	1	2	3	4	5
16	짜증 나는	1	2	3	4	5
17	긴장된	1	2	3	4	5
18	놀란	1	2	3	4	5
19	당황한	1	2	3	4	5
20	슬픈	1	2	3	4	5
부정 정서 합계						

* PANAS는 원저작자가 연구 및 교육 목적의 자유로운 사용을 허가한 공개 심리척도이며, 본 교재에서는 해당 도구의 원문을 그대로 제시하였다.

출처: Watson et al. (1988).

채점 및 해석

1~10은 긍정 정서(PA) 11~20은 부정 정서(NA)이다. PA 총점과 NA 총점을 비교하여 정서 패턴을 확인한다.

(단축형) 자기수용 척도

번호	감정 단어	전혀 그렇지 않다.	가끔 그렇다.	보통 이다.	자주 그렇다.	매우 자주 그렇다.
1	나는 전반적으로 나 자신을 있는 그대로 받아들인다.	1	2	3	4	5
2	나는 내가 완벽하지 않더라도 괜찮다고 느낀다.	1	2	3	4	5
3	나는 나의 장점과 단점을 모두 포함한 '전체로서의 나'를 인정한다.	1	2	3	4	5
4	나는 실수를 해도 나를 심하게 비난하지 않는다.	1	2	3	4	5
5	나는 타인의 평가와 상관없이 나의 가치를 느낄 수 있다.	1	2	3	4	5
6	나는 과거의 나를 돌아볼 때 너그럽고 이해하는 마음을 갖는다.	1	2	3	4	5
합계						

* 이 척도는 무조건적 자기수용 이론을 참고하여 연구 및 교육 목적의 자유로운 사용을 위해 재구성한 단축형 자기수용 척도이다. (문항은 저작권 제한 없이 사용할 수 있다.)

채점 및 해석

1. 가장 높은 점수를 준 문항은?

____

2. 가장 낮은 점수를 준 문항은?

____

3. 내가 특히 더 키우고 싶은 자기수용 영역은?

____

4. 앞으로 나 자신을 더 잘 받아들이기 위해 해 보고 싶은 작은 실천 한 가지

____

총점	자기수용 수준	의미
24~30점	매우 높음	자신을 안정적으로 받아들이며, 타인의 평가에 크게 좌우되지 않음
18~23점	보통~높음	기본적 자기수용은 양호하나 스트레스 상황에서는 흔들릴 수 있음
12~17점	낮음	자기비난 경향 존재, 비교평가에 민감할 수 있음
6~11점	매우 낮음	자기수용 저하, 정서적 어려움이 증가할 수 있음

수치심 척도

번호	문항	전혀 그렇지 않다.	가끔 그렇다.	보통 이다.	자주 그렇다.	매우 자주 그렇다.
1	나는 실수를 하면 스스로가 부끄럽다고 느낀다.	1	2	3	4	5
2	나는 내 부족함을 떠올릴 때 숨고 싶어진다.	1	2	3	4	5
3	나는 다른 사람보다 뒤처졌다고 느끼면 창피함이 든다.	1	2	3	4	5
4	나는 사람들이 나를 바보 같다고 생각할까 걱정될 때가 많다.	1	2	3	4	5
5	누군가가 나를 비판하면 내가 근본적으로 부족한 사람처럼 느낀다.	1	2	3	4	5
6	나는 내 안에 고쳐지지 않는 결함이 있다고 느낀다.	1	2	3	4	5
7	나는 '나는 왜 이럴까?'라는 생각이 반복될 때 수치심을 느낀다.	1	2	3	4	5
8	부끄럽다는 이유로 시도해 보고 싶은 일을 피할 때가 있다.	1	2	3	4	5
합계						

* 이 척도는 수치심/죄책감 이론을 참고하여 연구 및 교육 목적의 자유로운 사용을 위해 재구성한 단축형 자기수용 척도이다. (문항은 저작권 제한 없이 사용할 수 있다.)

채점 및 해석

1. 가장 높은 점수를 준 문항은?

____

2. 이 문항이 나에게 무엇을 말해 주는 것 같나요(예: 나는 비판 상황에서 특히 취약하다, 비교 상황에서 수치심을 많이 느낀다 등)?

____

3. 내가 수치심을 느끼는 순간, 보통 어떤 신체 반응이 나타나나요(예: 가슴 두근거림, 얼굴 화끈거림, 목이 조이는 느낌 등)?

____

4. 수치심이 들 때 내 마음속 자동 생각은 무엇인가요(예: '나는 부족해.' '내가 틀렸어.' '사람들이 날 싫어할 거야.' 등)?

____

총점	의미
32~40점	매우 높은 수치 민감성, 자기비난 회피 경향 강함. 정서적 어려움 가능성
24~31점	다소 높은 수치심, 비교나 실패 상황에서 취약할 수 있음
16~23점	평균 수준. 상황에 따라 수치심이 생길 수 있으나 조절 가능
8~15점	낮은 수치심 경향, 비교적 안정적 자기개념

06 자기효능감과 학습된 무기력

1 자기효능감

인지행동 심리학자로 알려진 밴듀라(Bandura, 1977)는 자기효능감을 원하는 행동을 수행하기 위한 지각된 능력이라고 정의한다. 즉, 자기효능감은 특정한 상황에서 목표를 달성할 수 있다는 자신의 능력에 대한 믿음이자, 한 사람이 삶의 여러 경험을 통해 새로운 상황에서 갖게 되는 전반적인(general) 기대를 말한다. 이러한 자기효능감이 높은 사람들은 어떠한 상황에서도 자신감 있게 행동하며 자신이 열심히 노력하면 성공할 수 있다고 믿는다.

자신이 특정 과제를 성공적으로 수행할 수 있다는 믿음인 자기효능감은 학습자들의 과제 선택, 노력의 정도, 어려움에 대한 대응 방식 그리고 최종 성취에 중요한 역할을 한다. 밴듀라에 따르면, 자기효능감이 높은 학생은 도전적인 과제를 선택하고 실패에도 불구하고 목표를 달성하기 위해 지속적으로 노력한다. 반면, 자기효능감이 낮은 학생은 도전적인 과제를 피하고 쉽게 포기하는 경향이 있다. 이러한 자기효능감은 학습 상황에서 학습자의 성취와 밀접하게 연관되어 있다.

자기효능감은 단순히 과제에 직면하였을 때 형성되는 것이 아니라, 여러 가지 경험을 통해 개발된다. 밴듀라는 성공 경험, 대리 경험, 사회적 설득 그리고 신체 및 정서 상태가 자기효능감 형성에 영향을 준다고 설명한다. 또한 자기효능감의 개념을 설명하면서 '결과 기대(outcome expectation)'와 '효능감 기대(efficacy expectation)'를 구분한다. 여기서 결과 기대는 행동의 결과에 대한 예측이고, 효능감 기대는 그러한 결과를 얻는 데 필요한 행동을 수행할 수 있는 가능성에 대한 믿음이다. 효능감 기대가 더 구체적이고 개인적인 믿음과 확신의 강도를 나타내기 때문에 학습자가 과제를 수행하려는 동기에 더 큰 영향을 미친다고 한다. 자기효능감의 형성 요인은 다음과 같다.

- **성공 경험(mastery experiences)**: 과거의 성공적인 경험은 자기효능감을 높이는 데 가장 강력한 영향을 미친다. 따라서 실패하였던 경험은 단 한 번이라도 자기효능감을 크게 떨어뜨릴 수 있다.
- **대리 경험(vicarious experiences)**: 다른 사람의 성공을 관찰함으로써 얻는 간접적인 경험을 통해 자기효능감을 가질 수 있다. 박세리나 김연아 선수 등은 세리키즈나 연아키즈 등의 새로운 용어를 만들며 많은 청소년이 골프나 피겨 스케이트 분야에서 자기효능감을 높이도록 하였다.
- **사회적 설득(social persuasion)**: 주변 사람들의 격려와 긍정적인 피드백은 자기효능감을 높인다.
- **신체 및 정서 상태(physiological and emotional states)**: 스트레스, 피로, 감정 상태 등이 자기효능감에 영향을 미친다.

2 학습된 무기력

우울증을 설명하는 주요한 이론 중의 하나는 셀리그먼(Seligman, 1975)이 제시한 '학습된 무기력이론(learned helplessness theory)'이다. 학습된 무기력이론은 개를 대상으로 조건형성 실험을 하는 과정에서 우연히 발견된 사실로부터 발전되었다. 피할 수 없는 상황에서 하루 종일 전기충격을 받은 개는 다음 날 옆방으로 도망갈 수 있는 상태에서도 마치 포기한 듯 움직이지 않은 채 전기충격을 그대로 받았다. 즉, 새로운 상황에서도 이전처럼 무기력하게 행동하며 새로운 시도를 하지 않는다는 것이 학습된 무기력이론의 골자다. 인간의 경우에도 좌절 경험을 많이 한 사람은 자신이 어떻게 행동해도 좌절스러운 결과가 돌아올 것이라는 무력감이 학습되어 상황을 변화시키기 위한 어떠한 노력도 하지 않게 된다. 이러한 점들은 사람을 대상으로 한 실험실 연구에서도 확인되었다.

3 자기효능감 증진 방법

자기효능감이 높아지면 당연히 학습된 무기력은 낮아진다. 자신의 성장을 위한 노력과 방법은 다음과 같이 공통적인 요소들로 이루어진다.

- 작은 성공 경험 쌓기: 작은 목표를 설정하고 목표를 달성함으로써 성공 경험을 축적한다.
- 역할모델 찾기: 성공적인 사람을 관찰하고, 그들의 행동을 모방한다.
- 긍정적인 피드백 주고받기: 주변 사람들로부터 격려와 칭찬을 받고, 자신도 긍정적인 자기대화를 한다.
- 스트레스 관리 기술 연습: 명상, 운동, 충분한 수면 등으로 신체적 · 정서적 상태를 관리한다.

자기효능감 검사지

번호	문항	전혀 그렇지 않다.	그렇지 않다.	그렇다.	매우 그렇다.
1	만약 내가 충분한 노력을 하면 나는 항상 문제를 해결할 수 있다.	1	2	3	4
2	어떤 어려움에도 불구하고 나는 항상 나의 목표를 달성한다.	1	2	3	4
3	나에게 있어 목표를 따르고 달성하는 것은 쉽다.	1	2	3	4
4	어떤 상황에서도 나는 자신감이 있다.	1	2	3	4
5	나의 능력으로 인해 나는 어떠한 예상하지 못한 상황에서도 무엇을 해야 할지를 안다.	1	2	3	4
6	만약 내가 노력을 한다면, 나는 나의 문제를 해결할 수 있다.	1	2	3	4
7	나는 어려움에 부딪히더라도 항상 평정을 유지한다.	1	2	3	4
8	어떤 문제에 처해도 나는 여러 가지 해결 방법을 가지고 있다.	1	2	3	4
9	어떠한 문제에 부딪혀도 나는 해결 방법을 찾아낸다.	1	2	3	4
10	나는 어떤 상황이든지 그것을 다룰 수 있다.	1	2	3	4
	합계				

출처: Schwarzer & Jerusalem (1995).

채점 및 해석

40~33 매우 높음 / 32~26 평균~약간 높음 / 25~18 낮음 / 17~10 매우 낮음

07 자기실현과 자아강도

자기실현(self-actualization)은 심리학에서 중요한 개념으로, 개인이 자신의 잠재력을 최대한 발휘하고, 내적으로 만족스럽고 의미 있는 삶을 살아가는 과정을 의미한다. 이 개념은 주로 인본주의 심리학에서 먼저 탐구되었으며, 칼 로저스(Carl Rogers)와 에이브러햄 매슬로(Abraham Maslow)에 의해 강조되었다.

1 자기실현의 주요 특성과 개념

- 자기실현의 의미: 자기실현은 개인이 자신의 독특한 잠재력과 능력을 최대한 발휘하여, 본인의 내적 욕구와 가치를 실현하는 과정이다. 이는 개인이 주체적이고 창의적인 삶을 추구하며, 자신의 인생에 대한 책임감을 가지고 행동하는 것을 의미한다.
- 내적 만족과 삶의 의미: 자기실현은 외적 성공만이 아니라, 내적으로 만족하고 의미 있는 삶을 살아가는 것을 포함한다. 개인이 자신의 가치와 능력을 인식하고, 이를 통해 자아 개발과 성장을 추구하는 과정이다.

- 개인화된 발전 과정: 자기실현은 개인화된 발전 과정으로 볼 수 있다. 각 개인은 자신의 경험과 학습을 통해 자아를 발전시키고, 자신만의 독특한 성취와 목표를 달성하려고 노력한다.
- 자아-이상과의 일치: 자기실현은 자아-이상(ideal self)과의 일치를 추구하는 과정이다. 개인이 자신의 이상적인 상태와 실제 상태가 일치할 때, 자기실현이 이루어진다고 할 수 있다.
- 성장과 발전의 지속적 과정: 자기실현은 단기적 목표 달성이 아닌, 지속적인 성장과 발전의 과정을 의미한다. 개인은 삶의 다양한 영역에서 자기실현을 추구하며, 새로운 경험과 도전을 통해 더 나은 자아를 형성하고자 한다.

자기실현은 개인의 삶을 보다 의미 있게 만들고, 내적으로 만족을 느끼며 성장할 수 있는 중요한 심리적 목표다. 이는 개인이 자신의 삶을 주체적으로 이끌고, 자신의 잠재력을 최대한 발휘하는 과정에서 실현될 수 있다. 요약하자면 자기실현은 개인의 독특한 경험과 목표를 통해 지속적인 성장과 발전을 추구하는 개인화된 발전 과정으로 이해될 수 있다.

2 자기실현의 사례

- 마더 테레사(Mother Teresa): 마더 테레사는 인도에서 가난한 사람들을 위해 봉사하는 데 중점을 둔 수녀원을 설립하고 이끌었다. 그녀는 자신의 믿음과 사랑을 통해 수많은 사람에게 봉사하며 세상에 큰 영향을 미쳤다.
- 니콜라 테슬라(Nikola Tesla): 테슬라는 전기 공학과 물리학 분야에서 혁신적인 발명을 하였다. 그는 교육이 필요 없는 천재였으며, 자신의 과학적 능력을 최대한 발휘하며 현대 전기 기술 발전에 중요한 기여를 하였다.
- 마하트마 간디(Mahatma Gandhi): 간디는 비폭력적 저항을 통해 인도의 독립을 끌어냈다. 그는 자신의 신념을 굳게 지키면서도 폭력을 거부하고 인도 국민의 자

주성을 실현하는 데 기여하였다.

- 마이클 조던(Michael Jordan): 조던은 농구 선수로서 뛰어난 실력과 승부욕을 발휘하여 NBA 역사상 가장 위대한 선수로 평가받고 있다. 그는 농구 외적으로도 브랜드를 성공시키고 사회적으로 많은 사람들에게 영향을 미치는 데 기여하였다.
- 마리 퀴리(Marie Curie): 퀴리는 방사능과 관련된 중요한 연구를 통해 두 개의 노벨상을 받았다. 그녀는 여성 과학자로서 역사상 두 번째 노벨상 수상자가 되었으며, 자신의 과학적 열정과 탐구 정신을 통해 발전된 인류에 기여하였다.
- 월트 디즈니(Walt Disney): 디즈니는 초기에 애니메이션 스튜디오를 운영하면서 많은 실패를 경험하였고, 여러 번의 파산과 어려움을 겪었다. 그러나 그는 절대 포기하지 않고, 1955년에 디즈니랜드 놀이공원을 창립하여 대성공을 거두었다.
- 오프라 윈프리(Oprah Winfrey): 윈프리는 어린 시절 가정 내 폭력과 어려움을 겪었지만, 끊임없는 노력과 자기 계발을 통해 텔레비전 쇼호스트로 자리매김하고, 1896년에 하포 프로덕션이라는 미디어 회사를 설립하였다. 이는 자기 삶을 주도적으로 설계한 상징적 사건이다.
- 스티브 잡스(Steve Jobs): 애플을 창립한 잡스는 회사를 떠난 후 실패를 맛본 뒤에 다시 애플로 돌아와서 혁신적인 제품을 개발하며 애플을 세계 최고의 기업으로 성장시키는 데 기여하였다.
- 유재석: 꾸준한 자기관리와 성실함으로 오랜 시간 방송계 정상에 서며, 겸손과 배려로 자신의 재능을 사회적 가치와 연결하였다. 그는 성실과 꾸준함을 통해 개인의 재능을 사회적 영향력으로 발전시킨 사례다.
- 김수환: 가톨릭 신부로서 한국 최초의 추기경이 되었고, 평생을 가난한 이웃과 사회적 약자를 위해 헌신하였다. 그는 종교적 소명을 넘어 사회적 약자를 위해 헌신하며 공동체적 가치 실현을 이끈 사례다.
- 박완서: 한국의 대표적 작가로서 전쟁과 상실의 개인적 경험을 문학으로 승화시키며, 진솔한 글쓰기를 통해 자기 목소리를 만들어 냈다. 그는 개인적 아픔을 창조적 작업으로 승화시켜 보편적 의미로 확장한 사례다.

이들은 각자 자신의 분야에서 뛰어난 업적을 이루고, 개인적으로도 깊은 내적 성취를 이루며 자기실현을 경험한 사례들이다. 이러한 사례들은 자기실현이 다양한 형태와 맥락에서 실현될 수 있음을 보여 준다.

3 자기실현에 영향을 미치는 주요 요인

- 자기인식: 자기실현을 위해서는 먼저 자기인식이 중요하다. 개인은 자신의 강점과 약점, 가치관, 신념 등을 명확히 이해하고 인식해야 한다.
- 목표와 비전: 명확하고 의미 있는 목표를 설정하고, 그 목표를 향해 나아가는 비전을 가지는 것이 중요하다. 목표는 개인의 가치와 관심사에 부합하며, 단기적인 작은 목표부터 시작하여 장기적인 비전을 포함해야 한다.
- 자기효능감: 자기효능감이 높은 사람이 자기실현을 이루기 쉽다. 자기효능감은 자신이 목표를 달성할 능력과 자신감을 가지고 있는 정도를 의미한다.
- 도전과 학습: 자기실현을 위해서는 새로운 도전을 즐기고, 실패와 반론을 경험하며 학습하고 성장하는 능력이 필요하다. 지속적인 학습과 개발을 통해 개인적이고 전문적인 기술을 발전시키는 것이 중요하다.
- 자기존중과 자기통제: 자기실현을 위해서는 자기존중감을 유지하고, 자기 삶과 선택에 대해 책임감을 가지는 것이 중요하다. 자기통제 능력으로 자신의 삶을 주도하고 방향을 설정할 수 있다.
- 타인과의 관계: 자기실현은 종종 타인과의 관계에서도 영향을 받는다. 건강한 대인관계와 사회적 지원을 받는 것이 자기실현을 도와줄 수 있다.

4 자기실현을 위한 다양한 방법

- 목표 설정과 계획: 자기실현을 위해 먼저 명확한 목표를 설정하고 그 목표를 이루기 위한 계획을 세우는 것이 중요하다. 목표는 개인의 가치와 관심사에 맞추어 설정되어야 하며, 단기적인 작은 목표부터 시작하여 장기적인 비전을 향해 나아가야 한다.
- 자기인식과 성장: 자기실현은 자아개발과 성장을 통해 이루어진다. 자기인식을 높이고 자신의 장점과 약점을 인식하며, 약점을 극복하고 강점을 더욱 발전시키는 데 집중해야 한다.
- 신념과 가치관 세우기: 자기실현은 개인의 신념과 가치를 실제 행동으로 나타내는 과정이다. 이를 위해 자신의 가치관을 분명히 정립하는 것이 필요하다. 자신의 가치관을 명확히 하고 그에 따라 행동하는 것이 중요하다.
- 도전과 실패를 통한 성장: 자기실현을 위해서는 새로운 도전과 실패를 두려워하지 않고 받아들이는 자세가 필요하다. 실패와 반론을 통해 학습하고 성장할 수 있는 능력을 기르는 것이 중요하다. 실패는 성공을 위한 중요한 학습 과정이다. 실패한 원인을 분석하고 그로부터 배울 점을 찾는 것이 중요하다. 실패를 단순히 부정적인 경험으로만 바라보는 것이 아니라, 그로부터 얻은 교훈을 통해 성장할 수 있다.
- 자기존중과 긍정적인 마인드셋: 자기실현을 위해 필요한 또 다른 요소는 자기존중과 긍정적인 마인드셋이다. 자신을 소중히 여기고 자신을 긍정적으로 대하는 것이 중요하다.
- 자기효능감 강화: 자기효능감을 강화하는 것도 자기실현에 도달하는 중요한 요소다. 자신이 목표를 달성할 능력과 자신감을 가지고 행동하는 것이 중요하다. 실패를 경험할 때 자기효능감을 강화하는 기회로 여기는 것도 필요하다. 자신이 어떤 상황에서도 문제를 해결할 수 있다는 확신을 가지고, 실패를 극복하고 다시 도전하는 연습을 지속한다.

- 지속적인 학습과 발전: 자기실현을 위해서는 지속적인 학습과 개발을 추구해야 한다. 새로운 경험을 즐기고 배우며, 개인적이고 전문적인 기술을 발전시키는 것이 중요하다.

이러한 방법들은 각자의 개인적인 상황과 목표에 맞추어 적용되어야 하며, 자기실현을 위한 긴 여정의 일환으로서 지속적으로 실천되어야 한다.

08 회복탄력성

이 절에서는 앤 마스튼(Ann Masten, 2015), 브렌 브라운(Brown, 2017, 2022)과 김주환(2019)이 정립한 회복탄력성의 개념과 이해를 중점적으로 고찰하고자 한다. 마스튼의 저서 『Ordinary Magic: Resilience in Development』은 회복탄력성(resilience)이라는 개념에 관한 심층적인 탐구를 제공한다. 그녀는 회복탄력성을 '평범한 마법(ordinary magic)'이라고 부르며, 이는 인간 발달 과정에서 나타나는 자연스럽고 일상적인 현상으로, 특별한 재능이나 환경이 아니라 보편적인 자원과 일상적 경험에서 비롯된다는 점을 강조한다. 그에 따르면, 회복탄력성은 어려움과 역경에도 불구하고 적응하고 번영할 수 있는 능력을 의미한다. 또한 그는 이를 개인의 유전자, 가족 그리고 지역사회와 같은 다양한 맥락에서 발생하는 자연스러운 과정으로 설명한다. 이는 인간이 성장하고 발달하는 데 필요한 보편적 기제와 같은 것이다. 회복탄력성의 다차원적 관점을 제시하면서, 그는 회복탄력성은 단순히 개인의 특성이나 특질이 아닌, 가족, 학교, 지역사회 등 여러 차원의 상호작용을 통해 형성된다고 주장한다. 마스튼은 사회적 자본, 경제적 자원, 교육 시스템의 질과 같은 환경적 요인들도 회복탄력성에 큰 영향을 미친다고 설명한다.

1 회복탄력성의 세 가지 핵심 요소

김주환(2019)은 『회복탄력성: 시련을 행운으로 바꾸는 마음 근력의 힘』이라는 저서를 통해 한국적 맥락에서 회복탄력성을 다루었다. 김주환은 심리학적 회복탄력성의 개념을 한국인의 정서와 문화적 특성에 맞추어 설명하며, 회복탄력성을 일종의 정신적 근육으로 비유하고, 이를 키우기 위한 실질적인 방법과 훈련법을 제시한다. 그는 회복탄력성을 '삶의 시련과 어려움을 극복하고, 더 나아가 그 속에서 성장할 수 있는 능력'으로 정의한다. 이는 단순히 어려움을 견뎌 내는 것을 넘어서, 그로부터 배움과 성장을 끌어낼 수 있는 능력에 중점을 둔다. 회복탄력성을 '정신적 근육(mental muscle)'에 비유하며, 마치 신체의 근육처럼 훈련과 연습을 통해 강화될 수 있는 것으로 설명한다. 이는 개인이 회복탄력성을 자연스럽게 타고나는 것이 아니라, 학습과 경험을 통해 발전시킬 수 있다는 점을 강조한다. 다음에서 그가 강조한 회복탄력성의 세 가지 핵심 요소인, 자아탄력성(self-resilience), 대인탄력성(interpersonal resilience), 사회적 탄력성(social resilience)을 살펴보고자 한다.

- 자아탄력성(self-resilience): 개인의 심리적 힘과 자기조절 능력을 의미한다. 자아탄력성을 높이기 위해서는 긍정적인 사고방식, 자기효능감 그리고 감정 조절 능력이 중요하다. 이는 외국의 회복탄력성 연구에서 흔히 강조되는 자기인식과 정서 조절과 비슷하지만, 김주환은 이를 더 한국인의 정서적 특성과 연결하여 설명한다.
- 대인탄력성(interpersonal resilience): 타인과의 관계에서 형성되는 회복탄력성을 의미한다. 가족, 친구, 동료와의 긍정적이고 지지적인 관계가 회복탄력성을 높이는 데 중요한 역할을 한다. 대인탄력성은 한국 사회에서의 집단주의적 문화와도 밀접한 관련이 있으며, 상호 의존적 관계 속에서 서로를 지지하고 돌보는 것이 회복력 증진에 중요하다.
- 사회적 탄력성(social resilience): 사회적 네트워크와 공동체의 지지가 개인의 회복

탄력성을 강화하는 요소다. 이는 특히 한국 사회에서의 공동체 의식과 사회적 지원의 중요성을 반영한 것이다. 학교, 직장, 지역사회와 같은 공동체에서의 지원이 회복탄력성을 높이는 데 어떻게 기여할 수 있는지 논의한다. 이는 한국적 문화와 가치관을 반영한 접근이다.

2 회복탄력성의 핵심 과정: 3R

비슷한 내용이지만, 다른 관점에서 회복탄력성을 이야기하는 저자들도 있다. 브렌 브라운(2017, 2022)은 TED에서 가장 높은 반응을 끌어낸 유명 저자다. 그는 자신의 저서 『라이징 스트롱: 어떻게 더 강인하게 일어설 수 있는가?』에서 회복탄력성에 대한 심리적 · 정서적 과정을 심층적으로 탐구한다. 브라운은 이 책에서 사람들이 실패, 실망, 상처를 경험하였을 때 다시 일어서는 방법과 과정에 관해 설명하고, 이를 통해 성장하고 더 나은 삶을 살아가는 방법을 제시한다. 그는 감정적 정직성, 자기 인식 그리고 이야기의 힘을 강조하며, 이를 회복탄력성을 기르는 핵심 요소로 제시한다.

또한 회복탄력성의 핵심 과정을 다음 세 단계로 설명하며, 이를 3R이라 하였다. 바로 자각하기(The Reckoning), 충돌하기(The Rumble), 변화하기(The Revolution)다. 이는 앞의 저자들과 같은 이야기일 수 있지만, 기억과 적용에 도움이 된다. 또한 그만큼 이 과정들이 보편적임을 입증한다고 볼 수 있다. 이 세 단계는 고난과 어려움에서 다시 일어서는 과정에서 핵심적인 역할을 한다.

1) 자각하기

자각하기(The Reckoning) 단계는 감정과 직면하고, 자신의 감정을 인식하는 단계다. 이 단계에서는 어려운 경험과 감정에서 도망치지 않고, 이를 받아들이고 자각하는 것이 중요하다. 이를 통해 감정을 명확히 인식하고, 자신이 느끼는 감정이 어디서 오는지 이해하려고 노력한다. 자각하기는 자기인식(self-awareness)과 같은 의미다.

이는 자신의 감정과 반응을 인식하고 이해하는 능력이다. 자기인식은 어려움에 부닥쳤을 때 자신을 객관적으로 바라보고 대처할 수 있게 한다. 자기인식, 자각하기는 자기계발, 회복탄력성 증진 등에 항상 필수적이고 선행적인 과정으로 언급된다.

2) 충돌하기

충돌하기(The Rumble) 단계에서는 자신의 내러티브(이야기)를 탐색하고 그에 도전한다. 우리가 자신에게 말하는 이야기는 종종 두려움, 수치심, 불확실성으로 왜곡될 수 있기 때문에, 이를 정직하게 검토하고 도전하는 과정이 필요하다. 브라운은 '충돌하기'를 '진실과의 레슬링'이라고 묘사한다. 이는 우리가 내면에서 마주하는 어려운 질문과 감정적 충돌을 의미한다. 이 과정을 통해 우리는 더 진정성 있는 삶을 살 수 있게 된다. 그 과정을 요약하면 다음과 같다.

(1) 자신의 이야기에 도전하기

브라운은 사람들이 어려운 경험을 할 때, 무의식적으로 자신에게 어떤 이야기를 들려준다고 설명한다. 이 이야기는 때때로 두려움, 수치심, 분노, 불안 등 부정적인 감정에 기반을 두고 왜곡될 수 있다. 예를 들어, 누군가가 나에게 화를 낸다면 '그 사람은 나를 싫어해.'라고 단정 지을 수 있다. 하지만 이러한 단정적인 이야기는 진실이 아닐 수 있다.

충돌하기 단계에서는 이러한 이야기와 내러티브에 대해 "내가 이 상황에서 느끼는 감정이 어디서 오는가?"와 같이 스스로에게 질문을 던지고, 그것의 진실성을 탐구하는 과정이 필요하다.

(2) 첫 번째 반응과 감정에 도전하기

사람들은 어려운 상황에 맞닥뜨렸을 때 즉각적으로 강한 감정적 반응을 보인다. 그러나 브라운은 이러한 첫 번째 반응이 항상 진실을 반영하는 것은 아니라고 지적한다. 우리의 첫 반응은 종종 우리가 과거에 학습한 반응이거나, 편견이나 고정관념에 의해 형성된 경우가 많다.

(3) 수치심과 두려움에 맞서기

이 단계에서는 수치심과 두려움을 마주하고, 이를 억누르기보다는 탐구하고 이해하려는 태도가 필요하다. 브라운은 수치심을 줄이기 위해 자기연민(self-compassion)과 공감(empathy)의 중요성을 강조한다. 자신의 취약성을 인정하고, 스스로에게 친절하게 대하는 것이 수치심을 극복하고 진정한 자신과 마주할 수 있는 길을 열어 준다.

(4) 가정과 신념에 대한 도전

사람들은 종종 자신의 가정(assumptions)과 신념(beliefs)에 따라 세상을 해석한다. 그러나 이러한 가정은 때로는 부정확하거나 왜곡될 수 있다. 충돌하기 단계에서는 "내가 지금 믿고 있는 것이 사실인가?"라는 질문을 던지고, 자신의 신념 체계를 재평가하는 과정이 포함된다.

(5) 내러티브의 재구성

충돌하기의 핵심은 '자신의 이야기를 재구성하는 것(rewriting the narrative)'이다. 초기의 감정적 반응이나 편견에 기반한 이야기가 아니라, 사실에 기반하고 더 공감적인 시각에서 새로운 이야기를 만드는 것이다.

3) 변화하기

'변화하기(The Revolution)'는 단순히 변화(change) 이상의 의미를 담고 있다. 이 단계는 자신의 경험과 감정에 대해 더 깊이 이해하고, 이를 통해 새로운 방식으로 삶을 살아가는 방법을 찾는 단계다. 브라운은 변화하기를 '우리가 배우고, 이해하고, 깨달은 것을 행동으로 옮기고, 이를 통해 삶을 더 진실되고 용기 있게 사는 과정'으로 정의한다. 이는 자신의 이야기를 재구성하고, 새로운 내러티브를 통해 더 나은 삶의 방식을 찾아가는 것을 목표로 한다. 이 과정은 행동의 변화를 포함하며, 이는 개인적 성장을 촉진하고 더 큰 회복탄력성을 구축하게 한다. 변화하기 단계에서의 변화는 다음의 핵심 요소들을 바탕으로 이루어진다.

- 행동의 변화(behavioral change): 새로운 통찰을 통해 구체적인 행동을 바꾸는 것이다. 이는 작은 습관의 변화에서부터, 더 큰 삶의 방향을 재설정하는 것까지 다양할 수 있다.
- 신념과 가치의 재정립(realignment of beliefs and values): '충돌하기'를 통해 재구성된 신념과 가치 체계를 바탕으로, 더 진실한 삶의 기준을 세우고 이를 일상에서 실천한다.
- 관계의 변화(change in relationships): 개인의 변화는 대인관계에도 영향을 미친다. 브라운은 새로운 내러티브와 통찰을 바탕으로 더 진정성 있는 관계를 형성하고, 기존의 관계를 재평가하는 것을 강조한다.
- 지속적인 성장과 학습(continuous growth and learning): '변화하기'는 일회성의 변화가 아니라 지속적인 성장과 학습의 과정이다. 새로운 도전과 배움의 기회를 찾고, 이를 통해 더 깊은 변화를 지속해 나간다.
- 변화를 실천에 옮기는 방법: 변화를 실천에 옮기는 첫 번째 방법은 작은 단계부터 시작하는 것이다. 브라운은 변화를 이루기 위해서는 한꺼번에 큰 변화를 시도하기보다는 작고 실천 가능한 목표를 설정하는 것이 중요하다고 강조한다. 예를 들어, 더 정직한 대화를 나누기로 결심하였다면, 매일 한 번씩 진정성 있게 감정을 표현하는 연습부터 시작할 수 있다. 이러한 작은 행동들이 쌓여서 큰 변화로 이어질 수 있다.

3 회복탄력성을 회복하거나 개발하는 방법

1) 자기인식과 정서 조절 능력 강화

자기인식은 자신의 감정과 생각을 이해하고 받아들이는 능력이다. 이를 통해 사람들은 스트레스와 어려움에 대한 반응을 더 잘 관리할 수 있다. 명상, 심리치료, 마음챙김(mindfulness) 호흡법과 같은 방법들은 자기인식을 높이고, 정서적 반응을 조절하는 능력을 기르는 데 유용하다. 이는 스트레스에 대한 대응력을 강화하는 중요한 요소다. 또한 감정 관리와 정서적 자기돌봄(self-care)이 중요하다. 이는 스트레스와 감정을 관리하는 능력을 길러, 어려움 속에서도 안정감을 유지할 수 있도록 돕는다.

2) 안정적이고 지지적인 관계 형성

신뢰할 수 있는 성인, 멘토, 상담사 또는 친구와 같은 지지적인 인물을 찾는 것이 중요하다. 이러한 관계는 긍정적인 애착 경험을 제공하고, 감정적 안정감을 줄 수 있다. 긍정적인 애착 경험을 통해 새로운 정서적 연결을 형성하고, 이전의 애착 손상을 치유하는 데 도움이 된다. 이는 안전하고 신뢰할 수 있는 관계가 긍정적 변화의 기초가 된다는 것을 의미한다. 사회적 지지는 회복탄력성의 중요한 요소 중 하나다. 지역사회 프로그램, 그룹 활동, 자원봉사와 같은 활동을 통해 새로운 사회적 연결망을 구축하는 것이 필요하다.

3) 긍정적인 경험과 역량 강화

자신의 강점과 긍정적인 경험을 인식하고 이를 강화하는 것이 중요하다. 작은 성공 경험을 축적함으로써 자기효능감과 긍정적 자아개념을 강화할 수 있다. 취미 활동, 운동, 창의적인 표현 방법(예: 예술, 글쓰기 등)을 통해 성취감을 경험하는 것도 도움이 된다. 도전 의식과 탐색은 실패나 어려움을 두려워하지 않고, 새로운 도전과 기회를 추구하는 능력이다. 이는 학습과 성장을 지속적으로 추구하는 태도를 의미한다. 이는 자기효능감과도 연관이 있다. 이 능력을 기르기 위해서는 실패를 성장의 기회로 보는 관점을 채택하고, 불확실한 상황에서도 탐색과 도전을 두려워하지 않는 연습이 필요하다. 새로운 경험을 적극적으로 추구하고, 이를 통해 배움의 기회를 찾는 것이 중요하다.

4) 유연한 사고와 문제 해결 능력 개발

회복탄력성은 상황에 따라 유연하게 사고하고 대처하는 능력과 관련이 있다. 창의적인 문제 해결 능력을 기르고, 실패를 성장의 기회로 삼는 사고방식을 개발하는 것이 중요하다. 다양한 문제 해결 전략을 학습하고 실생활에서 적용함으로써 유연한 대처 능력을 키울 수 있다.

5) 전문적인 도움과 치료

심리치료(예: 인지행동치료, 정신역동적 치료)는 애착 손상과 심리적 어려움을 해결하는 데 큰 도움이 될 수 있다. 치료사는 트라우마와 부정적인 경험을 재구성하고, 새로운 대처 전략을 배우도록 돕는다. 트라우마나 애착 손상과 같은 깊은 심리적 어려움을 다루기 위해서는 장기적이고 일관된 치료가 필요할 수 있다.

활동 과제

감정 일기와 자기반성

매일 또는 매주 감정 일기를 작성해 보세요. 감정 일기에는 그날 경험한 감정, 그로 인한 행동 그리고 그 감정의 원인이 된 상황을 기록해 보는 것입니다.

감정 일기	
날짜/시간	
경험한 사건	
떠오른 감정	
감정의 강도 (1~10)	
그 감정을 유발한 생각	
해당 감정에 대응한 행동	
반성하거나 개선할 점	

감정 일기 작성 사례

1. 대학생 A의 감정 일기

- **날짜/시간:** 20○○년 □□월 △△일, 오후 ☆☆시
- **경험한 사건:** 중요한 시험에서 낮은 점수를 받음
- **떠오른 감정:** 실망, 자책
- **감정의 강도:** 8
- **그 감정을 유발한 생각:** "나는 공부를 잘 못하는 것 같아."
- **그 상황에서의 행동:** 시험지를 바로 찢어 버림
- **반성하거나 개선할 점:** 시험 결과를 객관적으로 분석하고, 약한 부분을 파악하여 개선 계획을 수립하기

2. 직장인 B의 감정 일기

- **날짜/시간:** 20○○년 □□월 △△일, 오후 ☆☆시
- **경험한 사건:** 상사에게 업무에서 실수를 지적받음
- **떠오른 감정:** 수치심, 분노
- **감정의 강도:** 7
- **그 감정을 유발한 생각:** "나는 항상 실수만 해."
- **그 상황에서의 행동:** 아무 말도 하지 않고 회의실을 떠남
- **반성하거나 개선할 점:** 감정을 즉시 표현하는 대신, 상황을 잠시 진정시키고 나서 상사와 대화를 시도하기

3. 청년 C의 감정 일기

- **날짜/시간:** 20○○년 □□월 △△일, 오후 ☆☆시
- **경험한 사건:** 친구와 오해로 인해 다툼
- **떠오른 감정:** 슬픔, 외로움
- **감정의 강도:** 6
- **그 감정을 유발한 생각:** "나는 왜 항상 이렇게 관계를 망치는 걸까?"
- **그 상황에서의 행동:** 혼자 집에 있으면서 우울해함
- **반성하거나 개선할 점:** 감정이 고조될 때 바로 반응하지 말고, 감정이 가라앉은 후 친구와 솔직하게 대화하기

이러한 감정 일기는 자기인식을 향상시키는 데 도움을 주며, 개인이 자신의 감정과 그 원인을 이해하는 데 중요한 역할을 한다. 또한 반복적인 기록을 통해 개인은 자신의 반응 패턴을 파악하고, 필요한 경우 이를 조정할 기회를 얻게 된다.

그릿: 인내와 열정의 힘

오늘날 빠르게 변화하고 경쟁이 치열한 사회에서는 성공이 종종 타고난 재능이나 운의 결과로 여겨진다. 그러나 최근 연구에 따르면, 장기적인 목표를 달성하는 데 종종 간과되는 또 다른 중요한 요소가 있다는 것이 밝혀졌다. 바로 '그릿(Grit)'이다. 심리학자 안젤라 더크워스(Angela Duckworth)가 제시한 개념인 그릿은 장기적인 목표를 향한 인내와 열정의 결합을 의미한다. 단순한 노력이나 열의를 넘어, 그릿은 도전과 역경 그리고 침체기에도 불구하고 자신의 목표를 끊임없이 추구하는 능력을 말한다.

그릿은 두 가지 핵심 요소로 구성된다.

- **인내(perseverance):** 장애물이나 실패에도 굴하지 않고 끈기 있게 노력하는 능력이다. 인내는 단순한 끈질김을 넘어, 장기간에 걸쳐 어려움을 견뎌 내고 문제를 해결해 나가는 능력을 포함한다. 예를 들어, 학업에서의 어려움이나 반복되는 시험 실패에도 불구하고 포기하지 않고 지속적으로 노력하는 것이 인내의 한 예다.
- **열정(passion):** 자신이 설정한 목표에 대한 깊은 흥미와 애정을 유지하는 것이다. 열정은 단순한 흥미나 일시적인 열의를 넘어, 장기적으로 자신이 진정으로 가치 있다고 여기는 일을 꾸준히 추구하는 태도를 의미한다. 이는 직업 선택, 학문 연구, 예술 활동 등 다양한 분야에서 중요한 역할을 한다.

더크워스는 TED 강연에서 자신이 학창 시절 수학 교사로 일할 때 경험한 내용을 바탕으로, 성공이 재능에 의해서만 결정되지 않는다는 사실을 강조하였다. 그녀는 교사로서 수학 문제를 빠르고 정확하게 해결하는 학생보다 꾸준히 문제에 도전하고 포기하지 않는 학생이 결국 더 나은 성과를 내는 것을 목격하였다. 이 경험을 계기로 그녀는 그릿에 대한 연구를 시작하게 되었다.

더크워스는 다양한 사람들을 대상으로 연구를 진행하였으며, 그중에서도 사관학교 생도, 전국 스펠링 비 대회 참가자, 판매 직원 등 여러 분야의 사람들을 연구하였다. 그녀는 이 연구를 통해 성공을 예측하는 데 IQ나 재능보다 그릿이 더 중요한 요인임을 발견하였다. 더크워스는 그릿을 '장기적인 목표를 위해 열정과 인내를 지속하는 능력'으로 정의하며, 단기적인 목표나 성취를 넘어선 장기적인 비전을 갖고 끊임없이 노력하는 것이 성공의 핵심임을 강조하였다.

1. 그릿의 실제 사례

- **J. K. 롤링(J. K. Rowling):** 『해리 포터』 시리즈의 작가인 J. K. 롤링은 그릿의 대표적인 사례로 자주 언급된다. 그녀는 『해리 포터』 원고를 출판하기 전, 12곳의 출판사로부터 거절당하였다. 경제적으로도 어려운 상황에 처해 있었지만, 포기하지 않고 계속해서 원고를 제출한 결과, 오늘날 『해리 포터』 시리즈는 전 세계적으로 큰 성공을 거두었다. 롤링의 이야기는 재능과 창의성만이 아니라, 꾸준한 노력과 실패를 극복하려는 의지가 중요함을 보여 준다.
- **토마스 에디슨(Thomas Edison):** 전구를 발명한 사람으로 유명한 에디슨은 그의 발명 과정에서 수천 번의 실패를 경험하였다. 그는 "나는 실패한 것이 아니라, 잘못된 방법을 1,000번 발견한 것이다."라고 말하며, 실패를 성공으로 가는 길의 일부로 여겼다. 그의 끊임없는 도전과 인내 덕분에 오늘날 우리가 사용하는 전구를 발명할 수 있었다.
- **마이클 조던(Michael Jordan):** 농구 역사상 최고의 선수로 평가받는 마이클 조던 역시 그릿의 중요한 사례다. 고등학교 시절 농구팀에서 탈락하였을 때 그는 포기하지 않고 더욱 열심히 연습하였다. 또한 NBA 경력 동안에도 수많은 실패와 역경을 겪었지만, 그는 끊임없이 자신의 한계를 뛰어넘으며 전설적인 기록을 남겼다. 조던은 "나는 내 경력에서 9,000번 이상의 슛을 놓쳤고, 300번 이상의 경기에서 졌다. 나는 계속해서 실패했고, 그래서 성공할 수 있었다."라고 말하며 그릿의 중요성을 강조하였다.
- 박수현(가명) 학생은 졸업 후 글로벌 마케팅 회사에 취업하는 것을 목표로 삼고, 4학년 때부터 꾸준히 취업 준비를 해 왔다. 하지만 처음 지원한 5개의 회사에서 모두 불합격 통보를 받았다. 그럼에도 불구하고 박수현 학생은 포기하지 않았다. 그는 면접에서의 실패 원인을 분석하고, 부족한 영어 실력을 보완하기 위해 매일 2시간씩 영어 공부를 하였다. 또한 면접 준비 스터디에 참여하여 모의 면접을 반복하며 자신의 문제점을 개선하였다. 그 결과 10번째 지원한 회사에서 합격 통보를 받았고, 그는 자신의 꿈을 이루게 되었다. 박수현 학생은 "수많은 불합격을 겪으면서도 포기하지 않고 계속 도전한 것이 결국 나를 성장시키고 목표를 달성하게 했다."라고 말하며, 그릿의 중요성을 강조하였다.

2. 그릿을 기르는 방법

그릿은 타고난 성향이 아닌, 훈련과 경험을 통해 길러질 수 있는 능력이다. 다음은 그릿을 기르는 데 도움이 되는 몇 가지 방법이다.

- **관심:** 열정은 자신이 하는 일을 진정으로 즐기는 데서 시작된다.
- **연습:** 어제보다 잘하려고 매일 단련하는 종류의 끈기를 말한다. 그릿은 현실에 안주하기를 거부한다.
- **목표:** 명확하고 구체적인 목표를 세우는 것이 중요하다. 목표는 단기적인 것부터 장기적인 것까지 다양하게 설정할 수 있으며, 이를 통해 자신이 이루고자 하는 바를 명확히 할 수 있다. 무엇보다 자신이 설정한 목표에 관한 관심을 꾸준히 유지하는 것이 중요하다. 이를 위해 목표와 관련된 책을 읽거나, 관련된 사람들과 네트워킹하는 등의 방법을 활용할 수 있다. 자기 일이 중요하다는 확신이 열정을 무르익게 한다.
- **희망:** 희망은 위기에 대처하게 해 주는 끈기를 말한다. 여기서 실패를 단순히 좌절의 원인이 아닌, 학습의 기회로 인식하는 태도가 필요하다. 실패를 통해 배운 교훈을 바탕으로 다음 단계로 나아가는 것이 그릿을 기르는 데 중요한 요소다. 또한 자신에게 긍정적인 말을 건네고, 자신을 격려하는 것은 그릿을 유지하는 데 도움이 된다. "나는 할 수 있어."와 같은 자기대화는 어려운 상황에서도 자신을 믿고 나아가게 하는 원동력이 된다.

그릿은 단순한 재능이나 일시적인 열정보다 장기적인 성공에 훨씬 더 중요한 요소다. 대학생 시기에는 다양한 어려움과 도전이 수반되지만, 그릿을 통해 이를 극복하고 자신의 목표를 향해 나아갈 수 있다. 인내와 열정을 결합한 그릿은 자신의 꿈을 현실로 만드는 강력한 도구다.

3. 그릿 테스트

그릿을 측정하는 대표적인 방법은 심리학자 앤젤라 더크워스가 개발한 그릿 척도(Grit Scale)다. 이 척도는 12개의 질문으로 구성되어 있으며, 각각의 질문에 대해 5점 척도로 답변을 받는다. 각 항목에 대한 응답을 통해 총점이 산출되며, 이를 통해 개인의 그릿 수준을 평가할 수 있다.

번호	문항	매우 동의하지 않음	동의하지 않음	중립	동의함	매우 동의함
1	나는 장기적인 목표를 위해 지속적으로 노력한다.					
2	나는 하나의 목표를 달성하기 위해 여러 해 동안 열심히 노력할 수 있다.					
3	나는 관심사가 자주 바뀌는 편이다. (역점수)					
4	나는 어려운 문제를 해결하기 위해 끈기 있게 노력한다.					
5	나는 새로운 프로젝트를 시작한 후, 곧 다른 프로젝트로 관심이 옮겨 간다. (역점수)					
6	나는 목표를 달성하기 위해 포기하지 않는다.					
7	나는 실망스러운 결과를 경험한 후에도 목표를 향해 계속 나아간다.					
8	나는 오랫동안 한 가지 일에 집중할 수 있다.					
9	나는 한 가지 목표를 달성한 후에도 새로운 목표를 설정하고 도전한다.					
10	나는 목표 달성을 위해 장기간 노력을 기울인다.					
11	나는 실수나 실패를 겪더라도 쉽게 포기하지 않는다.					
12	나는 한 가지 일을 완벽하게 마칠 때까지 다른 일에 관심을 두지 않는다.					

출처: Dukworth (2016).

채점 및 해석

- 긍정적 질문(1, 2, 4, 6, 7, 8, 9, 10, 11, 12): 점수를 그대로 합산한다.
- 역점수 질문(3, 5): 점수를 반대로 변환한 후(예: 1은 5, 2는 4, 3은 3, 4는 2, 5는 1) 합산한다.
- 해석: 평균 점수로 계산함

  5.0~4.3 매우 높음 / 4.2~3.5 높음 / 3.4~2.8 보통 / 2.0~2.7 낮음 / 1.9~1.0 매우 낮음

제 2 부

성격에 대한 이해

조난숙

09
성격의 개념

1 성격이란 무엇인가

성격은 여러 심리학자에 의해 다르게 정의되어 왔으며, 각 정의는 성격의 다른 측면을 강조한다. 성격은 세월이 지나고 상황이 변함에도 불구하고 비교적 일관되게 지속되는 사람들의 태도나 행동의 특징적인 양식을 일컫는 말이다. 즉, 생각하고 행동하며 주변 사람들과 관계를 맺고, 주어진 환경에 대처해 나가는 일관적이고 지속적인 패턴을 말한다. 우리들은 흔히 한 개인과 다른 개인이 서로 차이가 나는 주된 이유로 각 개인의 성격이 다르다는 점을 든다. 성격은 일반적으로 다음과 같은 세 가지 특성이 있다.

첫째, 독특성이다. 이는 각 사람들의 지문이 다르듯이 성격 또한 사람마다 다르다는 것을 의미한다. 둘째, 안정성과 일관성이다. 시간이 흐르거나 상황이 변해도 사람들이 가진 성격 특성은 크게 달라지지 않는다. 셋째, 성격의 내용, 즉 각자가 지닌 성격의 유형이다. 어떤 사람은 외향적이고 적극적이지만 어떤 사람은 소극적이고 내성적일 수 있다. 이러한 성격 내용을 성격 특질이라고 부른다.

그러나 어떠한 상황에서 나타나는 그 사람의 말이나 행동이 성격으로 인한 것인지, 아니면 환경의 영향과 압력에서 비롯된 것인지를 쉽게 구별할 수는 없다. 아무리 침착한 성격을 소유한 사람들도 심한 스트레스나 긴장 상황에 놓이면 일시적일지라도 평소와 달리 허둥대고 안절부절못하는 혼란스러운 모습을 보일 수 있다. 또 평소에는 말과 행동이 거칠고 성격인 난폭하기 짝이 없는 남자라도 사랑하는 여자 앞에서는 모든 여자가 반할 정도로 온순하고 신사적으로 행동할 수 있다. 이처럼 각 사람이 처해 있는 특수한 상황이나 입장을 무시한 채로 성격을 논하는 것은 바람직하지 않지만, 우리의 일상 언어에서 성격이라는 말은 한 사람의 내면 태도나 외면의 행동에서 나타나는 일관적인 모습을 표현하는 것으로 이해된다. 환경이나 상황이 사람들의 행동과 태도에 많은 영향을 줌에도 불구하고, 우리는 성격이라는 말을 통해 그러한 변화 속에서 일관되게 유지되는 한 사람의 고유한 특성이 있다는 것을 암묵적으로 가정하고 있다.

성격을 한 사람의 행동이나 태도 등 다양한 요소가 이루어 내는 하나의 패턴이라고 볼 때, 성격장애란 이러한 성격 패턴이 경직되고 융통성이 모자라 자신이나 주변 사람들에게 많은 불편감을 주며 기능장애를 일으키는 상태라고 할 수 있다. 성격장애는 대부분 어렸을 때부터 조금씩 형성되어 만성적인 양상을 보이는 것이 보통이며, 치료가 쉽지 않다. 한 사람의 성격이 변화된다는 것은 쉬운 일이 아니다.

여기서, 다양한 심리학자들이 성격을 어떻게 정의하였는지 간단히 살펴본 후에, 주요 심리학자들의 성격이론을 고찰하고자 한다.

- 지그문트 프로이트(Sigmund Freud): 프로이트는 정신분석이론을 창시하였다. 인간 정신을 빙산에 비유하며, 인간의 정신 수준을 의식, 전의식, 무의식으로 구분한다. 또한 인간의 성격을 이드(id), 자아(ego), 초자아(superego)라는 세 가지 구성 요소로 설명하였다. 이드는 본능적 욕구와 충동을 나타내고, 자아는 현실을 반영하며, 초자아는 도덕적 기준을 내포한다. 프로이트는 무의식적 과정이 성격 형성에 중요한 역할을 한다고 보았다.
- 칼 융(Carl Jung): 융은 분석심리학을 창시하였다. 융은 성격을 내향성과 외향성 그리고 여러 원형(archetype)으로 설명하였다. 그는 개인의 무의식뿐만 아니라

집단무의식도 성격 형성에 영향을 미친다고 주장하였다. 프로이트와 마찬가지로 꿈 분석을 깊게 연구하였다.

- 알프레드 아들러(Alfred Adler): 아들러는 개인심리학을 창시하였다. 아들러는 성격을 개인의 열등감과 우월감의 추구를 중심으로 설명하였다. 그는 사회적 관심과 공동체 감각이 성격 형성에 중요한 요소라고 강조하였다.
- 고든 올포트(Gordon Allport): 올포트는 특질이론을 강조하였다. 올포트는 성격을 개인이 일관되게 나타내는 행동 패턴인 특질로 정의하였다. 그는 특질을 중심 특질, 기본 특질, 이차 특질로 나누어 설명하였다.
- 레이몬드 캐텔(Raymond Cattell): 캐텔은 열여섯 가지 성격요소이론을 개발하였다. 그는 성격을 열여섯 가지 기본 특질로 분류하여, 이를 통해 개인의 성격을 측정하고 예측할 수 있다고 주장하였다.
- 한스 아이젱크(Hans Eysenck): 아이젱크는 3요인 모델을 주장하였다. 그는 유전적 요인을 중시하며, 성격을 외향성·내향성, 신경증, 정신병적 성향의 세 가지 주요 차원으로 설명하였다. 또한 유전적 요인이 성격 형성에 중요한 역할을 한다고 강조하였다.
- 로버트 맥크레이(Robert McCrae)와 폴 코스타(Paul Costa): 맥크레이와 코스타는 BIG 5 성격이론을 개발하였다. 이들은 성격을 다섯 가지 주요 차원(외향성, 친화성, 성실성, 정서적 안정성, 개방성)으로 설명하였다. 이 모델은 현재 가장 널리 인정받고 있으며, 성격을 체계적으로 연구하는 데 많이 사용된다.

이러한 다양한 정의들은 성격의 여러 측면을 이해하는 데 중요한 기초가 된다. 우리는 이러한 이론들을 통해 성격을 다각적으로 이해하고, 자신과 타인을 더 잘 이해할 수 있게 될 것이다. 다음은 성격을 이해할 수 있는 예시 및 일화다.

사례 1 성격과 대인관계

지연은 내향적인 성격으로, 혼자 일하는 것을 선호하며 조용한 환경에서 집중할 때 가장 높은 성과를 낸다. 반면, 민수는 외향적인 성격으로, 사람들과의 협업을 즐기고 활발한 토론을 통해 아이디어를 발전시키는 것을 좋아한다. 두 사람은 팀 프로젝트를 함께 진행하게 되었고, 초기에는 서로 일하는 방식이 달라서 갈등을 겪었다. 지연은 민수의 끊임없는 토론 요청에 지쳐 갔고, 민수는 지연의 조용한 태도에 답답함을 느꼈다.

그러나 서로의 성격을 이해하게 되면서, 지연은 민수가 아이디어를 발전시키는 데 큰 도움이 된다는 것을 알게 되었고, 민수는 지연의 집중력과 세심함이 프로젝트의 질을 높이는 데 중요한 역할을 한다는 것을 깨달았다. 결국 두 사람은 서로의 강점을 최대한 활용하며 성공적으로 프로젝트를 완수할 수 있었다.

사례 2 성격과 직업 선택

현우는 어릴 때부터 숫자와 데이터 분석에 뛰어난 재능을 보였고, 논리적 사고를 즐겼다. 대학에 진학할 때, 그의 성격과 관심사를 반영하여 통계학을 전공하였다. 반면, 현우의 친구 소영은 사람들과의 소통을 좋아하고, 다른 사람들의 이야기를 듣고 도움을 주는 데 기쁨을 느꼈다. 소영은 이러한 성격을 반영하여 상담심리학을 전공하였다.

졸업 후, 현우는 데이터 분석가로 일하면서 자신의 성격에 맞는 환경에서 큰 만족감을 느끼고 있으며, 소영은 상담사로서 다양한 사람들을 도우며 보람찬 직장 생활을 하고 있다. 서로 다른 성격과 관심사가 각자에게 맞는 직업 선택으로 이어진 것이다.

사례 3 성격과 스트레스 관리

혜진은 성실하고 꼼꼼한 성격으로, 시험을 앞두고 철저한 계획을 세우고 하나씩 실천해 나가는 것을 좋아한다. 그녀는 성실성 높은 사람으로, 미리 준비를 철저히 해 두면 시험 직전에 큰 스트레스를 받지 않는다.

반면, 그의 친구 영수는 성격이 좀 더 즉흥적이고, 계획 없이 공부하는 경향이 있다. 그는 시험 직전에 몰아서 공부하는 스타일로, 이로 인해 많은 스트레스를 받곤 한다.

두 사람은 서로의 방식을 이해하고 존중하면서, 혜진은 영수에게 계획적인 공부의 중요성을 알려 주었고, 영수는 혜진에게 적절한 휴식과 유연한 사고의 필요성을 강조하였다. 결국 둘 다 자신에게 맞는 방식으로 스트레스를 관리하며 시험 준비를 할 수 있었다.

10 주요 이론에서 말하는 성격이론

1 프로이트의 정신분석

프로이트는 마음을 지형학적으로 설명하고자 빙산에 비유하여 표현하였다. 그는 인간의 마음을 의식, 전의식, 무의식이라는 세 가지 수준으로 나누어 설명하였다. 이는 우리가 어떻게 생각하고 느끼고 행동하는지를 이해하는 데 중요한 개념이다.

1) 지형학적 심리 모델

(1) 의식

의식(conscious)은 우리가 현재 자각하고 있는 생각, 감정, 감각 그리고 경험을 포함한다. 의식은 우리가 일상에서 인식하고 반응하는 모든 것을 포함한다. 예를 들어, 지금 이 글을 읽고 있는 순간의 경험이나 친구와의 대화, 공부할 때 느끼는 집중력 등이 의식에 해당한다. 의식은 물 위에 떠 있는 빙산의 일부분과 같다. 우리가 직접 보고 느낄 수 있는 부분이다.

(2) 전의식

전의식(preconscious)은 현재 자각하고 있지는 않지만 쉽게 의식으로 떠올릴 수 있는 생각이나 기억을 포함한다. 전의식은 필요할 때 쉽게 접근할 수 있는 기억이나 정보로, 예를 들어, 어제 무엇을 먹었는지 기억하려고 할 때, 잠시 생각한 후 쉽게 떠올릴 수 있는 정보들이 전의식에 해당한다. 전의식은 빙산의 수면 바로 아래에 있는 부분과 같다. 우리가 필요할 때 쉽게 끌어올릴 수 있는 정보들이 모여 있는 곳이다.

(3) 무의식

무의식(unconscious)은 우리가 자각하지 못하는 생각, 감정, 욕구 그리고 기억을 포함한다. 이는 의식적으로 접근하기 어려운 깊은 부분에 존재한다. 무의식은 우리의 행동과 감정에 큰 영향을 미치지만, 우리가 직접적으로 인식할 수 없는 부분이다. 여기에는 억압된 기억, 본능적 욕구, 깊은 감정적 상처 등이 포함된다. 예를 들어, 어린 시절의 트라우마가 성인이 되어서도 행동에 영향을 미칠 수 있다. 무의식은 빙산의 물속에 잠긴 큰 부분과 같다. 우리가 직접 볼 수는 없지만, 빙산의 대부분을 차지하며 중요한 역할을 한다.

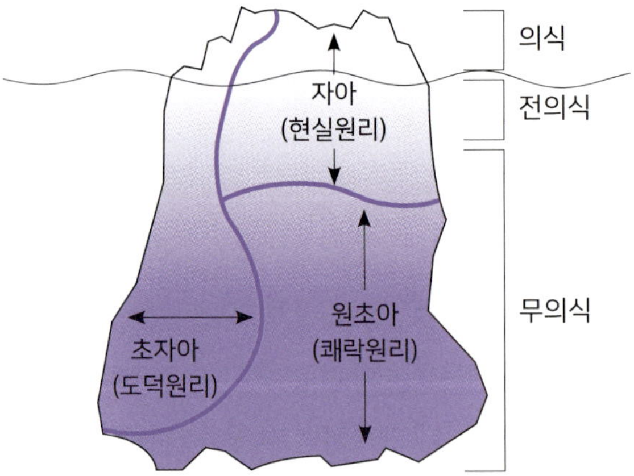

그림 10-1 프로이트의 성격 구조

이 세 가지 수준은 상호작용을 하며 우리의 생각과 행동에 영향을 미친다. 의식과 전의식은 비교적 쉽게 상호작용을 할 수 있다. 필요할 때 전의식에 있는 정보를 의식으로 끌어올릴 수 있다. 무의식의 내용은 직접적으로 의식되지 않지만, 꿈, 실수 그리고 자유 연상 같은 방법을 통해 무의식의 단서를 얻을 수 있다. 전의식은 무의식의 내용 중 일부를 의식으로 가져오는 중간 다리 역할을 할 수 있다.

2) 삼중구조 심리 모델

프로이트는 1900년에 성격 지형학적 이론을 발표한 후, 20여 년이 지난 후에 성격의 삼중구조이론을 추가하여 성격을 이드, 자아 그리고 초자아라는 세 가지 주요 구성 요소로 나누어 설명한다(Freud, 1900; 1923).

(1) 이드

이드(id)는 우리의 원초적 · 본능적인 부분으로, 본능적 욕구와 충동을 포함한다. 이는 출생 시부터 존재하며, 즉각적인 만족을 추구한다. 이드는 쾌락 원칙에 따라 작동하며, 고통을 피하고 즐거움을 추구하려고 한다. 예를 들어, 배고프거나 목이 마르면 즉각적으로 먹고 마시고 싶어 하는 욕구가 이드에서 비롯된다. 이드는 마치 아기와 같아서 원하는 것을 즉시 얻고자 한다. 이성이 아니라 본능과 감정에 의해 움직인다.

(2) 자아

자아(ego)는 이드와 현실 세계 사이의 중재자 역할을 한다. 자아는 현실 원칙에 따라 작동하며, 현실적으로 가능하고 사회적으로 허용되는 방식으로 이드의 욕구를 충족하려고 한다. 자아는 이드의 충동을 만족시키기 위해 현실적이고 논리적인 방식을 찾는다. 예를 들어, 배가 고프지만 수업 중이라면 수업이 끝난 후 음식을 먹으러 가기로 하는 것이 자아의 역할이다. 자아는 이드의 욕구를 현실적으로 충족시키는 어른과 같다. 충동을 즉시 충족시키기보다는 상황에 맞게 조절한다.

(3) 초자아

초자아(superego)는 도덕적 기준과 이상을 내포하는 부분으로, 양심과 자아이상(ideal self)을 포함한다. 초자아는 부모, 사회, 문화의 도덕적 가치와 규범을 반영한다. 또한 옳고 그름을 판단하며, 자아가 도덕적으로 행동하도록 압력을 가한다. 예를 들어, 배가 고프더라도 남의 음식을 훔치지 않는 이유는 초자아가 도덕적 기준을 지키도록 하기 때문이다. 초자아는 내면의 엄격한 부모와 같다. 우리의 행동이 도덕적 기준에 부합하도록 지속적으로 감시한다.

이드는 즉각적인 욕구 충족을 원하고, 초자아는 도덕적 기준을 지키도록 요구하며, 자아는 이 둘 사이에서 현실적으로 타협을 찾아낸다. 이들의 상호작용은 다음과 같이 설명할 수 있다. 이드의 충동과 초자아의 도덕적 요구 사이에서 자아는 균형을 찾으려고 노력한다. 예를 들어, 친구와의 갈등에서 이드는 화를 내고 즉시 싸우려고 할 수 있지만, 초자아는 도덕적 기준에 따라 화를 참으라고 요구한다. 자아는 이 둘 사이에서 타협안을 찾아 상황을 해결하려고 한다. 건강한 성격은 이드, 자아, 초자아가 균형을 이루고 있을 때 나타난다. 자아가 이드의 욕구를 현실적이고 도덕적으로 수용 가능한 방식으로 충족시키는 것이 중요하다.

이 세 가지 구성 요소가 어떻게 상호작용하는지를 이해하면, 우리는 인간의 복잡한 행동과 심리적 갈등을 더 잘 이해할 수 있다. 청년들은 이러한 이해를 통해 자기 자신과 타인의 행동을 더 깊이 있게 분석하고 이해할 수 있게 된다.

3) 프로이트와 안나 프로이트의 방어기제이론

방어기제(defense mechanism)는 인간이 심리적으로 불안을 느낄 때 자신을 보호하기 위해 무의식적으로 사용하는 심리적 전략이다(Freud, 1894). 이는 우리의 자아가 무의식적으로 사용하는 메커니즘으로, 다양한 상황에서 우리를 보호하려는 역할을 한다. 지그문트 프로이트가 처음으로 이 개념을 제시하였고, 그의 딸 안나 프로이트는 이 개념을 더욱 체계화하고 확장하였다. 불안이나 갈등을 견디기 어려울 때, 사람들은 이러한 방어기제를 통해 부정적인 감정을 최소화하고 심리적 균형을 유지하려고 한다.

방어기제를 갖게 되는 주요 원인은 크게 두 가지다. 첫째, 자기 자신이 감당할 수 없는 부정적 정서로부터 자신을 보호하려는 욕구 때문이다. 인간은 본능적으로 불안, 죄책감, 분노, 슬픔과 같은 불편한 감정을 피하거나 최소화하려고 한다. 둘째, 자존감을 유지하려는 욕구 때문이다. 사람들은 자신에 대한 긍정적 이미지를 유지하기 위해 현실을 왜곡하거나 자신에게 유리하게 해석하려고 한다.

방어기제는 긍정적 측면과 부정적 측면을 동시에 가지고 있다. 방어기제의 장점은 일시적으로 심리적 안정을 준다는 점이다. 방어기제를 통해 불안이나 충격적인 상황으로부터 자신을 보호하면, 극심한 스트레스 상황에서도 마음의 평정을 어느 정도 유지할 수 있다. 또한 단기적으로 감정을 조절하고 극복하기 어려운 심리적 갈등으로부터 자신을 보호하는 데 효과적이다. 그러나 방어기제가 항상 긍정적인 것은 아니다. 방어기제의 단점은 현실을 왜곡하거나 문제를 직접적으로 해결하지 않고 회피하게 만든다는 점이다. 방어기제에 과도하게 의존하면 자신의 문제나 감정을 제대로 직면하지 못하고 성장할 기회를 잃게 된다. 또한 방어기제의 과도한 사용은 대인관계에서 의사소통의 어려움과 갈등을 일으키며, 장기적으로는 심리적 불안정이나 정신 건강 악화의 원인이 될 수 있다. 따라서 방어기제를 적절히 이해하고 관리하는 것이 중요하다. 자신이 사용하는 방어기제를 인식하고, 현실과 마주하며 더 성숙한 방식으로 갈등을 해결하는 능력을 키우는 것이 심리적 성장을 위한 바람직한 방향이다.

(1) 주요 방어기제

- 억압(repression): 불쾌하거나 고통스러운 생각, 기억, 욕구 등을 무의식 속에 묻어 두는 것
  - 예시 1: 교통사고를 당한 사람이 그 사고에 대한 자세한 기억을 잊어버리고, 사고 후에도 계속해서 운전하면서도 그 사건을 기억하지 못하는 경우
  - 예시 2: 성인이 학창 시절에 왕따를 당한 경험을 전혀 기억하지 못하는 경우

- 부정(denial): 현실의 고통스러운 부분을 인정하지 않고 무시하는 것
  - 예시 1: 알코올 중독자인 사람이 자신의 음주 문제를 인정하지 않고, 술을 마시는 것이 문제가 아니라고 주장하는 경우
  - 예시 2: 말기 암 판정을 받은 환자가 자신이 병에 걸렸다는 사실을 부정하고 치료를 받지 않으려 하는 경우
- 투사(projection): 자신의 부정적인 감정이나 속성을 타인에게 돌리는 것
  - 예시 1: 업무 성과가 좋지 않은 직장인이 다른 동료들이 자신을 무능하다고 생각한다고 믿으며, 그들을 비난하는 경우
  - 예시 2: 시험 성적이 나쁜 학생이 선생님이 자신을 싫어해서 점수를 낮게 준다고 믿는 경우
- 전이(displacement): 강한 감정을 원래 대상이 아닌 다른 대상으로 옮기는 것
  - 예시 1: 상사에게 꾸중을 들은 후, 집에 와서 가족에게 화를 내는 경우
  - 예시 2: 친구와의 다툼 후, 가족에게 짜증을 부리는 경우
- 반동형성(reaction formation): 자신의 감정이나 욕구와는 반대되는 행동이나 감정을 보이는 것
  - 예시 1: 강하게 싫어하는 사람에게 오히려 과도하게 친절하게 대하는 경우
  - 예시 2: 동성애에 대해 강한 혐오감을 가진 사람이 사실은 동성애적 욕구를 억압하고 있는 경우
- 퇴행(regressions): 스트레스나 불안을 겪을 때, 이전 발달단계로 돌아가는 것
  - 예시 1: 성인이 심한 스트레스를 받았을 때 아이처럼 울고 떼를 쓰는 경우
  - 예시 2: 시험 기간에 스트레스를 받는 청년이 어린 시절에 즐겨하던 인형 놀이를 다시 시작하는 경우
- 합리화(rationalization): 자기 행동이나 상황에 대해 그럴듯한 이유를 대며 정당화하는 것
  - 예시 1: 면접에서 탈락한 후, 그 회사가 자신과 맞지 않았을 것이라고 스스로 위로하는 경우
  - 예시 2: 다이어트에 실패한 후, "어차피 건강이 더 중요하니까."라고 말하며

먹는 것을 정당화하는 경우

- 승화(sublimation): 사회적으로 용납될 수 없는 충동을 건설적인 방식으로 바꾸는 것
  - 예시 1: 공격적인 성향을 가진 사람이 권투나 격투기를 통해 에너지를 발산하는 경우
  - 예시 2: 성적인 욕구를 예술 창작 활동으로 승화하는 경우
- 동일시(identification): 다른 사람의 특징을 자신에게 내면화하여 자신의 일부로 만드는 것
  - 예시 1: 어린아이가 부모의 행동을 모방하여 부모처럼 행동하려고 하는 경우
  - 예시 2: 신입 사원이 존경하는 상사의 업무 스타일을 따라 하며 자신도 그렇게 되기를 바라는 경우

2 칼 융의 분석심리학 성격이론

칼 융(Carl Jung)은 프로이트의 제자였지만, 그의 이론을 발전시켜 독자적인 분석심리학을 제시하였다. 융의 성격이론은 집단무의식, 원형, 페르소나, 아니마와 아니무스, 콤플렉스 등의 개념을 포함하여 인간의 심리를 설명한다. 이를 청년 수준에서 이해하기 쉽게 설명하겠다.

1) 집단무의식

집단무의식(collective unconscious)은 인류 전체가 공유하는 무의식의 층으로, 개인적인 경험을 넘어서는 보편적인 심리적 구조를 포함한다. 집단무의식은 모든 인간이 공통적으로 가지고 있는 무의식적 요소들을 포함하며, 문화와 시대를 초월하여 나타난다. 집단무의식은 원형의 저장소이기도 하다. 집단무의식 속에는 원형이 존재하며, 이는 신화, 예술, 꿈 등에서 나타난다.

실례

- 신화와 전설: 전 세계적으로 유사한 신화와 전설이 존재하는 것은 집단무의식의 예다. 예를 들어, 홍수 신화는 다양한 문화권에서 나타나는 공통된 이야기다.
- 꿈: 많은 사람들이 유사한 꿈을 꾸는 것도 집단무의식의 한 예다. 예를 들어, 추락하는 꿈은 많은 사람이 경험하는 보편적인 꿈이다.

2) 원형

원형(archetypes)은 집단무의식의 구성 요소로, 인간이 본능적으로 가지는 보편적인 심상이나 패턴을 의미한다. 이러한 원형은 인간의 경험과 문화 속에서 빈복적으로 나타나며, 심리적 상징으로 작용한다. 원형에는 자기, 그림자, 아니마와 아니무스 등이 있다.

- 자기(self): 통합된 전체적인 자아를 나타내며, 개인의 심리적 중심을 의미한다.
- 그림자(shadow): 개인이 의식적으로 인정하지 않으려는 부정적 측면이나 억압된 감정과 욕구를 포함한다.
- 아니마(anima)와 아니무스(animus): 아니마는 남성의 무의식 속에 존재하는 여성적인 면을, 아니무스는 여성의 무의식 속에 존재하는 남성적인 면을 의미한다.

실례

- 영웅 원형: 신화와 전설에서 자주 등장하는 영웅은 원형의 대표적인 예다. 영웅은 어려움을 극복하고 세상을 구하는 역할을 맡으며, 이는 현대 영화나 소설에서도 자주 나타난다. 예를 들어, 〈스타워즈〉의 루크 스카이워커가 영웅 원형의 대표적인 사례다.
- 어머니 원형: 어머니 원형은 보호자, 양육자, 창조자의 이미지로 나타난다. 예를 들어, 디즈니 영화 〈라이온 킹〉에서 심바의 어머니 사라비가 이러한 원형을 반영한다.

3) 페르소나

페르소나(persona)는 사회적 역할을 수행할 때 사용하는 '가면'을 의미한다. 이는 외부 세계에 보이는 우리의 모습으로, 사회적 기대와 역할을 반영한다. 우리는 다양한 상황에서 여러 가지 페르소나를 사용한다. 예를 들어, 직장에서의 페르소나와 친구들 사이에서의 페르소나가 다를 수 있다. 페르소나는 우리가 다른 사람들에게 어떻게 보이고 싶은지를 반영하며, 때로는 진정한 자아를 숨기기도 한다.

실례

- 직장에서의 역할: 한 사람이 집에서는 자유롭고 편안하게 행동하지만, 직장에서는 책임감 있고 프로페셔널하게 행동하는 경우가 페르소나의 예다.
- 소셜 미디어: 개인이 소셜 미디어에서 자신을 과장되거나 이상적으로 표현하는 것도 페르소나의 예다.

4) 아니마와 아니무스

아니마와 아니무스는 중요한 원형 가운데 하나이자, 동시에 독립적으로 설명되는 심리학적 개념이다. 융은 남성과 여성 모두 자신 안에 반대 성의 특성을 가지고 있으며, 이들을 통합하는 것이 심리적 성장을 위한 중요한 과정이라고 보았다. 아니마와 아니무스는 꿈이나 예술 작품에서 상징적으로 나타날 수 있다.

실례

- 한 남성이 꿈에서 신비롭고 아름다운 여성을 만나 감정적으로 깊이 끌리는 경우, 이는 그의 아니마가 활성화된 사례일 수 있다. 이 여성은 남성의 내면세계에서 감정과 직관을 대표하는 심상이다.
- 샬럿 브론테의 소설 『제인 에어』에서 주인공 제인 에어는 로체스터에게 끌린다. 로체스터는 제인의 아니무스를 나타내며, 그녀의 내면에서 결단력과 강한

의지를 상징한다.

5) 콤플렉스

콤플렉스(complexes)는 강한 감정적 색채를 띤 무의식적 생각과 감정의 집합체로, 개인의 경험과 관련이 있다. 콤플렉스는 주로 개인의 과거 경험에서 비롯되며, 특정 주제나 상황에 강한 반응을 일으킨다. 이는 개인의 행동과 감정에 큰 영향을 미칠 수 있다.

실례

- **트라우마**: 어린 시절의 트라우마가 콤플렉스로 작용하여 성인이 되어서도 특정 상황에서 과도한 불안이나 두려움을 느끼는 경우다.
- **열등 콤플렉스**: 누군가가 자신을 항상 다른 사람보다 열등하게 느끼고, 이에 따라 사회적 상황에서 위축되는 경우가 이에 해당한다.

6) MBTI와 융의 성격이론

MBTI(Myers-Briggs Type Indicator)는 이사벨 브릭스 마이어스(Isabel Briggs Myers)와 그녀의 어머니 캐서린 쿡 브릭스(Katharine Cook Briggs)가 융의 성격이론을 바탕으로 개발한 성격 유형 검사다.

융의 성격이론은 주로 개인의 심리적 선호와 무의식적인 과정을 설명하는 데 초점을 맞춘다. 반면, MBTI는 이를 바탕으로 한 실용적인 성격 유형 검사를 개발하여, 사람들이 자신의 성격 유형을 더 쉽게 이해하고 응용할 수 있도록 돕는다. 융의 이론은 기본적으로 내향성과 외향성, 감각과 직관, 사고와 감정의 세 가지 차원으로 구성되지만, MBTI는 여기에 판단과 인식을 추가하여 네 가지 차원으로 확장하였다. MBTI는 자기이해, 대인관계, 직업 선택 등 실생활에서의 적용에 중점을 두고 있으며, 기업과 교육기관에서도 널리 사용된다. 융의 이론은 주로 심리학적 연구와 치료에서 사용된다.

MBTI는 네 가지 차원에서 개인의 성격을 평가하며, 각 차원에서 두 가지 선택지를 제공한다. 이 네 가지 차원의 조합으로 열여섯 가지 성격 유형이 도출된다. MBTI 성격 유형에 대한 자세한 설명과 BIG 5 성격이론과의 비교는 다음 절에서 자세히 다룰 것이다.

3 알프레드 아들러의 개인심리학 성격이론

알프레드 아들러(Alfred Adler)는 개인심리학(individual psychology)의 창시자로, 그의 성격이론은 인간의 행동과 동기를 이해하는 데 초점을 맞추고 있다. 아들러는 인간의 행동이 기본적으로 사회적이고 목적 지향적이라고 보았다. 아들러의 성격이론은 인간이 자신의 열등감을 극복하고, 우월성을 추구하며, 사회적 관심을 바탕으로 건강한 삶을 살아가도록 하는 데 중점을 두고 있다. 이를 통해 우리는 자신의 행동과 동기를 이해하고, 더 나은 삶을 살아갈 수 있는 방향을 찾을 수 있다. 아들러의 개인심리학 성격이론은 일상생활에서 다양한 방식으로 적용할 수 있다. 즉, 그의 이론을 실생활에 적용하면, 자기이해와 성장, 대인관계 개선, 목표 설정 등 다양한 측면에서 긍정적인 변화를 끌어낼 수 있다.

1) 열등감과 보상

아들러(1907)는 모든 사람이 태어날 때부터 신체적 · 심리적으로 열등감을 느낀다고 보았다. 이 열등감은 성장 과정에서 사람들에게 동기를 부여하여 이를 극복하려는 노력을 하게 한다. 사람들은 자신의 열등감을 보상(compensation)하기 위해 다양한 방법으로 노력하며, 자신이 부족하다고 느끼는 부분을 채우려고 한다. 사람들이 자신의 열등감을 인식하고 이를 극복하려는 노력을 통해 성장하는 예를 다음과 같이 들 수 있다. 발표 불안이 있는 학생은 발표 기술을 향상시키기 위한 연습과 훈련을 통해 자신감을 키울 수 있다. 또한 운동 능력이 부족하다고 느끼는 사람은 꾸준한 운동과 훈련을 통해 체력을 향상시킨다.

2) 우월성 추구

아들러는 인간의 근본 동기가 우월성을 추구(striving for superiority)하는 것이라고 주장하였다. 이는 단순히 다른 사람보다 우월해지려는 것이 아니라, 자신의 잠재력을 최대한 발휘하고 완전해지려는 욕구를 의미한다. 실생활 적용을 살펴보면 사람들은 자신의 잠재력을 최대한 발휘할 수 있는 목표를 설정하고 달성하려는 노력을 통해 성취감을 얻을 수 있다. 예를 들어, 학생이 학업 성취를 통해 자신의 능력을 인정받고 자신감을 얻으려는 것이다. 또한 우월성 추구를 통해 긍정적인 동기를 얻고, 자신의 한계를 극복하려는 의지를 강화할 수 있다.

3) 사회적 관심

아들러는 인간이 근본적으로 사회적인 존재라고 보았다. 사회적 관심(social interest)은 다른 사람과의 협력과 유대, 사회적 기여를 중요시하는 태도를 의미한다. 건강한 성격을 지닌 사람은 자신뿐만 아니라 타인과 사회를 위해 노력하며, 이는 공동체 감각과 연결된다. 실생활 적용을 살펴보면 사람들은 다른 사람들과의 협력과 유대를 중요시하는 태도를 통해 더 나은 대인관계를 형성할 수 있다. 팀 프로젝트에서 동료들과 협력하여 공동의 목표를 달성하는 경우다. 또한 사회적 관심을 바탕으로 봉사활동을 하거나 지역사회에 기여하는 활동에 참여할 수 있다. 자원봉사나 지역사회 행사에 적극적으로 참여하여 사회에 긍정적인 영향을 미칠 수 있다.

4) 생활 양식

생활 양식(lifestyle)은 개인이 삶의 문제를 해결하고 목표를 달성하는 데 사용하는 일관된 방식이다. 이는 어린 시절의 경험과 가족 환경에 의해 형성된다. 각 사람의 생활 양식은 고유하며, 삶의 여러 측면에서 나타난다. 어떤 사람은 문제를 회피하려는 경향이 있고, 어떤 사람은 도전하려는 경향이 있을 수 있다. 실생활 적용을 살펴보면 사람들은 자신의 생활 양식을 인식하고, 문제 해결 방식을 개선할 수 있다. 예를 들어, 회피적인 성향이 있는 사람은 적극적으로 문제를 해결하려는 태도를 기를 수 있다. 또한 자신의 생활 양식을 이해함으로써, 자신이 왜 특정한 방식으로 행동하는지 파악하고, 이를 통해 더 나은 결정을 내릴 수 있다.

5) 허구적 최종 목표

아들러는 사람들이 허구적인 최종 목표(fictional finalism)를 가지고 있다고 보았다. 이는 현실적으로 달성할 수 없는 이상적이고 완벽한 목표를 의미한다. 여기서 허구의 의미는 그 가정이 거짓이라는 것이 아니라 영원히 증명할 길이 없다는 인식적인 측면에서 허구를 말한다. 허구는 정신 건강을 유지시키기 때문에 필요하다. 이러한 목표는 사람들에게 방향성을 제공하고, 삶의 의미를 부여한다. 예를 들어, '완벽한 인간이 되고 싶다.'라는 목표는 비록 달성할 수 없더라도, 사람들에게 동기부여가 된다. 실생활 적용을 살펴보면 사람들은 이상적이고 완벽한 목표를 설정하고 이를 추구함으로써 삶의 의미와 방향성을 찾을 수 있다. 다른 예로는, '완벽한 부모가 되고 싶다.'는 목표를 가지고 자녀 교육에 최선을 다하는 경우다. 이러한 허구적 최종 목표를 통해 긍정적인 사고와 희망을 유지하며, 어려운 상황에서도 포기하지 않고 계속해서 노력할 수 있다.

6) 출생 순위

아들러는 출생 순위(birth order)가 개인의 성격과 행동에 큰 영향을 미친다고 주장하였다. 그가 말하는 출생 순위의 대체적인 특징은 다음과 같다.

- 첫째: 책임감이 강하고, 리더십을 발휘하는 경향이 있다.
- 둘째: 경쟁심이 강하며, 항상 다른 사람들과 비교하며 성장한다.
- 막내: 종종 많은 관심을 받고, 독립적이기보다는 의존적인 성향이 강하다.
- 외동: 자신만의 세계를 가지고 있으며, 성취 지향적이고 자기중심적일 수 있다.

실생활 적용을 살펴보면 사람들은 자신의 출생 순위가 성격과 행동에 미친 영향을 이해하고, 이를 통해 자신의 강점과 약점을 파악할 수 있다. 첫째로서 책임감이 강한 성향을 이해하고, 이를 긍정적으로 활용할 수 있다. 또한 가족 내 출생 순위가 다른 사람들과의 관계에 어떻게 영향을 미치는지 이해하고, 이를 통해 더 나은 대인관계를 형성할 수 있다. 혹은, 막내로서의 의존적인 성향을 극복하고 독립적인 태도를 기를 수 있다.

4 고든 올포트의 특질이론

고든 올포트(Gordon Allport)는 성격심리학의 선구자 중 한 사람으로, 그의 특질이론(trait theory)은 인간의 성격을 이해하는 데 중요한 기여를 하였다. 올포트(1961)는 성격을 독특하고 일관된 행동 패턴으로 보는 관점에서 연구하였으며, 이러한 행동 패턴을 '특질'이라 정의하였다. 특질이론은 성격심리학에서 개인의 독특성과 일관된 행동 패턴을 이해하는 중요한 틀을 제공하며, 성격 연구에 많은 영향을 미쳤다. 또한 현대의 성격심리학 연구에도 여전히 중요한 역할을 하고 있다. 그의 이론은 크게 다음과 같은 핵심 개념으로 구성된다.

1) 특질의 정의

특질(trait)은 개인의 행동, 감정, 생각을 일정하고 일관되게 나타내는 성향이다. 특질은 일관되고 지속적인 행동 패턴을 나타내는 성격의 기본 단위로서 고유성, 일관성, 지속성이라는 특징이 있다. 올포트는 특질을 세 가지 범주로 구분하였다.

- 중요 특질(cardinal traits): 한 개인의 삶 전반에 걸쳐 모든 행동을 지배하는 강력한 특질이다.
  - 마더 테레사: 그녀의 삶은 '이타심'이라는 중요 특질로 정의되었다. 그녀는 평생을 가난한 사람들을 돕고 사랑을 베푸는 데 헌신하였다. 이타심은 그녀의 모든 행동과 결정을 지배하였다.
  - 간디: 그의 삶은 '비폭력'이라는 중요 특질로 특징지어진다. 간디는 평생을 비폭력 저항 운동에 헌신하며, 그의 모든 행동과 결정은 비폭력이라는 원칙에 기초하였다.
- 중심 특질(central traits): 일상적인 상황에서 자주 나타나는 중요 특질이다. 예를 들어, 성실성, 외향성, 정직함, 친절함 등이 있다. 이는 일반적으로 사람들이 다른 사람을 설명할 때 사용하는 특질이다.
  - 성실성: 항상 숙제를 제때 제출하고, 시험 준비를 철저히 하며, 약속을 어기지 않는다면, 이 사람은 성실성이 중심 특질로 작용하는 것이다.
  - 외향성: 사교적인 성격으로 파티나 모임을 즐기고 많은 친구와 활발하게 교류한다면, 외향성은 이 사람의 중심 특질 중 하나다.
  - 정직함: 모든 상황에서 정직하게 행동하며, 거짓말을 하지 않고 항상 진실을 말한다면, 정직함은 이 사람의 중심 특질 중 하나다.
- 이차적 특질(secondary traits): 특정 상황에서만 나타나는 덜 중요한 특질이다. 예를 들어, 특정 상황에서의 불안감, 취향이나 습관 등이 여기에 포함된다.
  - 특정 상황에서의 불안감: 평소에는 차분하고 침착한 성격을 가진 사람이 공항에서 비행기를 탈 때만 유독 불안해하는 경우, 이 불안감은 그의 이차적 특질이다.
  - 특정 취미에 대한 열정: 마크는 평소에는 조용하고 내성적인 성격의 사람이지만, 좋아하는 축구 경기가 있을 때는 매우 열정적이고 활발하게 응원한다. 이 열정은 그의 이차적 특질이다.

- 특정 음식에 대한 강한 선호: 평소에는 식사에 별다른 관심이 없는 사람이지만, 초콜릿 케이크를 매우 좋아하여, 초콜릿 케이크가 나올 때만 유독 기뻐하고 열정을 보이는 경우도 이차적 특질에 해당한다.

2) 개인적 특질과 공통적 특질

- 개인적 특질(individual traits): 한 개인에게 독특하게 나타나는 특질로, 개인의 성격을 이해하는 데 중점을 둔다.
  - 민수는 창의적이고 독립적이며 모험심이 강한 성격을 가지고 있다. 이러한 개인적 성향 덕분에 민수는 예술가로서 성공할 수 있었고, 새로운 아이디어와 프로젝트를 끊임없이 탐구한다.
  - 수민은 분석적이고 논리적이며, 세부 사항에 주의를 기울이는 성격을 가지고 있다. 이러한 개인적 성향 덕분에 그는 회계사로서 성공하였다.
- 공통적 특질(common traits): 문화나 사회 속에서 공통으로 나타나는 특질로, 사람들 간의 비교를 가능하게 한다.
  - 일본 사회에서는 집단주의와 조화를 중시한다. 개인보다 가족, 회사, 사회 등 집단의 이익을 우선시하며, 조화를 이루기 위해 개인의 행동을 조정하는 경우가 많다.
  - 독일 사회에서는 정확성과 시간 엄수가 중요한 특질로 여겨진다. 많은 독일인은 약속 시간에 철저히 맞추고, 계획된 일정을 지키는 경향이 있다.

3) 기능적 자율성

올포트는 성격의 동기를 이해하는 데 '기능적 자율성'이라는 개념을 도입하였다. 이는 과거의 동기가 현재의 행동을 직접적으로 결정짓지 않으며, 성인이 된 후의 동기는 독립적으로 형성된다는 것을 의미한다. 예를 들어, 어린 시절의 특정 행동이 성인이 된 후에도 계속되지만, 그 이유는 달라질 수 있다.

- 공부하는 이유: 재인은 어릴 때 부모님의 칭찬을 받기 위해 열심히 공부를 시작하였다. 하지만 이제는 학문에 대한 순수한 열정과 지적 호기심 때문에 공부를 계속한다. 재인이 공부하는 이유는 초기 동기(부모님의 칭찬)와 독립적으로 기능하게 되었다.
- 운동하는 이유: 명호는 처음에는 체중 감량을 위해 운동을 시작하였지만, 이제는 건강 유지와 스트레스 해소를 위해 운동을 즐긴다. 그의 운동 습관은 초기 동기(체중 감량)와 독립적으로 기능하게 되었다.

4) 성격의 개별성

올포트는 개인의 독특성을 강조하며, 성격을 연구할 때 각 개인의 독특한 특질과 경험, 즉 성격의 개별성(uniqueness of personality)을 고려해야 한다고 주장하였다. 그는 양적 연구보다는 질적 연구의 중요성을 강조하며, 개인의 이야기를 통해 성격을 이해하고자 하였다.

- 수아와 해아는 쌍둥이 자매지만, 수아는 외향적이고 사교적이며, 해아는 내향적이고 책 읽기를 좋아한다. 이처럼 각 개인은 고유한 특질 조합을 통해 독특한 성격을 형성한다.

제2부 성격에 대한 이해

11 MBTI 성격 유형과 BIG 5 성격이론 비교

MBTI와 BIG 5 성격 검사는 모두 성격을 이해하고 평가하는 데 사용되는 주요 심리 측정 도구다. 이 두 검사를 설명하는 접근 방식에서 차이가 있으며, 각각의 장단점과 활용도가 다르다. 다음은 MBTI 성격 유형과 BIG 5 성격이론의 주요 차이점과 유사점, 장단점을 비교한 것이다.

1) BIG 5 성격이론

성격을 다섯 가지 차원으로 나누어 평가하는 모델이다. 다섯 가지 차원은 각각 개방성(openness), 성실성(conscientiousness), 외향성(extraversion), 우호성(agreeableness), 신경성(neuroticism)이다. 사람들의 성격을 특정한 특성의 연속체(continuous spectrum)로 평가하며, 성격 특성의 상대적인 강도를 측정한다.

2) MBTI 성격 유형

MBTI(Myers-Briggs Type Indicator)는 열여섯 가지 성격 유형으로 사람을 분류하

며, 외향성/내향성(E/I), 감각형/직관형(S/N), 사고형/감정형(T/F), 판단형/인식형(J/P)이라는 네 가지 이분법적 차원으로 나눈다. 각각의 차원에서 두 가지 선택지 중 하나를 선택하여 고정된 성격 유형(예: ENFP, ISTJ)으로 분류한다. 융의 성격이론을 바탕으로, 개별적인 성격 유형을 구분하고 이를 통해 자신과 타인을 이해하려고 한다.

3) BIG 5와 MBTI의 차이

BIG 5 성격이론(이하 BIG 5)은 실증적 연구에 기반한 모델로, 다양한 연구를 통해 신뢰성과 타당성이 검증되었다. 학술 연구에서도 널리 인정받는 성격이론이다. MBTI 성격 유형(이하 MBTI)은 실생활에서 널리 사용되지만, 학문적으로는 타당성과 신뢰성이 부족하다는 비판을 받는다. 특히 이분법적 분류가 성격의 복잡성을 충분히 반영하지 못한다는 지적이 있다.

BIG 5는 개인의 성격 특성을 포괄적으로 분석할 수 있어, 성격에 따른 행동, 정서, 삶의 선택 등을 예측하는 데 유용하다. MBTI는 직관적이고 쉽게 이해될 수 있는 모델로, 자기이해나 대인관계에서 쉽게 적용할 수 있는 장점이 있다.

BIG 5는 MBTI에 비해 구조가 복잡하고, 개인이 결과를 직관적으로 해석하는 데 시간이 걸릴 수 있으며, 개인의 성격 특성 간 상호작용을 충분히 설명하지 못할 수 있다. BIG 5와 MBTI는 각각의 장단점이 있으며, 두 검사를 함께 활용하여 자신의 성격을 다각도로 분석하고 삶의 다양한 측면에서 적용할 수 있다. BIG 5는 성격 특성을 세밀하게 분석하고, MBTI는 실생활에서 쉽게 적용할 수 있는 직관적인 도구로, 상호 보완적으로 활용될 수 있다. 청년들에게 보다 익숙한 MBTI부터 살펴보겠다.

1 MBTI

MBTI는 성격 유형을 열여섯 가지로 분류하여 사람들의 행동, 감정, 사고방식을 이해하는 데 도움을 주는 심리 측정 도구다. 이 모델은 이사벨 브릭스 마이어스와 캐서린 쿡 브릭스가 칼 융의 성격 이론을 바탕으로 개발하였다. MBTI는 주로 자기이해, 대인관계 개선, 직업 선택 등에 널리 사용된다.

1) MBTI의 네 가지 차원

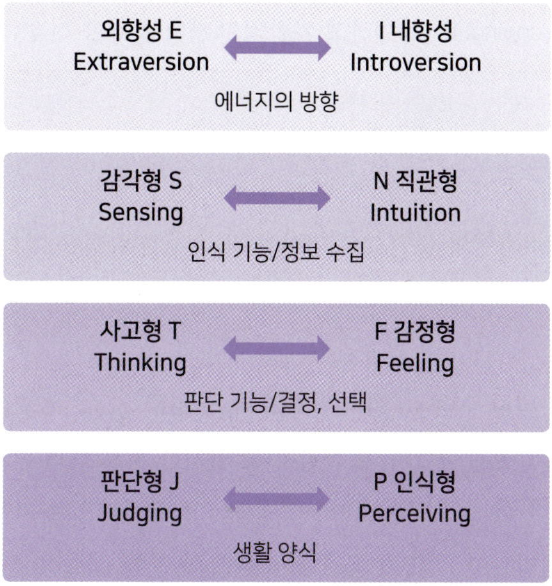

· 그림 11-1 MBTI의 네 가지 차원

MBTI는 네 가지 이분법적 차원에서 개인의 성격을 평가한다. 각 차원에서 두 가지 선택지 중 하나를 선택하여, 열여섯 가지 성격 유형을 도출한다.

- 에너지 방향
  - 외향형(Extraversion: E): 외부 세계와의 상호작용을 통해 에너지를 얻는다.
  - 내향형(Introversion: I): 내면의 세계를 통해 에너지를 얻는다.
- 정보 수집 방식
  - 감각형(Sensing: S): 구체적이고 현실적인 정보를 중시한다.
  - 직관형(Intuition: N): 추상적이고 미래 지향적인 정보를 중시한다.

- 결정 방식
  - 사고형(Thinking: T): 논리적이고 객관적인 기준에 따라 결정을 내린다.
  - 감정형(Feeling: F): 개인적 가치와 감정을 기준으로 결정을 내린다.
- 생활 양식
  - 판단형(Judging: J): 계획적이고 조직적인 생활 양식을 선호한다.
  - 인식형(Perceiving: P): 유연하고 자발적인 생활 양식을 선호한다.

2) MBTI의 열여섯 가지 성격 유형

MBTI는 네 가지 차원의 조합으로 열여섯 가지 성격 유형을 정의한다. 다음은 유형별 간단한 해석이다(Myers & Myers, 1995).

(1) ISTJ: 원칙주의자, 신용가, 절약가, 보수파, 준법자

책임감이 강하고, 체계적이며, 현실적이다. 철저한 일정 관리와 계획을 통해 일을 완수하는 사람이다. 실제 사실에 대하여 정확하고 체계적으로 기억하며 일 처리에서도 신중하며 책임감이 강하다. 집중력이 높으며 강한 현실 감각으로 실질적이고 현실성 있게 조직적으로 일을 처리하며 직무가 요구하는 그 이상으로 일에 대해 생각한다. 어지간한 위기 상태에서도 침착하게 보인다. 충동적으로 일을 처리하지 않으며 일관성 있고 관례적이고 보수적인 태도를 보이는 경향이 있다. 개인적인 반응을 얼굴에 잘 드러내지 않는다. 그러나 상황을 개인적으로 받아들인다. 현재의 문제를 해결하는 데 있어 과거의 경험을 잘 적용하며, 반복되는 일상적인 일에 대한 인내력이 강하다. 때로 일의 세부 사항에 집착하고 고집하는 경향이 있으나, 업무 수행이나 사회생활에 대처할 때 매우 확고하고 분별력이 있다.

(2) ISTP: 낙천가, 소비가, 모험파, 개척자

조용하고 말이 없으며 논리적 · 분석적이고 객관적으로 인생을 사는 유형이다. 사실적인 정보를 조직하기 좋아하지만 일과 관계되지 않는 이상 어떤 상황이나 다른 사람들의 일에 직접 뛰어들지 않는 경향이 있다. 필요 이상으로 자신을 개방하지 않으며 가까운 친구들 외에는 대체로 사람들과 사귀지 않는다. 일상생활에 매우 적응력이 강하다. 과학 분야, 기계 계통, 엔지니어링 분야에 관심이 많다. 기술적인 분야나 기계 분야에 흥미가 없는 경우에는 비조직화된 사실들을 조직화하는 재능이 많으므로 법률, 경제, 마케팅, 판매, 통계 분야에 관심이 많다. 논리적 · 분석적이며 객관적으로 비판한다. 뚜렷한 사실에 기초를 둔 객관적 추론 이외에는 어떤 것에 의해서도 확신을 가지지 않는다. 열정적이지만 조용하고 호기심이 많으며 사람을 사귈 때 친한 친구들을 제외하고는 수줍어한다. 외부 상황을 잊을 만큼 자신의 관심거리에 종종 깊이 몰두하기도 한다.

(3) ESTP: 활동가, 주창가, 수완가, 촉진자

관대하고 느긋하며 어떤 사람이나 사건에 대해서 별로 선입관을 갖지 않으며 개방적이다. 자신에게나 타인에게나 관용적이며, 일을 있는 그대로 보고 받아들인다. 그래서 갈등이나 긴장이 일어나는 상황을 잘 무마하는 능력이 있다. 꼭 이렇게 되어야 하고 저렇게 되어야 한다는 규범을 적용하기보다는 누구나 만족할 수 있는 해결책을 모색하고 타협하고 적응하는 힘이 있다. 주위를 현재 상황에 맞추고 현실을 있는 그대로 보는 경향으로 인해 현실적으로 야기되는 문제를 해결하는 데 뛰어난 능력을 발휘하기도 한다. 생활의 모든 것을 즐기는 형이며 주어진 상황과 그 순간에 무엇이 필요한지를 잘 감지한다. 예술적인 멋과 판단력을 지니고 연장이나 재료들을 다루는 데 능하다. 개인의 느낌이나 주관적 가치에 기준을 두고 결정을 내리기보다 논리적, 분석적으로 일을 처리한다. 읽고 쓰는 것을 통해 배우기보다 직접적인 경험을 통해 배우는 것을 선호한다. 반면, 추상적인 아이디어나 개념에 대해서는 흥미가 없다.

(4) ESTJ: 행정가, 운영자, 사업가, 추진가

일을 조직하고 프로젝트를 계획하고 출범시키는 능력이 있다. 현실적이고 사실적이며 체계적 · 논리적으로 사업이나 조직체를 끌어 나가는 타고난 재능을 가졌다.

혼란스러운 상태나 불분명한 상태 또는 실용성이 없는 분야에는 큰 흥미가 없으나, 필요시에는 언제나 응용하는 힘이 있다. 분명한 규칙을 중요시하고 그에 따라 행동하고 일을 추진하고 완성한다. 비합리적이고 일관성이 없는 상황을 쉽게 파악하는 능력이 있으며, 어떤 계획이나 결정을 내릴 때 확고한 사실에 바탕을 두고 이해한다. 대체로 결과를 현재에 볼 수 있는 일을 즐기는 편이다. 사업이나 기업체, 조직체를 이끌며 행정 관리자로서 일의 목표를 설정 · 지시하는 결정권을 이행하는 역할을 즐긴다. 따라서 인간 중심의 가치와 타인의 감정을 고려하며 타인의 말을 경청하는 노력이 필요하다. 이러한 면을 고려할 수 있을 때 행정가로서 능력을 효율적으로 발휘할 수 있다.

(5) ISFJ: 의무 수행자, 보호자, 관리자, 공급자, 봉사자

책임감이 강하고 온정적이며 헌신적이다. 세부적이고 치밀성과 반복을 요하는 일을 끝까지 해 나가는 인내력이 높다. 이들이 가진 침착성과 인내력은 가정이나 집단에 안정성을 가져다준다. 다른 사람의 사정을 고려하며 자신과 타인의 감정 흐름에 민감하다. 일 처리를 할 때 현실감각을 가지고 실제적이고 조직적으로 이행한다. 경험을 통해서 자신이 틀렸다고 인정하기까지 어떠한 난관이 있어도 꾸준히 밀고 나가는 형이다. 많은 양의 사실을 기억하고 이용할 수 있지만, 그 사실이 모두 정확하기를 바라며 모든 것이 명확하게 쓰인 것을 좋아한다. 위기 상황에 대처할 때도 차분하며 안정되어 있다. 그들을 잘 알기 전까지는 그들이 어떤 상황에 대처할 때 외면의 차분함 뒤에 심할 정도로 개인적인 감정을 느끼고 있음을 알기가 어렵다. 이 유형의 사람들은 일을 하고 세상일에 대처할 때 행동에 분별력이 있다. 대체로 열심이며 세부적인 사항과 절차에 세심하다. 일을 완성하는 데 필요한 세부적이고 사소한 일을 해낼 수 있고 또 그러려고 한다. 이들의 인내력은 연관된 모든 일을 안정시킨다.

(6) ISFP: 순수 예술가, 예술가, 온정가, 낙천가, 연기자

마음이 따뜻하고 동정적이며, 말보다는 행동으로 따뜻함을 나타낸다. 그러나 상대방을 잘 알게 될 때까지 이 따뜻함을 잘 드러내지 않는다. 사람이나 일을 대하는 데 있어 내적인 이상향과 개인적인 가치에 준하여 대하며, 말로 잘 표현하지 않는다. 자신의 주관이나 가치를 타인에게 요구하지 않으며 모든 성격 유형 중에 자기 능력에 대해서 가장 겸손하다. 적용력과 관용성이 많으며, 자연에 대한 사랑과 미적 감각과 균형 감각이 뛰어나다. 현재의 삶을 즐기는 유형이다. 일의 목표 도달에 안달하지 않으며 여유를 즐긴다. 어떤 실재적 대가보다 인간을 이해하고 타인의 기쁨이나 건강 등에 공헌하는 일에 관심이 많다. 이 분야의 일을 신념을 가지고 할 때 헌신과 적응력을 보이며 서두르지 않으면서 완벽주의에 가깝게 일을 처리하는 경향이 있다. 인간사를 다루는 데 있어 자신과 타인의 감정에 지나치게 민감할 수 있으며, 결정력과 추진력에 대해 고려할 줄 아는 것이 필요하다.

(7) ESFP: 특별히 남보다 더 친밀한 사람, 낙천가, 현실가, 접대자, 사교가

친절하고 수용적이며 현실적이고 실제적이다. 어떤 상황에도 잘 적응하고 타협적이다. 선입견이 별로 없으며 개방적, 관용적이고 대체로 사람들을 잘 받아들인다. 주위에서 진행되고 있는 일들을 알고자 하고 또한 열심히 참견하고 끼어든다. 다른 사람의 일이나 활동에 관심이 많으며 새로운 사건이나 물건에도 관심과 호기심이 많다. 이론이나 책을 통해 배우기보다 실생활을 통해 배우는 것을 선호하며 추상적 관념이나 이론보다는 구체적인 사실들을 잘 기억하는 편이다. 논리적인 분석보다는 인간 중심의 가치에 따라 어떤 결정을 내린다. 그러므로 동정적이고 사람들에게 관심이 많고 재치 있고 꾀가 많다. 특히 사람들을 접하는 일에 능숙하고, 사람이나 사물을 다루는 사실적인 상식이 풍부하다.

(8) ESFJ: 누구보다 친절한 협력가, 사교가, 봉사자, 친선 도모자, 협조자

동정심과 동료애가 많으며, 친절하고 재치가 있다. 다른 사람들에게 관심을 쏟고 인화를 도모하는 일을 중요하게 여긴다. 일상적인 일에 잘 적응하며 현실적이고 실제적이다. 물질적인 소유를 즐기기도 한다. 양심적이고 정리 정돈을 잘하며 참을성이 많고 다른 사람을 잘 돕는다. 또한 다른 사람들의 지지를 받으면 일에 더욱 열중하나 다른 사람들의 무관심한 태도에 민감하다. 이들의 기쁨과 만족의 대부분은 주위 사람들이 감정에서 기인한 온정을 보여 주는 것에서 온다. 이들은 다른 사람의 존경할 만한 자질에 주의를 집중하는 경향이 있어서 존경받는 사람, 널리 알려진 기관이나 연구소, 대의명분에 경의를 나타내며 그들이 존경·칭찬하는 것이라면 무엇이든지 이상적인 것으로 받아들인다. 따라서 비판과 객관성이 없이 다른 사람의 의견에 동의하는 경향이나 다른 사람의 견해에 집착하는 경향을 보일 수 있다.

(9) INFJ: 예언가, 현자, 예술가, 신비가

창의력과 통찰력이 뛰어나고, 이상주의적이며, 배려심이 깊다. 다른 사람의 감정을 잘 이해하고, 이상을 추구하는 사람이다. 강한 직관력으로 의미와 진실한 관계를 추구한다. 뛰어난 영감으로 말없이 타인에게 영향력을 미친다. 독창성과 사적인 독립심이 강하고, 확고한 신념과 뚜렷한 원리원칙을 생활 속에 가지고 있으면서 공동의 이익을 가져오는 일에 심혈을 기울이고 인화와 동료애를 중요시하는 경향을 가지고 있어 존경을 받고 사람들이 따른다. 이 유형에는 열정과 신념으로 자신들이 믿는 영감을 구현시켜 나가는 정신적 지도자들이 많다. 남에게 강요하기보다는 행동과 권유로 사람들의 마음을 움직여 따르게 만드는 지도력이 있다.

(10) INFP: 탐색가, 예술가, 신념가, 이상가

이상주의적이고, 창의적이며, 공감 능력이 뛰어나다. 다른 사람의 감정을 깊이 이해하고, 창의적인 일을 좋아하는 사람이다. 세심하고, 신뢰할 수 있으며, 헌신적이다. 다른 사람을 돕고, 신뢰를 중시하는 사람이다. 따뜻하나 상대방을 잘 알기 전에는 표현을 잘하지 않는 조용한 사람들이다. 자신이 관계하는 사람이나 일에 대하여 책임감이 강하고 성실하다. 또한 자신이 지향하는 이상에 대해 정열적인 신념을 지니고 있다. 이들은 자신이 지닌 내적 성실성과 이상, 깊은 감정이나 부드러운 마음을 좀처럼 표현하지 않으나, 조용하게 생활 속에서 배어 나온다. 이해심과 적응력이 뛰어나고 대체로 관대하며 개방적이다. 그러나 내적인 신의가 위협을 당하면 한 치의 양보가 없다. 남을 지배하거나 좋은 인상을 주고자 하는 경향이 거의 없다. 어떤 일에 깊이 관심을 가질 때 완벽주의적으로 나가는 경향이 있다. 노동의 대가를 능가해서 자신이 하는 일에 의미를 찾고자 하는 경향이 있으며 인간 이해와 인간 복지에 기여할 수 있는 일을 하기를 원한다.

(11) ENFP: 열성가, 작가, 참여가, 외교가

열성적이고 창의적이다. 풍부한 상상력과 영감을 가지고 새로운 프로젝트를 잘 시작한다. 풍부한 에너지를 가지고 순발력 있게 일을 재빨리 해결하는 솔선수범력, 상상력이 있다. 관심이 있는 일이면 무엇이든 척척 해내는 열성파다. 뛰어난 통찰력으로 타인의 발전 가능성을 들여다보며, 자신의 열성으로 다른 사람들도 어떤 프로젝트에 흥미를 느끼게 하고 다른 사람들을 잘 도와준다. 이들이 가지는 어려움 중의 하나는 반복되는 일상적인 일을 견디지 못하는 경향이다. 새로운 가능성을 추구하고 창의적 · 즉흥적으로 일을 시작하고 또 다른 일로 옮겨 다니며, 영감과 통찰력과 창의력이 요구되지 않는 일상적이고 세부적인 일에는 도무지 흥미와 열성을 불러일으키지 못한다. 그러나 어려움을 당할 때는 더욱 자극을 받고 어려움을 해결하는 데 매우 독창적으로 대응한다.

(12) ENFJ: 지도자, 교사, 언변가, 협조자

동정심과 동료애가 많으며 친절하고 재치 있고 인화를 아주 중요하게 여긴다. 그들은 주위의 사람들에게 주로 관심을 두고 조화 있는 인간관계에 높은 가치를 두며, 우호적이다. 민첩하고 참을성이 많고 성실하다. 다른 사람의 의견을 존중하고 그 가치를 본다. 공동선을 위해서는 대체로 상대방의 의견에 동의한다. 새로운 아이디어에 대한 호기심이 많다. 쓰기보다는 말로써 생각을 잘 표현한다. 편안하고 능란하게 계획을 제시하거나 조직을 이끌어 가는 능력이 있다. 사교적이고 사람을 좋아하며, 때로 다른 사람의 좋은 점을 지나치게 이상화하고 맹목적 충성을 보이는 경향도 있다. 다른 사람으로부터 인정과 칭찬을 받으면 맡은 일에 더욱 열중하나 비판에 민감하다. 또한 이들은 끈기가 있고 성실하며 작은 일에도 순서를 따른다. 한편 다른 사람에 대해서도 자기와 같으리라 생각하는 경향이 있다. 또한 자신이 존경하는 인물, 제도 혹은 이념을 지나치게 이상화하는 경향도 있다.

(13) INTJ: 과학자, 이론가, 발명가, 독창가

행동의 사고에 있어 독창적이다. 내적인 신념과 가치관은 산이라도 움직일 만큼 강하다. MBTI 성격 유형 중에서 가장 독립적이고 단호하며 문제에 대하여 고집이 세다. 자신이 가진 영감과 목적을 실현하려는 의지와 결단력과 인내심을 가지고 있다. 자신과 타인의 능력을 중요시하며, 목적 달성을 위해 온 시간과 노력을 바쳐 일한다. 또 행동에서뿐만 아니라 생각에 있어서도 냉철한 혁신을 추구하는 유형이다. 그들은 이미 확립된 권위나 널리 수용된 신념들이 있음에도 불구하고, 진실과 의미를 추구하는 데 그들의 직관적인 통찰력을 발휘한다. 이들은 이면을 탐색해 내는 명철한 분석력 때문에 일과 사람을 있는 그대로 수용하고 음미하는 것이 어렵다. 그러므로 현실을 있는 그대로 보며 구체적이고 사실적인 면을 보고자 하는 노력이 필요하다. 또한 타인의 감정을 고려하고 타인의 관점에 귀 기울이는 노력이 필요하다.

(14) INTP: 건축가, 철학자, 과학자, 이론가

조용하고 과묵하나 관심이 있는 분야에 대해서는 말을 잘한다. 사람을 중심으로 한 가치보다는 '아이디어'에 관심이 많다. 매우 분석적이고 논리적이며 객관적 비평을 잘한다. 일의 원리와 인과관계에 관심이 많으며 실체보다는 실체가 안고 있는 가능성에 관심이 많다. 이해가 빠르며 높은 직관력으로 통찰하는 재능과 지적 관심이 많다. 개인적인 인간관계나 파티 혹은 잡담에는 흥미가 별로 없다. 사람을 사귈 때는 보통 아이디어를 토론하고 나누는 소수의 가까운 사람들을 주위에 두고자 한다. 어떤 때는 아이디어에 몰입하여 주위에서 돌아가고 있는 일을 모를 때가 많다. 이들의 주된 관심은 현재 명확하고 이미 알려진 것을 넘어선 가능성을 보는 것에 있고, 이들의 직관력은 그들의 통찰력, 연구심, 지적인 호기심을 고조시킨다.

(15) ENTP: 창의자, 활동가, 능력가, 해결사

독창적인 혁신가로 창의력이 풍부하며 항상 새로운 가능성을 찾고 새로운 시도를 하는 유형이다. 넓은 안목을 가지고 있으며 다방면에 재능이 많다. 풍부한 상상력과 계획을 시도하는 솔선력이 강하며 민첩하고 여러 가지 일에 재능을 발휘하고 자신감이 많다. 사람들의 동향에 대해 기민하고 박식하며, 다른 사람을 판단하기보다는 이해하려고 노력한다. 또한 복잡한 문제 해결에 뛰어난 재능을 지녔고 지칠 줄 모르는 에너지를 소유하고 있으며 새로운 관심사로 눈을 돌리고 새 프로젝트를 시작하는 가운데서 끊임없이 에너지 충전을 받는다.

(16) ENTJ: 지도자, 통솔자, 정책자, 활동가

활동적인 사람이며, 행정적인 일과 장기 계획을 선호하며 논리적 · 분석적이다. 사전 준비를 철저히 하며 계획 · 조직하고 체계적으로 목적 달성을 추진하는 지도자들이 많다. 비능률적이거나 확실하지 않은 상황에 대해서는 별로 인내심이 없다. 그러나 상황이 필요로 할 때는 강하게 대처한다. 솔직하고 결정력과 통솔력이 있으며 거시적 안목으로 일을 밀고 나간다. 관념 자체에 집중하는 경향이 있으며, 관념 이면의 사람에는 관심이 별로 없다. 새로운 지식에 관한 관심이 많으며 복잡한 문제나 지적인 자극을 주는 새로운 아이디어에 호기심이 많다. 때로 현 상황이 처해 있는 현실적 사항들을 쉽게 지나쳐 버리는 경향과 성급하게 일을 추진하는 경향이 있다. 그러므로 이들은 현실이 안고 있는 치밀한 상황을 있는 그대로 볼 줄 알고 다른 사람들의 의견에 귀를 기울일 필요가 있다. 또한 자신과 타인의 감정에 관심을 두고 자신의 느낌이나 감정을 인정하고 표현할 필요가 있다.

3) 기능 및 기질별 특성

표 11-1 네 가지 기능별 특성

구분	ST	SF	NF	NT
주의 집중	사실	사실	가능성	가능성
잘 적응할 수 있는 상황	사실과 경험을 적용하는 상황	날마다 사람들의 관심사를 접하는 상황	사람들의 열망을 이해하는 상황	이론적 개념을 발달시키는 상황
이에 따라 기울어지는 경향	실질적, 분석적	동정적, 친절	열성적, 통찰적	논리적, 분석적

능력 있는 영역 찾기	일상의 과업과 관련된 객관성을 가진 기술	사람들의 일상적인 관심사를 위해 봉사하며 실제로 도움	사람들과 의사소통하고 이해하기	모델을 가지고 이론적·기술적으로 발달시키기
문제 해결	원인과 결과에 대한 단계적이고 객관적인 분석	결과가 지닌 사실의 가치를 단계적이고 개인적으로 고려	결과가 지닌 가치의 가능성에 대해 통찰하는 개인적 고려	원인과 결과가 지닌 가능성에 대해 통찰하는 객관적 분석
직업적 적성	사업, 행정, 회계법, 생산직, 건축, 응용학과	의료 지역 봉사, 교직, 감독, 종교 봉사, 사무직, 판매	사회과학, 연구, 문학, 음악, 예술, 종교 봉사, 의료, 심리치료, 교직	순수과학, 연구관리직, 컴퓨터, 법, 엔지니어, 기술직
문제 해결	원인과 결과에 대한 단계적이고 객관적인 분석	결과가 지닌 사실의 가치를 단계적이고 개인적으로 고려	결과가 지닌 가치의 가능성에 대해 통찰하는 개인적 고려	원인과 결과가 지닌 가능성에 대해 통찰하는 객관적 분석

표 11-2 네 가지 기질별 특성

기질	전체 이름	핵심 가치	주요 초점	의사소통 스타일	강점	도전
SJ	감각-판단 (Sensing-Judging)	의무, 책임감, 실용성	질서와 안정성	직접적이고 구체적	조직적, 신뢰할 수 있음, 성실함	경직될 수 있음, 지나치게 신중할 수 있음
SP	감각-인식 (Sensing-Perceiving)	자유, 자발성, 행동	경험과 적응력	자유롭고 유연함	적응력 있음, 자원 풍부, 재미를 추구함	충동적일 수 있음, 루틴을 싫어할 수 있음
NF	직관-감정 (iNtuitive-Feeling)	이상주의, 진정성, 조화	개인 성장과 의미	표현적이고 공감적	동정심 많음, 창의적, 영감을 줌	지나치게 이상적일 수 있음, 비판에 민감할 수 있음
NT	직관-사고 (iNtuitive-Thinking)	논리, 능력, 혁신	이해와 숙달	분석적이고 정밀함	전략적, 독립적, 문제 해결 능력 뛰어남	감정적으로 분리될 수 있음, 지나치게 비판적일 수 있음

4) MBTI의 활용도

MBTI는 다양한 분야에서 개인의 성격 유형을 이해하고, 이를 바탕으로 여러 목적에 맞게 활용된다. 주요 활용 분야는 다음과 같다.

- 자기이해: 개인이 자신의 성격 유형을 이해하고, 이를 바탕으로 자신의 강점과 약점을 파악할 수 있다. 자신의 성격 특성에 맞는 진로 선택이나 개인적 목표 설정에 도움을 준다.
- 대인관계: 다른 사람의 성격 유형을 이해함으로써 더 나은 의사소통과 협력을 끌어낼 수 있다. 팀워크와 협동을 강화하고, 갈등을 줄이는 데 기여한다.
- 직업 및 경력 개발: 기업에서 직원의 성격 유형을 파악하여 적합한 직무 배치와 팀 구성을 할 수 있다. 개인의 성격 유형에 맞는 경력 개발 프로그램을 설계하여 직무 만족도와 성과를 높일 수 있다.
- 교육: 교사와 학생 간의 상호작용을 개선하고, 학생의 학습 스타일을 이해하여 효과적인 교육 방법을 제공할 수 있다. 학생들의 진로 상담과 교육 계획 수립에 활용된다.

5) MBTI의 한계

- 자기보고 방식의 제한: MBTI는 자기보고식 검사로, 응답자의 주관적인 판단에 의존한다. 이는 응답자가 자신을 어떻게 인식하느냐에 따라 결과가 달라질 수 있다.
- 문화적 편향: MBTI는 주로 서구 문화에 기반을 두고 개발되었기 때문에, 다른 문화권에서는 성격 유형이 다르게 나타날 수 있다.
- 상황적 변동성: 사람의 성격은 상황에 따라 변할 수 있다. MBTI는 이러한 상황적 변동성을 충분히 반영하지 못할 수 있다.
- 과학적 근거 부족: MBTI는 심리학계에서 일부 비판을 받으며, 특히 성격 유형의 타당성과 예측력에 대한 과학적 근거가 충분하지 않다는 지적이 있다.

2 BIG 5 성격이론

1) BIG 5 성격이론의 특징

BIG 5 성격이론(이하 BIG 5)은 높은 타당성과 신뢰성, 종합적이고 포괄적인 성격 평가, 연속적 척도, 다양한 활용 분야, 보편적 적용 가능성, 직관적이고 이해하기 쉬운 구조, 실용적 도구로서의 활용 등 여러 장점을 가지고 있다. 이 성격이론은 성격을 다섯 가지 주요 차원으로 설명한다(Goldberg, 1999). 이들은 외향성(extraversion), 우호성(agreeableness), 성실성(conscientiousness), 신경성(neuroticism), 개방성(openness)이다. OCEAN이라는 머리글자 약어로 표시된다. 신경성 대신에 정서적 안정성이라는 용어가 함께 쓰인다. 같은 축을 반대 방향에서 부른 이름일 뿐, 실제로는 동일한 성격 차원을 나타낸다. 다음은 이 이론이 가지는 여러 장점이다.

(1) 높은 타당성과 신뢰성

BIG 5는 수많은 연구를 통해 다양한 문화와 인구에서 높은 타당성을 보여왔다. 이는 이 모델이 인간 성격의 주요 측면을 정확히 반영한다는 것을 의미한다. 각 차원(외향성, 우호성, 성실성, 정서적 안정성, 개방성)은 심리학 연구에서 일관되게 나타나는 성격 특성을 포괄한다. 또한 BIG 5 모델은 반복적인 검사에서도 일관된 결과를 도출하는 높은 신뢰성을 자랑한다. 이는 동일한 개인이 여러 번 테스트를 받아도 일관된 성격 프로파일을 얻을 수 있음을 의미한다.

(2) 종합적이고 포괄적인 성격 평가

BIG 5는 성격을 다섯 가지 주요 차원으로 종합적으로 평가한다. 이는 개인의 성격을 보다 포괄적으로 이해할 수 있게 해 준다. 각 차원은 다양한 하위 요소들을 포함하고 있어, 성격의 복잡성과 다양성을 잘 반영한다.

(3) 다양한 활용 분야

BIG 5의 활용 분야는 다음과 같이 다양하다.

- 심리 연구: 성격 특성과 다양한 심리적 · 행동적 결과 간의 관계를 이해하는 데 도움을 준다. 인간 성격에 관한 과학적 연구에서 널리 사용된다.
- 임상 심리: 정신 건강 평가와 치료 계획 수립에 유용하다. 예를 들어, 특정 성격 특성과 정신 건강 문제(예: 우울증, 불안장애) 간의 관계를 이해하는 데 도움을 줄 수 있다.
- 인사 관리: 직무 적합성 평가와 인재 선발 과정에서 사용된다. 예를 들어, 높은 성실성과 낮은 신경증(높은 정서적 안정성)이 높은 직무 성과와 관련이 있을 수 있다.
- 교육: 학생들의 학습 스타일과 교육 방법을 이해하는 데 도움을 준다. 예를 들어, 높은 개방성을 가진 학생은 창의적인 학습 활동에 더 잘 반응할 수 있다.

(4) 보편적 적용 가능성

BIG 5는 다양한 문화와 인구에서 일관된 성격 차원을 보여 주므로, 보편적으로 적용할 수 있다. 이는 다른 문화권에서도 성격 평가를 비교적 정확하게 수행할 수 있게 해 준다.

(5) 직관적이고 이해하기 쉬운 용어

BIG 5의 다섯 가지 차원은 직관적이고 이해하기 쉬운 용어로 표현되어 있다. 이는 성격 평가 결과를 쉽게 해석하고, 실생활에 적용하는 데 도움이 된다. 예를 들어, '외향성'은 사교적이고 활발한 성향을 의미한다는 것을 쉽게 이해할 수 있다.

(6) 실용적 도구로서의 활용

BIG 5는 다양한 온라인 플랫폼에서 쉽게 접근할 수 있어, 개인이 자신의 성격 특성을 쉽게 평가하고 이해할 수 있다. 이는 자기이해와 개인적 성장에 도움이 되며,

직업 선택이나 대인관계 개선에도 유용하게 사용될 수 있다.

이러한 장점에도 불구하고, BIG 5 성격이론의 단점으로는 복잡성과 개별성 부족을 들 수 있다. 즉, 다섯 가지 차원의 연속적 평가로 인해, 이해하고 해석하는 데 시간이 걸릴 수 있으며, 성격의 개별적이고 독특한 측면을 충분히 반영하지 못할 수 있다.

2) BIG 5 성격이론의 다섯 가지 구성 요소

- 외향성: 외향성은 사람들과의 상호작용을 즐기고, 활동적이며, 에너지를 외부로부터 얻는 성향을 의미한다. 파티나 모임을 즐기고, 다양한 사람들과 쉽게 친해지는 사람을 예로 들 수 있다. 특징으로 사교성, 활동성, 긍정적 감정 등이 있다.
- 우호성: 우호성은 다른 사람을 배려하고, 친절하며, 협력적인 성향을 의미한다. 파티나 모임을 즐기고, 다양한 사람들과 쉽게 친해지는 사람을 예로 들 수 있다. 특징으로 이타성, 신뢰성, 협력성 등이 있다.
- 성실성: 성실성은 책임감 있고, 조직적이며, 목표 지향적인 성향을 의미한다. 일정 관리가 철저하고, 일을 끝까지 책임지고 완수하는 사람을 예로 들 수 있다. 특징으로 책임감, 계획성, 자기통제 등이 있다.
- 정서적 안정성: 정서적 안정성은 스트레스와 불안에 대한 저항력을 의미하며, 감정적으로 안정된 성향을 의미한다. '신경증(neuroticism)'의 반대 개념으로 사용된다. 어려운 상황에서도 침착함을 유지하고, 감정 기복이 적은 사람을 예로 들 수 있다. 특징으로 감정적 안정성, 낮은 불안감, 자신감 등이 있다.
- 개방성: 개방성은 새로운 경험과 아이디어를 수용하고, 창의적이며, 호기심이 많은 성향을 의미한다. 다양한 취미를 가지고, 새로운 것을 배우는 것을 즐기는 사람을 예로 들 수 있다. 특징으로 창의성, 호기심, 예술적 감수성 등이 있다.

MBTI와 BIG 5, 두 성격 검사는 성격을 설명하는 데 있어 각각의 장점과 한계를 가지고 있다. MBTI는 실생활에서의 적용과 자기이해에 유용하며, BIG 5는 과학적 연구와 성격 평가에 강력한 도구로 사용된다. 이를 통해 우리는 성격을 더 깊이 있게 이해하고, 다양한 상황에서 효과적으로 활용할 수 있다. 이 두 검사 외에도 수 많은 성격 검사들이 존재하며 개발되고 있다.

BIG 5 성격 검사

매우 그렇다.=5, 그런 편이다.=4, 보통이다.=3, 그렇지 않은 편이다.=2, 전혀 그렇지 않다.=1

번호	문항	1	2	3	4	5
1	사람들과 함께 있을 때 에너지가 생긴다.	□	□	□	□	□
2	파티에서 중심이 되는 편이다.	□	□	□	□	□
3	낯선 사람에게 먼저 말을 건다.	□	□	□	□	□
4	활발하고 활동적이다.	□	□	□	□	□
5	혼자 있는 것을 싫어한다.	□	□	□	□	□
6	주변 사람들과 쉽게 친해진다.	□	□	□	□	□
7	내가 있는 자리가 활기가 돋는다.	□	□	□	□	□
8	대담하게 행동한다.	□	□	□	□	□
9	말이 많은 편이다.	□	□	□	□	□
10	리더 역할을 좋아한다.	□	□	□	□	□
11	다른 사람을 배려한다.	□	□	□	□	□
12	친절하게 대하기 위해 노력한다.	□	□	□	□	□
13	다른 사람의 감정을 잘 이해한다.	□	□	□	□	□
14	갈등을 피하려는 편이다.	□	□	□	□	□
15	기꺼이 도움을 준다.	□	□	□	□	□
16	예의 바르게 행동한다.	□	□	□	□	□
17	사람들을 신뢰하는 편이다.	□	□	□	□	□
18	남을 비난하는 것을 피한다.	□	□	□	□	□
19	협력하는 것을 좋아한다.	□	□	□	□	□
20	타인의 입장을 고려한다.	□	□	□	□	□
21	계획을 세우고 지키는 편이다.	□	□	□	□	□
22	약속을 잘 지킨다.	□	□	□	□	□

23	목표를 위해 꾸준히 노력한다.	□	□	□	□	□
24	일을 철저하게 처리한다.	□	□	□	□	□
25	해야 할 일을 잊지 않는다.	□	□	□	□	□
26	책임감이 강하다.	□	□	□	□	□
27	성취욕이 높은 편이다.	□	□	□	□	□
28	체계적으로 과제를 수행한다.	□	□	□	□	□
29	마감 시간을 잘 지킨다.	□	□	□	□	□
30	충동적으로 행동하지 않는다.	□	□	□	□	□
31	사소한 일에도 걱정한다.	□	□	□	□	□
32	스트레스를 받으면 예민해진다.	□	□	□	□	□
33	기분 변화가 잦다.	□	□	□	□	□
34	불안감을 자주 느낀다.	□	□	□	□	□
35	쉽게 우울해진다.	□	□	□	□	□
36	스스로를 지나치게 비판한다.	□	□	□	□	□
37	긴장을 자주 한다.	□	□	□	□	□
38	작은 일에도 마음이 불편하다.	□	□	□	□	□
39	감정 조절이 어려울 때가 많다.	□	□	□	□	□
40	걱정이 머릿속에 오래 남는다.	□	□	□	□	□
41	새로운 아이디어를 생각하는 것을 좋아한다.	□	□	□	□	□
42	다양한 경험을 시도해보고 싶다.	□	□	□	□	□
43	예술음악문학에 관심이 많다.	□	□	□	□	□
44	창의적인 활동을 즐긴다.	□	□	□	□	□
45	새로운 관점에 열린 태도를 갖는다.	□	□	□	□	□
46	철학적추상적 생각을 즐긴다.	□	□	□	□	□
47	호기심이 많다.	□	□	□	□	□
48	새로운 문화 경험을 좋아한다.	□	□	□	□	□
49	독특한 취향을 갖는 것을 두려워하지 않는다.	□	□	□	□	□
50	새로운 방식을 배우는 것을 좋아한다.	□	□	□	□	□

출처: Goldberg (1999).

채점 및 해석

성격 요인	문항 번호	평균 점수 계산	평균 점수 해석
외향성 (Extraversion)	1~10	(총점÷10)	4.0~5.0 매우 높음, 3.0~3.9 평균~높음, 2.0~2.9 평균~낮음, 1.0~1.9 낮음
친화성 (Agreeableness)	11~20	(총점÷10)	4.0~5.0 매우 높음, 3.0~3.9 평균~높음, 2.0~2.9 평균~낮음, 1.0~1.9 낮음
성실성 (Conscientiousness)	21~30	(총점÷10)	4.0~5.0 매우 높음, 3.0~3.9 평균~높음, 2.0~2.9 평균~낮음, 1.0~1.9 낮음
신경성 (Neuroticism)	31~40	(총점÷10)	4.0~5.0 매우 높음(정서적 불안정↑), 3.0~3.9 평균~높음, 2.0~2.9 평균~낮음, 1.0~1.9 낮음(정서적 안정↑)
개방성 (Openness)	41~50	(총점÷10)	4.0~5.0 매우 높음, 3.0~3.9 평균~높음, 2.0~2.9 평균~낮음, 1.0~1.9 낮음

12
성격 형성 요인과 성격 발달

현대의 많은 심리학자는 성격 형성이 유전적 요인과 환경적 요인의 상호작용으로 이루어진다는 데에 동의한다. 성격은 개인의 고유한 행동, 감정, 생각의 패턴으로 정의되며, 이는 유전적 소인과 환경적 경험으로 형성된다. 청년 수준에서 이를 이해하기 위해 두 가지 요인을 상세히 살펴보겠다.

1 유전적 요인

유전적 요인은 성격 형성에 중요한 역할을 한다. 이는 부모로부터 물려받은 유전자에 의해 결정되며, 성격의 많은 부분이 유전적 소인에 의해 영향을 받고 있음이 많은 연구로 밝혀졌다.

유전자는 개인의 생물학적 특성을 결정하며, 이는 성격에도 큰 영향을 미친다. 쌍둥이 연구와 가족 연구를 통해 유전적 요인이 성격 형성에 미치는 영향을 분석할 수 있다. 또한 연구자들은 특정 유전자와 성격 특성 간의 연관성을 찾기 위해 많은 연구를 수행해 왔다(Loehlim & Nichols, 1976). 예를 들어, **도파민 수용체 유전자**는 외향성과 관련이 있을 수 있다(Ebstein et al., 1996). 도파민은 보상과 쾌락을 담당하는 신경전달물질로, 외향적인 행동과 관련이 있을 수 있다.

- **쌍둥이 연구**: 일란성 쌍둥이는 동일한 유전자를 공유하고, 이란성 쌍둥이는 절반의 유전자를 공유한다. 연구에 따르면, 일란성 쌍둥이는 이란성 쌍둥이와 비교하면 성격 유사성이 더 높다. 이는 유전적 요인이 성격에 큰 영향을 미친다는 것을 시사한다.
- **가족 연구**: 가족 구성원 간의 성격 유사성을 연구함으로써 유전적 영향을 평가할 수 있다. 부모와 자녀, 형제자매 간의 성격 유사성은 유전적 요인의 영향을 보여 준다.
- **도파민 수용체 유전자(DRD4)**: 외향성과 관련된 연구에서 도파민 수용체 유전자 변이가 높은 사람들은 외향적인 성향을 보일 가능성이 높다는 결과가 나타났다.
- **세로토닌 수송체 유전자(5HTTLPR)**: 세로토닌은 감정 조절에 중요한 역할을 하는 신경전달물질이다. 세로토닌 수송체 유전자 변이는 정서적 안정성(신경증)과 관련이 있을 수 있다.

2 환경적 요인

환경적 요인은 성격 형성에 큰 영향을 미친다. 이는 출생 후 개인이 경험하는 모든 외부 요인을 포함한다. 환경적 요인은 가족 환경, 사회적 관계, 문화적 배경 등 다양한 요소로 구성된다.

1) 가족 환경과 사회적 관계

가족 환경은 성격 형성에 가장 중요한 초기 환경 요인 중 하나다. 부모의 양육 방식, 형제자매와의 관계, 가정의 분위기 등이 성격 형성에 영향을 미친다. 또한 사회적 관계는 성격 형성에 중요한 역할을 한다. 친구, 교사, 동료와의 상호작용이 개인의 성격에 영향을 미칠 수 있다.

- **양육 방식**: 부모의 양육 방식은 자녀의 성격 형성에 중요한 역할을 한다. 예를 들어, 권위적인 양육 방식은 자녀에게 책임감과 자율성을 가르치는 반면, 방임적인 양육 방식은 자녀의 자존감과 자기통제 능력에 부정적인 영향을 미칠 수 있다.
- **형제자매 관계**: 형제자매와의 상호작용도 성격 형성에 영향을 미친다. 예를 들어, 형제자매 간의 경쟁은 경쟁심과 성취동기를 강화할 수 있다.
- **또래 관계**: 또래 관계는 청소년기의 성격 형성에 특히 중요한 역할을 한다. 친구들과의 상호작용을 통해 사회적 기술을 배우고, 자기인식을 형성한다. 예를 들어, 인기 있는 친구들과 어울리는 청소년은 자신감을 얻고, 사회적 기술이 발달할 수 있다.
- **교사와의 관계**: 교사와의 긍정적인 관계는 학생의 자존감과 학업 성취에 긍정적인 영향을 미칠 수 있다. 교사의 지지와 격려는 학생의 자기효능감을 높이고, 긍정적인 성격 형성을 도울 수 있다.

2) 문화적 배경과 학습

문화적 배경은 개인의 가치관, 신념, 행동 양식을 형성하는 데 중요한 역할을 한다. 문화는 성격 형성에 영향을 미치는 사회적 규범과 기대를 제공한다. 또한 학습과 교육 경험은 성격 형성에 큰 영향을 미친다. 학교 환경과 교육과정은 학생의 성격 발달에 영향을 미칠 수 있다.

- **문화적 가치**: 특정 문화에서는 특정 성격 특성을 더 중시할 수 있다. 예를 들어, 서양 문화에서는 독립성과 자기주장이 강조되는 반면, 동양 문화에서는 집단주

의와 조화가 중시된다.

- 사회적 규범: 사회적 규범은 개인의 행동을 규제하고, 특정 성격 특성을 강화하거나 억제할 수 있다. 예를 들어, 집단주의 문화에서는 협력과 조화가 중요한 가치로 여겨지며, 이러한 가치에 부합하는 성격 특성이 형성될 가능성이 높다.
- 학업 성취: 학업 성취는 학생의 자존감과 자기효능감에 긍정적인 영향을 미칠 수 있다. 성공적인 학업 경험은 학생의 성실성과 책임감을 강화할 수 있다.
- 교육 방법: 다양한 교육 방법과 학습 환경이 학생의 성격 형성에 영향을 미칠 수 있다. 예를 들어, 창의적이고 유연한 교육 환경은 학생의 창의성과 개방성을 증진할 수 있다.

3) 생활 경험

생활 경험은 개인의 성격 형성에 큰 영향을 미친다. 이는 긍정적인 경험과 부정적인 경험 모두를 포함한다.

- 트라우마: 어린 시절의 트라우마 경험은 성격 형성에 심각한 영향을 미칠 수 있다. 예를 들어, 학대나 방임을 경험한 어린이는 불안감과 신경증적 성향을 보일 가능성이 높다.
- 긍정적 경험: 반면, 긍정적인 경험은 성격 형성에 긍정적인 영향을 미칠 수 있다. 예를 들어, 성공적인 사회적 관계와 지지받는 환경은 긍정적인 성격 특성을 강화할 수 있다.

3 유전적 요인과 환경적 요인의 상호작용

성격 형성은 유전적 요인과 환경적 요인이 상호작용하여 이루어진다. 이는 복잡한 과정으로, 두 요인이 독립적으로 작용하는 것이 아니라 서로 영향을 주고받으며 성격을 형성한다. 예를 들어, 특정 유전자를 가진 사람이 환경적 스트레스 요인에 노출될 때, 그 사람의 성격 특성이 더 두드러질 수 있다.

- 유전자 환경 상호작용: 특정 유전자가 환경적 요인에 민감하게 반응하는 경우, 유전자 환경 상호작용이 성격 형성에 중요한 역할을 할 수 있다. 예를 들어, 외향적인 유전자를 가진 사람이 사회적 지지를 많이 받는 환경에서 자라면, 외향적인 성향이 더욱 강화될 수 있다.
- 반응적 상관: 개인의 유전적 특성이 환경에 대한 반응을 유도하는 경우, 이를 반응적 상관이라고 한다. 예를 들어, 외향적인 아이는 사회적 활동을 더 많이 추구하고, 이는 외향성을 더욱 강화할 수 있다.

성격 형성은 유전적 요인과 환경적 요인이 상호작용하여 이루어지는 복잡한 과정이다. 유전적 요인은 성격의 기본 틀을 제공하며, 환경적 요인은 이를 바탕으로 성격을 형성하고 발전시킨다. 가족 환경, 사회적 관계, 문화적 배경, 교육과 학습, 생활 경험 등 다양한 환경적 요인이 유전적 소인과 결합하여 개인의 고유한 성격을 형성한다. 이러한 이해를 통해 우리는 성격 형성의 복잡성을 더 잘 이해하고, 자기이해와 대인관계 개선에 도움을 받을 수 있다.

13 성격과 대인관계

성격은 우리의 생각, 감정, 행동을 일관되게 형성하는 고유한 특성들의 집합이다. 이러한 성격은 대인관계에 큰 영향을 미치며, 대인관계 또한 성격 형성에 영향을 준다. 성격과 대인관계의 상호작용은 개인의 삶의 질과 만족도를 크게 좌우한다. 이 절에서는 대인관계가 성격 형성에 미치는 영향과 성격이 대인관계에 미치는 영향을 다양한 관점에서 살펴보겠다.

1 대인관계가 성격 형성에 미치는 영향

1) 가족과의 관계

부모와의 관계는 아동기 성격 형성에 큰 영향을 미친다. 부모의 양육 방식, 사랑과 지지, 훈육 방법 등이 자녀의 성격 발달에 결정적인 역할을 한다. 애착이론에 따르면, 안정적인 애착을 형성한 아이는 신뢰감과 안정감을 가지고 성장하며, 이는 성인기의 대인관계에도 긍정적인 영향을 미친다. 반면, 불안정한 애착은 불안감과 신뢰

부족을 초래할 수 있다.

형제자매와의 관계는 사회적 기술과 경쟁심, 협력심 등을 발달시키는 데 중요한 역할을 한다. 형제자매 간의 갈등과 협력 경험은 대인관계 기술을 배우는 기회가 된다. 형제자매 간의 긍정적인 관계는 지지와 위안을 제공하며, 부정적인 관계는 스트레스와 갈등을 초래할 수 있다.

2) 또래와의 관계

또래 관계는 청소년기 성격 형성에 중요한 역할을 한다. 친구와의 상호작용을 통해 사회적 기술, 자기이해, 정체성 형성 등을 경험한다. 또래 관계에서의 긍정적인 경험은 자기존중감을 높이고, 부정적인 경험은 자기존중감을 저하할 수 있다. 청소년기는 또래와의 비교를 통해 자신의 자기개념을 형성하는 시기다. 또래 집단에서의 인기는 자존감에 큰 영향을 미치며, 소외감은 부정적인 영향을 미칠 수 있다. 또래와의 상호작용은 사회적 규범과 역할을 학습하는 기회를 제공하며, 이는 성격 형성에 큰 영향을 미친다.

3) 성인기의 대인관계

성인기는 친밀한 관계를 형성하는 중요한 시기다. 결혼, 연인 관계, 깊은 우정 등은 성격 발달에 큰 영향을 미친다. 에릭슨(1959)의 심리 · 사회적 발달이론에 따르면, 성인 초기의 주요 과제는 친밀감 대 고립감이다. 성공적인 친밀감 형성은 정서적 안정과 만족감을 제공하며, 실패하면 고립감과 외로움을 경험할 수 있다. 성인기의 직업적 관계는 성격 발달에 중요한 역할을 한다. 직장에서의 상사, 동료, 부하 직원과의 관계는 개인의 성격 형성과 직무 만족도에 영향을 미친다. 긍정적인 직업적 관계는 자기존중감과 성취동기를 강화하며, 부정적인 관계는 스트레스와 불안을 초래할 수 있다.

2 성격과 대인관계의 상호작용

1) 성격과 대인관계의 피드백 루프

성격과 대인관계는 상호 영향을 주고받는 피드백 루프를 형성한다. 개인의 성격은 그 사람의 대인관계에서 행동과 반응을 결정하는 중요한 요소다. 예를 들어, 외향적인 성격을 가진 사람은 적극적으로 사회적 상호작용에 참여하고 다른 사람들과 자주 소통하려는 경향이 있다. 이러한 행동은 긍정적인 반응을 끌어내 그 사람의 외향적인 성향을 더 강화할 수 있다. 반면, 내향적인 성격의 사람은 조용하고 혼자 있는 시간을 선호할 수 있으며, 이런 경향이 관계에서 거리를 두게 하고, 그로 인해 사회적 상호작용의 빈도가 줄어들 수 있다.

이러한 피드백 루프는 한편으로는 긍정적인 강화 작용을, 다른 한편으로는 부정적인 강화 작용을 할 수 있다. 예를 들어, 우호성이 높은 사람은 타인을 배려하는 행동을 통해 긍정적인 피드백을 받아 더 원만한 대인관계를 형성할 가능성이 크다. 이는 다시 그 사람의 우호적인 성격을 더욱 강화한다. 반면, 신경성이 높은 사람은 불안감이나 분노로 인해 대인관계에서 갈등을 겪을 수 있으며, 그 결과 상대방의 부정적인 반응을 경험하게 된다. 이러한 경험은 그 사람의 불안감을 더 악화하고, 더 많은 갈등을 초래할 수 있다.

또한 대인관계 경험은 사람의 성격을 변화시킬 수 있다. 장기적인 관계나 중요한 사회적 경험은 성격 특성에 영향을 미칠 수 있다. 예를 들어, 사회적 환경에서 반복적으로 긍정적인 피드백을 받으면 내향적인 사람도 점차 외향적인 성향을 보일 수 있다. 반대로, 지속적인 부정적 관계 경험은 외향적인 사람도 점차 사회적 상호작용을 피하게 만들 수 있다. 청년들은 이러한 피드백 루프를 이해함으로써 자신의 성격이 대인관계에 미치는 영향을 인식하고, 나아가 더 건강한 관계를 유지할 수 있는 방법을 찾을 수 있다. 또한 자신의 대인관계에서 피드백을 통해 성격을 발전시키는 기회로 삼을 수 있으며, 긍정적인 상호작용을 통해 더 나은 성격 특성을 형성할 수 있다.

2) 성격 변화와 대인관계

성격은 일생 동안 변할 수 있으며, 이는 대인관계 경험으로 촉진될 수 있다. 예를 들어, 새로운 친구를 사귀거나 직장에서의 긍정적인 상호작용을 통해 성격 특성이 변할 수 있다. 성격 변화는 대인관계 적응을 돕는다. 예를 들어, 외향성이 낮은 사람이 사회적 기술을 배우고 연습하면 대인관계에서 더 쉽게 적응할 수 있다.

성격 변화는 대인관계에 직접적인 영향을 미친다. 성격이 바뀌면 사람들과의 상호작용 방식도 달라지기 때문이다. 성격 변화는 보통 자기 자신에 대한 이해가 깊어지거나 중요한 사건을 겪었을 때 나타난다. 성격이 긍정적인 방향으로 변화하면 대인관계도 개선된다. 예를 들어, 내향적인 성격이 개방적으로 바뀌면 새로운 친구를 쉽게 사귀게 되고 사회적 활동이 늘어난다. 자기중심적인 성격이 타인을 배려하는 방향으로 바뀌면 주변 사람들과의 갈등이 줄어들고 관계가 원활해진다. 반대로 성격이 부정적인 방향으로 변하면 인간관계에 어려움이 생긴다. 외향적인 사람이 갑자기 위축되거나 불안해지면 친구들과 거리를 두게 되고, 자신감이 떨어져 새로운 관계 형성을 꺼리게 된다. 온화하였던 사람이 공격적으로 변하면 주변 사람들이 상처를 받고 관계가 단절될 가능성이 높아진다.

또한 성격 변화는 기존의 관계에도 영향을 미친다. 오랫동안 유지되던 성격이 변하면 가족이나 친구들이 혼란을 느끼게 된다. 이 과정에서 갈등이 발생하거나 관계가 소원해질 수 있다. 그러나 상대방이 변화의 원인을 이해하고 받아들인다면 관계가 더욱 깊어지고 신뢰가 강해질 수 있다. 결국 성격 변화가 대인관계에 미치는 영향은 그 변화의 방향과 정도 그리고 상대방의 수용력에 따라 다르게 나타난다. 중요한 것은 자신의 변화가 주변 사람들에게 어떤 영향을 줄지 인식하고, 필요하다면 솔직한 대화를 통해 변화를 긍정적으로 수용할 수 있도록 돕는 것이다.

3 성격 특성이 대인관계에 미치는 영향

1) BIG 5 성격 특성과 대인관계

BIG 5 성격이론은 외향성, 우호성, 성실성, 정서적 안정성, 개방성의 다섯 가지 차원에서 성격을 평가한다. 각 차원은 대인관계의 질에 중요한 영향을 미친다. 예를 들어, 높은 외향성과 우호성을 가진 사람은 긍정적이고 친밀한 대인관계를 형성하는 반면, 낮은 정서적 안정성을 가진 사람은 갈등과 스트레스를 경험할 가능성이 높다.

(1) 외향성 · 내향성과 대인관계

외향적인 사람은 사교적이고 활발하며 다른 사람들과의 상호작용을 즐긴다. 이러한 성격 특성은 다양한 대인관계에서 긍정적으로 작용한다. 외향적인 사람은 쉽게 친구를 사귀고, 그룹 활동에서 활발하게 참여한다. 이들은 파티나 모임에서 중심이 되며, 새로운 사람들과의 관계 형성을 두려워하지 않는다. 내향적인 사람은 조용하고 신중하며 혼자 있는 시간을 통해 에너지를 얻는다. 이들은 소수의 깊은 관계를 선호한다. 내향적인 사람은 새로운 사람과의 만남보다는 이미 형성된 관계를 유지하고 심화하는 데 더 집중한다. 이들은 깊이 있는 대화를 즐기며 친구나 가족과의 긴밀한 관계를 중요시한다. 예를 들어, 내향적인 성격의 청년은 소수의 친구와 깊은 유대감을 형성하며 학업이나 개인 프로젝트에 집중하는 경향이 있다.

(2) 우호성과 대인관계

우호적인 사람은 친절하고 협력적이며 타인의 감정에 민감하다. 이들은 대인관계에서 조화를 중요시하며 갈등을 피하려고 노력한다. 우호적인 사람은 팀워크가 중요한 상황에서 협력과 배려를 통해 긍정적인 대인관계를 형성한다. 이들은 타인의 의견을 존중하며 갈등 상황에서도 중재자의 역할을 한다.

(3) 성실성과 대인관계

성실한 사람은 책임감이 강하고, 조직적이며 계획적이다. 이들은 신뢰할 수 있는 사람으로 인정받으며 대인관계에서도 안정감을 준다. 성실한 사람은 약속을 잘 지키고 다른 사람에게 의지할 수 있는 존재로 인식된다. 이들의 업무나 학업에서의 성실함은 대인관계에서도 일관되게 나타난다.

(4) 정서적 안정성과 대인관계

정서적으로 안정된 사람은 감정 기복이 적고, 스트레스가 심한 상황에서도 침착함을 유지한다. 이들은 대인관계에서 신뢰할 수 있는 파트너로 인정받는다. 정서적 안정성은 갈등 상황에서 중요한 역할을 한다. 감정적으로 안정된 사람은 감정을 잘 조절하며, 타인의 감정을 이해하고 공감할 수 있다. 예를 들어, 정서적으로 안정된 성격의 청년은 스트레스가 심한 상황에서도 침착함을 유지하며, 주변 친구들에게 안정감을 주는 존재로 인정받는다.

(5) 개방성과 대인관계

개방적인 사람은 창의적이고 호기심이 많으며 새로운 경험을 즐긴다. 이들은 다양한 배경을 가진 사람들과의 상호작용을 통해 풍부한 대인관계를 형성한다. 개방적인 사람은 새로운 아이디어와 경험을 수용하며, 타인과의 상호작용에서 유연성과 창의성을 발휘한다. 이들은 다양한 관점을 존중하며 다문화적 배경을 가진 사람들과도 쉽게 어울린다. 예를 들어, 개방적인 성격의 청년은 해외 교환 학생 프로그램에 참여하여 다양한 문화권의 친구들을 사귀고, 새로운 경험을 통해 자신의 세계관을 넓힌다.

2) MBTI 성격 유형과 대인관계

MBTI 성격 유형은 네 가지 차원에서 개인의 성격을 평가한다. 각 성격 유형은 고유한 대인관계 스타일을 가지고 있다. 예를 들어, ENFP(외향형, 직관형, 감정형, 인식형) 유형은 사람들과의 상호작용을 즐기며 창의적이고 열정적인 대인관계를 형성한다. 반면, ISTJ(내향형, 감각형, 사고형, 판단형) 유형은 신뢰성과 안정성을 중시하며 책임감 있는 대인관계를 유지한다. 다음은 MBTI의 열여섯 가지 유형에 따른 대인관계의 단점, 주의점 그리고 어울리는 유형과 주의가 필요한 유형을 정리한 내용이다. 장점은 이미 앞에서 살펴보았기에 생략하였다. 단, 이는 참고 자료일 뿐 절대적인 사실이나 확인된 이론이 아니므로 적용에 주의해야 한다.

유형	단점	주의점	어울리는 유형	주의가 필요한 유형
ISTJ	• 감정 표현이 부족하고 융통성이 없음 • 변화에 대한 저항이 강함 • 다른 사람의 감정에 둔감할 수 있음	• 다른 사람의 감정을 존중하고 이해하려는 노력이 필요함 • 변화에 유연하게 대응하는 자세가 필요함	• ESTJ: 공통의 목표와 가치관을 공유할 수 있음 • ISFJ: 세심하고 배려심이 많은 성격으로 ISTJ와 잘 어울림	• ENFP: 즉흥적이고 자유로운 성격이 ISTJ의 체계적이고 계획적인 성향과 충돌할 수 있음 • INFP: 감정적이고 이상주의적인 성향이 실용적이고 현실적인 ISTJ와 갈등을 일으킬 수 있음
ISFJ	• 변화에 대한 저항이 강함 • 자신의 감정을 억제하고 타인에게 지나치게 헌신할 수 있음 • 새로운 상황에 적응하기 어려움	• 자신의 감정을 표현하고, 타인의 감정을 존중하는 자세가 필요함 • 변화에 유연하게 대응하고, 새로운 경험을 수용하는 노력이 필요함	• ESFJ: 타인을 돌보고 배려하는 성향이 잘 맞음 • ISTJ: 안정적이고 책임감 있는 성향으로 ISFJ와 조화를 이룸	• ENTP: 변화와 새로운 아이디어를 중시하는 성향이 ISFJ의 안정성과 충돌할 수 있음 • INTP: 논리적이고 분석적인 성향이 감정적이고 배려심 많은 ISFJ와 갈등을 일으킬 수 있음
INFJ	• 과도한 이상주의와 완벽주의로 스트레스를 받을 수 있음 • 내향적 성향으로 타인과의 상호작용에서 에너지가 소진될 수 있음 • 자신의 감정을 숨기고 표현하지 않는 경향이 있음	• 현실적 목표 설정과 자기돌봄이 필요함 • 자신의 감정을 표현하고, 타인의 감정을 존중하는 자세가 필요함	• ENFJ: 공감과 이해를 중시하는 성향이 잘 맞음 • INFP: 이상주의적이고 창의적인 성향으로 INFJ와 조화를 이룸	• ESTP: 즉흥적이고 현실적인 성향이 INFJ의 이상주의와 충돌할 수 있음 • ENTP: 논쟁을 즐기고 변화를 중시하는 성향이 INFJ의 안정성과 갈등을 일으킬 수 있음

INTJ	• 감정 표현이 부족하고 타인의 감정을 이해하는 데 어려움을 겪음 • 완벽주의와 자기비판이 강할 수 있음 • 융통성이 부족하고 고집이 셀 수 있음	• 타인의 감정을 이해하고 공감하는 노력이 필요함 • 변화에 유연하게 대응하고, 타인의 의견을 존중하는 자세가 필요함	• ENTJ: 목표 지향적이고 전략적인 성향이 잘 맞음 • INFJ: 깊이 있는 통찰력과 직관을 공유할 수 있음	• ESFP: 즉흥적이고 감정적인 성향이 INTJ의 논리적이고 계획적인 성향과 충돌할 수 있음 • ISFJ: 세심하고 배려심 많은 성향이 INTJ의 냉철하고 분석적인 성향과 갈등을 일으킬 수 있음
ISTP	• 감정 표현이 부족하고 타인의 감정을 이해하는 데 어려움을 겪음 • 계획적이지 않고 즉흥적일 수 있음 • 자신의 감정을 억제하고 표현하지 않는 경향이 있음	• 타인의 감정을 이해하고 공감하는 노력이 필요함 • 계획을 세우고 목표를 설정하는 자세가 필요함	• ESTP: 즉흥적이고 실용적인 성향을 공유함 • ISFP: 유연하고 창의적인 성향으로 ISTP와 조화를 이룸	• ENFJ: 감정적이고 배려심 많은 성향이 ISTP의 독립성과 충돌할 수 있음 • INFJ: 이상주의적이고 창의적인 성향이 현실적이고 실용적인 ISTP와 갈등을 일으킬 수 있음
ISFP	• 계획적이지 않고 즉흥적일 수 있음 • 자신의 감정을 억제하고 표현하지 않는 경향이 있음 • 갈등 상황에서 회피하는 경향이 있음	• 계획을 세우고 목표를 설정하는 자세가 필요함 • 자신의 감정을 표현하고, 갈등 상황에서 해결책을 찾으려는 노력이 필요함	• ESFP: 즉흥적이고 감정적인 성향을 공유함 • ISTP: 유연하고 창의적인 성향으로 ISTP와 조화를 이룸	• ENTJ: 목표 지향적이고 계획적인 성향이 ISFP의 즉흥성과 충돌할 수 있음 • INTJ: 냉철하고 분석적인 성향이 감정적이고 창의적인 ISFP와 갈등을 일으킬 수 있음
INFP	• 과도한 이상주의와 완벽주의로 스트레스를 받을 수 있음 • 현실적 문제에 관한 관심이 부족할 수 있음 • 자신의 감정을 억제하고 표현하지 않는 경향이 있음	• 현실적 목표 설정과 자기돌봄이 필요함 • 자신의 감정을 표현하고, 타인의 감정을 존중하는 자세가 필요함	• ENFP: 창의적이고 열정적인 성향을 공유함 • INFJ: 깊이 있는 통찰력과 직관을 공유할 수 있음	• ESTJ: 실용적이고 현실적인 성향이 INFP의 이상주의와 충돌할 수 있음 • ISTJ: 체계적이고 계획적인 성향이 INFP의 창의성과 갈등을 일으킬 수 있음

INTP	• 감정 표현이 부족하고 타인의 감정을 이해하는 데 어려움을 겪음 • 계획적이지 않고 즉흥적일 수 있음 • 사회적 상호작용에서 어려움을 겪을 수 있음	• 타인의 감정을 이해하고 공감하는 노력이 필요함 • 계획을 세우고 목표를 설정하는 자세가 필요함	• ENTP: 창의적이고 혁신적인 성향을 공유함 • INTJ: 논리적이고 분석적인 성향으로 INTP와 조화를 이룸	• ESFJ: 감정적이고 배려심 많은 성향이 INTP의 논리적이고 분석적인 성향과 충돌할 수 있음 • ISFJ: 세심하고 배려심 많은 성향이 INTP의 냉철하고 분석적인 성향과 갈등을 일으킬 수 있음
ESTP	• 감정 표현이 부족하고 타인의 감정을 이해하는 데 어려움을 겪음 • 계획적이지 않고 즉흥적일 수 있음 • 자신의 감정을 억제하고 표현하지 않는 경향이 있음	• 타인의 감정을 이해하고 공감하는 노력이 필요함 • 계획을 세우고 목표를 설정하는 자세가 필요함	• ISTP: 즉흥적이고 실용적인 성향을 공유함 • ESFP: 유연하고 창의적인 성향으로 ESTP와 조화를 이룸	• INFJ: 이상주의적이고 창의적인 성향이 현실적이고 실용적인 ESTP와 충돌할 수 있음 • INFP: 감정적이고 이상주의적인 성향이 ESTP의 현실적이고 즉흥적인 성향과 갈등을 일으킬 수 있음
ESFP	• 계획적이지 않고 즉흥적일 수 있음 • 자신의 감정을 억제하고 표현하지 않는 경향이 있음 • 갈등 상황에서 회피하는 경향이 있음	• 계획을 세우고 목표를 설정하는 자세가 필요함 • 자신의 감정을 표현하고, 갈등 상황에서 해결책을 찾으려는 노력이 필요함	• ISFP: 즉흥적이고 감정적인 성향을 공유함 • ESFJ: 타인을 돌보고 배려하는 성향으로 ESFP와 잘 어울림	• INTJ: 냉철하고 분석적인 성향이 감정적이고 즉흥적인 ESFP와 충돌할 수 있음 • ISTJ: 체계적이고 계획적인 성향이 ESFP의 즉흥성과 갈등을 일으킬 수 있음
ENFP	• 계획적이지 않고 즉흥적일 수 있음 • 과도한 이상주의와 완벽주의로 스트레스를 받을 수 있음 • 현실적 문제에 관한 관심이 부족할 수 있음	• 현실적 목표 설정과 자기돌봄이 필요함 • 자신의 감정을 표현하고, 타인의 감정을 존중하는 자세가 필요함	• INFP: 창의적이고 이상주의적인 성향을 공유함 • ENFJ: 공감과 이해를 중시하는 성향으로 ENFP와 조화를 이룸	• ISTJ: 체계적이고 계획적인 성향이 ENFP의 창의성과 갈등을 일으킬 수 있음 • INTJ: 냉철하고 분석적인 성향이 감정적이고 창의적인 ENFP와 충돌할 수 있음

ENTP	• 감정 표현이 부족하고 타인의 감정을 이해하는 데 어려움을 겪음 • 계획적이지 않고 즉흥적일 수 있음 • 논쟁을 즐기고 갈등을 일으킬 수 있음	• 타인의 감정을 이해하고 공감하는 노력이 필요함 • 계획을 세우고 목표를 설정하는 자세가 필요함	• INTP: 창의적이고 혁신적인 성향을 공유함 • ENTJ: 목표 지향적이고 전략적인 성향으로 ENTP와 조화를 이룸	• ISFJ: 세심하고 배려심 많은 성향이 ENTP의 논리적이고 분석적인 성향과 갈등을 일으킬 수 있음 • INFJ: 이상주의적이고 창의적인 성향이 현실적이고 실용적인 ENTP와 충돌할 수 있음
ESTJ	• 감정 표현이 부족하고 타인의 감정을 이해하는 데 어려움을 겪음 • 변화에 대한 저항이 강함 • 융통성이 부족하고 고집이 셀 수 있음	• 타인의 감정을 이해하고 공감하는 노력이 필요함 • 변화에 유연하게 대응하고, 타인의 의견을 존중하는 자세가 필요함	• ISTJ: 공통의 목표와 가치관을 공유할 수 있음 • ESFJ: 타인을 돌보고 배려하는 성향으로 ESTJ와 조화를 이룸	• INFP: 감정적이고 이상주의적인 성향이 실용적이고 현실적인 ESTJ와 충돌할 수 있음 • ENFP: 즉흥적이고 창의적인 성향이 ESTJ의 체계적이고 계획적인 성향과 갈등을 일으킬 수 있음
ESFJ	• 감정 표현이 부족하고 타인의 감정을 이해하는 데 어려움을 겪음 • 변화에 대한 저항이 강함 • 자신의 감정을 억제하고 표현하지 않는 경향이 있음	• 타인의 감정을 이해하고 공감하는 노력이 필요함 • 변화에 유연하게 대응하고, 타인의 의견을 존중하는 자세가 필요함	• ISFJ: 세심하고 배려심이 많은 성향으로 ESFJ와 잘 어울림 • ESTJ: 책임감이 강하고 체계적인 성향으로 ESFJ와 조화를 이룸	• INTP: 논리적이고 분석적인 성향이 감정적이고 배려심 많은 ESFJ와 충돌할 수 있음 • ENTP: 논쟁을 즐기고 변화를 중시하는 성향이 ESFJ의 안정성과 갈등을 일으킬 수 있음
ENFJ	• 과도한 이상주의와 완벽주의로 스트레스를 받을 수 있음 • 자신의 감정을 억제하고 표현하지 않는 경향이 있음 • 현실적 문제에 관한 관심이 부족할 수 있음	• 현실적 목표 설정과 자기돌봄이 필요함 • 자신의 감정을 표현하고, 타인의 감정을 존중하는 자세가 필요함	• INFJ: 깊이 있는 통찰력과 직관을 공유할 수 있음 • ENFP: 창의적이고 열정적인 성향으로 ENFJ와 조화를 이룸	• ISTP: 즉흥적이고 현실적인 성향이 이상주의적이고 창의적인 ENFJ와 충돌할 수 있음 • INTP: 논리적이고 분석적인 성향이 감정적이고 배려심 많은 ENFJ와 갈등을 일으킬 수 있음

ENTJ	• 감정 표현이 부족하고 타인의 감정을 이해하는 데 어려움을 겪음 • 융통성이 부족하고 고집이 셀 수 있음 • 타인의 감정을 무시하고 자신의 의견을 강요할 수 있음	• 타인의 감정을 이해하고 공감하는 노력이 필요함 • 변화에 유연하게 대응하고, 타인의 의견을 존중하는 자세가 필요함	• INTJ: 목표 지향적이고 전략적인 성향으로 ENTJ와 조화를 이룸 • ENTP: 창의적이고 혁신적인 성향으로 ENTJ와 잘 어울림	• ISFP: 감정적이고 창의적인 성향이 냉철하고 분석적인 ENTJ와 충돌할 수 있음 • INFP: 이상주의적이고 창의적인 성향이 현실적이고 실용적인 ENTJ와 갈등을 일으킬 수 있음

MBTI의 열여섯 가지 성격 유형은 각각 고유한 대인관계의 장단점을 가지고 있으며, 특정 유형과의 상호작용에서 주의가 필요하다. 자신의 성격 유형을 이해하고 타인의 성격 유형을 존중하는 것은 건강한 대인관계를 형성하는 데 중요하다. 각 성격 유형이 가진 장점을 최대한 활용하고 단점을 보완하려는 노력이 필요하다. 또한 서로 어울리는 유형과 주의가 필요한 유형을 이해함으로써 대인관계에서 갈등을 최소화하고 긍정적인 상호작용을 촉진할 수 있다.

4 대인관계 기술: 건강한 관계를 위한 가이드

성격 유형에 따른 대인관계 팁을 포함하여, 건강하고 만족스러운 대인관계를 형성하고 유지하기 위한 몇 가지 유용한 조언을 제공한다. 이 조언들은 다양한 상황과 관계에서 적용될 수 있으며, 특히 청년들이 친구, 동료, 가족, 연인 관계에서 더 나은 상호작용을 할 수 있도록 돕는다.

1) 효과적인 의사소통 기술

효과적인 의사소통을 위해서는 적극적 경청, 명확한 표현, 비언어적 의사소통, 긍정적 언어 사용, 타협과 협상 그리고 I-Message 등의 다양한 기술이 필요하다. 이러한 기술을 통해 청년들은 다양한 사회적 상황에서 더 나은 대화와 건강한 관계를 형성할 수 있다.

(1) 적극적 경청

적극적 경청(active listening)은 상대방의 말을 단순히 듣는 것을 넘어, 이해하고 공감하는 태도를 보이는 의사소통 기술이다. 상대방이 하는 말을 주의 깊게 듣고 그들의 감정이나 생각을 반영하는 것이 중요하다. 이를 위해 상대방이 한 말을 요약하거나 감정을 확인하는 질문을 할 수 있다. 예를 들어, "네가 말한 것처럼 이 상황이 아주 힘들었겠네."와 같이 대답함으로써 상대방은 자신의 감정이 존중받고 있다는 느낌을 받는다. 이는 갈등 상황을 해소하고 더 깊은 이해를 촉진할 수 있다.

(2) 명확한 표현

의사소통에서 명확한 표현(clarity in expression)은 매우 중요하다. 자기 생각과 감정을 모호하게 전달하면 오해를 초래할 수 있다. 명확하게 표현하기 위해서는 구체적인 언어를 사용하고, 핵심 내용을 간결하게 전달하는 것이 중요하다. 예를 들어, "난 이 프로젝트에서 역할이 분명하지 않아서 힘들어."보다는, "내가 구체적으로 무엇을 해야 하는지 명확하지 않아서 도움이 필요해."라고 말하는 것이 효과적이다.

(3) 비언어적 의사소통

비언어적 의사소통(nonverbal communication)은 말로 표현하지 않고 신체 언어, 표정, 제스처 등을 통해 의사를 전달하는 방식이다. 의사소통의 상당 부분이 비언어적 요소에 의해 전달되므로, 상대방의 표정이나 몸짓을 주의 깊게 읽고 자신도 열린 자세와 눈 맞춤을 통해 상대방에게 관심을 보여야 한다. 비언어적 의사소통은 신뢰를 형성하고 메시지의 일관성을 유지하는 데 중요하다.

(4) 긍정적 언어 사용

갈등이나 의견 차이를 해결할 때 긍정적인 언어(positive language)를 사용하는 것은 중요한 기술이다. 비판적이거나 부정적인 표현보다는 건설적이고 긍정적인 표현을 사용하면 상대방이 방어적으로 반응하지 않고 대화를 더 잘 받아들일 수 있다. 예를 들어, "너는 항상 이 일을 못 해."라고 말하는 대신, "다음번에는 이 부분을 좀 더 신경 써 주면 좋겠어."와 같은 긍정적이고 발전적인 언어를 사용할 수 있다.

(5) 타협과 협상

효과적인 의사소통에서는 문제 해결을 위한 접근이 중요하다. 자기 뜻만 고집하기보다는 상호 간의 의견 차이를 인정하고 타협과 협상(solution-focused communication)을 통해 해결책을 모색해야 한다. 이를 위해 대화를 할 때 감정적 충동을 억제하고 상대방의 입장을 존중하며 공동의 목표를 찾는 것이 중요하다.

(6) I-Message

I-Message는 자신을 주체로 하여 감정, 생각, 욕구를 표현하는 대화 방식이다. 이 방법은 갈등 상황에서 자신의 감정을 상대방에게 명확하고 솔직하게 전달하되, 상대방을 비난하거나 책임을 전가하지 않는 데 초점을 둔다. I-Message는 대화의 주체가 '나'라는 점을 강조하며, 상대방의 행동에 대한 나의 감정과 반응을 설명하는 방식으로 진행된다. 예를 들어, 친구가 약속 시간을 자주 어길 때, "너는 왜 항상 늦어?"라고 말하면 상대방을 비난하게 되어 갈등이 더 커질 수 있다. 반면, I-Message를 사용하여 "네가 약속 시간에 늦으면 나는 기분이 나빠지고 실망하게 돼."라고 표현하면 상대방이 나의 감정을 이해하고 방어적인 반응을 줄이게 된다.

① I-Message의 구조

I-Message는 다음과 같은 세 가지 주요 요소로 구성된다.

- **감정 표현**: 나의 감정을 솔직하게 표현한다. 예를 들어, "나는 화가 나." 또는 "나는 속상해."처럼 나의 감정 상태를 설명한다.
- **행동 설명**: 상대방의 행동이 나에게 어떤 영향을 미쳤는지를 구체적으로 설명한

다. 이때 상대방의 행동을 객관적으로 묘사해야 하며, 주관적인 판단이나 비난을 포함하지 않아야 한다. 예를 들어, "네가 약속을 지키지 않았을 때"라는 식으로 사실을 중심으로 말한다.

- 결과 또는 영향: 그 행동이 나에게 어떤 영향을 미쳤는지를 설명한다. 예를 들어, "나는 그때 실망스러웠어."와 같이 나의 감정적 결과를 설명한다.

이 구조는 대화의 목적을 명확히 하고, 상대방이 방어적이지 않게 문제를 이해하도록 도와준다.

② I-Message와 You-Message의 차이

You-Message는 I-Message와 대조되는 의사소통 방식이다. You-Message는 상대방을 비난하거나 문제의 원인을 상대방에게 돌리는 방식으로, 갈등 상황에서 방어적 반응을 유발할 가능성이 높다. 예를 들어, "너는 왜 그렇게 게으르니?" 또는 "너는 항상 문제를 일으켜."라는 식의 표현은 상대방에게 책임을 묻는 방식이다. 이러한 표현은 상대방에게 죄책감을 느끼게 하거나 방어적인 태도를 불러일으킬 수 있어 문제 해결보다는 갈등을 증폭시킬 위험이 있다. 반면, I-Message는 나의 감정과 경험을 중심으로 표현하므로, 상대방이 나의 입장을 더 잘 이해하고 문제를 해결하려는 의지를 갖게 한다.

③ I-Message의 장점

I-Message는 여러 측면에서 효과적인 의사소통 방법이다. 첫째, 상대방을 비난하지 않고 나의 감정을 중심으로 표현하므로, 상대방이 방어적이거나 공격적인 반응을 보일 가능성을 줄인다. 이를 통해 대화가 더 원활하게 진행되고, 문제 해결에 집중할 수 있게 된다. 둘째, I-Message를 통해 자신의 감정을 솔직하게 표현하는 것은 내면의 감정을 억누르지 않고 해소할 수 있는 건강한 방법이다. 이는 대화 중에 감정적인 스트레스를 줄이고, 갈등 상황에서 자신의 감정을 더욱 명확하게 인식할 수 있게 한다. 셋째, I-Message는 나의 감정과 경험을 중심으로 대화하므로, 상대방이 문제의

원인을 자신의 처지에서만 보는 것이 아니라, 나의 처지에서 이해하게 된다. 이에 따라 상대방도 문제 해결을 위한 협력적인 태도를 가질 수 있다. 넷째, I-Message는 감정을 솔직하게 표현함으로써 대화를 보다 성숙하고 진솔하게 이끌어 간다. 이는 장기적으로 대인관계에서 신뢰를 쌓고, 더 건강한 관계를 유지하는 데 도움이 된다.

④ I-Message 사용 시 주의할 점

I-Message는 매우 유용한 의사소통 도구이지만, 이를 효과적으로 사용하기 위해서는 몇 가지 주의할 점이 있다. 첫째, 구체적인 상황 설명이 필요하다. I-Message를 사용할 때는 상대방의 행동을 구체적으로 설명해야 한다. 상대방이 문제를 명확히 이해할 수 있도록, 모호한 표현보다는 구체적인 행동을 묘사하는 것이 중요하다. 예를 들어, "너는 항상 나를 무시해."라는 말보다는 "나의 의견을 말할 때마다 네가 나의 말을 끊을 때 나는 무시당하는 기분이 들어."라고 표현하는 것이 효과적이다. 둘째, 감정에만 집중하지 않도록 한다. 감정에만 집중하는 것은 상대방에게 혼란을 줄 수 있다. 감정과 더불어 구체적인 행동과 그로 인한 결과를 함께 설명해야 상대방이 문제를 이해하고 행동을 개선할 기회를 얻게 된다. 셋째, 상대방의 입장도 고려해야 한다. I-Message를 사용할 때 나의 감정만을 강조하다 보면 상대방의 입장을 무시하게 될 위험이 있다. 이를 방지하기 위해서는 상대방의 입장을 고려하고, 대화를 통해 상호 이해를 높이는 것이 중요하다.

⑤ I-Message를 활용하는 방법

청년들은 다양한 상황에서 갈등을 경험할 수 있으며, 이러한 갈등 상황에서 I-Message는 매우 유용한 도구다. 다음은 우리가 쉽게 경험할 수 있는 사례들이다.

사례 1 **팀 프로젝트에서의 갈등 해결**

팀 프로젝트를 할 때, 역할 분담이나 의견 충돌로 인해 갈등이 발생할 수 있다. 이때 I-Message를 사용하여 자신의 감정을 솔직하게 표현하면 갈등을 줄이고 문제 해결에 도움을 줄 수 있다. 예를 들어, "나는 내가 맡은 역할을 충분히 이해하지 못해 불안감을 느끼고 있어."와 같이 말함으로써 자신의 감정을 전달하고, 해결책을 모색할 수 있다.

사례 2 **친구 관계에서의 갈등 해결**

친구 사이에서도 오해나 기대 차이로 갈등이 발생할 수 있다. 예를 들어, "너는 항상 늦어."라고 말하는 대신 "네가 약속 시간에 자주 늦을 때 나는 불안해져."라고 표현하면, 친구가 방어적으로 반응하지 않고 대화를 이어 갈 수 있다.

사례 3 **가족과의 대화에서 갈등 완화**

대학생들이 독립적으로 생활하면서 부모님과의 관계에서 갈등이 생기기도 한다. 이때 I-Message를 사용하면 감정을 더 효과적으로 전달할 수 있다. 예를 들어, "엄마가 자꾸 내 일에 간섭하는 것 같아 힘들어."라고 말하는 대신, "엄마가 내 결정에 대해 걱정하는 것 같아서 나도 고민이 많아."라고 표현하면, 부모님이 나의 처지를 이해하는 데 도움이 된다.

I-Message는 갈등 상황에서 효과적인 의사소통을 위한 강력한 도구다. 상대방을 비난하거나 공격하는 대신, 나의 감정과 경험을 주체적으로 표현함으로써 상대방이 방어적으로 반응하지 않고, 문제 해결에 더 적극적으로 임할 수 있게 한다. 대학생들은 팀 프로젝트, 친구 관계, 가족과의 대화 등 다양한 상황에서 I-Message를 활용하여 건강한 의사소통을 실천할 수 있으며, 이를 통해 더 원활한 대화와 긍정적인 인간관계를 유지할 수 있다.

2) 갈등 조절과 관리

청년 시기는 다양한 사람들과의 상호작용을 통해 사회적 기술을 습득하는 중요한 시기다. 그중에서도 갈등 처리와 갈등 조절은 성숙한 대인관계를 유지하는 데 핵심적인 기술이다. 대학생들은 친구, 룸메이트, 팀 프로젝트의 동료, 교수 등과의 관계에서 종종 갈등을 겪게 된다.

(1) 갈등의 원인

갈등은 서로 다른 의견, 가치, 목표에서 비롯되며, 때로는 오해나 의사소통의 부족에서 발생하기도 한다. 대학생들은 팀 프로젝트에서 역할 분담 문제나 의견 차이로 인해 갈등을 겪을 수 있으며, 친구나 룸메이트와의 생활 방식 차이로도 문제가 생길 수 있다. 이러한 갈등이 적절하게 다루어지지 않으면 관계에 부정적인 영향을 미치고, 스트레스를 유발할 수 있다.

(2) 갈등 처리의 단계

갈등을 효과적으로 해결하기 위해서는 몇 가지 중요한 단계가 있다.

- 문제 인식: 갈등이 발생한 이유를 명확히 인식하는 것이 첫 단계다. 갈등의 근본 원인이 무엇인지 파악하고, 표면적인 문제가 아닌 근본적인 문제를 이해해야 한다. 예를 들어, 친구와의 갈등이 단순히 의견 차이 때문인지, 아니면 그 이면에 더 깊은 감정적 문제가 있는지 분석할 필요가 있다.
- 적극적 경청: 상대방의 의견을 경청하고 그들의 감정과 처지를 이해하는 것이 중요하다. 적극적 경청(active listening)은 상대방이 말하는 내용을 끝까지 주의 깊게 듣고, 이를 다시 반영하여 상대방이 자신의 감정과 의견이 존중받고 있다는 느낌을 받을 수 있도록 하는 기술이다. 이 과정에서 상대방을 비난하거나 자신의 의견만을 고집하지 않고, 열린 마음으로 대화를 이어 가야 한다.
- 자신의 감정 표현: 갈등 상황에서 자신의 감정을 솔직하고 명확하게 표현하는

것이 필요하다. 이를 위해 I-Message와 같은 기법을 사용할 수 있다. 이를 통해 상대방이 방어적인 태도를 보이지 않게 하고, 대화의 흐름을 원활하게 할 수 있다.

- **문제 해결 모색**: 갈등의 원인을 명확히 이해하고 서로의 감정을 확인한 후에는 구체적인 해결책을 모색해야 한다. 이때 협력적인 태도를 유지하고, 양쪽 모두에게 만족스러운 해결책을 찾는 것이 중요하다. 갈등 해결 과정에서 타협이 필요할 수도 있으며, 양보와 이해가 갈등 해결의 핵심이 될 수 있다.
- **후속 조치 및 관계 유지**: 갈등이 해결된 후에도 지속적인 대화를 통해 관계를 유지하고 개선하는 노력이 필요하다. 해결된 갈등이 재발하지 않도록 대화를 이어 가며 서로의 기대나 요구 사항을 다시 조정할 수 있다.

(3) 갈등 조절의 기술

때로는 갈등이 즉각적으로 해결되지 않고 장기적으로 이어질 수 있다. 이때는 갈등을 조절하는 기술이 필요하다.

- **감정 조절**: 갈등이 심화하면 감정적인 반응을 억제하고 감정을 조절하는 것이 중요하다. 상대방의 말이나 행동에 즉각적으로 화를 내거나 비난하기보다는 잠시 시간을 두고 자신의 감정을 가라앉힌 후 대화를 이어 가는 것이 좋다. 이때 깊은 호흡이나 자기성찰을 통해 감정을 관리하는 것이 도움이 된다.
- **객관적 시각 유지**: 갈등 상황에서는 종종 자신의 처지에만 몰두하여 문제를 객관적으로 보지 못하는 경우가 많다. 따라서, 상대방의 처지에서 상황을 바라보고, 자신이 놓치고 있는 부분이 무엇인지 성찰하는 것이 필요하다. 객관적인 시각을 유지하면 감정에 휩쓸리지 않고 더 나은 해결책을 찾을 수 있다.
- **타협과 협상**: 갈등은 종종 서로 다른 기대나 요구에서 발생하므로, 타협과 협상을 통해 해결해야 할 때가 많다. 각자 원하는 바를 솔직하게 이야기하고, 양쪽이 모두 만족할 수 있는 중간 지점을 찾는 것이 중요하다. 협상 과정에서 지나치게 자기주장을 고집하는 것은 갈등을 더 악화시킬 수 있으므로, 유연한 사고

가 필요하다.

- **전문가의 도움 요청**: 만약 갈등이 너무 복잡하거나 심각해져서 스스로 해결하기 어렵다면, 신뢰할 수 있는 교수, 상담사 또는 중재자의 도움을 받는 것도 좋은 방법이다. 제삼자의 객관적인 조언은 갈등을 해결하는 데 큰 도움이 될 수 있다.

청년들은 다양한 인간관계 속에서 갈등을 경험할 수 있으며, 이를 효과적으로 처리하고 조절하는 능력은 성숙한 대인관계를 유지하는 데 필수적이다. 문제를 인식하고, 상대방을 경청하며, 자신의 감정을 솔직하게 표현하는 과정에서 우리는 갈등을 해결할 수 있다. 또한 감정 조절과 타협을 통해 지속적인 관계 개선을 이루어 낼 수 있다. 이러한 기술을 습득함으로써 대학생들은 더 건강하고 성숙한 대인관계를 형성할 수 있을 것이다.

3) 다양한 성격 유형과의 상호작용

- **외향형과의 상호작용**: 외향형인 사람과는 활동적이고 사교적인 상황에서 더 잘 어울릴 수 있다. 그들의 에너지를 존중하고, 사교적 활동에 참여한다. 외향형은 그룹 활동과 파티를 좋아하기 때문에, 이러한 활동을 함께 계획하면 좋다.
- **내향형과의 상호작용**: 내향형인 사람은 깊이 있는 대화와 조용한 환경에서 만남을 선호한다. 그들의 공간과 시간을 존중하고 너무 많은 자극을 피한다. 내향형은 한 번에 많은 사람을 만나는 것을 부담스러워할 수 있으므로, 소수의 친구와 조용한 만남을 계획하는 것이 좋다.
- **감각형과의 상호작용**: 감각형인 사람과는 구체적이고 현실적인 대화를 나눈다. 현재 상황과 실제 경험에 집중하고, 실용적인 정보를 공유한다. 감각형은 세부 사항을 중요시하므로, 구체적인 계획과 세부 사항에 신경 쓴다.
- **직관형과의 상호작용**: 직관형인 사람과는 추상적이고 미래 지향적인 대화를 나눈다. 새로운 아이디어와 가능성에 대해 논의하고, 창의적인 접근을 시도한다. 직관형은 큰 그림과 가능성에 관심이 많으므로, 새로운 아이디어와 창의적인

프로젝트를 함께 계획하는 것이 좋다.

- 사고형과의 상호작용: 사고형인 사람과는 논리적이고 객관적인 대화를 나눈다. 사실과 데이터를 중시하고, 논리적 근거를 제시한다. 사고형은 논리적이고 객관적인 접근을 선호하므로, 감정보다는 논리와 근거에 기반한 대화를 나누는 것이 좋다.
- 감정형과의 상호작용: 감정형인 사람과는 감정적이고 공감적인 대화를 나눈다. 그들의 감정을 존중하고, 공감과 지지를 제공한다. 감정형은 감정을 중요시하므로, 공감과 지지를 통해 신뢰를 형성하고 감정을 나누는 것이 중요하다.
- 판단형과의 상호작용: 판단형인 사람과는 계획적이고 조직적인 접근을 시도한다. 일정과 계획을 미리 세우고, 체계적으로 일을 진행한다. 판단형은 계획과 일정을 중요시하므로, 사전에 계획을 세우고 일정에 맞추어 행동하는 것이 좋다.
- 인식형과의 상호작용: 인식형인 사람과는 유연하고 자발적인 접근을 시도한다. 상황에 맞게 유연하게 대처하고, 변화에 개방적인 태도를 유지한다. 인식형은 유연성과 자유를 중요시하므로, 계획보다는 상황에 맞추어 유연하게 대응하는 것이 좋다.

4) 건강한 거리두기와 경계 설정: 대인관계 기술과 대처 전략

대인관계에서 건강한 거리두기와 경계 설정은 개인의 정신적 · 정서적 건강을 유지하는 데 중요한 요소다. 이는 타인과의 관계에서 자기 자신을 보호하고, 건강하고 지속 가능한 관계를 유지하는 데 필수적이다.

(1) 건강한 거리두기의 중요성

건강한 거리두기는 개인이 타인과의 관계에서 자신의 감정과 에너지를 보호하는 데 필요한 심리적 거리를 유지하는 것을 의미한다. 이는 과도한 스트레스와 감정적 소진을 예방하고, 개인의 자기존중감을 유지하는 데 도움을 준다.

- 자기보호: 지나치게 가까운 관계는 개인의 사생활과 자율성을 침해할 수 있다. 건강한 거리 두기를 통해 개인은 자신의 감정과 생각을 보호할 수 있다.
- 스트레스 감소: 타인의 감정적 요구나 갈등 상황에서 적절한 거리를 유지하면 스트레스가 줄어들고, 보다 평온한 마음 상태를 유지할 수 있다.
- 객관성 유지: 거리 두기는 상황을 더욱 객관적으로 바라볼 수 있게 하여, 더 현명하고 공정한 결정을 내리는 데 도움을 준다.

(2) 경계 설정의 중요성

경계 설정은 개인이 타인과의 관계에서 무엇을 수용할 수 있고 무엇을 수용할 수 없는지를 명확히 하는 과정이다. 대인관계에서 건강한 경계를 설정하는 것은 중요하다. 자신의 시간과 공간을 존중하고, 필요할 때는 단호하게 경계를 설정한다. 이는 개인의 자율성과 자기존중을 유지하는 데 중요하다.

- 자기존중: 명확한 경계를 설정함으로써 개인은 자신의 가치를 타인에게 전달하고 존중받을 기회를 만든다.
- 관계의 질 향상: 경계는 관계의 기대치를 명확히 하여 오해와 갈등을 줄이고, 더 건강하고 상호 존중하는 관계를 형성한다.
- 정서적 건강 유지: 적절한 경계는 타인의 부정적인 감정이나 스트레스로부터 개인을 보호하여 정서적 안정을 유지할 수 있게 한다.

(3) 건강한 거리두기와 경계 설정 방법

- 자신의 한계를 인식하기: 자신의 감정적 · 신체적 · 정신적 한계를 인식하고 이를 존중하는 것이 중요하다. 자신의 필요와 욕구를 명확히 알고 이를 우선시해야 한다.
- 명확하게 표현하기: 자신의 한계와 경계를 명확하게 표현하는 것이 중요하다. 타인에게 자신의 감정과 필요를 솔직하고 직접적으로 전달해야 한다.
- "아니요."라고 말하기: 때로는 요청이나 요구에 대해 "아니요."라고 말하는 것이

필요하다. 이는 자기보호와 자기존중을 위해 중요한 기술이다.

- **자기돌봄 실천하기**: 규칙적인 휴식, 취미 활동, 운동 등을 통해 자신의 신체적·정신적 건강을 돌보는 것이 필요하다. 이는 스트레스를 줄이고 전반적인 웰빙을 향상시킨다.
- **감정적 거리 유지하기**: 타인의 감정에 과도하게 휘둘리지 않도록 주의해야 한다. 타인의 감정과 자신의 감정을 분리하고, 감정적으로 독립적인 상태를 유지하는 것이 중요하다.
- **지지 시스템 구축하기**: 신뢰할 수 있는 친구, 가족, 전문가 등으로 구성된 지지 시스템을 구축하여 필요할 때 도움을 받을 수 있도록 한다.

건강한 거리 두기와 경계 설정은 대인관계에서 개인의 정신적·정서적 건강을 유지하는 데 중요한 요소다. 이는 자신을 보호하고, 건강하고 지속 가능한 관계를 유지하는 데 필수적이다. 이를 실천하기 위해 자신의 한계를 인식하고 명확하게 표현하며, "아니요."라고 말하는 연습과 자기돌봄을 실천해야 한다. 또한 감정적 거리를 유지하고 지지 시스템을 구축하는 것이 중요하다. 이러한 노력을 통해 건강하고 만족스러운 대인관계를 유지할 수 있다.

건강한 대인관계를 형성하고 유지하는 것은 성격과 상호작용의 이해, 효과적인 의사소통, 갈등 관리, 공감과 이해, 신뢰와 존중, 다양한 성격 유형과의 상호작용, 건강한 경계 설정, 지속적인 관계 관리 등 여러 요소가 결합한 결과이다. 자신의 성격 유형을 이해하고 타인의 성격을 존중하며, 긍정적인 상호작용을 통해 건강하고 만족스러운 대인관계를 유지하는 것이 중요하다. 이러한 노력을 통해 우리는 더 풍요롭고 의미 있는 삶을 살 수 있다.

14 성격과 직업

성격은 개인의 행동, 감정, 사고방식에 일관된 영향을 미치는 특성의 집합이다. 이러한 성격 특성은 직업 선택과 직업 만족도에 중요한 역할을 한다. 각 개인의 성격 유형은 그들의 직업적 성향과 업무 환경에 대한 선호도에 영향을 미치며, 궁극적으로 직업 만족도를 결정하는 데 큰 역할을 한다. 이 절에서는 성격이 직업 선택과 직업 만족도에 어떻게 영향을 미치는지 다양한 이론과 연구를 통해 살펴보겠다.

1 성격 유형과 직업 선택

1) MBTI와 직업 선택

MBTI는 네 가지 이분법적 차원에서 개인의 성격을 평가하여 열여섯 가지 성격 유형으로 분류한다. 각 성격 유형은 고유한 직업적 성향과 선호도를 보인다.

- **외향형**: 외향형인 사람은 사람들과의 상호작용을 즐기고, 활발한 환경에서 에너지를 얻는다. 이들은 사교적이고 활동적인 직업을 선호한다. 예를 들어, 마케팅, 판매, 이벤트 기획, 교육, 상담 등이 외향형에게 적합한 직업일 수 있다.
- **내향형**: 내향형인 사람은 조용하고 독립적인 환경에서 더 잘 집중하며 에너지를 얻는다. 이들은 혼자 일하거나 소수의 사람과 함께 일하는 직업을 선호한다. 예를 들어, 연구, 글쓰기, 프로그래밍, 회계, 도서관 사서 등이 내향형에게 적합한 직업일 수 있다.
- **감각형**: 감각형인 사람은 구체적이고 현실적인 정보를 중시하며, 세부 사항에 주의를 기울인다. 이들은 실질적이고 실용적인 직업을 선호한다. 예를 들어, 엔지니어링, 간호, 회계, 법률, 기술직 등이 감각형에게 적합한 직업일 수 있다.
- **직관형**: 직관형인 사람은 추상적이고 미래 지향적인 정보를 중시하며, 창의적이고 혁신적인 아이디어를 선호한다. 이들은 창의적이고 전략적인 직업을 선호한다. 예를 들어, 연구 개발, 창작, 디자인, 광고, 컨설팅 등이 직관형에게 적합한 직업일 수 있다.
- **사고형**: 사고형인 사람은 논리적이고 객관적인 기준에 따라 결정을 내린다. 이들은 분석적이고 비판적인 사고를 요구하는 직업을 선호한다. 예를 들어, 엔지니어, 과학자, 변호사, 경제 분석가 등이 사고형에게 적합한 직업일 수 있다.
- **감정형**: 감정형인 사람은 개인적 가치와 감정을 기준으로 결정을 내린다. 이들은 타인과의 상호작용을 중시하고, 인간관계를 중요시하는 직업을 선호한다. 예를 들어, 상담사, 사회복지사, 인사 관리자, 교사 등이 감정형에게 적합한 직업일 수 있다.
- **판단형**: 판단형인 사람은 계획적이고 조직적인 생활 방식을 선호한다. 이들은 구조화된 환경에서 명확한 목표와 일정을 가지고 일하는 직업을 선호한다. 예를 들어, 관리자, 프로젝트 매니저, 행정직 등이 판단형에게 적합한 직업일 수 있다.
- **인식형**: 인식형인 사람은 유연하고 자발적인 생활 방식을 선호한다. 이들은 자유롭고 변화하는 환경에서 일하는 직업을 선호한다. 예를 들어, 창작 활동, 저널리즘, 여행 가이드, 이벤트 플래너 등이 인식형에게 적합한 직업일 수 있다.

2) BIG 5 성격이론과 직업 선택 및 직업 만족도

(1) BIG 5 성격이론과 직업 선택

- 외향성(extraversion): 외향적인 사람은 사회적 상호작용을 즐기며, 활발한 환경에서 일하는 것을 선호한다. 이들은 팀워크와 사교성이 중요한 직업에서 좋은 성과를 낼 수 있다. 예를 들어, 영업, 홍보, 이벤트 기획, 고객 서비스 등이 외향적인 사람에게 적합한 직업일 수 있다.
- 우호성(agreeableness): 우호적인 사람은 협력적이고 배려심이 많으며, 타인과의 관계를 중요시한다. 이들은 타인과의 상호작용이 중요한 직업에서 좋은 성과를 낼 수 있다. 예를 들어, 상담사, 사회복지사, 간호사, 인사 관리자 등이 우호적인 사람에게 적합한 직업일 수 있다.
- 성실성(conscientiousness): 성실한 사람은 조직적이고 계획적이며, 책임감이 강하다. 이들은 정확성과 세부 사항이 중요한 직업에서 좋은 성과를 낼 수 있다. 예를 들어, 회계사, 관리자, 연구원, 엔지니어 등이 성실한 사람에게 적합한 직업일 수 있다.
- 정서적 안정성(emotional stability): 정서적으로 안정된 사람은 스트레스 상황에서도 침착함을 유지하며, 감정 기복이 적다. 이들은 감정 조절이 중요한 직업에서 좋은 성과를 낼 수 있다. 예를 들어, 의사, 심리학자, 법률가, 관리자 등이 정서적으로 안정된 사람에게 적합한 직업일 수 있다.
- 개방성(openness to experience): 개방적인 사람은 창의적이고 호기심이 많으며, 새로운 경험을 즐긴다. 이들은 창의성과 혁신이 중요한 직업에서 좋은 성과를 낼 수 있다. 예를 들어, 예술가, 디자이너, 연구 개발, 광고 등이 개방적인 사람에게 적합한 직업일 수 있다.

(2) BIG 5 성격이론과 직업 만족도

성격은 직업 만족도에도 큰 영향을 미친다. 직업 만족도는 개인의 직무 수행과 관련된 경험과 감정의 총체로, 이는 직무 성과, 직무 스트레스, 직무 몰입 등에 영향을 미친다.

- 외향성: 외향적인 사람은 사회적 상호작용을 즐기며, 활발한 환경에서 높은 직업 만족도를 느낀다. 이들은 팀워크와 사교성이 중요한 직업에서 만족감을 느끼며, 긍정적인 피드백을 받을 때 직업 만족도가 증가한다. 예를 들어, 외향적인 성격의 사람은 고객 서비스나 판매와 같은 직업에서 높은 직업 만족도를 느낄 가능성이 높다.
- 우호성: 우호적인 사람은 협력적이고 배려심이 많으며, 타인과의 긍정적인 상호작용에서 높은 직업 만족도를 느낀다. 이들은 팀워크와 인간관계가 중요한 직업에서 만족감을 느끼며, 갈등이 적은 환경에서 직업 만족도가 증가한다. 예를 들어, 우호적인 성격의 사람은 상담사나 사회복지사와 같은 직업에서 높은 직업 만족도를 느낄 가능성이 높다.
- 성실성: 성실한 사람은 조직적이고 계획적이며, 성취감을 중요시한다. 이들은 자신의 업무에서 높은 성과를 달성할 때 높은 직업 만족도를 느끼며, 명확한 목표와 구조가 있는 환경에서 만족감을 느낀다. 예를 들어, 성실한 성격의 사람은 회계사나 관리자와 같은 직업에서 높은 직업 만족도를 느낄 가능성이 높다.
- 정서적 안정성: 정서적으로 안정된 사람은 스트레스 상황에서도 침착함을 유지하며, 안정된 환경에서 높은 직업 만족도를 느낀다. 이들은 감정적 안정이 중요한 직업에서 만족감을 느끼며, 스트레스가 적은 환경에서 직업 만족도가 증가한다. 예를 들어, 정서적으로 안정된 성격의 사람은 의사나 심리학자와 같은 직업에서 높은 직업 만족도를 느낄 가능성이 높다.
- 개방성: 개방적인 사람은 창의적이고 호기심이 많으며, 새로운 경험과 도전을 통해 높은 직업 만족도를 느낀다. 이들은 창의성과 혁신이 중요한 직업에서 만족감을 느끼며, 변화와 다양성이 있는 환경에서 직업 만족도가 증가한다. 예를 들어, 개방적인 성격의 사람은 예술가나 연구 개발과 같은 직업에서 높은 직업 만족도를 느낄 가능성이 높다.

2 성격과 직업 환경의 적합성 및 유연성

성격과 직업 환경의 적합성이 높으면 업무 만족도와 효율성이 증가한다. 예를 들어, 외향적인 사람은 사람과의 소통이 활발한 직업 환경에서 더 좋은 성과를 낸다. 영업직, 교사, 상담사와 같은 직종이 여기에 해당한다. 반면, 내향적인 사람은 혼자 일하거나 독립적인 작업 환경에서 능력을 발휘한다. 연구자, 프로그래머, 작가 등과 같은 직종은 이런 특성과 잘 맞는다.

그러나 현대 사회는 빠르게 변화하고 다양한 능력을 요구하기 때문에 직업 환경에 적응하는 유연성 역시 중요하다. 성격적 유연성은 본래의 성격과 다소 맞지 않는 환경에서도 성공적으로 적응할 수 있게 도와준다. 예를 들어, 내향적인 사람이 필요에 따라 사회적인 활동이나 소통 능력을 개발한다면, 원래 성격과 완벽히 맞지 않는 업무에도 잘 적응할 수 있다. 또한 직업 환경이 유연할 때 다양한 성격 유형의 사람들이 높은 직업 만족도를 느낄 수 있다. 유연한 직업 환경은 개인의 성격 특성에 맞게 조정될 수 있으며, 이는 직업 만족도를 높이는 데 도움이 된다. 예를 들어, 재택근무나 유연 근무 시간제는 다양한 성격 유형의 사람들이 자신에게 맞는 근무 환경을 선택할 수 있게 한다. 성격과 직업 환경 간의 유연성이 부족하면 업무 스트레스가 증가하고, 번아웃 현상이 나타날 수 있다. 경직된 사고방식으로 인해 환경 변화에 제대로 대처하지 못하면 직장에서의 갈등과 불만족이 커질 가능성이 높다. 따라서 자신의 성격과 환경의 차이를 인식하고, 부족한 점을 보완하려는 노력이 필요하다.

결국 성격과 직업 환경의 적합성은 업무 만족과 성공에 필수적인 조건이지만, 그것만으로 모든 직업적 성공을 보장할 수는 없다. 성격의 유연성을 키우고, 자신의 성격과 업무 환경 사이의 차이를 좁히려는 노력이 함께 이루어질 때, 개인의 직업적 성장과 만족이 극대화될 수 있다.

제2부 성격에 대한 이해

15
성격과 스트레스

이 절에서는 스트레스와 각기 다른 성격 유형이 스트레스를 어떻게 경험하고, 대처하는지에 대해 설명한다.

1 스트레스란

'스트레스'라는 단어는 라틴어 stringere에서 유래되었으며, 이는 '팽팽하게 죄다.'라는 뜻을 담고 있다. 오늘날 우리가 사용하는 스트레스는 단순한 긴장을 넘어, 마음의 안정이나 사회적 관계에 불편을 주는 신체적 · 정신적 긴장 상태를 말하며, 그러한 긴장을 유발하는 외부 자극 자체를 지칭하기도 한다.

스트레스는 무조건 피해야 할 부정적인 것이 아니다. 일정 수준의 스트레스는 집중력과 기억력을 높이고, 위기 상황에서 냉정한 대처를 가능하게 한다. 그러나 그 수준이 지나치면 불안, 긴장, 우울감은 물론, 고혈압, 소화기 질환, 당뇨병 등 다양한 신체적 · 정신적 질환으로 이어질 수 있다. 결국 중요한 것은 '얼마나 스트레스를 받느냐'보다 '어떻게 반응하느냐'에 달려 있다.

1) 스트레스의 원인: 밖에서 오는가, 안에서 오는가

현대인의 스트레스는 주로 삶의 환경 변화에서 비롯된다. 예기치 않은 사고, 경제적 불안정, 정치적 혼란, 물리적 환경(소음, 밀집 공간 등) 등이 대표적이다. 이처럼 외부 환경이 예측 불가능하거나 통제 불가능할 때, 우리는 무력감을 경험하고 스트레스를 크게 느낀다.

또한 스트레스는 외부 자극만으로 발생하지 않는다. 사실상 많은 스트레스는 자신의 해석과 반응 방식에서 비롯된다. 같은 상황이라도 누군가는 침착하게 받아들이고, 누군가는 극심한 불안을 느낀다. 즉, 스트레스가 건강을 해치는 것은 그 자체라기보다 개인의 인지적 · 정서적 반응 때문이다.

2) 스트레스 반응: 몸과 마음이 보내는 신호

(1) 셀리에의 3단계 이론

한스 셀리에(Hans Selye, 1974)는 스트레스 개념의 창시자로 널리 알려져 있으며, 1936년부터 스트레스에 대한 연구를 시작해 이를 'GAS(General Adaptation Syndrome)', 즉 일반적 적응 증후군이라는 이름으로 정리하였다. 그의 이론은 스트레스가 인체에 미치는 반응을 세 단계로 설명한다.

- 경고 단계: 신체가 위협을 감지하고 비상 반응을 보이는 시점이다. 심박수와 혈압이 오르고, 호흡이 가빠진다.
- 저항 단계: 신체가 스트레스에 적응하며 긴장 상태를 유지하는 시기이다. 이때는 집중력과 사고 능력이 일시적으로 증가할 수 있다.
- 탈진 단계: 스트레스가 지속되면 신체와 정신이 고갈되어 면역력 저하, 우울감, 무기력 등이 나타난다.

(2) 생리적 반응

스트레스 상황에서는 뇌, 심장, 근육 등 생존에 필수적인 기관으로 혈류가 몰리고, 피부나 소화기관에는 혈류가 줄어든다. 이는 단기적으로 유익하지만 장기적으로는 건강을 해친다.

(3) 심리적 반응

심리적으로는 초조, 분노, 무기력, 자기 비난, 불면 등이 나타날 수 있으며, 심할 경우 우울증이나 불안장애로 이어진다.

3) 스트레스의 긍정적 · 부정적 측면

스트레스는 반드시 나쁜 것일까? 우리는 흔히 '스트레스' 하면 부정적인 감정이나 건강 악화를 떠올리지만, 스트레스가 무조건 해로운 것만은 아니다. 오히려 적절한 스트레스는 삶에 활력을 불러일으키고, 성장을 자극하며, 위기에 효과적으로 대처하도록 돕는다. 이는 심리학에서 말하는 '스트레스의 양면성' 개념이다(Selye, 1975).

(1) 스트레스의 긍정적 영향(적정 수준의 스트레스)

- **동기 유발**: 마감 기한이나 시험 일정은 부담스럽지만, 이를 계기로 집중력을 높이고 행동에 박차를 가할 수 있다.
- **집중력 및 수행 향상**: 적당한 긴장은 뇌를 각성 상태로 만들어 기억력, 판단력, 순발력이 향상된다.
- **성장과 회복탄력성 강화**: 어려운 상황을 극복하면 자신감과 문제 해결 능력이 증가한다.
- **적응력 훈련**: 스트레스 상황을 경험하고 이겨 내는 과정에서 삶에 대한 내성이 길러진다.

이러한 '좋은 스트레스'는 유스트레스(eustress)라고도 부르며, 개인의 성장을 자극하는 건강한 스트레스를 뜻한다.

(2) 스트레스의 부정적 영향(과도하거나 지속적인 스트레스)

- **심리적 문제**: 불안, 초조, 우울, 무기력, 자기비난 등 감정적 어려움이 나타난다.
- **신체적 질환 유발**: 위장장애, 고혈압, 만성 두통, 면역력 저하, 심혈관 질환 등이 생길 수 있다.
- **인지 기능 저하**: 스트레스 호르몬이 과도하게 분비되면 뇌의 기억력과 판단력이 저하된다.
- **관계 악화**: 짜증, 분노 조절 실패로 인해 대인관계에 문제가 생긴다.

스트레스는 완전히 제거해야 할 대상이 아니다. 오히려 그것을 적절하게 관리하고 해석하는 능력이 중요하다. 적당한 스트레스는 우리의 삶을 보다 풍부하게 만들지만, 과도한 스트레스는 신체와 마음을 병들게 한다. 중요한 것은 스트레스의 존재가 아니라, 그 스트레스를 어떻게 받아들이고 조절하느냐에 달려 있다.

2 성격에 따른 스트레스 대처

성격은 개인의 행동, 감정, 사고방식을 일관되게 형성하는 고유한 특성들의 집합이다. 이러한 성격 특성은 스트레스 경험과 대처 방법에도 큰 영향을 미친다. 성격 유형에 따라 스트레스를 경험하는 방식과 이를 대처하는 전략이 다를 수 있다. 다양한 성격 유형이 스트레스를 어떻게 경험하고 대처하는지에 대해 MBTI 성격 유형과 BIG 5 성격이론을 중심으로 자세히 살펴보겠다.

1) MBTI 성격 유형에 따른 스트레스 경험과 대처 방법

MBTI는 네 가지 이분법적 차원(외향성-내향성, 감각형-직관형, 사고형-감정형, 판단형-인식형)에서 개인의 성격을 평가하여 열여섯 가지 성격 유형으로 분류한다. 각 성격 유형은 스트레스를 경험하는 방식과 대처 방법에서 고유한 특성을 보인다.

- **외향형**: 외향형(extraversion)인 사람은 사회적 상호작용이 줄어들거나, 혼자 있는 시간이 많아질 때 스트레스를 느낄 수 있다. 활동적이고 사교적인 상황을 선호하는 이들은 고립감에서 오는 스트레스를 경험한다. 대처 방법으로 외향형인 사람은 스트레스를 해소하기 위해 친구들과의 만남, 사교 활동, 스포츠 등 활발한 활동에 참여하고, 사람들과의 상호작용을 통해 에너지를 회복하고 긍정적인 감정을 얻는다.
- **내향형**: 내향형(introversion)인 사람은 과도한 사회적 활동이나 시끄러운 환경에서 스트레스를 느낄 수 있다. 혼자 있는 시간을 통해 에너지를 회복하는 이들은 지나친 사회적 요구에서 오는 스트레스를 경험한다. 대처 방법으로 내향형인 사람은 스트레스를 해소하기 위해 혼자만의 시간을 갖거나, 독서, 글쓰기, 명상 등 조용하고 개인적인 활동에 참여하여 마음의 평온을 찾고, 에너지를 회복한다.
- **감각형**: 감각형(sensing)인 사람은 불확실한 상황이나 추상적인 문제에서 스트레스를 느낄 수 있다. 구체적이고 현실적인 정보를 선호하는 이들은 명확하지 않은 상황에서 오는 스트레스를 경험한다. 대처 방법으로 감각형인 사람은 스트레스를 해소하기 위해 구체적이고 현실적인 해결책을 찾는다. 계획을 세우고, 세부 사항을 확인하며, 문제를 단계적으로 해결하는 데 집중한다.
- **직관형**: 직관형(intuition)인 사람은 반복적이고 단조로운 일상에서 스트레스를 느낄 수 있다. 창의적이고 미래 지향적인 사고를 선호하는 이들은 지루함과 일상적 과업에서 오는 스트레스를 경험한다. 대처 방법으로 직관형인 사람은 스트레스를 해소하기 위해 새로운 아이디어와 프로젝트에 몰두하고, 창의적이고 혁신적인 활동에 참여하며, 장기적인 목표를 설정하고 이를 위해 노력한다.
- **사고형**: 사고형(thinking)인 사람은 감정적 갈등이나 비논리적인 상황에서 스트레스를 느낄 수 있다. 논리적이고 객관적인 사고를 선호하는 이들은 감정적인

요구에서 오는 스트레스를 경험한다. 대처 방법으로 사고형인 사람은 스트레스를 해소하기 위해 논리적이고 분석적인 접근을 취한다. 문제를 객관적으로 분석하고, 논리적인 해결책을 찾으며, 감정적인 요소를 최소화하려고 한다.

- **감정형**: 감정형(feeling)인 사람은 갈등 상황이나 타인의 비난을 받는 상황에서 스트레스를 느낄 수 있다. 인간관계와 감정을 중시하는 이들은 비난이나 갈등에서 오는 스트레스를 경험한다. 대처 방법으로 감정형인 사람은 스트레스를 해소하기 위해 감정적인 지지를 찾는다. 친구나 가족과의 대화를 통해 감정을 나누고, 공감과 지지를 받으며, 감정적 안정을 찾는다.
- **판단형**: 판단형(judging)인 사람은 예기치 않은 변화나 계획의 혼란에서 스트레스를 느낄 수 있다. 계획적이고 조직적인 생활을 선호하는 이들은 예측 불가능한 상황에서 오는 스트레스를 경험한다. 대처 방법으로 판단형인 사람은 스트레스를 해소하기 위해 계획을 재정비하고, 일정을 조정하며, 명확한 구조와 목표를 설정하여 안정감을 되찾고, 통제감을 회복한다.
- **인식형**: 인식형(perceiving)인 사람은 과도한 규칙이나 엄격한 일정에서 스트레스를 느낄 수 있다. 유연하고 자발적인 생활을 선호하는 이들은 지나치게 구조화된 상황에서 오는 스트레스를 경험한다. 대처 방법으로 인식형인 사람은 스트레스를 해소하기 위해 유연성을 발휘하고, 즉흥적인 활동에 참여하며 새로운 경험을 시도하여 자유로움을 느끼고 스트레스를 해소한다.

2) BIG 5 성격이론에 따른 스트레스 경험과 대처 방법

BIG 5 성격이론은 성격을 외향성(extraversion), 우호성(agreeableness), 성실성(conscientiousness), 정서적 안정성(emotional stability), 개방성(openness)의 다섯 가지 차원에서 평가한다. 각 차원은 스트레스 경험과 대처 방법에서 고유한 특성을 보인다.

- **외향성**: 외향적인 사람은 사회적 상호작용이 줄어들거나, 활동적인 환경이 부족

할 때 스트레스를 느낀다. 이들은 고립감과 단조로운 상황에서 오는 스트레스를 경험한다. 대처 방법으로 외향적인 사람은 스트레스를 해소하기 위해 친구들과의 만남, 사교 활동, 운동 등 활발한 활동에 참여한다. 사람들과의 상호작용을 통해 에너지를 회복하고, 긍정적인 감정을 얻는다.

- 우호성: 우호적인 사람은 갈등 상황이나 타인의 비난에서 스트레스를 느낀다. 이들은 타인과의 관계를 중시하며, 갈등과 비난에서 오는 스트레스를 경험한다. 대처 방법으로 우호적인 사람은 스트레스를 해소하기 위해 감정적인 지지를 찾는다. 친구나 가족과의 대화를 통해 감정을 나누고, 공감과 지지를 받으며, 감정적 안정을 찾는다.
- 성실성: 성실한 사람은 계획의 혼란이나 목표 달성의 실패에서 스트레스를 느낀다. 이들은 조직적이고 계획적인 생활을 중시하며, 예측 불가능한 상황에서 오는 스트레스를 경험한다. 대처 방법으로 성실한 사람은 스트레스를 해소하기 위해 계획을 재정비하고, 일정을 조정하며, 명확한 구조와 목표를 설정한다. 이를 통해 안정감을 되찾고, 통제감을 회복한다.
- 정서적 안정성: 정서적으로 안정된 사람은 감정적 혼란이나 스트레스 상황에서 스트레스를 느낄 수 있지만, 감정 기복이 적고, 비교적 안정적인 감정을 유지한다. 대처 방법으로 정서적으로 안정된 사람은 스트레스를 해소하기 위해 긍정적인 사고와 문제 해결 전략을 사용한다. 스트레스 상황을 냉철하게 분석하고, 논리적으로 해결책을 찾는다.
- 개방성: 개방적인 사람은 반복적이고 단조로운 일상에서 스트레스를 느낀다. 이들은 창의적이고 혁신적인 사고를 선호하며, 지루함과 일상적 과업에서 오는 스트레스를 경험한다. 대처 방법으로 개방적인 사람은 스트레스를 해소하기 위해 새로운 아이디어와 프로젝트에 몰두한다. 창의적이고 혁신적인 활동에 참여하며, 장기적인 목표를 설정하고 이를 위해 노력한다.

성격은 스트레스 경험과 대처 방법에 큰 영향을 미친다. MBTI 성격 유형과 BIG 5 성격이론을 통해 각 성격 유형이 스트레스를 어떻게 경험하고 대처하는지 이해하는 것은 효과적인 스트레스 관리에 도움이 된다. 자신과 타인의 성격 유형을 이해하고, 적절한 대처 전략을 적용함으로써 스트레스를 더욱 효과적으로 관리할 수 있다. 이를 통해 우리는 더 건강하고 만족스러운 삶을 살아갈 수 있다.

제2부 성격에 대한 이해

16 성격 변화와 성숙

1 성숙한 성격이란

에릭슨(Erikson, 1959)은 성격 발달이 평생에 걸쳐 진행됨을 주장한 정신분석 심리학자다. 그는 성격이 신생아 때부터 노년기에 이르기까지 형성되고 발달한다고 보았다. 여기서는 성숙한 성격은 무엇을 의미하는지 그 특징을 살펴보고 어떻게 개발할 수 있는지 살펴보고자 한다.

정신분석학의 관점에서 건강한 성격이란 성격 구조를 이루고 있는 세 가지 요소인 원초아, 자아, 초자아가 조화를 이루는 것이 핵심이다. 자아가 끊임없이 자신을 위협하는 원초아의 충동을 적절히 조절하고 동시에 초자아의 요구에 적절히 대응하며 상호 협동을 이룰 때 인성이 안정을 유지하고 다양한 삶의 상황에 적절히 대응하며 살아가게 된다. 무의식 세계를 인식하고, 의식과 무의식을 통합하면 성숙한 성격을 이룬다고 보았다.

행동주의 심리학은 모든 행동이 학습으로 형성된다고 본다. 따라서 행동이 일어나기 전 상황, 일어난 상황에 반응하는 과정, 반응에 따르는 결과를 분석하고, 개인의 유전 요인과 그 사람의 행동 역사를 분석한 결과까지 포함해 행동 변화를 위한 체계적 방법을 제시한다. 행동주의 심리학에서는 인간 성격을 자극과 반응으로 형성된 학습의 결과로 본다. 따라서 성장 과정에서 어떤 행동에 어떤 강화를 받았는가가 성격 형성에 영향을 미친다. 그 결과 과거 경험으로 학습된 어떤 것도 같은 원리에 적용하면 충분히 바뀔 수 있다고 본다.

특질이론에서는 정신분석학과 달리 무의식 대신 의식을, 과거보다는 현재와 미래에 초점을 맞추어 성격을 논한다(Allport, 1961). 성격은 항상 변화하고, 모든 행동과 사고를 결정짓는다. 성격은 선천적인 것과 환경의 상호작용에서 오는 것이지 어린 시절 경험에서 형성되는 것이 아니라고 본다. 또한 성격은 인간의 본질 전체와 관련 있다는 의미다. 올포트(Allport)는 고유한 자기발달이 신체적 자기의식, 자기정체성, 자기존중감, 자기확장, 자기상, 합리적 적응체로서 자기, 고유한 자기추구 등 유아기부터 청소년기 이후까지 7단계를 거쳐 발달한다고 본다. 특질이론은 성숙한 성격을 가지면 확대된 자기의식을 가지고 있어서 생리적이고 일차적 욕구 영역을 넘어서는 목적과 가치를 추구한다고 주장한다. 또한 성숙한 성격을 지닌 사람은 과거의 삶의 짐으로부터 벗어나 자율적 동기화를 성취한 상태이며, 일차욕구에 지배받지 않고 보다 높은 가치를 향해 의미 있는 삶의 길을 추구한다는 점에서 낙천적이다.

이와 같이 성격에 관하여 여러 이론과 학자들의 견해가 있으나 대부분 그 내용에 공통점이 있다. 앞의 내용을 바탕으로 성숙한 성격의 특성을 종합하여 정리하면 다음과 같다.

첫째, 성숙한 사람은 지적으로 탁월한 사람은 아니나 자기를 성찰할 능력이 있다. 융(Jung)은 "자기성찰과 거기에 맞는 행동을 통해 자기를 의식하므로 …… 무의식층이 사라질 수 있다."라고 하였다. 그러므로 그는 정신적 에너지가 내면으로 전환되어 내면을 성찰할 수 있는 중년기부터 본격적인 개성화가 시작된다고 하였다. 자기성찰이란 곧 자신을 객관화할 수 있는 능력이라고 할 수 있다. 이것은 올포트나 매슬로(Maslow) 등 여러 심리학자가 동의하는 중요한 성숙과 관련된 특징이다. 올포트는 성숙한 사람은 유머 속에서 자기를 객관화하는 능력과 자신의 인생에 대하여 성찰하며 통찰하는 능력을 갖추고 있다고 하였다. 이러한 사람은 자신이 갖고 있는 힘과 능력 및 재주와 함께 부족함도 알고 있기에 타인의 재주나 능력도 비교적 정확히 알 수 있는 능력을 갖추고 있다.

둘째, 성숙한 사람은 자아감이 확대되어 있다. 올포트에 따르면, 성숙한 사람은 개인적인 자기 영역에만 관심이 있는 것이 아니라 점차 자기 영역의 경계선을 객체의 세계로 넓혀 추상적 가치와 개념을 포함하여 타인과 외계로의 참여의 범주를 넓힌다. 잘 발달한 자아감의 확대는 타인과의 관계에서 친밀감의 능력을 발휘할 수 있다. 그러므로 다른 사람의 행복과 고통에 관하여 진정으로 관심을 두고 참여할 수 있다. 이는 에릭슨의 '생산적인 인간'과도 의미를 함께한다. 에릭슨에게 성숙한 인간형인 생산적인 인간이란 자신에게 축적된 기본적인 신뢰와 희망으로 자신의 삶을 유지할 뿐 아니라 '돌봄'이라는 자아의 힘으로 그것을 다음 세대와 함께 나누고 친절과 사랑의 덕으로 돌봄을 제공하는 사람이다.

셋째, 성숙한 사람은 통일된 인생관을 가진다. 성숙한 성격은 자아의 통합 능력을 갖추고 있어서 통일되고 일관성 있는 자신의 인생철학을 가지고 있기 때문에 그의 삶이 단편적이지 않고 목적이 있다. 자아의 통합 능력은 자신의 사명과 집단정신을 구별하되 사회적 의무와 규범의 필요성을 자기의 전체성에 합치되는 범위에서 인정하며 때로는 능동적으로 사회에 참여하고 때로는 물러나 내면의 가치에 자신을 맞출 수 있게 한다. 성숙한 사람은 자신이 가야 할 길과 해야 할 일을 마음의 소리를 듣고 결정한다. 따라서 성숙한 성격을 가진 사람은 자유로우면서도 가장 충실하게 자신의 삶을 살아가는 사람이다.

넷째, 성숙한 사람은 자신과 타인을 있는 그대로 수용한다. 위에서 살펴보았듯이 올포트는 자신을 수용할 수 있는 능력이 있는 사람은 정서적으로 안정된 사람이라고 하였다. 성숙한 사람은 자기를 수용할 뿐만 아니라 건강한 현실 지각을 가지고 타인과 사물을 있는 그대로 볼 수 있는 내면의 힘을 가지고 있기 때문에 다른 사람들도 수용한다.

마지막으로, 성숙한 사람은 자기 과업을 가지고 그것을 성공적으로 수행할 수 있는 적절한 헌신력과 기술을 가지고 있다. 성숙한 사람은 일의 중요성과 그 일에 몰두해야 하는 필요성을 깊이 절감하여 일의 성공을 위한 기술과 능력의 발달을 위해 노력해 나가는 사람이다.

2 성격 변화와 성장

최근 연구에 따르면, 성격은 고정된 것이 아니라 변화할 수 있는 것으로 나타났다. 다양한 연구들은 성격이 여러 가지 요인에 영향을 받아 변화할 수 있음을 강조한다.

4,904명의 성인을 대상으로 실시한 일리노이 대학교의 한 연구에서 주요 사건(예: 결혼, 이혼)뿐만 아니라 사소한 일상 사건(예: 파트너의 작은 배려)도 성격 변화에 영향을 미칠 수 있음을 발견하였다(Dugan et al., 2024). 특히, 사소한 사건이 반복적으로 발생할 때 누적 효과가 커져 성격에 큰 변화를 줄 수 있다는 것이 밝혀졌다. 이는 작은 긍정적 경험들이 지속적으로 쌓이면 성격을 긍정적인 방향으로 변화시킬 수 있음을 시사한다.

COVID-19 팬데믹과 같은 글로벌 위기는 성격 변화에도 큰 영향을 미쳤다. 연구에 따르면, 팬데믹 동안 사람들의 성격 특성 중 성실성은 증가하고 외향성은 감소하였으며, 신경증은 약간 감소하였다. 이는 새로운 생활 방식에 적응하는 과정에서 사람들이 더 성실해지고, 사회적 상호작용이 줄어들면서 외향성이 감소하였음을 보여 준다. 또한 이러한 변화는 사람들의 정신적 · 신체적 건강에도 긍정적인 영향을 미쳤다.

심리치료, 특히 인지행동치료(CBT)는 성격 변화를 촉진하는 데 효과적이다. 연구에 따르면, CBT를 받은 사람들이 8주 이내에 성격 특성(예: 신경증)의 의미 있는 변화를 경험한 것으로 나타났다. 이러한 변화는 치료 종료 후에도 지속되는 경향이 있으며, 이는 성격이 환경적 요인과 의도적인 노력으로 변화될 수 있음을 보여 준다.

이러한 연구들은 성격이 고정된 것이 아니라, 다양한 삶의 경험과 환경적 요인에 의해 변할 수 있다는 것을 강조한다. 따라서 성격 변화는 가능한 것이며, 이를 통해 개인의 삶의 질을 향상할 수 있다. 성격 변화에 관한 연구는 성격이 환경적 요인과 개인의 의도적인 노력으로 변화할 수 있음을 보여 준다. 이를 바탕으로 성격 변화를 위해 노력하는 방법을 다음과 같이 정리할 수 있다.

1) 자신을 이해하기

먼저 현재 자신의 성격 특성을 평가한다. 이를 위해 온라인 성격 테스트(BIG 5 Personality Test 등)를 활용할 수 있다. 구체적으로 변화하고자 하는 성격 특성을 명확히하는 것이 도움이 된다. 예를 들어, 더 외향적인 사람이 되고 싶거나 신경증적 경향을 줄이고 싶을 수 있다.

2) 구체적인 행동 계획 수립

큰 변화를 시도하기보다는 작은 행동 변화를 시작한다. 예를 들어, 더 외향적이 되기를 원한다면 매일 한 사람에게 먼저 말을 걸어 보는 것부터 시작한다. 행동 변화를 위하여 인지행동치료(CBT)의 원칙을 적용하여 부정적인 생각 패턴을 인식하고 이를 긍정적으로 바꾸도록 노력할 수 있다. 예를 들어, '사람들은 나를 좋아하지 않을 거야.'라는 생각을 '사람들과 이야기하면 좋은 경험이 될 수 있어.'로 바꾸어 본다.

3) 지속적인 노력과 피드백

일관성 유지하도록 노력한다. 새로운 행동을 꾸준히 실천한다. 작은 변화가 누적되어 큰 변화를 만들어 내기 때문이다. 또한 주변 사람들로부터 피드백을 받아 자신의 변화를 점검하고 필요한 경우 수정한다. 긍정적인 피드백은 지속할 수 있는 동기부여에 큰 도움이 된다.

4) 지원 시스템 구축

가족, 친구 등 주변의 지지를 받는 것이 중요하다. 이들에게 자신의 목표를 공유하고 도움을 요청한다. 필요하다면 심리학자나 상담사와 상담하여 보다 체계적인 지원을 받는다. 이는 특히 심각한 성격 문제를 해결하는 데 도움이 될 수 있다.

5) 유연한 사고 유지

변화가 더디더라도 성격 변화는 시간이 걸리며 모든 변화가 긍정적이거나 즉각적이지 않을 수 있음을 인정한다. 실패하거나 좌절하는 순간이 오더라도 이를 학습의 기회로 삼는다. 이때 긍정적인 태도를 유지하는 것이 중요하다. 긍정적인 사고방식을 유지하며, 작은 성공을 축하하고 자신을 격려한다.

6) 성격 변화를 위한 습관 기르기

성격 변화를 촉진하기 위한 일상적인 습관은 꾸준한 노력을 통해 긍정적인 성격 특성을 강화할 수 있다. 다음은 다양한 성격 특성을 개선하기 위해 도움이 되는 일상적인 습관의 예다. 습관에 대해서는 뒤에서 더 깊이 살펴보고자 한다.

(1) 성실성 향상을 위한 습관

- 정리 정돈: 매일 아침 10분을 투자하여 자신의 공간을 정리한다. 깔끔한 환경은 더 체계적이고 성실한 행동을 촉진한다.
- 시간 관리: 중요한 일을 우선순위에 따라 정리하고, 일정표를 만들어 매일 실천한다. 시간을 효율적으로 관리하는 습관은 성실성을 높이는 데 도움이 된다.

(2) 외향성 향상을 위한 습관

- 사회적 활동 참여: 매일 한 번은 친구나 동료와 대화를 시도해 본다. 짧은 대화라도 사회적 상호작용을 통해 외향성을 증진할 수 있다.
- 새로운 사람 만나기: 매주 한 번은 새로운 사람을 만나거나 동아리 활동, 스터디 그룹, 봉사 활동 등 새로운 모임에 참석해 본다. 이는 새로운 사회적 경험을 제공하고 외향성을 강화하는 데 도움이 된다.
- 리더십 역할 맡기: 학교나 동아리에서 리더십 역할을 맡아 더 많은 사회적 상호작용을 경험한다. 이는 자신감을 키우는 데 도움이 된다.

(3) 신경증 감소를 위한 습관

- 명상과 호흡 운동: 매일 10분 동안 명상하거나 깊은 호흡 운동을 통해 스트레스를 줄인다. 이는 신경증적 경향을 완화하는 데 도움이 된다.
- 긍정적인 자기대화: 부정적인 생각이 들 때마다 긍정적인 자기대화로 전환한다. 예를 들어, "나는 잘할 수 있어."라고 반복하여 자신감을 높인다.
- 신체 활동: 규칙적인 운동으로 스트레스를 해소하고 긍정적인 감정을 증진한다. 운동은 엔도르핀 분비를 촉진하여 기분을 좋게 한다.

(4) 친화성 향상을 위한 습관

- 감사 일기 쓰기: 매일 감사한 일을 세 가지 이상 적어 본다. 이는 다른 사람에 대한 긍정적인 감정을 키우고 친화성을 높이는 데 도움이 된다.
- 도움 주기: 매일 작은 도움을 주는 행동을 실천한다. 예를 들어, 동료의 일을 도와주거나 가족을 위해 작은 일을 하는 것이다. 이러한 습관은 친화적인 성격을 강화한다.
- 갈등 해결: 갈등 상황에서 이해와 공감을 통해 문제를 해결하는 연습을 한다. 이는 더 긍정적이고 협력적인 관계를 유지하는 데 도움이 된다.

(5) 개방성 향상을 위한 습관

- 독서와 학습: 매일 새로운 주제에 대해 읽거나 학습한다. 이는 지적 호기심을 자극하고 개방성을 높인다.
- 새로운 경험 시도: 매주 한 번 새로운 활동이나 취미를 시도해 본다. 예를 들어, 새로운 요리법을 시도하거나 새로운 장소를 방문하는 것이다. 이는 개방성을 증가시킨다.
- 창의적 표현: 글쓰기, 그림 그리기, 음악 연주 등 창의적 활동을 통해 자기 생각과 감정을 표현한다.

성공 사례

성격 변화는 단기적인 노력이 아니라 꾸준한 실천과 피드백을 통해 이루어진다. 긍정적인 성격 특성을 개발하고 부정적인 특성을 극복하기 위해 다양한 전략을 시도해 보자. 성공적인 성격 변화를 통해 더 나은 자신을 발견할 수 있다. 성격 변화의 성공 사례는 다양한 접근법과 환경에서 이루어졌으며, 이러한 사례들을 통해 성격 변화가 어떻게 가능한지 구체적으로 이해할 수 있다.

사례 1 인지행동치료를 통한 성격 변화

섀넌 사우어 자발라(Shannon Sauer-Zavala) 박사와 그녀의 동료들은 인지행동치료(CBT)를 통해 신경증적 성격 특성을 가진 사람들의 변화를 끌어냈다. 참가자들은 12주 동안 CBT를 받았고, 그 결과 신경증적 경향이 감소하고 긍정적인 성격 특성이 증가하였다(Sauer-Zavala et al., 2016).

사례 2 일상적 긍정적 행동의 누적 효과

일리노이 대학교의 연구에 따르면, 작은 긍정적 경험들이 반복적으로 쌓일 때 성격에 큰 변화를 줄 수 있다. 한 참가자는 매일 파트너로부터 작은 배려를 받는 경험이 누적되어 더 안정되고 긍정적인 성격으로 변화하였다.

사례 3 팬데믹을 통한 성격 변화

COVID-19 팬데믹 동안 많은 사람들이 성격 변화를 경험하였다. 팬데믹 초기에는 높은 스트레스와 불안을 느꼈지만, 시간이 지나면서 새로운 대처 전략을 개발하고 적응하여 신경증적 경향이 감소한 사례가 많이 보고되었다.

사례 4 인지행동치료를 통한 불안 감소

한 청년은 강한 신경증적 경향으로 인해 학업 스트레스를 극복하기 어려워하였다. 그는 CBT를 통해 부정적인 사고 패턴을 긍정적으로 바꾸고, 스트레스 관리 기술을 배웠다. 예를 들어, '나는 시험에서 실패할 거야.'라는 생각을 '나는 열심히 공부했으니 잘할 수 있어.'로 전환하였다. 이 과정을 통해 그의 신경증적 경향은 많이 감소하고, 학업 성취도와 전반적인 삶의 만족도가 향상되었다.

사례 5 긍정적 강화와 성실성 개발

한 직장인은 업무 효율성을 높이기 위해 성실성을 강화하고자 하였다. 그는 매일 일찍 출근하고, 업무 리스트를 작성하여 중요한 일부터 처리하는 습관을 들였다. 이러한 작은 행동 변화에 대해 스스로에게 작은 보상을 주며 긍정적 강화를 적용하였다. 몇 달 후 그는 더 체계적이고 성실한 직원으로 인정받게 되었으며, 이는 그의 커리어 발전에도 긍정적인 영향을 미쳤다.

사례 6 사회적 활동 참여로 외향성 증진

한 청년은 내향적인 성격을 극복하고 더 외향적으로 변하기 위해 대학 동아리에 가입하였다. 그는 매주 동아리 모임에 적극적으로 참여하고, 새로운 친구를 사귀기 위해 노력하였다. 처음에는 어색하였지만, 점차 새로운 사람들과의 대화가 자연스러워졌고 다양한 사회적 활동을 즐기게 되었다. 이는 그의 외향성을 크게 증진시켰고 더 많은 친구와 네트워크를 형성할 수 있게 하였다.

사례 7 명상과 마음챙김을 통한 신경증 감소

한 기업가는 높은 스트레스와 불안을 겪고 있었다. 그는 매일 아침 20분 동안 명상을 하고, 하루 동안 마음챙김 연습을 통해 현재 순간에 집중하는 연습을 시작하였다. 이러한 습관은 그의 스트레스 수준을 크게 낮추고, 신경증적 경향을 감소시키는 데 도움이 되었다. 또한 그는 더 차분하고 긍정적인 태도로 업무에 임할 수 있게 되었다.

사례 8 다양한 문화 경험으로 개방성 증가

한 여행 작가는 새로운 문화를 경험하고 자신의 개방성을 향상하기 위해 매년 다른 나라를 방문하였다. 각 나라에서 새로운 음식, 전통, 사람들을 접하며 자신의 시야를 넓혔다. 이러한 경험은 그의 개방성을 매우 증가시켰고, 이는 그의 글쓰기에도 긍정적인 영향을 미쳐 더 풍부하고 다양성 있는 콘텐츠를 생산할 수 있게 하였다.

사례 9 긍정적인 자기대화를 통한 자신감 증진

한 대학원생은 발표 공포를 극복하기 위해 긍정적인 자기대화를 연습하였다. 발표 전에 "나는 이 발표를 잘할 수 있어."라고 스스로에게 되뇌이며 자신감을 키웠다. 또한 발표 후에는 자신이 잘한 점을 기록하여 긍정적인 피드백을 자신에게 제공하였다. 이러한 습관은 그의 자신감을 크게 향상시켰고 점차 발표 공포를 극복할 수 있게 하였다.

제3부

데이트와 연애

황선미

17
연애와 애착

1 연애 속 애착 유형, 나의 모습은 어디에

"너 요즘 밝아 보인다. 보기 좋아."

늘 외로워 보이던 사람이 어느 날부터 밝게 웃고 다니면 '혹시 연애하나?'라는 합리적인 의심을 한다. 산뜻한 표정으로 휴대 전화 메시지를 체크하고 옷차림의 변화까지 나타났다면 십중팔구 그 사람은 연애 중이다. 그러다 분위기가 어두워지고 멍한 표정으로 다니기 시작하면 '혹시 헤어졌나?'라는 합리적인 의심을 한다. 안타깝지만 이 경우에도 그 사람은 십중팔구 헤어지는 중이다. 성인의 인생에서 타인에게 이토록 속이 훤히 보이는 내면의 상태를 유발하는 것이 연애 외에 또 있을까? 그만큼 연애 앞에서는 모두가 어리숙하다.

인생의 초반부에 연애는 그 자체로 인생의 숙제다. 사회심리학자이자 정신분석학자였던 에릭 에릭슨(Erik Erickson)은 인간에게는 전 생애를 걸쳐 발달시켜야 하는 아홉 가지 능력이 있다고 하였는데 그중 청년기에 발달시켜야 하는 과업이 '친밀감(intimacy)'이다. 친밀감은 누군가와 연결되어 있다는 느낌을 지속적으로 경험하고 즐길 수 있는 능력으로, 그 자체로 연결감과 애착이라는 심리적 현상을 포함한다.

에릭슨은 인간이 성인 초기에 친밀함을 충분히 경험하지 않고, 친밀할 수 있는 능력을 충분히 연습해 놓지 않으면 내면에 '고립감'이 찾아온다고 하였다. 그는 왜 친밀감의 반대편에 고립감(isolation)을 배치하였을까? 친밀감을 느끼지 못하면 느낄 수 있는 다양한 정서적 고통(슬픔, 분노, 억울함 등) 중에서도 에릭슨은 고립감을 친밀감의 상반된 극단에 놓았다. 고립감의 상반된 상태로서 친밀감을 이해할 때, 사람과 사랑하고 연결되며 함께하는 것은 단순한 감정적인 만족과 즐거움을 넘어서 생존과 관련된 의미임을 깨달을 수 있다. 사람들과의 연결은 인간에게 존재적인 안정감을 제공한다. 연인과의 친밀감은 우리가 이 세상에서 누군가와 연결되어 있다는 안정감을 주며 그 안정감은 세상으로 나아갈 수 있는 발판을 마련해 준다.

"저 회피형 애착 유형인 거 같은데 맞아요?"

연애에 관한 고민을 털어놓는 사람들은 이런 말을 자주 한다. 연애를 잘하려면 소위 안정형 애착 유형이어야 한다는데 인터넷에서 검사를 해 보니 본인은 집착형 또는 회피형 애착 유형이라는 말이다.

"연애와 애착은 밀접하게 연결되어 있죠. 그런데 A 님의 애착 유형이 무엇인지는 저보다 본인이 더 잘 알 거예요. 애착심리학과 A 님 마음에 관한 공부를 조금 한다면요."

여기 연애 중인 4명의 학생이 있다.

A는 동아리 1년 후배와 연애 중이다. 고등학교 때 몇 명과 사귀어 보기는 하였지만 진지하게 만남을 이어 가는 것은 이번이 처음이다. A는 매일 데이트하고 싶지만 서로 다른 일정 때문에 오래 만나지 못하는 상황을 이해한다. 이해는 하지만 보고 싶으니 통화와 문자를 자주 한다. 연인은 A가 표현을 잘하는 사람이라서 좋다고 한다. A 역시 연인이 자주 통화와 문자를 해 주었으면 좋겠다고 말하고, 그렇게 해 주는 연인에게 고마워한다.

B는 같은 과의 선배와 연애 중이다. 신입생 오리엔테이션 때부터 좋아하였다며 선배가 먼저 다가왔다. B는 이성에게 반하고 설레는 감정이 정확하게 무엇인지 잘 모른다. 잘해 주면서 다가오는 선배가 괜찮아 보여 사귀기로 하였다. 그러고 보니, 이전의 연애들도 비슷하게 먼저 다가온 사람들과 시작되었다. 연인은 B가 자신의 이야기를 하지 않고, 진짜 감정을 내보이지 않는다며 섭섭해 한다. B는 좋아한다고, 사랑한다고 말하는 것 이상으로 연인이 무엇을 원하는지 알 수 없어서 답답하다.

C는 최근 친구를 통해 소개받은 사람과 사귀는 중이다. 본인은 이성 친구와의 교제가 처음인데 연인에게는 자기가 처음 만난 사람이 아니라는 사실이 괴롭다. 하지만 이런 마음을 표현하면 헤어지게 될까 봐 제대로 말을 해 본 적은 없다. 연인을 사랑하는 것은 당연하지만 다른 사람도 자기처럼 이렇게 온종일 상대 생각만 하고 매달리는지 궁금하다. 그런 자기가 집착하는 것처럼 느껴지지만 좋아하는 마음을 멈출 수가 없다.

D는 만난 지 얼마 되지 않은 사람과 사귀고 헤어지기를 반복한다. D에게 연애란 감정의 롤러코스터와 같다. 사랑에 빠지는 순간과 이별이 상처가 강렬해서 삶의 다른 부분에는 집중하기가 어렵다. 만났던 사람 중에는 D에게 폭력적인 사람도 있었는데 이런 이유로 친구들은 걱정하며 심리상담을 권유하였지만, 새로운 연인을 만나면 금세 기분이 나아진다. D는 본인의 문제가 금방 사랑에 빠지는 것인지, 아니면 진짜 사랑을 경험해 본 적이 없어 한 사람에게 정착하지 못하는 것인지 헷갈린다. 둘 다인 것 같다.

네 사람의 이야기는 각각의 애착 유형을 대표한다. 여러분은 누구와 가장 비슷한가?

제3부 데이트와 연애

18 애착심리학

1 시대적 배경

1900년대의 전반부는 전쟁의 시대였다. 제1차 세계대전(1914~1918)이 끝난 지 불과 20년 만에 제2차 세계대전(1939~1945)이 일어났다. 제국주의와 이념 사이의 갈등이 당시 아시아의 가난한 나라였던 대한민국에서까지 벌어졌으니, 1900년대의 냉전 시대의 영향을 받지 않은 나라는 없을 것이다. 전쟁은 수많은 가정을 깨뜨렸고 전 세계에 전쟁고아를 만들어 냈다. 가끔 어르신이 자기를 '육이오둥이'라고 부르는 것을 듣는다. 6.25전쟁 중에 태어난 아기는 제대로 먹지 못해서 그즈음에 태어난 사람들의 몸이 약하다는 이야기다. 한 나라의 전쟁만으로도 한 세대의 건강이 좌우되는데, 반 세기를 전쟁 속에 살아온 20세기 인류에게 깨어진 가정과 돌봄의 문제는 해결해야 할 과제로 남은 것이 당연하다. 애착(attachment)심리학은 전쟁으로 황폐해진 가족과 인간성을 복구하려는 시대적 요구로 발전되었다.

붉은 털 원숭이 실험

애착이 무엇인지를 공부하기 위해 유명한 '붉은 털 원숭이 실험'을 살펴보자. 해리 할로우(Harry F. Harlow)는 미국의 심리학자로 위스콘신 매디슨 대학교의 교수로 재직할 당시에 이 실험을 하였다.

1950년대 후기에 할로우 박사는 새끼 원숭이들을 그들의 어미로부터 분리하여 특별히 고안된 실험실에서 키우면서 모성을 연구하였다. '모성 박탈' 환경으로 불리는 실험실 환경은 비윤리적이기 때문에 지금 시대에 이런 연구는 불가능하다. 그러나 당시에는 가능하였던 시도였다. 실험실의 새끼 원숭이에게는 두 종류의 어미(대리모)가 제공되었다.

- 먹이를 주는 철사 엄마
- 먹이를 주지 않는 헝겊 엄마

먹이를 주는 철사 엄마(좌)와 먹이를 주지 않는 헝겊 엄마(모)

출처: https://apegoharlow.blogspot.com/2014/10/experimento-de-harry-harlow.html

여러분이 새끼 원숭이라면 '먹이를 주는 철사 엄마'와 '먹이를 주지 않는 헝겊 엄마' 중에 어떤 엄마와 시간을 보낼 것인가? 이 실험은 새끼들이 엄마에게서 채우려는 욕구가 먹이인가 촉각적 따뜻함인가를 알아보기 위해 만들어졌다. 결과적으로 새끼 원숭이들은 가끔 철사 엄마에게 가서 먹이를 구하기는 하였으나 대부분의 시간을 헝겊 엄마와 보냈다. 먹이보다 따뜻한 촉감을 선택한 것이다. 이 실험은 양육에서 정서적 접촉의 중요성을 증명하였고, 붉은 털 원숭이 실험 이후에는 아이들을 돌보는 환경에 관한 중요한 인식의 변화가 생겨났다.

2 애착이란 무엇인가

애착의 사전적 정의는 '몹시 사랑하거나 끌리어서 떨어지지 아니함 또는 그런 마음'(국립국어원 표준국어대사전)이다. 사랑을 뜻하는 한자 '애(愛)'와 붙어 있음을 뜻하는 '착(着)'이 결합하여 사전적 정의는 '사랑하고 떨어지지 아니함'을 강조한다. 그러나 심리학적 관점에서 볼 때 이러한 사전적 정의에는 보충 설명이 필요하다. 심리학에서 애착이란 '사람 사이의 정서적 접촉(emotional connection)'을 뜻하는데 두 사람 사이에 정서적 접촉이 안정적으로 맺어졌는지를 알 수 있으려면 두 사람이 서로를 사랑하면서도 각자 독립된 삶을 유지할 수 있는지를 살펴보아야 한다. 독립된 삶을 유지할 수 있는 능력은 아이러니하게도 보이지 않는 정서적 연결고리가 이 두 사람 사이를 지속적으로 맺어 주고 있다는 사실을 뒷받침하기 때문이다.

인간은 자궁에서 엄마와 탯줄로 연결되어 있었다. 모든 인간에게 애착 경험의 시작은 엄마와 연결되었던 탯줄이며 이 접촉은 실질적이면서도 육체적인 접촉이다. 애착을 강의할 때 영화 〈아바타〉에서 숲의 전사들이 자신의 꼬리를 아크란(용)의 촉수에 연결하는 장면을 자주 언급한다. 애착의 시작은 탯줄을 매개로 한 자동적인 연결이었지만 성인이 된 후 맺는 애착 관계는 노력의 결과라는 점을 알리려는 의도다. 아바타의 용사들은 자기만의 아크란을 소유하기 위해 아크란의 꼬리와 자신의 촉수를 연결해 내는 결투를 한다. 성인으로 인정받는 일종의 통과 의례인데 이런 면에서 애착과 비슷한 부분이 있다. 태아는 엄마의 탯줄을 통해 영양분을 공급받는 일차적인 돌봄을 거쳐 세상에 태어난다. 이제 돌보는 사람은 엄마를 포함한 양육자들로 확장된다. 양육자들은 아기에게 신체적 돌봄(먹이기, 입히기, 씻기기, 기저귀 갈기 등)과 정서적 돌봄(눈 맞추기, 웃어 주기, 안기, 흔들기 등)을 주어 정서적 애착 관계를 맺어 준다. 애착 단계를 거치면서 아기는 양육자와 몸이 떨어져 있어도 마음으로 교감할 수 있다는 사실을 배우는데 이 경험을 토대로 인간은 사회에서 만난 다른 사람과 사랑하는 관계를 형성한다. 사랑은 나비족이 자기만의 아크란(용)을 찾으려고 하는 결투처럼 치열한 통과 의례다. 그러나 의례를 잘 거치고 나면 '정서적으로 연결되는'

누군가가 생긴다. 안정적인 애착이 형성되는 것이다.

3 애착심리학의 주요 인물

1) 르네 스피츠

르네 스피츠(Rene Spitz)는 애착심리학과 발달심리학의 중요한 인물 중 하나로 특히 영유아의 심리 발달과 애착 형성 과정에 중대한 이바지를 하였다. 오스트리아에서 태어난 스피츠는 미국으로 이주하여 심리학자이자 정신분석가로 활동하였다. 그는 정신분석적 접근을 바탕으로 영유아의 정서적 발달과 관련된 연구를 진행하였고 병원주의(hospitalism)라는 개념을 제시하였다.

스피츠의 연구는 주로 영유아의 애착 형성이 정서적 및 인지적 발달에 얼마나 강한 영향을 미치는지를 다루었다(Spitz, 1945). 그는 양육자의 부재가 영유아에게 끼치는 부정적인 영향을 관찰하여 기록하였고 이러한 현상을 '정서적 박탈(emotional deprivation)'이라고 불렀다. 스피츠는 보육원에 있거나 양육자로부터 충분한 애정과 돌봄을 받지 못한 아이들이 정서적·신체적으로 큰 손상을 입을 수 있음을 밝혀냈다. 이를 통해 그는 부모와의 상호작용이 아동의 건강한 발달에 필수적이라는 점을 강조하였다.

그의 가장 유명한 연구 중 하나는 1945년에 발표된 '병원주의' 연구로 이 연구에서 그는 영아들이 긴 시간 동안 양육자로부터 분리될 때 나타나는 발달 지연 현상을 보고하였다. 스피츠는 분리된 상태가 영아의 정서적·신체적 발달을 저해하고 심각한 발달장애를 초래할 수 있음을 증명하였고, 그의 이런 생각은 애착이론의 대가인 존 볼비(John Bowlby)에게 영향을 주었다. 그뿐 아니라 아동 양육시설(병원, 보육원 등)의 양육 방식을 개선하는 데 큰 공헌을 하였다.

2) 존 볼비

존 볼비(Edward John Mostyn Bowlby)는 영국에서 태어난 정신과 의사로 정신분석 훈련을 받았다. 볼비를 포함한 6명의 형제는 유모의 손에 자랐으며 아버지와의 접촉이 거의 없었고, 어머니도 하루에 1시간 남짓밖에 볼 수 없었다. 1900년대 초입의 서구 사회는 어머니가 자녀를 온정적으로 대하면 자녀의 버릇이 나빠진다는 믿음이 강하였으므로 엄격하고 분리된 교육이 보편적인 분위기였다. 종군 기자였던 볼비의 할아버지는 볼비의 아버지(Anthony Alfred Bowlby)가 5살 때 제2차 아편전쟁에 참전하여 전사하였다. 볼비의 아버지에게 그랬듯이 볼비의 어린 시절에도 아버지의 양육은 부재하였다. 영국 왕실의 의사였던 아버지가 제1차 세계대전에 참전하는 동안에는 볼비가 아버지를 거의 보지 못하였다고 하니, 그가 애착을 연구하게 된 계기에 자신의 어린 시절 경험이 영향을 주었다고 보아도 과언이 아닐 것이다.

도입부에 간단히 언급하였듯이 볼비가 살던 시대에는 제1차와 제2차 세계대전으로 가족과 분리되어 자라는 아동의 인구가 급증하였고, 그 수요를 병원이나 보육원 등의 사회적 수용시설이 감당하였던 시절이었다. 케임브리지 의과대학 시절 자원봉사로 만난 사람들, 졸업 후 의사가 되어 캐논베리(Canonbury)의 아동 클리닉에서 만난 아동 환자들을 통해 그는 양육자와의 초기 애착 관계가 한 사람의 발달에 영향을 준다는 아이디어를 키워 나가기 시작하였다. 제2차 세계대전 당시 볼비는 장교를 선발하고 배치하는 연구팀에 합류하였고, 1940년 응급 의료 서비스팀으로 중증 전쟁 신경증 환자들을 치료하며 런던과 케임브리지를 오갔다. 피난 또는 치료의 이유로 불가피하게 가족과 떨어진 아동들을 만나며 그는 양육자와의 분리가 아동의 성격과 발달에 미치는 영향을 직접 관찰할 수 있었다.

이러한 경험을 반영하여 1944년에 볼비는 「44명의 소년 도둑들(Forty-four Juvenile Thieves)」이라는 논문을 발표하였다. 절도의 전적이 있는 소년 44명과 대조군을 비교연구한 결과 대조군 소년 중에서는 단 2명만이 분리(5세 이전 6개월 이상 양육자와의 분리)를 경험하였지만, 절도를 한 소년 중에서는 17명이 양육자와 분리된 외상이 있었다는 사실이 밝혀졌다(Bowlby, 1944). 양육자(특히 엄마)와의 지속적이고 안정적인 유대 관계는 모자 관계에뿐 아니라 자녀의 인격 형성에도 영향을 미친다는 시사점을 세상에 알린 연구였다.

3) 메리 에인스워스

메리 에인스워스(Mary Ainsworth)는 미국의 심리학자로 존 볼비와 함께 애착 연구의 기틀을 다진 인물이다. 에인스워스 박사는 특히 '낯선 상황 실험(strange situation procedure)'으로 잘 알려져 있다. 이 실험은 유아와 주 양육자가 낯선 환경에서 어떻게 상호작용을 하는지를 관찰하는 방식으로, 유아가 양육자와 떨어졌을 때의 반응과 재회하였을 때의 반응을 중점으로 연구한다(Ainsworth & Witting, 1970). 이 실험은 매우 유명해져서 1970년대 에인스워스 박사의 실험 이후에도 전 세계에서 반복되었다. 국내 EBS에서도 동일한 실험 조건에서 엄마와 유아의 쌍을 대상으로 실험을 진행하였다. 유튜브에 '낯선 상황 실험' 또는 '낯선 이 실험'을 검색하면 여러 나라에서 실시한 실험 영상을 볼 수 있다.

낯선 상황 실험

1. 엄마와 아이는 실험실 놀이방에 들어온다. 아이는 실험실의 장난감을 탐색할 수 있다.
2. 실험실 놀이방으로 낯선 사람이 들어온다.
3. 낯선 사람은 아이와 놀이를 시도하고 엄마는 실험실을 잠시 나갔다가 돌아온다.
4. 낯선 사람과 엄마가 둘 다 실험실을 나가고 아이는 혼자 남겨진다.
5. 얼마 후 낯선 사람만 실험실 놀이방에 들어온다.
6. 얼마 후 엄마가 돌아온다.

이 실험에서 에인스워스는 아이들이 낯선 사람과 있을 때보다는 엄마와 있을 때 더욱 적극적으로 실험실의 장난감을 탐색한다는 결과를 기대하였다(Parke et al., 2010). 그러나 이 실험이 명성을 얻은 이유는 실험실을 나갔다가 돌아온 어머니를 대하는, 즉 분리 후 양육자와 재회하는 상황에서 보이는 유아의 반응 때문이다.

낯선 상황 실험에서 관찰자는 유아의 두 가지 행동 패턴을 관찰한다.

1. 유아는 엄마와의 분리가 일으키는 불안과 상실에 어떻게 행동하는가?
2. 유아는 엄마와 낯선 사람에게 얼마나 다르게 반응하는가?

두 가지 행동에 따라 에인스워스 연구팀은 유아의 애착을 세 가지 유형으로 분류하였다(Ainsworth et al., 1978).

첫째, **안정 애착(secure attachment)** 유형의 유아들은 엄마가 있을 때는 활발하게 장난감을 탐색하지만, 낯선 사람과 남겨졌을 때는 불안해하며 엄마를 찾는다. 엄마가 돌아오면 반기며 엄마에게 신속히 다가가고 다시 장난감을 탐색한다. 안정 애착은 유아가 엄마를 안전한 대상으로 인식하고 있음을 나타낸다.

둘째, **불안정 회피 애착(avoidant attachment)** 유형의 유아는 엄마와의 분리에 크게 동요하지 않으며 재회 시에도 큰 감정적 반응을 보이지 않았다. 불안정 회피 애착 유아들은 엄마와 있을 때나 낯선 사람과 있을 때나 행동의 큰 차이를 보이지 않고 방을 탐색한다. 엄마가 돌아오면 엄마에게 바로 다가가지 않고 때론 엄마를 피하였다.

셋째, **불안정 저항 애착(ambivalent attachment)** 유형의 유아는 처음부터 낯선 실험실을 자유롭게 탐색하지 못하고 경계한다. 엄마와 분리되자 괴로워하며 울었고 엄마가 돌아와 달래 주어도 쉽게 진정되지 않고 화를 내는 행동을 지속하였다.

에인스워스의 연구는 애착의 안정-불안정 여부가 한 사람의 심리적 발달에 깊은 영향을 미친다는 사실을 밝히고자 하였다. 안정 애착을 형성한 유아들은 이후의 삶에서도 더 나은 대인관계를 형성하고 정서적으로 안정된 성향을 보이지만, 불안정 애착을 형성한 유아들은 불안정한 정서 상태와 대인관계 문제를 경험할 가능성이 크다고 제시하였다.

4 성인의 애착

앞서 살펴본 애착심리학은 모두 어린 시절 유아가 주요한 양육자(주로 엄마)와 맺었던 생의 초기 관계에 관한 이론이었다. 과연 생의 초기의 관계 패턴이 우리가 성인이 되어서 맺는 관계, 특히 연애에 영향을 미칠까? 애착심리학의 관점으로 이 질문에 대답하자면 '그렇다'. 초기 애착이론은 주로 유아와 양육자와의 관계에 초점을 맞추었다. 하지만 많은 연구자의 공헌으로 애착이론은 확장되어 성인 간의 관계, 그중에서도 애착을 연애 관계에 적용하기 시작하였다. 헤이즌과 쉐이버(Hazen & Shaver, 1987)는 에인스워스의 애착 유형이 단순히 어린 아동과 부모와의 관계에 영향을 주는 것이 아니라 성인의 연애 관계에도 영향을 줄 것이라는 가설을 확인하기 위해 성인들에게 자신의 애착 유형과 연애 행동을 보고하게 하였다. 연구 결과 안정 애착을 가진 사람들은 불안정 애착을 경험한 사람들보다 연애에서 더욱 높은 신뢰도와 만족도를 보고한다는 것을 발견하였다.

1) 메리 메인의 성인애착면담

성인들의 애착 연구는 발달심리학과 사회심리학의 분야에서 본격적으로 발달하였다. 발달심리학 영역의 성인 애착 심리를 연구한 학자로 메리 메인(Mary Main, 1946~2023)을 빼놓을 수 없는데 그녀는 에인스워스가 존스 홉킨스 대학교에서 가르친 제자였다. 메인은 에인스워스의 낯선 상황 실험의 결과인 유아기 애착의 세 가지 분류에 '혼란형' 또는 '비조직화형(disorganized)'을 더하여 네 가지 애착 분류를 만들었다(Main & Solomon, 1990). 메인은 유아뿐 아니라 그들의 부모, 즉 성인들의 애착 관계로 관심을 확장하여 성인 애착을 연구하였다. 성인들을 연구하기 위해서는 주로 인터뷰 방식이 사용되는데 그중에서도 '성인애착면담(Adult Attachment Interview: AAI)'은 성인들의 애착 패턴을 심층적으로 분석하는 방법으로 최근까지도 널리 사용되고 있다(George, Main, & Kaplan, 1985).

성인애착면담은 반구조화된 면접 방식이다. '부모님과의 어린 시절을 5개의 형용사로 표현하고 설명해 주세요.' 등, 이 면접법은 성인에게 어린 시절 경험한 애착 관계가 현재의 관계에 어떻게 반영되는지, 본인의 애착에 대한 성인들의 주관적인 인식을 묻고 분석한다.

활동 과제

성인애착면담지

다음은 성인애착면담(AAI)의 질문 중 일부입니다. 어린 시절을 떠올리면서 질문에 응답해 보세요.

1. 초기 경험

(1) 부모님과 함께 경험한 어린 시절을 5개의 형용사로 표현하고 설명해 주세요.

(2) 어린 시절 부모님은 어떤 역할을 하셨나요? 당신이 어린 시절 어떤 상황에서 부모님께 위로를 받았는지, 보호를 받았는지 떠올려 보세요.

2. 구체적인 기억

(1) 어린 시절 부모님이 당신을 화나게 했던 때에 관해 이야기해 주세요. 그때 부모님의 반응은 어땠나요?

(2) 부모님과 함께한 즐거운 기억 하나를 말해 주세요.

3. 애착 관련 경험

(1) 부모님이 당신을 위로해 준 기억이 있나요? 그때의 상황과 느낌을 설명해 주세요.

(2) 어린 시절 당신이 아팠을 때, 부모님의 반응은 어땠나요?

4. 현재의 반추

(1) 어린 시절 경험이 현재 당신에게 어떤 영향을 미쳤다고 생각하나요?

(2) 지금 부모님과의 관계는 어떤가요?

5. 애착 개념과 관계

(1) 애착이란 무엇이라고 생각하세요? 왜 중요한가요?

(2) 당신의 가까운 사람(자녀, 애인, 배우자 등)과의 관계에 관해 이야기해 주세요.

출처: George et al. (1985).

2) 에인스워스와 메인의 성인 애착 유형

"저 회피형 애착 유형인 것 같은데 맞아요?"

초반의 질문으로 돌아가 보자. 이 학생은 최근 연애를 하면서 연인을 대하는 본인의 태도에서 회피하고 물러나는 자신의 특성을 발견하였다. 그리고 심리학을 공부하며 연애 특성이 비단 자신의 선호도에 그치는 것이 아니라 어린 시절 형성된 애착 유형과 관련이 있을 수 있다는 사실을 알아차렸다. 에인스워스와 메인이 제시한 네 가지 애착 유형은 크게 안정(secure) 애착 유형과 불안정(insecure) 애착 유형 두 가지로 나뉘고, 불안정 애착은 특성에 따라 거부하고 회피하는 유형(insecure dismissing/avoidant), 집착하고 저항하는 유형(insecure preoccupied/ambivalent), 일관되어 있지 않고 혼란한 유형(insecure unresolved/disorganized)으로 나뉜다. 네 가지 애착 유형은 번역에 따라 조금씩 다르게 부르는데 이 책에서는 가장 대중적으로 알려진 안정형, 회피형, 집착형, 혼란형 애착 유형으로 지칭하였다.

(1) 안정형 애착 유형

A는 동아리 1년 후배와 연애 중이다. 고등학교 때 몇 명과 사귀어 보기는 하였지만 진지하게 만남을 이어 가는 것은 이번이 처음이다. A는 매일 데이트하고 싶지만 서로 다른 일정 때문에 오래 만나지 못하는 상황을 이해한다. 이해는 하지만 보고 싶으니 통화와 문자를 자주 한다. 연인은 A가 표현을 잘하는 사람이라서 좋다고 한다. A 역시 연인이 자주 통화와 문자를 해 주었으면 좋겠다고 말하고, 그렇게 해 주는 연인에게 고마워한다.

도입부에서 소개한 A는 안정형 애착 유형의 사례다. 이 유형의 성인들은 자신의 어린 시절 경험에 대해 일관적인 반응을 보인다. 애착 대상과의 갈등이 존재하였을 수도 있지만 자기 경험을 수용하고 그 경험을 존중한다. 타인을 지나치게 이상화하거나 평가절하하지 않고 애착 대상과의 경험을 일관되게 표현할 수 있다. 이들은 그들의 인생에서 정서적 친밀감, 유대감, 접촉을 즐기고 가치 있게 생각한다.

안정 애착을 경험한 사람은 양육자로부터 일관되고 따뜻한 돌봄을 받았기 때문에 연애할 때도 따뜻한 관계를 기대하며 만들려고 한다. 사랑하는 사람에게 자신의 감정을 솔직하게 보여 주고 표현한다. 자신의 감정을 신뢰하는 만큼 상대도 신뢰하며, 상대도 자신에게 개방적으로 다가와 주기를 원한다. 이들은 상대에게 쉽게 의지하고 감정을 나누며 상대도 요구할 수 있음을 받아들인다. 갈등이 생겼을 때도 해결하며 관계를 유지하려 노력한다.

(2) 회피형 애착 유형

B는 같은 과의 선배와 연애 중이다. 신입생 오리엔테이션 때부터 좋아하였다며 선배가 먼저 다가왔다. B는 이성에게 반하고 설레는 감정이 정확하게 무엇인지 잘 모르겠다. 잘해 주면서 다가오는 선배가 괜찮아 보여 사귀기로 하였다. 그러고 보니, 이전의 연애들도 비슷하게 먼저 다가온 사람들과 시작되었다. 연인은 B가 자신의 이야기를 하지 않고, 진짜 감정을 내보이지 않는다며 섭섭해한다. B는 좋아한다고, 사랑한다고 말하는 것 이상으로 연인이 무엇을 원하는지 알 수 없어서 답답하다.

B는 회피형 애착 유형의 사례다. 이 유형의 성인들은 애착 대상(주로 부모)을 긍정적으로 묘사하고 이상화한다. 그러나 이러한 긍정적 표상이 실제 경험에 의한 것이 아니기에 이들은 본인의 애착 경험을 이야기할 때 실제 사건에 대한 기억이 부족하고 모순이 많은 편이다. 이들의 긍정 지각 이면에는 고통스러운 감정 느끼기를 두려워하고 회피하는 마음이 있다. 이 유형에 속하는 성인들은 친밀감과 정서적 유대감을 주고받는 애착의 중요성을 경시하고 거리를 두는 행동을 취한다.

회피 애착을 경험한 사람은 어린 시절 정서적으로 거리를 두거나 무관심한 양육 환경에서 자라난 경우가 많다. 이들은 B처럼 친밀한 관계에서도 거리감을 유지하며 자신을 개방하기 어려워한다. '내 감정이 무엇인지 잘 모르겠다.'라는 말은 이 유형의 사람들이 자주 하는 말인데, 본인은 의도하지 않았음에도 불구하고 상대는 이들에게서 거리감을 느껴 소통의 어려움을 자주 만들어 내곤 한다. 이들은 상대에게 과도하게 관여하거나 의지하는 것을 피하는 경향이 있고 친밀감보다 자율성과 독립성을 중요하게 생각하는 편이다. 내적인 소외감과 외로움과 관련된 심리적 문제를 자주 경험할 가능성이 있다.

(3) 집착형 애착 유형

C는 최근 친구를 통해 소개받은 사람과 사귀는 중이다. 본인은 이성 친구와의 교제가 처음인데 연인에게는 자기가 처음 만난 사람이 아니라는 사실이 괴롭다. 하지만 이런 마음을 표현하면 헤어지게 될까 봐 제대로 말을 해 본 적은 없다. 연인을 사랑하는 것은 당연하지만 다른 사람도 자기처럼 이렇게 하루 종일 상대 생각만 하고 매달리는지 궁금하다. 그런 자기가 집착하는 것처럼 느껴지지만 좋아하는 마음을 멈출 수가 없다.

C는 연인에게 지나친 관심을 요구하며 상대가 혹시 자신을 떠나거나 버리지 않을까 불안해한다. C는 전형적인 집착형 애착 유형의 모습이다. 이 유형의 성인들은 애착의 중요성을 과대하게 지각한다. 어린 시절의 실제 경험을 기억하고 표현하나 애착 대상에 몰입한다. 본인의 애착 경험을 고통스럽게 지각하고 애착 대상에 대한 집착과 분노를 동시에 느끼며 표현한다.

이들이 불안해하는 이유는 늘 상대방이 자신을 사랑하는지를 확인해야 안심할 수 있기 때문인데 이들의 불안이 과도한 의심과 의존으로 확대되면 상대를 괴롭고 부담스럽게 만들 수 있다. 집착형 애착 유형을 가진 사람은 어린 시절 양육자가 비일관적인 돌봄을 제공하였을 가능성이 크다. 이들에게 사랑은 늘 노력하고 확인해야지만 느낄 수 있는 가치였으므로 성인이 되어서도 지나치게 애정을 요구하고 사랑을 얻기 위해 극단적인 표현을 하기도 한다.

(4) 혼란형 애착 유형

D는 만난 지 얼마 되지 않은 사람과 사귀고 헤어지기를 반복한다. D에게 연애란 감정의 롤러코스터와 같다. 사랑에 빠지는 순간과 이별이 상처가 강렬해서 삶의 다른 부분에는 집중하기가 어렵다. 만났던 사람 중에는 D에게 폭력적인 사람도 있었는데 이런 이유로 친구들은 걱정하며 심리상담을 권유하였지만 새로운 연인을 만나면 금세 기분이 나아진다. D는 본인의 문제가 금방 사랑에 빠지는 것인지, 아니면 진짜 사랑을 경험해 본 적이 없어 한 사람에게 정착하지 못하는 것인지 헷갈린다. 둘 다인 것 같다.

D는 혼란형 애착 유형의 사례다. 혼란형 애착 유형은 이름 그대로 예측 불가능하고 비일관적인 정서와 행동양식이 그 특징이다. 네 사람 중 가장 파괴적인 연애에 빠질 가능성이 큰 유형이 혼란형 애착 유형이다. 이 유형 성인들의 응답은 일관이 부족하고 자신의 감정 표현에 어려움을 겪는다. 애착 대상에 대해서 자주 혼란스러운 감정을 느낀다. 회피형처럼 멀어져야 할지, 집착형처럼 가까워져야 할지 대처에 어려움을 겪어 혼란형이라는 이름이 붙었다. 비일관적이고 혼란스러운 감정과 태도가 이 유형의 특징이다.

혼란형 애착을 가진 성인은 어린 시절 양육자로부터 학대나 방임을 경험하였을 가능성이 크다. 이들에게 사랑이란 곧 두려움이다. 이들은 자신에게 부재하였던 안정적인 관계와 돌봄을 찾아 헤매며 사랑하는 대상과 가까워지고자 한다. 그러나 이들이 경험한 애착 트라우마는 상대와 가까워질수록 위험에 대한 두려움을 가중해 관계에 집착하면서도 동시에 밀어내려는 혼란스러운 행동을 하게 한다. 혼란형 애착에 해당하는 사람들은 대인관계에서의 거리 조절 및 감정 조절 등 주로 자기조절 능력의 어려움을 경험하기도 한다.

3) 바돌로뮤와 호로비츠의 성인 애착 유형

애착 유형 연구는 발달심리학뿐 아니라 사회심리학 분야에서도 발전되었다. 사회

심리학자였던 바돌로뮤와 호로비츠(Bartholomew & Horowitz, 1991)는 성인이 자기를 바라보는 관점과 타인을 바라보는 관점, 즉 자기지각과 타인지각의 긍정과 부정의 조합으로 성인기 애착을 네 가지로 분류하였다.

자기인식 / 타인인식	자기긍정	자기부정
타인긍정	안정형	불안-집착형
타인부정	거부-회피형	공포-회피형

(1) 안정형

자기긍정 / 타인긍정
"나도 괜찮고 너도 괜찮아."

이 맥락에서 '괜찮다.'는 관계 안에서 괜찮다는 의미이므로 애착 대상들로부터 사랑받는 자기, 존중받는 자기, 돌봄받는 자기로 자신을 지각하고 있음을 의미한다. 자신과 관계를 맺는 타인도 나를 사랑해 주고, 존중해 주며, 필요할 땐 곁에 있어 준다(가용성)는 믿음이 있다는 사실을 의미한다. 애착에서는 가용성이라는 개념이 중요하다. 가용성(availibility)은 '사용이 가능하다.'라는 뜻으로 유아는 자신이 필요할 때마다 주 양육자가 곁에 있었는지, 즉 '가용하였는지'에 따라서 타인과 자신에 대한 존재감을 확인한다. 안정형(secure type) 애착이란 타인에게 나를 가용하게 내어 주며, 내가 필요할 때 타인도 나에게 가용할 것이라는 믿음이 형성된 상태라고 볼 수 있다. 믿음이 있으므로 새로운 사람들과 교류하는 데 두려움이 적으며, 친밀감이 이미 형성된 사람들과도 안정적인 거리 조절이 가능하다.

(2) 거부-회피형

> 자기긍정 / 타인부정
> "나는 괜찮으니 거리를 두고 싶어."

거부-회피형(dismissing avoidant type)은 정서적 친밀감보다 자율성과 독립성을 우선시한다. 혼자의 상태가 괜찮다고 여기기 때문에 상대가 정서적으로 가까이 다가오면 물러나며 회피한다. 이들에게도 애착에 대한 욕구가 존재하지만, 친밀감에 대한 욕구는 자율성보다 상대적으로 억압되어 있으므로 관계에서 회피하고 물러나는 방향을 선택한다.

(3) 불안-집착형

> 자기부정 / 타인긍정
> "나는 약하고 부족하니 너의 돌봄이 필요해."

불안-집착형(anxious preoccupied type)은 자신의 필요를 위해 집착하고 몰두한다. 사랑과 친밀감은 절대적으로 중요하지만 항상 부족하다고 느끼므로 이들은 타인의 돌봄과 사랑을 갈망한다. 타인은 돌볼 수 있고 사랑할 수 있는 능력이 있지만 자신이 필요할 때는 곁에 없었다는 가용성의 불신이 있으므로 타인에게 맞추어 본인이 필요한 돌봄과 사랑을 받고자 한다. 친밀한 관계에서 불만족과 불안을 쉽게 느끼고 거리 조절에 어려움을 겪는다.

(4) 공포-회피형

> 자기부정 / 타인부정
> "나도 괜찮지 않고 너도 괜찮지 않으니 어떻게 해야 할지 모르겠어."

공포-회피형(fearful avoidant type) 성인의 내면에는 애착 대상과 가까워지고 싶은 마음과 가까워짐에 대한 두려움, 즉 애착에 대한 양가감정이 혼재되어 있다. 이들은 친밀한 관계 자체에 대한 두려움이 있는데 이는 이들의 내면 깊은 곳에서 자신은 사랑을 주기에도, 받기에도 적합하지 않은 사람이라는 뿌리깊은 불신이 있기 때문이다. 더불어 타인이 자신에게 돌봄과 사랑을 줄 수 있을지에 대한 확신도 약하다. 이 유형에 해당하는 성인은 뒤늦게라도 안정적인 애착 대상을 찾아 신뢰감을 연습해 보는 안정 애착 회복이 꼭 필요하다.

애착 유형

1. 영화나 소설 속의 인물들이 만들어 내는 연애를 살펴보면 다양한 애착 유형을 관찰할 수 있다. 바돌로뮤와 호로비츠의 네 가지 애착 유형(안정형, 거부-회피형, 불안-집착형, 공포-회피형)에 해당하는 영화 또는 소설의 인물을 찾아보고 인물의 내면과 인물이 만들어 내는 관계를 분석하면 도움이 될 것이다.
   (추천 영화 예시: <굿윌헌팅> <블랜스완> <파인딩 포레스트> <겨울왕국> <조커> <클로저> 등)

2. 어린 시절의 애착 유형이 평생 지속되는가? 그렇다면 한 사람이 누리는 정서적 유대감의 정도도 부모나 주 양육자와 같은 타인에 의해 결정된다는 논리가 된다. 이런 생각을 심리적 결정론(psychological determinism)이라 부른다. 인간의 정신 상태, 성격, 동기, 행동 등이 어린 시절의 경험과 부모와의 상호작용으로 결정된다는 관점이다. 심리적 결정론은 애착심리학에 큰 영향을 미쳤으며, 정신분석이 시작된 초기에 중요한 관점을 제공하였다. 한 명의 아기를 성숙한 성인으로 키우기 위해서 따뜻한 환경, 양육자의 충분한 돌봄과 접촉이 중요하다는 사실을 세상에 알리고, 인생 초기에 이러한 경험이 존재하지 않을 때 인간의 정신발달이 얼마나 취약해질 수 있는지를 경고하였다는 점에서 심리적 결정론은 그 공헌을 하였다. 그러나 심리적 결정론에 반대하는 이들은 인간의 정신세계가 초기 경험에 의해 결정된다고 보는 견해는 지나치게 단순하며 자율성과 변화 가능성을 무시한다고 비판한다.
   예를 들어, 어떤 학생이 심리학개론 강의를 듣다가 본인이 회피형 애착 유형이라는 사실을 알게 되었다고 하자. 주변 어른들이 정서적으로 부재한 상황에서 학생은 정서적인 필요를 스스로 해결해야만 하였다. 그 학생은 친구를 사귈 때도 상대와 친해지는 것이 불편하다고 말하였다. 어린 시절에 생긴 정서적 결핍을 연인으로부터만 해결하려고 하니 연인에게는 몰두하고 타인에게서는 물러나고, 그런 자신이 이상하다고만 생각하였는데 이런 행동 특성이 회피형 애착 유형의 특성이라는 사실을 알게 되었다.

여러분은 이 학생의 회피형 애착이 평생토록 지속될 것으로 생각하는가? 아니면 변할 수 있다고 기대하는가? 변할 수 있다면 이 사람이 할 수 있는 선택은 무엇이고 주변으로부터 필요한 도움은 무엇인지 함께 고민해 보자.

19 애착과 심리치료

1 내적 작동 모델

여기까지 공부하다 보면 '애착은 어린 시절에 한정된 영향이 아닌가요? 부모를 떠났으면 그만이지 어른이 되어서도 애착을 알아야 하는 이유가 무엇인가요?'라는 질문이 생길 수 있을 것이다. 이 질문에 대답하기 위해서 우리는 '애착'과 '애착 경험'을 구분해서 생각해 볼 것이다.

애착은 유아와 양육자 사이에 존재하는 실제적인 유대관계다. 하지만 한 번 시작된 애착은 내면에 자리 잡아 애착 대상에 대한 특정 이미지를 형성하게 하고 애착 경험으로 새겨진다. 애착 경험을 통해 형성된 이미지를 '내적 표상(internal objects)'이라고 부르고, 내적 표상에 따라 형성되는 일관된 관계 패턴을 '내적 작동 모델(internal working model)'이라고 부른다. 내적 작동 모델은 한 사람이 자기 자신, 타인 그리고 주요한 사람들과 상호작용할 때 나타나는 대인관계에 대한 기본적인 신념과 기대의 토대가 된다.

예를 들어, '나는 사랑받을 만한 가치가 있어.'라는 생각은 '나'라는 존재와 그 존재를 바라보는 또 다른 나, 즉 자기 자신과의 관계를 포함하는 생각이다. 나를 '사랑스럽다.' 또는 '사랑스럽지 않다.'라고 판단하는 후자의 '나'는 나를 바라보았던 중요한 애착 대상들(부모, 교사, 양육자 등)이 나를 바라보았던 시각을 반영한다. 즉, 자신을 사랑받을 만한 가치가 있는 존재로 인식하는지, 버림받거나 거부당할 만한 존재로 인식하는지를 결정하는 데 어린 시절 형성된 내적 작동 모델의 영향이 크다는 것이다.

자기에 대한 이미지는 곧 타인에 대한 이미지와 밀접하게 연결되어 있다. 자신이 사랑받을 만한 존재라는 사실을 쉽게 신뢰할 수 있다면 타인이 주는 관심을 안심하고 신뢰할 가능성이 크다. 반면, 본인부터 자신의 가치를 의심하면 타인이 아무리 자신을 좋아한다고 말해도 그 사실을 믿기가 힘들다. 가령, 사람을 사귀다 보면 상대의 상태에 따라 연락이 뜸해질 때가 있다. 이때 불안정한 내적 작동 모델이 작동한다면 '나는 사랑받을 가치가 없어, 상대방이 나를 곧 떠날 거야.'라는 생각으로 불안에 떨 수도 있다. 불안은 잠시 생긴 분리를 참지 못하고 과도한 의심과 집착 행동을 불러온다(집착형). 또는 지레 겁을 먹고 관계를 포기하게도 한다(회피형). 사실 연락이 뜸해진 상황을 해결하기 위한 가장 좋은 방법은 상대에게 연락이 줄어든 이유가 무엇인지 묻고, 실제로 관계가 소원해졌는지를 확인해 보는 것이다(안정형). 하지만 과거의 상처가 되풀이될지도 모른다는 두려움은 과도한 의존 욕구를 자극하여 상대를 질리게 할 만큼 폭발적인 감정을 드러내게 한다(집착형). 또는 회피하는 행동 패턴을 일으켜 마음의 문을 닫고 친밀감을 회피하게 한다(회피형).

2 애착과 관련된 심리장애

1) 반응성 애착장애

반응성 애착장애(Reactive Attachment Disorder: RAD)는 주로 5세 이전의 어린 아동기부터 나타나는 심리장애 중 하나로 양육자와의 지속적인 감정적 유대 형성의 실패로 인해 사회적 상호작용에서 어려움을 보인다. 반응성 애착장애라는 이름이 잘 설명해 주듯이 이 현상은 양육자의 정서적인 학대나 방치, 양육자가 부재하였던 환경

진단기준(DSM-5-TR)

A. 성인 보호자에 대한 억제되고 감정적으로 위축된 행동의 일관된 양식이 다음의 두 가지 모두로 나타난다.
   1. 아동은 정신적 고통을 받을 때 거의 안락을 찾지 않거나 최소한의 정도로만 안락을 찾음
   2. 아동은 정신적 고통을 받을 때 거의 안락에 대한 반응이 없거나 최소한의 정도로만 안락에 대해 반응함

B. 지속적인 사회적·감정적 장애가 다음 중 최소 두 가지 이상으로 나타난다.
   1. 타인에 대한 최소한의 사회적·감정적 반응성
   2. 제한된 긍정적 정동
   3. 성인 보호자와 비위협적인 상호작용을 하는 동안에도 설명되지 않는 과민성, 슬픔 또는 무서움의 삽화

C. 아동이 불충분한 양육의 극단적인 양식을 경험하였다는 것이 다음 중 최소 한 가지 이상에서 분명하게 드러난다.
   1. 성인 보호자에 의해 충족되는 안락과 자극, 애정 등의 기본적인 감정적 요구에 대한 지속적인 결핍이 사회적 방임 또는 박탈의 형태로 나타남
   2. 안정된 애착을 형성하는 기회를 제한하는 주 보호자의 반복적인 교체(예: 위탁 보육에서의 잦은 교체)
   3. 선택적 애착을 형성하는 기회를 고도로(심각하게) 제한하는 독특한 구조의 양육(예: 아동이 많고 보호자가 적은 기관)

D. 진단기준 C의 양육이 진단기준 A의 장애 행동에 대한 원인이 되는 것으로 추정된다(예: 진단기준 A의 장애는 진단기준 C의 적절한 양육 결핍 후에 시작하였다).

E. 진단기준이 자폐스펙트럼장애를 만족하지 않는다.

F. 장애가 5세 이전에 시작된 것이 명백하다.

G. 아동의 발달 연령이 최소 9개월 이상이어야 한다.

에서 생존에 필수적인 수준의 정서적 돌봄을 받지 못한 경우 나타나기 쉽다. 심한 경우 타인과의 상호작용을 할 때 감정적 반응을 거의 보이지 않으며 무관심하게 행동한다.

2) 탈억제성 사회적 유대감장애

탈억제성 사회적 유대감장애(Disinhibited Social Engagement Disorder: DSED)는 얼핏 보면 성격이 좋고 낯가림이 없는 사람으로 오해할 수 있다. 그러나 에인스워스 박사의 '낯선 상황 실험'에서 살펴보았듯이 안정형 애착의 특징은 엄마와 낯선 사람을 차별적으로 인식하는 능력의 여부다. 즉, 아이가 엄마는 반기고, 낯선 사람은 경계해야 미연의 위험을 방지할 수 있다. 탈억제성 사회적 유대감장애는 대상을 차별적으로 인식하는 기능에 문제가 생긴 경우다. 반응성 애착장애와 비슷하게 생의 초기에 양육자가 부재하였거나 학대·방임한 환경에서 자주 나타난다.

진단기준(DSM-5-TR)

A. 아동이 낯선 성인에게 활발하게 접근하고 소통하면서 다음 중 2가지 이상으로 드러나는 행동 양식이 있다.
  1. 낯선 성인에게 접근하고 소통하는 데 주의가 약하거나 없음
  2. 과도하게 친숙한 언어적 또는 신체적 행동(문화적으로 허용되고 나이에 합당한 수준이 아님)
  3. 낯선 환경에서 성인 보호자와 모험을 감행하는 데 있어 경계하는 정도가 떨어지거나 부재함
  4. 낯선 성인을 따라가는 데 있어 주저함이 적거나 없음

B. 진단기준 A의 행동은 주의력결핍 과잉행동장애(ADHD)때문이 아니고 사회적으로 탈억제된 행동을 포함한다.

C. 아동이 심각한 양육의 부실을 경험했다는 것이 다음 중 최소 한 가지 이상에서 분명하게 드러난다.

1. 기본적인 정서적 욕구(위로, 자극, 애정)에 대한 지속적인 결핍이 사회적인 방임 또는 박탈의 형태로 나타남
2. 반복적인 보호자 교체로 인해 안정적인 애착을 형성할 기회가 제한됨
3. 선택적 애착을 형성하는 기회를 심각하게 제한하는 독특한 구조 안에서의 양육(예, 아동이 많고 보호자가 적은 기관)

D. C 기준에 해당하는 양육 부족이 A의 장해 행동의 원인으로 추정된다.

E. 아동이 발달연령이 최소 9개월 이상이어야 한다.

3) 분리불안

애착의 불안정성이 안전하게 다루어지지 않을 때 만성적인 불안과 두려움을 유발할 가능성이 있다. 그중에서도 분리불안(separation anxiety)은 애착이 맺어진 대상(주로 엄마, 양육자, 연인 등)과 떨어지거나 떨어질 가능성이 있다는 생각만 해도 과도한 불안을 경험하는 증상이다. 얼마만큼이 과도한 불안일까? 어린 유아가 처음 어린이집을 가는 날 엄마에게 매달리는 행동은 지극히 당연한 행동이다. 사랑하는 사람이 병에 걸렸을 때 헤어짐을 예상하며 슬퍼하는 마음 역시 살아가며 경험하는 보편적인 고통 중의 하나다. 그러나 분리에 대한 불안이 매일 주요한 걱정거리로 떠오르며 일상의 기능을 저해할 정도라면, 동시에 진단기준을 충족한다면 전문적인 도움을 받을 필요가 있다.

진단기준(DSM-5-TR)

A. 개인이 애착이 있는 대상과의 분리와 관련된 공포나 불안이 발달수준에 비추어 볼 때 부적절하고 지나칠 정도로 발생한다. 다음 중 세 가지 이상을 충족시켜야 한다.
1. 집이나 주 애착 대상과의 분리를 예상하거나 경험할 때 과도한 고통을 반복적으로 겪음
2. 주 애착 대상을 잃거나 질병이나 상해, 재앙 혹은 죽음 같은 가능한 해로운 일들이 일어

날까 지속적이고 과도하게 걱정함
3. 주 애착 대상과의 분리를 야기하는 곤란한 일(실종, 유괴, 사고, 질병)등을 경험하는 것에 대하여 지속적이고 과도하게 걱정함
4. 분리에 대한 공포 때문에 집을 떠나 학교, 직장 혹은 다른 장소로 외출하는 것을 지속적으로 거부하거나 거절함
5. 집이나 다른 장소에서 주 애착 대상 없이 혹은 혼자 있는 것에 대해 지속적이고 과도하게 두려워하거나 거부함
6. 집에서 떠나 잠을 자는 것이나 주 애착 대상 곁이 아닌 곳에서 자는 것을 지속적이고 과도하게 거부하거나 거부함
7. 분리와 관련된 주제로 반복적인 악몽을 꿈
8. 주 애착 대상과 분리가 발생하거나 예상되는 상황에서 두통, 복통, 구역질, 구토 등의 신체 증상을 반복적으로 호소함

B. 공포, 불안, 회피 반응은 아동 청소년에서는 최소한 4주 이상, 성인에게는 전형적으로 6개월 이상 지속되어야 한다.

C. 장해가 사회적, 직업적 또는 다른 중요한 기능 영역에서 임상적으로 현저한 고통이나 손상을 초래한다.

D. 장해가 다른 정신질환으로 더 잘 설명되지 않는다.

4) 중독

불안정 애착의 특징인 정서적인 불안정성과 낮은 자기조절력이 중독(addiction)과 관련이 된다는 연구 결과가 많이 보고되고 있다. 이런 이유로 중독을 애착장애의 일환으로 보는 견해들이 증가하고 있다(Fletcher et al., 2015; Flores, 2010). 이들은 불안정한 애착 유형을 가진 사람들은 자신의 감정적인 고통을 완화하기 위해 중독 대상을 찾고, 중독된 대상에 의존하여 결핍을 채울 위험이 있다고 설명한다. 중독이라고 하면 흔히 물질 중독만 떠올리는데 행위 중독도 중독에 포함된다. 중독될 수 있는 대상은 알코올, 마약, 코카인 등의 물질뿐 아니라 쇼핑, 도박, 관계, 일, 성, 소셜미디어,

운동, 종교 등까지 다양하다.

그중에서도 일상적으로 자주 볼 수 있는 중독은 사랑 중독(love addiction)이다. 사랑 중독이란 이론적으로 분류하자면 일종의 관계 중독으로 결핍을 채우기 위해 관계에 강박적으로 몰입하는 행동을 말한다. 현대에는 다양한 형태의 인간관계가 존재하고 존중되므로 어디까지가 건강한 관계이고 어디부터가 중독인지를 명확히 정의하기는 어렵다. 학자에 따라서 관계 중독을 한 사람이 없으면 생존하지 못하는 공동의존(codependency)으로 보는 견해도 있으며(Mellody et al., 1989), 성 중독과 학대적인 사랑과 연관 지어 설명하는 의견도 있다(Carnes, 2001; Weinhold, 2024).

청년 시절 뜨겁게 사랑하는 것을 보고 증상이라고 하는 것이 의아할 수도 있겠지만 사랑 중독은 사랑과 구분되어야 한다. 사랑이 상대와 자신의 유익을 함께 생각하는 이타적인 행동이라면 사랑 중독은 상대 또는 자신에게 해가 됨에도 불구하고 관계를 끊지 못하는 중독에 해당한다. 물론 불안정한 애착을 가진 사람들은 모두 중독적인 경향이 있다는 단순한 인과관계를 적용할 수는 없다. 그보다는 비어 있는 애착의 자리를 채워 줄 사람을 애타게 찾고, 뒤늦게라도 공허한 자리를 채우려는 절박함이 특정 대상에게 집중되어 중독이라는 배타적인 인간관계를 만든다고 보아야 할 것이다. 가수 이문세가 부른 〈옛사랑〉(이영훈 작사/작곡, 1991) 중에는 다음과 같은 가사가 있다.

> 이제 그리운 것은 그리운 대로 내 맘에 둘 거야,
> 그대 생각이 나면 생각난 대로 내버려두듯이,
> 사랑이란 게 지겨울 때가 있지,
> 내 맘에 고독이 너무 흘러넘쳐

곡 중 화자는 고독에서 비롯된 사랑에 지겨움을 느끼며, 그 해결책으로 그리운 마음을 있는 그대로 놓아두려는 태도를 보인다. 이는 반은 체념이자 반은 의지의 표현이다. 사랑 중독이 비어 있는 애착을 채우려는 집요한 노력에서 비롯된다고 할 때, 그 노력의 방향과 속도를 스스로 조절하려는 마음가짐은 사랑 중독의 치유에 도움이 되는 태도로 볼 수 있다.

서스먼(Sussman, 2010)은 사랑 중독의 주요한 특징으로 로맨틱한 사랑이 마치 마법(magical potents)처럼 모든 어려움을 해결하리라고 믿는 신념이라고 말하였다. "당신이 나를 완전하게 해(You make me whole)." "당신이 없이는 살 수 없어(I can't live without you)." 등은 사람들이 사랑 중독에 빠졌을 때 자주 하는 말로 미국 인구의 5~10% 정도가 이 증상을 보인다고 한다(Sussman, 2010; Timmereck, 1990). 1990년대의 미국 인구의 5~10%가 사랑 중독의 증상을 보였다면 지금의 한국은 어떠할까? 국내의 사랑 중독 또는 관계 중독에 관한 관심은 북미보다 역사가 짧다. 국내에서는 2015년에 처음으로 관계 중독에 관한 논문이 출간되어 아직 구체적인 인구통계학적인 유병률은 찾기 어려운 실정이다(황명구, 송현정, 2019). 반면, 스토킹 범죄와 데이트 폭력 등 사랑 중독과 관련된 사회적 현상에 대한 예방과 대처에 대한 필요성이 있으므로 발전 가능성이 많은 연구 주제로 보인다.

사랑 중독: 사랑 중독의 특성 및 진단기준

1. 사랑 중독의 네 가지 특징(송연주, 하문선, 2022)

- 연인과의 관계에 과도하게 몰입함
- 연인에게 비현실적인 기대를 함
- 사랑이 충족되지 않을 때 금단 현상을 경험함
- 언제나 사랑을 갈망함
- 위험을 감수하면서까지 상대에게 의존함

2. 사랑 중독의 열한 가지 진단기준

제어의 어려움	기준 1	관계를 끝내거나 접촉을 줄이려는 욕구가 있음
	기준 2	관계를 끝내거나 접촉을 줄이려는 시도가 실패함
	기준 3	관계를 끝낸 후에도 빈번한 집착(질문, 대화, 돌봄, 걱정, 연결감을 유지, 함께하는 미래를 상상)을 함
	기준 4	관계를 유지하고자 하는 강렬한 욕구, 충동, 강박을 추구함
일상 기능의 손상	기준 5	직장, 학교, 가정에서 중요한 의무를 이행하지 못하게 하거나 위험을 초래함
	기준 6	감정적 · 심리적 · 사회적 · 경제적 문제를 유발하거나 악화시키면서도 계속 접촉을 유지함
	진단 7	다른 사람의 조언을 무시하고 파트너에게 과도하게 의존, 가족이나 친구와의 접촉을 줄이거나 단절함
	진단 9	파트너와의 문제를 은폐하기 위해 거짓말을 하고 평소에는 비상식적으로 여겨지는 행동을 함(낮은 자존감, 복종, 거짓말, 도둑질, 갈등, 폭력, 자해, 자살 시도 등)
파트너의 문제를 무시함	진단 8	파트너의 파괴적인 행동에도 불구하고 관계를 지속함(감정적 · 언어적 · 신체적 학대, 질투, 거짓말, 외도, 중독, 경제적 · 법적 문제 등)
힘든 감정을 달래기 위한 수단으로 관계를 찾음	진단 10	처음에는 관계에서 희열을 느끼지만, 나중에는 희열을 거의 느끼지 못하고 힘든 감정에 대비하기 위해 접촉을 유지함
	진단 11	외로움, 불안 등 부정적인 감정이 들 때 다시 관계로 돌아가는 행위를 반복함

* 진단 8과 9의 배열 순서는 원문의 순서와 동일함

출처: Redcay & Simonetti (2018).

활동 과제

사랑 중독 질문지

1. 연인과의 관계에서 자신의 경험에 가장 가까운 번호에 솔직하게 응답해 보세요. 현재 연애(또는 과거의 연애)를 기준으로 체크하세요.

한국 단축형 사랑 중독 척도(Korean-Love Addiction Questionnaire-Short Form)

번호	문항	전혀 그렇지 않다.	거의 그렇지 않다.	좀처럼 그렇지 않다.	가끔 그렇다.	자주 그렇다.	거의 항상 그렇다.	항상 그렇다.
1	평소에는 사람을 믿는 것이 어렵지만, 사랑에 빠지면 믿을 수 없는 사람도 믿게 된다.	1	2	3	4	5	6	7
2	나는 관계를 계속 유지하기 위해서 내가 감당해야 할 몫 이상의 책임을 진다.	1	2	3	4	5	6	7
3	사랑에 빠지거나 파트너를 선택할 때, 내겐 그 어떤 것보다 처음의 끌림이 가장 중요하다. 시간이 지나면서 서서히 사랑에 빠지는 것은 마음에 들지도 않고 하고 싶지도 않다.	1	2	3	4	5	6	7
4	사랑을 하고 있지 않더라도 나는 항상 사랑에 대한 환상을 가지고 있다(과거에 사귀었던 애인이나 앞으로 나타날 애인에 대해).	1	2	3	4	5	6	7
5	생각해 보면 나는 사랑과 로맨틱한(낭만적인) 환상에 압도되었다.	1	2	3	4	5	6	7
6	삼각관계에 놓인다면 모든 사람이 다 공평하다고 생각하기 때문에 나는 절대로 물러서지 않는다.	1	2	3	4	5	6	7
7	나는 사랑에 빠져 있거나 파트너가 헤어지자고 위협할 때, 그 사람의 어떤 요구도 거절할 수 없다.	1	2	3	4	5	6	7
8	사랑하는 사람이 없을 때 나는 무능하다고 느낀다.	1	2	3	4	5	6	7
9	나는 혼자 있는 것을 견딜 수 없다.	1	2	3	4	5	6	7
10	나는 사랑에 빠지면 중요한 일을 할 때조차도 그 사랑에 관한 생각을 멈출 수 없다.	1	2	3	4	5	6	7

11	나는 매우 쉽게 그리고 빨리 사랑에 빠진다.	1	2	3	4	5	6	7
12	나는 사랑할 때 내 파트너를 숨 막히게 하는 경향이 있다.	1	2	3	4	5	6	7
13	나는 외로움을 피하고자 한 번 이상 나쁜 사람과 사귄 적이 있다.	1	2	3	4	5	6	7
14	나는 연애하는 것을 좋아해서 부적절한 상황에서도 한 번 이상 연애해 본 적이 있다.	1	2	3	4	5	6	7
15	나는 학대하는 사람과 지내 본 적이 있다.	1	2	3	4	5	6	7
합계								

* 최소 15점~최대 105점(점수가 높을수록 사랑 중독의 정도가 강함)

출처: 송연주, 하문선(2020).

3 애착과 상담

1) 전이와 역전이

상담(counseling) 또는 심리치료(psychotherapy)는 상담을 제공하는 상담사와 상담을 받고자 하는 내담자가 함께 내담자의 호소 문제를 풀어 가는 응용 심리학의 한 분야다. 상담심리학에는 다양한 이론이 있는데 그중에서도 정신분석(psychoanalysis)은 정신을 의식과 전의식, 무의식의 세 층으로 구분하여 인간을 보이지 않는 무의식 속의 본능과 충동의 영향을 받는 존재라 전제하였다. 정신분석 상담의 목표는 우리가 무의식에 있는 내용물들을 최대한 의식화하여 억압에서 벗어난 삶을 살 수 있도록 돕는 데 있다. 이 이론에서는 어린 시절의 경험과 기억을 중요시하고 어린 시절에 형성된 많은 정보가 무의식에 저장된다고 믿는다.

전이와 역전이는 정신분석에서 주요하게 다루어지는 내용으로 상담사와 내담자(정신분석적 용어로는 분석가와 피분석가 또는 분석가와 분석 주체) 사이에 일어나는 상호작용 기제다. 전이(transference)는 내담자가 어린 시절 중요한 사람(주로 부모)에게 느꼈던 감정과 행동의 패턴을 상담사에게 투사하는 현상이다. 역전이(countertransference)는 반대로 상담사가 내담자에게 느끼는 감정 반응을 말한다. 예를 들어, 내담자가 어머니의 지나친 관여와 침범을 경험하며 자랐던 경우 내담자는 여성 어른의 관심이 침범으로 느껴질 수 있다. 내담자는 상담사와 가까워지려는 순간에도 침범당하면 어쩌나 하는 불안과 분노를 경험할 수 있다. 정신분석적 상담에서는 이 현상을 내담자가 본인의 어머니와 형성하였던 불안정 회피 애착을 상담사와 무의식적으로 반복하려는 전이 반응으로 해석한다.

전이와 역전이를 잘 들여다보면 과거 애착 대상과의 관계에서 해결되지 않은 문제를 이해하고 자기를 깊게 알 수 있다. 그러므로 상담사에게 전이된 불안, 회피, 분노 등의 부정적 감정 패턴은 해결되지 않은 감정을 다시 체험하고 자신의 반응과 패턴을 자각할 수 있는 치료 도구로 쓰인다. 그뿐만 아니라 상담사는 과거 어머니의 행동과는 다르게 더욱 적응적인 방식으로 내담자에게 반응하며 내담자가 자신의 내면을 직면하고 안정적인 애착을 위해 노력할 수 있도록 도울 수 있다. 불안정 애착에서 기인한 전이와 역전이를 이상적으로 다루고 새로운 관계 패턴을 형성하였다면 내담자는 자신이 수용받고 있다는 경험을 하고 과거의 부정적인 애착을 극복할 수 있다는 생각이 애착을 활용한 정신분석의 치료적 가설이다.

2) 안전기지

처음 태어난 아기는 엄마 품을 떠날 수가 없다. 그러나 점점 자라면서 아기는 엄마가 뒤에 있다는 사실을 인식하고 집안 구석을 기어다니며 탐색한다. 걸음마를 배울 때의 아기는 엄마가 뒤에 있다는 사실을 깨닫고 자신이 갈 수 있는 최대한의 거리를 걸어갔다가 엄마에게 다시 돌아오기를 반복한다. 볼비는 아기가 태어나 환경을 탐색하고 적응하기 위해서는 언제든 돌아올 수 있는 안전한 양육자의 자리가 필요하다고 제안하며 이를 '안전기지(secure base)'라고 불렀다. 안전기지는 애착과 심리치료에서 빼놓을 수 없는 핵심적인 개념으로 안전하고 믿을 수 있는 안전기지가 존재할 때 인간은 세상으로 나아가 마음껏 주변을 탐색하고 독립성을 발휘할 수 있다.

안전기지가 제공하는 심리적 안전감의 중요성은 비단 어린아이에게만 제한되지 않는다. 어딘가가, 누군가가 안전하다는 느낌은 무엇일까? 애착이론을 기반으로 한 현대의 심리치료 중에는 '속성 경험적 역동 심리치료(Accelerated Experiential Dynamic Psychotherapy: AEDP)'가 있다. 이 치료를 개발한 다이애나 포샤(Diana Fosha, 2022)는 안정적인 애착의 핵심적인 특성으로 두려움과 불안에 휩쓸리지 않고 깊은 감정을 느낄 수 있는, 곧 정서적으로 유능한 측면을 꼽았다. 그녀는 안정 애착을 경험한 사람은 관계 속에서 감정을 느끼고 이를 적절히 다룰 수 있지만, 불안정 애착만을 경험한 사람은 감정을 느끼기만 하고 다루지 못하거나, 반대로 감정을 다룰 수는 있으나 제대로 느끼지 못하는 경향이 있다고 하였다. 이 치료 모델에 따르면 어딘가가, 누군가가 안전하다고 믿을 수 있으려면 과거의 애착 트라우마로부터 생긴 불안과 두려움에도 불구하고 지금 여기에서의 새로운 감정을 경험해 보고 싶다는 소망이 드는 상태여야 한다. AEDP뿐 아니라 애착을 기본으로 하는 심리치료들은 버려지거나 무관심의 대상이 되는 존재가 될지도 모른다는 데 대한 근원적인 두려움을 줄여 주고자 안전한 환경을 제공하려고 지속적으로 노력하고 있다. 어디 안전기지가 필요한 곳이 상담실뿐일까. 좋은 연애란 서로에게 안전기지가 되어 주고자 노력하는 과정일 것이다.

20 사랑의 심리학

사랑받고 사랑하며 살기를 꿈꾸지 않는 사람은 없다. 상담이나 강의에서 자주 "그럼 이제부터 사랑을 연습합시다."라고 하면 사람들은 대개 의외라는 표정으로 "사랑도 연습을 할 수 있나요?"라고 묻는다.

사랑도 연습하면 잘할 수 있을까?

이 질문에 답을 하려면 인간의 경험인 '사랑'을 어떻게 구체적인 연습 대상으로 만들 수 있는지를 고민해 보아야 한다. 심리학은 인간의 현상을 다루는 학문이다. 인간의 현상이란 생각이나 정서와 같이 한 사람의 내면세계에서 일어나는 일이기도 하고, 그 사람을 둘러싼 환경과 타인(외부 세계)과 상호작용하면서 일어나는 일이기도 하다. 현상을 다루는 학문의 특성상 연구의 대상은 사랑, 가치, 행복과 같이 추상적인 것들이 대부분이다. 추상적인 현상을 연습하기 위해서는 그 현상을 측정할 수 있는 개념으로 정의하고, 개념을 이루는 하위 요소들을 찾아내어, 요소들 사이의 연결고리를 만들어서 누구나 연습할 수 있게 기술로 만드는 과정이 필요하다. 이 과정을 '사랑'에 적용해 본다면 다음과 같은 질문을 해 나가야 할 것이다. 사랑이란 과연 무엇이며, 무엇이 사랑을 사랑답게 만드는 것일까? 사랑을 설명할 수 있는 이론이 있을까? 이별에는 어떻게 대처해야 하는 걸까? 물음에 하나씩 답을 하며 사랑을 공부해 보자.

1 사랑이란 무엇인가

무엇이 사랑이라고 말할 수는 있으나 무엇이 사랑이 아니라고 말하기는 어렵다. 가령, 셰익스피어의 〈로미오와 줄리엣〉을 인용하며 "사랑은 눈으로 보는 것이 아니고 마음으로 보는 거야(Love looks not with the eyes, but with the mind)."라고 사랑을 문학적으로 그린다면 대부분은 '그렇지, 사랑은 마음으로 보거나 느끼는 거지.'라고 동의할 것이다. 또는『국립국어원 표준국어대사전』에서 사랑은 '어떤 사람이나 존재를 몹시 아끼고 귀중히 여기는 마음. 또는 그런 일'이라고 이야기한다면 대부분은, 그게 사랑이 맞다고 고개를 끄덕일 것이다. 그러나 만약 누군가가 "짝사랑이 무슨 사랑이니?"라고 한다면, '상호 간 주고받는 애정 교환이 있어야만 사랑인가?'라며 반박을 할 것이다. 또한 〈너무 아픈 사랑은 사랑이 아니었음을〉이라는 고 김광석의 노래 가사를 인용한다면, '사랑을 건강한 사랑과 병리적 사랑으로 구분할 수 있나?'라는 말에서부터 '그렇다면 건강한 사랑을 누가 어떤 기준으로 결정하나?'에 이르기까지 수많은 논박이 예상된다. 다시 말해, 사랑이란 사람들의 주관적인 경험과 독특한 감정, 다양한 상황과 해석을 나타내므로 누군가가 본인의 체험을 사랑이라고 부르면 그것은 사랑이 되는 속성이 있다. 그러므로 사랑이 무어라고 할 수는 있으나 사랑이 아닌 것을 배제하기는 어렵다. 자연스럽게 사랑에 대한 근현대의 심리학적 연구는 사랑의 다양성은 그대로 인정한 채, 사랑의 구성 요소를 살펴보거나 사랑을 분류하는 데 초점이 맞추어져 있다.

1) 사랑의 스타일에 따른 분류

캐나다의 심리학자 존 앨런 리(John Alan Lee, 1977)는 다양한 종류의 사랑을 색(color)에 비유하여 분류하였다. 그는 에로스(eros), 루두스(rudus), 스토르게(Storge)를 색상환의 기본 삼 색처럼 기본적인 색깔로 정하고 일차적 사랑(primary love)이라 하였다. 그러고는 마치 색이 섞이듯이 일차적 사랑의 두 가지 조합(예: 아가페=에로스+스토르게)으로 이차적 사랑(secondary love)을 구성하였다. 이런 방식으로 리(Lee, 1977)는 여섯 가지 대표적인 사랑을 '사랑의 스타일(lovestyle)'로 제시하며 연인 사이에도 다양한 방식의 사랑이 존재함을 설명하였다. 여섯 가지 이차적 사랑에 다시 일차적 사랑 3색을 하나씩 섞으면 총 9개의 삼차적 사랑(tertiary love)이 되는데 여기서는 이차적 사랑까지 살펴보도록 하겠다.

(1) 일차적 사랑

① 에로스: 로맨틱 레드

에로스(romantic love)는 상대의 아름다움에 매료되는 로맨틱한 사랑이다. 사람들이 첫눈에 반하였다고 할 때의 그 사랑이다. 그리스 신화에서 미의 여신인 아프로디테의 아들, 사랑의 신을 에로스라고 불렀던 사실을 고려하면 그 이름을 딴 에로스가 로맨틱한 사랑을 가리키는 걸 쉽게 알 수 있다. 프시케의 미모를 질투한 아프로디테는 아들인 에로스에게 프시케가 세상에서 가장 못생긴 남자와 사랑에 빠지도록 만들라고 명령을 하지만 에로스는 프시케의 미모에 반하다 못해 실수로 스스로에게 화살을 쏘고 만다. 자신의 신분을 숨기고 매일 밤 프시케를 찾아가는 에로스에게 사랑이란 열정적인 로맨스다.

② 루두스: 경쾌한 블루

루두스(playful love)의 사랑의 목적은 '즐거움'이다. 리(Lee, 1977)에 따르면, 루두스는 허용적이고 배타성이 없다. 사랑이라는 이름으로 한 사람에게만 매여야 한다는 소속의 정도가 낮고, 대신 자유도가 높은 사랑이다. 1990년대 국내에서는 '플라스틱 사랑'이라는 말이 유행이었다. 사랑도 마치 플라스틱처럼 다양하고 유용하지만 짧게 지속된다는 뜻의 신조어였는데 당시 사람들이 현대인의 루두스적 사랑을 가볍게 조롱하기 위해 붙인 단어가 '플라스틱'이었다. 루두스를 평가하는 사람들의 시선과는 상관없이 사랑에 있어서 재미와 즐거움이란 오랫동안 추구되어 온 인류의 가치다.

③ 스토르게: 친근한 노랑

스토르게(companionate love)는 동반자적 사랑을 가리킨다. 마치 처음에는 익숙한 친구였지만(남사친, 여사친) 그 감정이 발전해서 결혼한 『해리 포터(Harry Potter)』의 주인공들처럼 말이다. 스토르게의 사랑을 하는 사람들은 서로에 대해 많은 정보를 가지고 있다. 연인이기 전에 좋은 친구로서 함께 있으면 편하고 소속감이 느껴진다. 가끔 만나도 어색하지 않고 끊어질 걱정이 없는 친구 사이의 사랑, 스토르게는 친구와 같은 동반자적인 사랑을 뜻한다.

(2) 이차적 사랑

① 마니아: 매력적인 보라

특정 대상에 열정적으로 빠지는 행위 또는 그런 사람들을 마니아(mania)라고 부른다. 사랑의 스타일에서 마니아는 감정과 에너지가 한 사람에게 매우 몰려 있는 방식의 사랑을 말한다. 그 과정에서 때론 강박적인 집착과 질투, 강한 감정이 오고 간다. 마니아는 일차적 사랑에서 에로스와 루두스가 결합한 형태다.

② 아가페: 따뜻한 오렌지

아가페(agape)는 성경에서 인류를 향한 하나님의 절대적인 사랑을 가리킬 때 사용한 그리스어다. 사랑의 스타일에서 아가페는 모든 것을 베풀어 주는 하나님의 사랑을 닮은 헌신적인 사랑을 가리킨다. 영화 〈내 머릿속의 지우개〉를 떠올려 보자. 알츠하이머병을 앓는 수진(배우 손예진)을 향한 철수(배우 정우성)의 사랑은 로맨틱한 사랑을 넘어 헌신하고 돌보아 주는 특성의 아가페 사랑이다. 아가페는 일차적 사랑에서 에로스와 스토르게의 결합한 형태다.

③ 프라그마: 편안한 그린

에로스가 빠진 사랑도 사랑이라고 할 수 있을까? 사랑의 스타일에 따르면 그렇다. 프라그마(pragma)가 딱 적합한 예시다. 프라그마는 일차적 사랑에서 루두스와 스토르게가 결합한 형태로 실용적인 사랑이라고 할 수 있다. 어떤 사람이 '나는 첫눈에 반하는 사람보다는 직업과 가정사, 가치관이 잘 맞아 평생을 안정적으로 살 수 있는 사람을 찾는다.'라고 하면 그 사람이 꿈꾸는 사랑은 프라그마라고 할 수 있다.

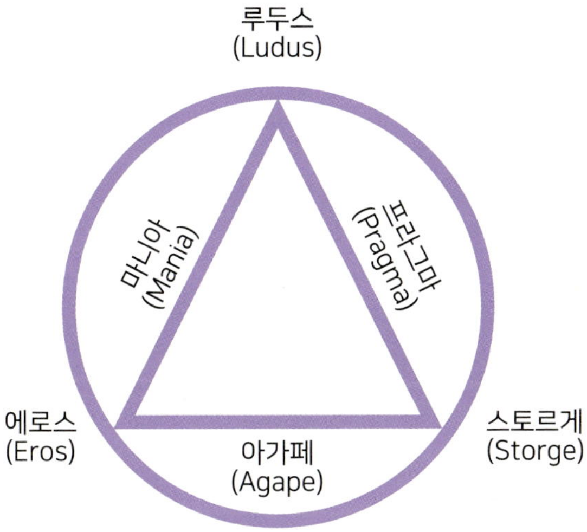

• 그림 20-1 **사랑의 유형**

활동 과제

사랑의 스타일

나는 첫눈에 반하는 사랑을 믿는다. (에로스)
사랑은 게임처럼 즐겁게 접근해야 한다. (루두스)
오랜 우정을 통해 사랑이 자라난다. (스토르게)
사랑은 때때로 집착과 불안감을 동반한다. (마니아)
사랑은 현실적 조건(직업, 가치관 등)이 중요하다. (프라그마)
나는 헌신적이고 무조건적인 사랑을 추구한다. (아가페)

1. 내가 가장 꿈꾸는 사랑의 스타일은 무엇인가요?

2. 그것이 여러분의 연애 방식에 어떤 영향을 미쳤나요?

3. 두 번째로 꿈꾸는 사랑은 무엇인가요? 첫 번째 스타일과 조합되어 나의 사랑은 어떤 모습으로 표현되나요?

   (1) 두 번째 사랑의 스타일: ____________________

   (2) 조합으로 나타나는 사랑의 스타일: ____________________

4. 사랑은 고정된 것이 아니라 경험을 통해 성장할 수 있습니다. 더 성숙한 연애를 위해 내가 지금 보충해야 할 사랑의 스타일은 무엇인가요?

2) 사랑의 대상에 따른 분류

사랑은 그 속성뿐 아니라 사랑이 포함하는 대상에 따라서도 분류할 수 있다. 권석만(2022)은 사랑을 내리사랑(부모와 자녀 간의 사랑), 낭만적 사랑(남자와 여자 간의 사랑), 종교적 사랑(하나님과 인간의 사랑)으로 분류하였다. 부모와 자녀 간의 사랑은 인간이 태어나서 가장 먼저 경험하는 사랑으로 앞서 배운 애착심리학이 모두 부모와 자녀의 사랑에 관한 이론이라고 할 수 있다. 그는 부모가 자녀에게 베푸는 사랑을 '내리사랑'으로, 자녀가 부모에게 매달리는 사랑을 '치사랑'으로 불러 구분하였다. 내리사랑의 특징 중 하나는 다른 사랑보다 '희생'이나 '헌신'과 같은 덕목들이 붙어 다닌다는 것이다. 우리는 '부모가 자식에게 베푸는 사랑에는 당연히 희생이 따르겠지.'라고 여기고 또 그러기를 기대한다. 만약 부모가 부모로서 당연한 희생도, 헌신도 하지 않았다고 여기면 사람들은 다른 관계에서보다 훨씬 더 큰 결핍감을 느끼며 정서적 고통을 경험하곤 한다. 비슷한 당위성이 치사랑에도 붙는다. 우리의 문화에서 치사랑은 효와 관련이 되어 자녀가 부모를 존경하고 따르는 것을 마땅히 여긴다. 이런 이유로 부모와 자녀 간의 사랑은 부족하다고 여겨질 때 억울함, 분노, 죄책감 등의 복합적인 정서를 불러와 사람들을 고통스럽게 한다.

낭만적 사랑은 우리가 사랑이라고 할 때 보편적으로 생각하는 애정으로 주고받는 사랑이다. 앞으로 배우게 될 사랑의 이론들은 주로 낭만적 사랑을 설명하기 위해 만들어졌다. 권석만(2022)은 『사랑의 심리학』에서 '종교적 사랑'을 사랑의 한 종류에 포함하였다. 인간의 사랑이 주고-받는(give and take) 조건에서 벗어날 수 없는 반면, 종교적 사랑은 무조건적인 사랑이 가능한 관계로 근본적인 치유의 경험을 제공할 수 있다는 점에서 종교적 사랑도 사랑의 한 영역이라고 볼 수 있다. 이 책에서는 사랑을 대상에 따라 자기에 대한 사랑, 타인에 대한 사랑, 가치에 대한 사랑으로 구분하여 살펴보겠다.

(1) 자기에 대한 사랑

'자기를 사랑하기'는 현대 심리학에서 자주 등장하는 메시지다. 자기 자신에 대한 사랑, 즉 자기애(self-love)는 자기를 깊이 알고 존중하며 수용하는 태도를 포함한다. 자기에 대한 건강한 사랑은 자신의 가치를 인식하고 삶을 만족하며 꾸려 갈 수 있는 좋은 밑바탕이 된다. 반면, 자기를 사랑하라는 의미가 이기적이고 자기중심적인 태도를 지향하라는 의미로 오해되기도 하는데 이는 긍정적인 자기사랑과 부정적인 자기사랑을 혼동하기 때문이다.

자기를 진정으로 사랑한다고 할 때 두 가지의 특징이 나타난다. 첫째는 자기를 인류의 한 부분으로 바라보는 시각이다. 톨스토이(Tolstoy)의 단편 소설 『이반 일리치의 죽음』에는 이반이 죽음 앞에서 경험하는 자기 인생에 대한 분노가 화해로 변하는 장면이 담겨 있다.

> 그러자 지금까지 자기를 괴롭히면서 결코 밖으로 나가려고 하지 않던 것이 갑자기 사방에서 한꺼번에 튀어 나가는 기분이 그에게 분명히 전해졌다. 모두가 불쌍하다. 괴롭히지 않아야지. 그들을 구해 주자. 그리고 나도 이런 고통에서 벗어나고 싶다. 참으로 기분이 좋다.

이 장면에는 인류의 한 부분으로서 자기와 타인을 동등하게 불쌍히 여기는 인간에 대한 연민이 담겨 있다. 아이러니하게도 이 장면을 기점으로 이반의 분노는 가라앉고 내면이 평화가 찾아온다. 에리히 프롬(Fromm, 2006)은 순수하게 사랑할 때 우리는 사랑받는 자가 진정으로 성장하고 행복하기를 바란다고 하면서 순수한 사랑이 '생산성의 표현'을 의미한다고 하였다. 자기와 타인을 인간이라는 동일한 범주에 놓고 바라볼 때 우리는 자기 자신을 다른 인간을 사랑하듯 사랑할 수 있다. 성숙한 자기애는 대상이 자기인지 타인인지와 상관없이 사랑 자체가 가지는 생산성의 능력을 잃지 않고 사랑을 자기와 타인에게 나누어 줄 수 있다. 인류애라는 보다 상위의 가치에 자기애를 귀속하는 것이다. 프롬의 논리대로 풀어 나간다면 자기를 돌보지 않고 타인만을 취사선택해서 사랑하는 사람은 사랑이 가진 인류애로서의 생산성을 떨어뜨리는 행위로 건강하지 않은 사랑이라고 볼 수 있다.

긍정적인 자기사랑의 두 번째 특징은 자기수용적인 태도다. 자기수용(self-acceptance)이란 자기를 과소평가하거나 과대평가하지 않고 있는 그대로 받아들이는 태도를 의미한다. 알버트 엘리스(Albert Ellis, 2016)는 행복한 삶을 살기 위해서 사람들은 무조건적 자기수용을 배워야 한다고 할 정도로 자기수용의 태도를 강조하였다. 자기를 수용하는 사람들은 인생이 시간을 들여서 가꾸어야 하는 과정이라는 사실을 인식한다. 이들은 실수와 한계를 성장 과정의 일부로 받아들이며 타인의 인정보다는 자신의 가치에 따라 살기 위해 노력한다.

부정적인 자기사랑은 반면, 병리적인 나르시시즘(narcissism)의 성향을 일으킨다. 『정신장애 진단 및 통계 편람(DSM-5-TR)』의 자기애성 성격의 경향을 보면 부정적인 자기사랑의 특징을 알 수 있다.

- 자신의 중요성, 성취나 능력을 과장하며, 타인의 적절한 인정 없이도 자신이 우수하다고 생각한다.
- 끝없는 성공, 권력, 재능, 아름다움 또는 이상적인 사랑에 대한 집착적인 공상을 한다.
- 자신이 특별하고, 일반적인 사람들과는 다른 특별한 대우를 받아야 한다고 믿는다.
- 오직 다른 특별한 사람들(또는 높은 지위에 있는 사람들)만이 자신을 이해할 수 있다고 생각한다.
- 타인으로부터 과도한 칭찬과 존경을 요구하고 필요로 한다.
- 특권을 받아야 한다고 믿으며, 특별한 대우나 요구를 당연하게 여긴다.

목록을 보면 자기에 대한 과장된 인식과 타인으로부터의 인정을 추구하는 두 가지 측면이 부정적인 자기사랑의 주요한 특징임을 알 수 있다. 자기를 사랑하기 위해서 외적인 성공과 타인의 인정이 필요하다면 겉으로는 자신을 아껴 주는 척을 할지라도 속으로는 자존감과 자기수용의 문제를 겪고 있다는 의미일 것이다.

긍정적인 자기사랑을 촉진하는 방법은 무엇일까? 진정으로 자기를 사랑하기 위해서는 어느 정도는 객관적이고 합리적인 자기인식(self-awareness) 능력이 필요하다.

자신의 강점과 약점, 장단점을 통해 자신을 알아 가는 과정은 자기를 사랑하는 첫 단계다. 이를 알았다면 그다음에는 자기돌봄(self-care)의 역량을 길러야 한다. 자기돌봄이란 단순히 신체적인 건강을 유지하는 것을 넘어서 스스로가 정신적·정서적·영적인 건강을 지킬 수 있도록 자신을 돕는 활동이다. 지금 여러분이 하는 일이 자기를 돌보는 일이다. 심리학을 공부하며 인간에 대해 알아 가고, 배운 내용을 자기에게 하나씩 적용하는 과정을 통해 자기인식과 돌봄 능력이 증진되고 궁극적으로는 사랑의 역량이 자라날 것이다.

활동 과제

자기돌봄

다음은 자기돌봄을 실천할 수 있는 방안들입니다. 목록을 살펴보고 나를 돌보기 위해 하고 있는 활동에 체크해 보세요. 그 외에도 자기를 돌보는 나만의 방법이 있다면 적어 보세요.

1. 신체적 자기돌봄

- ☐ 규칙적으로 운동하기
- ☐ 충분한 수면 취하기
- ☐ 균형 잡힌 식사하기
- ☐ 좋아하는 메뉴를 음미하며 먹기
- ☐ 정기적으로 건강 검진받기
- ☐ 치료를 위해 약을 챙겨 먹기
- ☐ 휴식하기
- ☐ 산책하기
- ☐ ________________________
- ☐ ________________________

2. 정신적 자기돌봄

- ☐ 간단하게 뇌를 자극할 수 있는 활동하기(예: 퍼즐, 독서 등)
- ☐ 촉감이 부드러운 옷을 입기
- ☐ 좋아하는 향기, 색, 소리, 맛을 즐기기
- ☐ 일기를 쓰며 생각과 감정 정리하기
- ☐ 새로운 기술이나 취미 배우기
- ☐ 깊고 천천히 호흡하기
- ☐ 소셜미디어 사용 시간을 제한하기
- ☐ 명상 또는 마음챙김을 하기
- ☐ ________________________
- ☐ ________________________

3. 정서적 자기돌봄

- ☐ 자기에게 친절하게 말하기
- ☐ 자기를 돌아볼 안전한 공간 만들기(예: 상담, 그룹 모임)
- ☐ 힘든 감정은 억누르지 않고 수용하고 이해하기
- ☐ 감사를 느끼고 표현하기
- ☐ 창의적인 활동에 시간을 투자하기
- ☐ 불안하거나 우울할 때 도움을 요청하는 것을 주저하지 않기
- ☐ ______________________________
- ☐ ______________________________

4. 사회적 자기돌봄

- ☐ 가족, 친구와 친밀한 시간을 보내기
- ☐ 지지적인 사람들과 사회적 교류를 강화하기
- ☐ 식물 또는 반려동물을 보살피기
- ☐ 혼자만의 시간을 가지기
- ☐ 타인과 경계를 설정하고, 필요할 때 "아니요."라고 말하기
- ☐ 의미 있는 사회적 활동에 참여하기(예: 봉사 활동, 커뮤니티 참여 등)
- ☐ ______________________________
- ☐ ______________________________

5. 영적 자기돌봄

- ☐ 기도하기
- ☐ 명상하기
- ☐ 개인적인 가치를 추구하는 활동을 실천하기
- ☐ 영감을 주는 콘텐츠를 읽거나 보기
- ☐ 삶의 목적과 의미를 탐구하기
- ☐ ______________________________
- ☐ ______________________________

(2) 타인에 대한 사랑

우리가 '사랑한다.'라는 말을 할 때는 주로 사랑하는 사람에게 자신의 마음을 전할 때다. 인간이 태어나서 가장 먼저 사랑하는 사람은 양육자(부모)다. 가장 먼저 사랑을 받게 되는 경험도 양육자(부모)를 통해서다. 가족의 사랑은 사람이 가장 먼저 경험하는 사랑이라고 볼 수 있다. 애착이론에서도 보았듯이 가족 안에서의 사랑은 우리에게 안전기지를 제공한다. 태어나면서부터 붙는 성과 이름은 소속감을 제공하고, 누군가를 관계로(예: 엄마, 아빠, 언니, 오빠 등) 부를 수 있다는 사실은 유대감을 제공한다. 아무런 노력을 하지 않아도 주어지는 소속감과 유대감의 이면에는 강제성이라는 가족의 특징이 있다. 가족과의 사랑은 다른 사랑과는 다르게 사랑을 나눌 대상과 구성원을 선택할 수 없고, 시작점과 끝점도 우리 마음대로 정할 수 없다. 타인에 대한 사랑 중에서도 가장 당위적인 책임과 헌신이 강조되는 사랑이 가족 안에서 오고 가는 사랑이다.

사람이 가족 외부의 세상과 상호작용을 하기 시작하면서 사랑의 대상은 가족에서 친구와 동료로 확장된다. 우정은 자발적이고 즐거우며 상호 평등과 존중을 통해 유지된다. 영화 〈인사이드 아웃〉은 주인공 라일리의 성격 체계를 '섬'에 비유해서 표현하였다. 전작에서 큰 비중을 차지하였던 가족 섬(family island)이 2편에서는 우정 섬(friendship island)에 밀려 한 구석에 쪼그라져 있는 장면은 청소년의 발달단계에서 타인 사랑의 대상이 부모에서 친구로 변하는 현상을 흥미롭게 보여 준다.

우리에게 사회적 관계가 그렇게 중요한 것일까? 이 주제를 이야기할 때 자주 거론되는 문헌으로 사회적 관계와 사망률 사이의 상관관계를 다룬 148개의 논문을 메타분석한 홀트 룬스태드 연구 팀(Holt-Lunstad et al., 2010)의 연구가 있다. 연구에 따르면, 가족, 친구, 사회적 지지 등 긍정적인 사회적 관계를 유지하는 사람들은 그렇지 않은 사람들보다 사망할 위험이 50% 적다고 한다. 바꾸어 말하면 사회적 관계 없이 고립을 경험하는 사람들은 담배를 매일 15개비를 피우거나 알코올에 중독된 사람들과 비슷한 수준으로 건강이 위험할 수 있다는 결과다. 연구 결과가 아니더라도 우리는 일상에서 마음 맞는 사람이 있을 때와 없을 때의 삶의 질을 비교할 수 있다. 마음을 나눌 수 있는 친구, 든든한 팀원, 합이 잘 맞는 동료는 우리에게 정서적인 안정감과 유대감을 주고, 이는 직간접적으로 심리적인 행복과 실질적인 건강을 증진한다.

타인 사랑을 이야기할 때는 단연 로맨틱한 사랑, 애정을 떠올린다. 에릭슨의 발달 단계에서 청소년기의 과업인 자기정체성이 확립된 후에는 성인기 초기의 친밀감으로 들어가는데, 이 시기의 친밀감은 우정에서 한 단계 나아가 연인으로서 사랑할 대상을 찾고 로맨틱한 관계를 만드는 과업이다. 로맨틱한 사랑은 타인 사랑의 영역 중에서도 가장 복잡하다. 자기와 잘 맞는 사람을 찾아 마음을 표현하고, 혼자 있을 때는 매력을 잘 유지하고 함께할 때는 사랑을 가꾼다. 만약 이별을 하게 된다면 극심한 고통을 견뎌 내야 하니 사랑을 하는 일 그 자체만으로도 한 단계 성장할 수 있는 인생의 소중한 경험이다.

(3) 가치에 대한 사랑

인간은 자신과 타인뿐 아니라 가치도 사랑할 수 있는 존재다. 가치에 대한 사랑은 자기의 삶에서 중요하게 여기는 신념, 문화, 예술적 창조물에 애정을 쏟는 것을 의미한다. 사람들은 자신이 옳다고 믿는 도덕적 신념을 사랑할 수 있다. 신념을 삶의 중요한 원칙으로 여기고 그 신념에 자기 인생을 헌신하고 지키는 행동은 가치를 사랑하는 모습이다. 이런 인물들의 예는 어릴 적 즐겨 읽던 위인전뿐 아니라 주변의 사람들에게서 얼마든지 찾을 수 있다. 비폭력을 실천하며 평화를 사랑하였던 마하트마 간디, 조국에 자기 삶을 헌신한 독립 열사, 차별과 싸우는 사회운동가, 환경보호를 실천하는 사람……. 모두 신념에 따라 사는 사람의 모습이다.

인간은 또한 예술을 사랑한다. 예술적 창조물들은 보이지 않는 인간의 가치가 보이는 형태로 구현된 일종의 결과물이다. 미켈란젤로의 〈다비드 조각상〉 앞에서 우리가 느끼는 감탄은 자기보다 훨씬 강하고 큰 존재와 맞서 싸웠던 어린 소년의 용기와 힘의 우아함이다. 피카소의 〈게르니카〉를 보면서 사람들은 폭력과 전쟁으로 짓밟힌 사람들을 향한 연민과 박애를 공유한다. 비발디의 〈사계〉를 들으며 계절이 변할 때마다 달라지는 선율의 감성을 즐긴다. 예술은 인간의 가치를 표현하는 방식으로 사람들은 예술을 즐기며 자기에게 중요한 가치를 소비하고 사랑한다.

자기결정성이론(self-determination theory)에 따르면, 사람들은 외적인 통제(강요

등)보다는 내적인 동기(가치, 흥미 등)에 따라 행동을 결정하였을 때 자율적으로 높은 동기가 유지되고 삶의 만족도가 향상된다. 다수의 연구에서 가치를 지향하고 소중히 여기는 행동이 심리적 웰빙을 높일 수 있다고 보고하였다. 심리학에서 가치에 관한 연구는 1950년대부터 본격적으로 시작되었으며 비교문화와 세대 간 차이의 관점에서 무엇이 가치 있다고 여겨지는지에 대한 연구도 다양하게 발전되었다(정선영, 2017). 가령 가치를 궁극적 가치와 도구적 가치로 구분하는 관점에서는 우정, 사랑, 내적인 평화, 자기존중과 같은 인생의 최종 목표는 궁극적 가치가 되고 이를 이루는 데 필요한 자기통제, 열정, 야망 등은 도구적 가치로 여겨진다(Rockeach, 1973). 그러나 빠르게 변화하는 시대에서는 문화와 세대에 따라 인생의 목표가 달라지므로 궁극과 도구와 같은 절대적인 구분은 더 이상 효과적이지 않아 보인다.

그렇다면 사람들이 보편적으로 지향하는 가치는 어떤 것들일까? 슈와츠(Shawartz, 2012)는 다양한 문화에서 발견할 수 있는 기본적인 가치를 열 가지로 목록화하였다.

표 20-1 인간의 기본적인 가치

안전(security)	사회, 본인 그리고 본인과 동일시하는 사람들의 안전, 조화 그리고 안정
동조(conformity)	사회적 기대와 규범을 위반하고 타인들에게 해를 끼칠 수 있는 행위, 성향 및 충동의 억제
전통(tradition)	전통문화와 또는 종교가 제시하는 관습 및 아이디어의 수락, 공경 그리고 이행
박애(benevolence)	가까운 사람들의 복지 보존과 향상
보편주의(universalism)	인류와 자연의 복지에 대한 바른 이해 및 인식, 포용, 보호
자율(self-directed)	자립적인 사고 및 행위
자극(stimulate)	흥분, 신기로움, 도전
쾌락주의(hedonism)	본인을 위한 즐거움과 감각적인 만족
성취(achievement)	사회 기준에 따라 드러나는 유능함을 통한 개인적 성공
권력(power)	사회적 지위와 위신, 통제력 또는 사람과 자원에 미치는 지배력

출처: 정선영(2017).

사람들이 특정 가치를 사랑한다는 것은 인생의 목표와 동기를 부여하지만, 때론 갈등을 불러일으키기도 한다. 전통을 지향하는 사람과 자율을 지향하는 사람 사이의 갈등은 집단 안에서 흔하게 일어나는데 갈등의 원인을 개인의 성향보다는 가치의 차이로 이해하는 편이 현상을 더욱 쉽게 풀어 갈 수 있다. 가치에 대한 사랑은 지나칠 때 개인적인 문제를 일으키기도 한다. 이를테면 강박 증상이다. 안전을 사랑하는 사람은 자신과 가족들의 안전을 도모하며 자기만족과 행복감을 느낄 수 있다. 반면, 안전을 사랑하는 마음에 집착할수록 안전에 대한 통제와 강박이 나타날 수도 있으니 가치에 대한 사랑이든 사람에 대한 사랑이든 적절한 균형을 유지할 필요가 있다.

2 사랑을 사랑으로 만드는 것들

로버트 스턴버그(Robert Sternberg)의 사랑의 삼각형 이론(triangle love theory)은 사랑에 관한 심리학적 설명 중 가장 널리 알려진 이론이다. 그는 사랑을 단일한 감정이 아닌 친밀감(intimacy), 열정(passion), 헌신(commitment)이라는 세 가지 요소로 설명하였다(Sternberg, 1986). 이 이론에 따르면, 사랑은 친밀감, 열정, 헌신 세 가지 요소의 결합으로 구성되며 각 요소가 결합하는 방식에 따라 사랑의 모양새가 달라진다.

1) 친밀감

친밀감(intimacy)이란 둘 사이에 오고 가는 안전하고 따뜻한 정서적 유대감을 말한다. 친밀감은 시간과 경험을 통해 생겨나므로 사랑의 첫 시작에서는 약할 수도 있다. 하지만 상대방과 서로 알아 가며 교류하고 경험을 공유하는 과정을 거치면서 친밀감이 점차 강화된다. 친밀감을 형성하기 위해서는 ① 일정한 시간 쌓아 온 상호 신뢰를 기반으로, ② 경험을 공유하는 과정이 필요하다.

친밀감을 일상적인 용어로 표현한다면 '우리는 가깝다.'로, 여기서 말하는 거리는 물리적 거리가 아니라 심리적 거리, 즉 서로에게 얼마나 솔직하고 개방적인지를 뜻한다. 사회심리학에서는 친밀함을 증진하는 방법으로 '자기개방(self-disclosure)'을 제시한다. 알트만과 테일러(Altman & Taylor, 1973)의 '사회적 침투이론(social penetration theory)'은 인간관계가 표면적인 정보 교환에서 시작해서 점점 더 깊은 정보를 주고받으며 친밀감이 커진다고 설명한다. 사회적 침투이론을 쉽게 이해하기 위해 소개팅을 나간 두 사람의 대화를 살펴보자.

유진: 안녕하세요, 만나게 돼서 반가워요.

민수: 네, 저도 반갑습니다. 날씨가 참 좋네요. 주말에는 보통 뭐 하세요? (표면적인 질문)

유진: 저는 주말에 친구들이랑 카페도 가고, 가끔은 혼자 영화 보러 가는 것도 좋아해요.

민수: 저도 비슷해요. 주말에는 보통 산책하거나 운동하면서 보내요. 자연 속에 있으면 기분이 좋더라고요. 유진 님은 운동 좋아하세요? (관심사 공유, 조금 더 개인적인 질문)

유진: 사실 운동은 잘 못해요. 요즘은 스트레칭 정도만 하고 산책도 가끔 가요. 자연 속을 좋아하는 사람들 보면 여유가 있어 보이던데, 민수 님도 그런 편인가 봐요. (자신의 취향과 민수의 성격에 대한 조금 더 깊은 대화)

민수: 여유라고 봐 주셔서 감사해요. (웃음) 사실 일할 때는 바쁘게 살지만, 주말에는 자연 속에서 시간을 보내는 게 제 스트레스 해소 방법이에요. 유진 님은 스트레스를 받으면 어떻게 풀어요? (더 깊은 정서적 질문)

유진: 음……. 저는 친구들이랑 대화하면서 푸는 편이에요. 대화를 하다 보면 마음이 많이 편안해지더라고요. (자기개방과 상호성)

민수: 저는 가끔 혼자 드라이브를 하면서 음악을 들어요. 지난주에는 갑자기 바다가 보고 싶어서 속초에 다녀왔는데 좋았어요. 어렸을 때부터 바다를 보면 기분이 풀리더라고요. (개인적인 경험 공유)

유진: 아, 속초요? 저도 동해 좋아하는데 반갑네요……. 특히 속초는 어렸을 때 부모님이랑 자주 갔던 기억이 있어서 더 좋아하는 것 같아요. 민수 님도 어릴 때 바닷

가에서 지낸 기억이 있나 봐요? (개인적 경험에 대한 공감과 연속적인 자기개방)

민수: 네, 맞아요. 바닷가 근처에 살았거든요. 부모님은 바닷가에서 횟집을 하셨어요. 그래서 바다가 저한테는 특별한 의미예요. (가족에 대한 주제로 더 깊어지는 대화)

유진: 그랬군요. 저희는 바닷가에 살지는 않았지만 가족끼리 여행으로 다녔어요. 특히 저희 부모님이 여행을 좋아하셔서 그런지 어렸을 때는 전국을 다 돌아다녔던 것 같아요. 그때는 지금처럼 시간의 압박도 없고 편해서 그때 느낌이 아직도 기억에 남아요. (자신의 현재와 과거 경험을 더 깊이 공유)

유진과 민수는 소개팅에서 처음 만나 이름과 날씨 정도의 기본적인 정보를 공유하며 대화를 시작하였다. 그러다 조금씩 주말에 하는 활동, 취향과 성격, 가족의 이야기를 공유하며 사적인 정보를 공개하는 수준으로 대화가 발전한다. 대화를 잘 살펴보면, 한 사람이 자기의 어린 시절을 이야기하고 이후 다른 사람도 비슷한 수준으로 자기의 어린 시절을 공개한다. 따로 배우지 않아도 우리는 이렇게 서로 비슷한 수준에서 자기를 개방하는 방식으로 대화에서 친밀감을 키워 나간다.

긍정적 상호작용 역시 친밀감 형성에 영향을 미친다. 커플 심리치료의 대가인 가트만(Gottman & Silver, 2015)은 커플의 친밀감을 유지하는 방법으로 5:1의 법칙을 소개한다. 커플이 서로에 대한 사랑을 유지하기 위해서는 긍정적인 상호작용과 부정적인 상호작용의 비율이 5:1 정도가 되어야 한다는 것이다. 친밀감을 저해하는 부정적 상호작용으로 가트만은 비난하기, 방어적 태도, 경멸하기, 담쌓기 네 가지를 제시하였는데, 연인 사이에서 네 가지 부정적 상호작용 중에서 한 가지라도 행해졌다면 이를 상쇄하기 위해서는 다섯 번 이상의 긍정적 상호작용이 필요하다. 그 외에도 사랑하는 사이에서 서로의 감정에 반응하며 감정적 연결고리를 만드는 등 정서적인 안심과 유대감을 늘리는 시도로 친밀감을 강화할 수 있다.

2) 열정

사랑에 대한 다양한 표현 중에 '사랑에 빠지다(falling in love).'라는 표현이 있다. 이 표현 속에서 사랑은 블랙홀과 같이 끌어당기는 힘을 가지고 있어서 그곳에 빠진 사람을 헤어 나오지 못하게 하는 강한 에너지로 묘사된다. 그야말로 열정(passion)으로서의 사랑을 잘 나타내 주는 표현이다. 열정은 상대방에 대한 강한 끌림과 매력과 연관되어 있다. 강렬한 감정은 물론이고 신체적인 매력과 끌림, 성적인 흥분을 느낄 수 있도록 하는 사랑의 요소가 열정이다.

열정이 없다면 대부분의 로맨스는 시작 자체를 할 수 없을 것이다. 사람들은 '심장이 떨린다.' '땀이 난다.' '숨이 멈추었다.'처럼 신체적인 반응을 감지하며 자신이 사랑에 빠졌다는 사실을 알아차릴 수 있다. 열정은 사랑의 초기 관계에서 두 사람이 빠른 속도로 가까워질 수 있도록 해 주는 중요한 역할을 한다. 또한 성적 매력, 끌림, 신체적 갈망을 통해 애정에 흥미와 활기를 불러일으킨다. 그러나 사랑에서 열정은 일시적인 특징이 있으므로 열정의 강도는 시간이 지나면서 줄어든다. 강렬하였던 로맨스가 시간의 흐름에 따라 자연스럽고 안정적인 유대감으로 변하는 것이다.

사그라든 열정을 극복하는 방법으로는 열정과 함께 줄어드는 신비감, 호기심, 낭만적인 접촉과 매력을 회복하는 것이다. 그러나 안정적인 애정 관계를 유지하기 위해서는 사랑의 다른 요소인 친밀감과 헌신도 함께 자라나야 한다.

3) 헌신

헌신(commitment)은 사랑하는 사람과의 관계를 지속하고 발전시키기 위한 의지와 결정이다. 친밀감은 시간이 지나면서 자연스럽게 형성될 수 있고, 열정은 본인도 모르는 사이에 생길 수 있지만 헌신은 자발적인 의지가 없이는 형성되기가 어렵다. 이는 헌신이 감정적인 특성보다는 인지적이고 행동적인 특성이 더 강하기 때문이다. 헌신은 장기적인 관계에서 매우 중요한 역할을 한다. 연애 관계에서 헌신은 약혼, 결혼과 같은 공식적인 약속뿐 아니라 비공식적인 의지와 노력을 모두 말한다.

헌신된 연인 관계는 상호의존적(interdependece)으로 서로를 의지하고 지지한다. 상대의 필요를 채워 주는 데 관심을 가지고 책임감을 느낀다. 이타성은 헌신과 밀접하게 연관된 심리적 개념으로 누군가에게 헌신할 수 있는 능력은 자기의 욕구를 잠시 멈추고 상대의 행복을 추구할 수 있는 이타적인 마음가짐을 가질 수 있는 사람임을 나타낸다고 생각할 수 있다. 헌신의 여부는 갈등 상황에서 더욱 드러난다. 이견을 조율하고, 함께 겪는 문제를 해결하는 경험은 관계에 대한 헌신을 증진하는 데 도움이 된다. 공동의 목표를 설정하고 협력하는 것도 헌신을 높이기 위한 좋은 방법의 하나다.

사랑의 유형

스턴버그는 사랑의 세 가지 요소가 어떻게 결합하는가에 따라 사랑의 형태가 달라진다고 보았다. 친밀감, 열정, 헌신이 강조되는 정도에 따라 다르게 나타나는 사랑의 유형을 살펴보고 현재 또는 과거 나의 연애가 어떤 사랑에 가까운지 찾아보자.

1. 좋아함(liking)

- 친밀감 only
- 주로 우정에서 나타난다. 감정적 유대는 강하지만 열정이나 헌신이 부족하다.

2. 도취적 사랑(infatuation)

- 열정 only
- 신체적 끌림과 강한 열정이 있지만, 친밀감이나 헌신이 부족하다. 이러한 사랑은 짧고 강렬하지만 지속되기 어렵다고 알려져 있다.

3. 공허한 사랑(empty love)

- 헌신 only
- 헌신만 있고 열정이나 친밀감이 사라진 경우를 의미한다. 이는 주로 오래된 부부 사이에서 나타날 수 있으며, 결혼이 유지되지만 정서적 연결은 부족한 상태를 말한다.

4. 낭만적 사랑(romantic love)

- 친밀감 + 열정
- 정서적으로도 연결되어 있으며 신체적 끌림도 강한 상태다. 다만 헌신이 부족할 수 있어 장기적인 관계로 이어지지 않을 수도 있다.

5. 우애적 사랑(companionate love)

- 친밀감 + 헌신
- 주로 오랜 시간 함께한 부부나 친구 사이에서 나타나며, 열정보다는 정서적 유대와 헌신이 강조된다. 이 유형의 사랑은 장기적인 관계를 유지하는 데 중요한 역할을 한다.

6. 얼빠진 사랑(fatuous love)

- 열정 + 헌신
- 열정과 헌신은 강하지만 서로에 대한 지식과 이해가 부족한 사랑이다. 운명처럼 느껴지는 강한 끌림이 있지만 시간이 지나면서 정서적 연결고리가 약해질 위험이 있다.

7. 성숙한 사랑(consummate love)

- 친밀감 + 열정 + 헌신
- 스턴버그는 이 형태의 사랑이 가장 완벽하고 성숙한 사랑이라고 보았다. 그러나 이 사랑을 유지하기 위해서는 세 가지 요소가 균형 있게 작용해야 한다.

출처: Sternberg (2000).

3 사랑의 심리학적 이론

사랑을 이론으로 설명할 수 있을까? 사람은 어떤 동기로 사랑하며 사랑은 어떻게 유지될까? 이런 질문들의 답을 하기 위해서 심리학자들은 사랑에 관한 이론을 만들었다. 여기에서는 사랑을 자원의 교환으로 보는 사회적 교환이론, 사랑을 자기의 성장으로 보는 자기확장이론 두 가지를 살펴보겠다.

1) 사회적 교환이론

사회적 교환이론은 인간관계를 자원을 교환하는 관점으로 설명한다. 사람들은 자신의 자원을 주고, 타인의 자원을 받으며 관계에서 안정감과 만족을 느낀다. 만약 주고받는 자원 사이에 지속적으로 불균형이 존재한다면 관계의 좌절이 일어나고 깨질 수 있다고 설명한다. 비단 사회적 관계뿐 아니라 연인과 부부 사이도 마찬가지다.

이 이론에 따르면 사랑이 유지되기 위해서는 연인 사이에 긍정적인 교환이 지속되어야 한다. 자연스럽게 '보상'이라는 개념은 이 이론에서 중요한 역할을 하는데, 사랑하는 관계 안에서 보상으로 작용하는 것은 정서적 안정감, 지지, 돌봄, 성, 명예, 사회적 위치, 돈, 정보, 지식 등 다양하다. 사회적 교환이론을 적용해서 관계의 불만족을 느낄 수 있는 몇 가지 경우를 생각해 보자.

- **상호성의 불만족: 자신이 준 만큼 돌려받지 못한다고 여길 때**: 상호성의 원칙(reciprocity principle)은 give and take의 본능, 인간관계에서 한편이 무엇을 주면 상대편은 그에 합당한 대가를 받기를 원하는 마음이다. 예를 들어 애인이 지속적으로 "힘내." "잘할 거야."라는 정서적인 지지의 말을 한다고 가정하자. 그 사람이 만약 자기가 듣고 싶었던 지지와 칭찬을 해 주었다면 그(그녀)는 상대에게 비슷한 수준의 지지와 칭찬을 듣고 싶을 것이다. 그(그녀)가 상대에게 원하는 것은 연인이 이런 지지를 받으면서 자기를 꼭 필요한 존재로 인식하고, 경제적 필요를 돌보아 주는 것일 수도 있다. 이 이론은 커플이 주고받는 자원이 비슷한 한은 관계가 유지된다고 설명한다. 반면, 이러한 상호성의 원칙이 깨진다고 여길 때 사람들은 불평등 교환에 대한 불만과 좌절을 느낀다.
- **기대의 불만족: 과거 경험 또는 자신의 기준과 비교하여 상대에게 본인이 기대하였던 만큼 받지 못한다고 여길 때**: '기대치를 낮추세요.'라는 말은 행복하고 성공적인 연애를 위한 지침서에서 빼놓지 않고 하는 말이다. 기대는 자연스럽게 비교를 불러온다. 과거 연인과의 비교, 상대가 나에게 처음 하였던 행동들과의 비교, 부모와의 비교, 친구의 연인과의 비교, 본인이 생각하는 이상적인 연인상과의

비교, 사랑에 관한 당위적인 사고와의 비교……. 이 모든 비교는 본인이 받는 보상이 충분하지 못하다는 불만족감을 높일 수 있다.

- **비용의 불만족: 사랑 관계에 들이는 비용(감정적 에너지의 소모, 시간 투자, 잠재적 갈등 등)이 보상보다 높다고 여길 때**: 사랑을 하기 위해 들여야 하는 비용 그 자체에 대한 불만족감도 관계를 위협하는 요인이다. 상호성은 연인이 본인에게 주는 자원을 갚아야 한다는 의무감으로 느껴질 수도 있다. 이러한 의무감은 관계에 대한 피곤함과 책임감으로 느껴질 수도 있다. 서로 주고받는 자원이 균등하더라도 연애 또는 결혼 생활을 유지하기 위해 들이는 감정적 에너지와 피로가 본인이 관계를 통해 받는 보상보다 더 크다고 여긴다면 갈등의 요소가 될 수 있다.

사랑의 사회적 교환이론은 사랑을 '교환'이라는 거래의 개념으로 단순화하여 설명하였다는 한계가 있다. 그러나 연인 사이에 벌어지는 갈등의 요소를 명확하면서도 다양한 측면으로 이해할 수 있게 도와주는 이론이다.

2) 자기확장이론

인간은 모두 자기를 확장하고 성장하려는 본능을 가지고 있다. 새로운 경험을 추구하고, 가진 자원과 역량을 키우고, 더 나은 사람이 되고자 하며 정체성을 확장하고자 한다. 자기확장이론은 사람들은 사랑하는 사람과의 관계를 통해 자기를 더욱 확장하고 성숙시킬 수 있다고 한다. 사랑을 하는 동기도 사랑을 통해 더 많은 것을 경험하고 인생의 성장을 경험할 수 있기 때문이라고 설명한다.

무엇을 확장이라고 볼 것인가? 인간은 본질적으로 자신에게 잠재력이 있다는 사실을 알고 있다. 사랑은 이러한 잠재력이 꽃피울 수 있게 하는 통로의 역할을 한다. 바로 전의 사회적 교환이론에서 살펴보았듯이 사랑을 통해 두 사람 사이에는 자원이 공유된다. 상대방이 이제까지 살아온 인생의 경험, 성격, 경제력, 인맥, 취향, 하다못해 애착의 특성은 고스란히 나에게 흘러온다. 물론 나의 것도 상대에게 흘러간다.

사회적 교환이론이 서로에게 흘러가는 '교환'에만 초점을 두었다면 자기확장이론은 교환으로 발생하는 통합에 관심을 둔다. 사랑하는 관계에서 상대방의 자원은 나에게 흘러와 나의 것으로 통합되고, 나의 자원은 상대방에게 흘러가 상대의 것으로 통합되기 때문이다. 이러한 상호작용과 통합을 통해 우리는 더 많은 기회를 가지게 되고 보다 풍부한 삶을 살아갈 수 있다.

확장되는 영역 중에 '정체성'은 상대적으로 젊은 시기의 연애(10~20대)에서 중요하게 살펴볼 필요가 있다. 에릭슨의 발달단계에서 청소년기의 과업은 정체성 확립이다. 정체성이란 '나는 누구인가?' '나는 어떤 가치를 추구하는가?' '나는 다른 사람들과는 무엇이 다른가?' 등의 물음에 대한 답변이며 그 답변을 찾아가는 과정이다. 에릭슨에 따르면 자기가 누구인지 어느 정도의 대답을 할 수 있게 되면 성인 초기의 발달 과업인 친밀감의 형성으로 넘어간다. 다른 말로 하자면 자기에 대한 물음에서 다른 사람과 친밀한 관계를 형성하고 싶은 욕구로 넘어간다. 정체성이 어느 정도 생긴 사람은 '나는 어떤 연애를 하고 싶은가?' '좋은 사랑이란 무엇인가?'라는 새로운 물음의 도전이 주어졌을 때 다시 '나란 누구인가?'로 다시 돌아가 자기의 정체성을 타인의 정체성과 통합하고 새로운 나를 형성해 나간다.

빌 게이츠와 그의 전 아내 멀린다 게이츠가 좋은 예시다. 잘 알다시피 빌 게이츠는 마이크로소프트의 CEO로서 컴퓨터 기술, 창업, 혁신, 기업은 그의 정체성을 표현하는 키워드다. 멀린다 게이츠는 자선활동에 관심이 있는 사람이었다. 둘의 정체성은 가정뿐 아니라 마이크로소프트의 사업 방향에 영향을 주었다. 그 결과 2000년 '빌 앤 멀린다 게이츠 재단(Bill & Melinda Gates Foundation)'이 설립되었고 이 재단은 둘의 이혼 전까지 두 사람이 함께 운영하였으며, 전 세계적으로 보건, 교육, 빈곤 문제 해결에 기여하였다. 사랑하는 사람의 관계가 단순히 연인과 부부에 한정되지 않고 각자의 정체성이 통합되어 더 넓은 세계로 확장된 예시다.

사랑을 유지하기 위해서는 자기확장이 지속적으로 이루어져야 한다. 연애 초기에는 새로운 정체성에서 매력을 느끼기 쉽지만, 시간이 지나며 공유하는 경험이 늘어나면 그만큼 초기의 확장감은 줄어들기 때문이다. 이런 이유로 사람들은 새로운 사람을 찾아 자기 인생에 새로운 성장을 추구하고자 한다. 만약 기존의 사랑을 유지하고 싶다면 함께 이룰 수 있는 공동의 목표를 설정하고 함께 노력하며 관계를 강화할 수 있을 것이다. 상대방의 성장을 지지하고 격려하는 것도 중요한 요소다. 상대방을 나의 자아에 포함하고 상대와 나의 확장을 지원하는 과정은 더 나은 삶을 살아가는 방법이며 이를 통해 사랑이 지속될 수 있다.

21 이 정도면 괜찮은 연애

1 나도 너도 성장할 수 있는 괜찮은 사랑하기

1) 연애는 나를 더 잘 알 수 있는 기회이다

연애가 어려운 이유는 둘 사이에 깊은 수준의 상호작용이 이루어지기 때문이다. 연인 사이가 아닌 다른 어떤 관계가 친밀감을 맺고 유지하고, 상대를 사랑하면서도 자기의 개성을 잃지 않고, 감정과 생각을 솔직하게 공유하고, 욕구와 기대를 조절하고, 싸우고 화해하는 일을 반복하겠는가. 이런 복잡한 과정을 경험하며 우리는 자신도 몰랐던 자기를 발견하고 마주한다. 평소에는 느끼지 못하였던 질투심, 강한 애착, 무의식적 공격성, 무심코 내뱉은 말에 스스로 놀라는 순간들, 이 모든 경험은 본인을 더 깊이 이해하는 계기가 된다.

밀접한 관계 안에서 우리는 무의식중에 가지고 있던 생각, 문제 해결 방식, 대인관계 패턴을 생생하게 경험한다. 가령, 연인이나 부부 사이에 자주 나타나는 패턴으로 '확대자-축소자'가 있다. 확대자는 말 그대로 문제와 감정을 확대하여서 인식하고 표현하는 사람이다. 확대자는 갈등이 생겼을 때 문제를 과장해서 드러내고 이야기하려는 경향이 있다. 반면, 축소자는 문제를 가능한 한 빨리 덮고 넘어가고 싶어 한다. 연인 관계에서는 한 명이 확대자면 한 명이 축소자인 경우가 빈번한데 애초에 서로에게서 필요한 부분이 보완되기 때문이다. 시작점에서는 매력 포인트였겠지만 갈등 상황에서 확대자는 감정을 내색하지 않는 상대가 불안하고, 축소자는 문제를 크게 만드는 상대가 두렵다. 그러므로 확대자는 "왜 아무 말도 안 해?"라고 비난하고, 축소자는 "왜 이렇게 예민해?"라고 응수하며 다투기 십상이다. 한 걸음 물러나 보면 지금껏 본인이 갈등을 어떻게 인식해 왔고 문제를 어떻게 해결해 왔는지를 돌아볼 수 있다. 상대를 비난하기 전에 "왜 나는 그 사람이 회피하면 이렇게 불안할까?" "왜 나는 사소한 싸움에도 금방 말문을 닫아 버릴까?" 성찰하게 되면 본인의 성장 배경, 정서적 경험, 과거의 상처까지 되돌아볼 수 있다. 이런 자기이해의 과정은 결국은 더 성숙한 사랑을 만들어 가는 기반이 된다. 내가 누구인지 알수록 타인을 있는 그대로 수용할 수 있는 포용력도 생기고 관계 속에서 문제를 풀어 갈 힘도 생긴다.

2) 솔직하지만 존중하는 의사소통

연애에서 가장 자주 등장하는 이슈는 의사소통 방식의 차이다. 아무리 사랑하는 사람이라고 해도 서로 다른 사람이므로 둘 사이에는 기대, 욕구, 표현 등의 차이가 당연히 존재한다. 문제는 그 차이를 어떻게 다루느냐에 달려 있다. 그 과정에서 솔직하지만 존중하는 의사소통은 중요한 능력이다. 많은 사람은 솔직함을 있는 그대로 모두 말하는 것으로 생각한다. 우리는 상대를 비난하거나 무시하는 표현을 "나는 솔직하게 말한 거야."라는 말 뒤에 숨길 수도 있다. 타인보다 더 사랑해 주어야 할 연인에게 익숙하다는 이유로 남보다 더 쉽게 상처를 주기도 한다. 그러나 건강한 의사소통을 위한 솔직함은 상대와 관계를 좋게 유지하려는 마음을 잃지 않으면서 표현하는 것이다.

심리학에서 대표적인 의사소통 훈련으로는 I-Message가 있다. '너'로 시작하는 메시지는 오해를 불러일으킬 수 있다. "너는 바라는 게 너무도 많아."라는 노래 〈밤양갱〉의 가사처럼 떠나는 연인이 이런 말을 하였다면 이별의 이유를 나에게 떠넘기는 것 같아 기분이 나쁠 것이다. 하지만 대화에서 중요한 것은 단순히 내가 하고 싶은 말을 하는 것이 아니라 '어떻게 말해야 내 의도가 더 잘 전달될 수 있을까?'를 고민하는 태도다. 만약 "너 왜 그렇게밖에 생각 못 해?" 대신 "나는 그 상황에서 네가 떠날까 봐 외로웠어."라고 말할 수 있다면 상대방에게 전혀 다른 영향력을 줄 수 있다. 전자는 비난이지만 후자는 내 마음에 대한 개방이고 공유다. 전자는 상대의 방어 수준을 높이지만, 후자는 내 감정을 솔직하게 개방함으로써 상대에게 나를 도와줄 기회를 만들어 준다.

I-Message의 핵심은 이렇게 나의 솔직한 감정을 보여 주는 것이다. 물론 연애 중에는 감정이 앞설 때가 많고, 그럴수록 말이 거칠어지거나 표현이 왜곡되기 쉽다. 그래서 연애에서 의사소통은 감정을 인식하고 관리하는 능력과 연결된다. 감정을 무조건 억누르기보다는 자기 마음을 한번 들여다보고, 상대에게 보여 줄 감정을 점검한 다음에 대화한다면 연애는 더 안전하고 건강한 공간이 된다. 그 과정에서 실수도 하겠지만 '솔직하고 존중하는 대화'를 함께 연습하며 성장하는 사람이 있다는 것만으로 따뜻하고 든든한 느낌이 든다.

3) 적절한 경계선 지키기

좋은 연애는 가까워지는 것이고, 가까워진다는 것은 '거리를 좁히는 것'이라고 생각하기 쉽다. 하지만 건강한 관계는 서로가 숨 쉴 수 있는 적당한 거리를 유지함에서 출발한다. 레바논의 사상가인 칼릴 지브란(Kahlil Gibran)은 그의 책 『예언자』에서 이렇게 말한다.

> 그러나 함께하는 순간에도 서로 거리를 두고,
> 하늘의 바람이 그대 둘 사이에서 춤추게 하십시오.

지브란의 이 말처럼, 진정한 사랑은 서로를 소유하지 않고 각자가 자기로 존재할 수 있도록 숨 쉴 틈을 허락하는 것이다. 거리가 있다는 것은 멀어짐이 아니라 서로의 삶을 유지할 수 있는 공간을 의미한다. 연인 사이는 너무 가까워도 답답하고, 너무 멀어도 외롭다. 그러므로 건강한 경계선을 지키는 능력은 연애를 잘하는 심리적 장치 중의 하나다.

이와 관련된 심리학적 개념이 바로 분화(differentiation of self)다. 분화란 자기 자신으로 존재하면서도 타인과 정서적 연결을 유지할 수 있는 능력, 감정과 이성을 구분할 수 있는 능력을 말한다. 분화 수준이 높은 사람은 감정적으로 흔들리는 상황에서도 상대에게 극단적으로 휘둘리거나 단절하지 않는다. 연인이 너무 힘들어할 때 본인의 한계를 솔직히 인정하면서도 헤어지지 않고 곁을 지킬 수 있을까? 마음이 힘들 때, 상대에게 솔직하게 자신의 상태를 털어놓고 잠시 혼자 회복할 시간을 가질 수 있을까? 분화가 낮은 사람은 관계 안에서 자기를 잃어버리기 쉽다. 상대의 기분에 과도하게 민감하게 반응하거나, 갈등이 생기면 자신이 버려질까 두려워 입을 닫기도 한다. 반대로 관계에서 거리를 두려는 방어기제가 과도하게 작동하면 사랑을 주려는 상대에게 차갑고 무심하게 굴 수 있다. 지나치게 밀착하거나 단절하는 행동, 어느 쪽에 가깝던 중요한 것은 상대와 자기에게 맞는 적절한 경계를 찾는 것이다.

경계선은 나와 너 사이의 건강한 흐름을 가능하게 하는 통로다. 우리는 때로 연인이라는 이유만으로 나와 타인 사이에 마땅히 있어야 하는 경계를 무너뜨리고, 상대가 나의 모든 부분을 이해하고 책임져 주기를 기대한다. 연애는 필요에 따라 함께 머물 수도, 적당히 떨어질 수도 있는 유연함을 기르는 과정이며, 모든 것을 합치지 않아도 두 개의 자아가 나란히 설 수 있는 힘을 키워 가는 여정이다.

4) 친밀감을 누리기

사랑하는 사람끼리는 서로의 마음을 공유하고 연결될 수 있을 때 친밀감을 경험한다. 친밀감은 겉으로 드러나는 행동보다 더 깊은 차원의 감정이다. 친밀감은 나의 연약함과 진심을 누군가에게 보여 줄 수 있고, 그것이 수용되리라는 '정서적 안정감'을 전제로 한다. 에릭슨이 청소년기의 심리 · 사회적 과업을 '자기정체성'이라고 하고 성인기 초기의 과업을 '친밀감'이라고 설명하였듯이, 우리는 개인적인 정체성을 확립하고 난 후에 타인과 깊은 친밀감을 맺을 수 있다. 즉, 내가 누구인지 알고 나를 안정적으로 지탱할 수 있다면 진정한 친밀감도 맺을 수 있다는 것이다. 앞에서 다룬 자기이해, 의사소통, 경계선의 개념들이 친밀감의 토대가 되는 이유도 여기에 있다.

앞서 공부한 애착이론 역시 친밀감의 기반이 되는 정서적 연결 방식을 설명해 준다. 안정형 애착 유형을 가진 사람은 상대의 감정 변화나 거리 조절에 불안감을 느끼기보다는 관계 안에서 신뢰를 바탕으로 유연하게 반응한다. 반면, 불안형 애착 유형이나 회피형 애착 유형을 가진 사람은 친밀한 관계를 원하면서도 이를 이룰 기회가 오면 역설적으로 회피하거나 과도하게 매달리는 행동을 보일 수 있다. 그러나 우리가 기억해야 할 점은 애착 유형이 고정된 것이 아니라 사랑하는 사람과 지속적으로 노력하는 관계 경험을 통해 변화할 수 있다는 점이다. 연인 관계에서 친밀감은 '서로에게 안전기지가 되어주기'다. 때로는 두려움과 불안을 나누고, 때로는 침묵과 기다림 속에서도 연결고리를 만들어 가는 것이다. 누가 더 참고 배려하는가보다 중요한 문제는 관계 안에서 서로에게 기댈 수 있고 동시에 자신으로 설 수 있는 공간을 만들어 가는 일이다. 그렇게 함께 쌓아 올린 정서적 유대감은 결국 두 사람이 단단한 팀이 되어 간다는 증거이자, 연애 안에서 친밀감을 누릴 수 있게 해 주는 소중한 기반이 된다.

칼릴 지브란의 『예언자』 중 '결혼에 대하여'

알미트라가 다시 물었다.
"그러면 스승이시여, 결혼이란 무엇입니까?"
그가 대답했다.
"그대들 부부는 함께 태어나 평생을 함께 보낼 것입니다.
새하얀 죽음의 날개가 그대들의 세월을 흩어지게 할 때까지 함께할 것입니다.
아아, 그대들은 신의 고요한 기억 속에서도 함께할 것입니다.
그러나 함께하는 순간에도 서로 거리를 두고,
하늘의 바람이 그대 둘 사이에서 춤추게 하십시오.
서로가 서로를 사랑하십시오.
허나 사랑의 서약은 맺지 말기를.

> 바다가 그대들 영혼의 해안 사이에서 물결치게 하십시오.
> 서로의 잔을 채우되 한 잔으로 같이 마시지는 마십시오.
> 서로에게 자신의 빵을 주되 한 덩이를 같이 먹지는 마십시오.
> 함께 노래하고 춤추며 기뻐하되 서로에게 혼자만의 시간을 주십시오.
> 마치 기타의 줄들이 하나의 음악에 함께 떨릴지라도, 서로서로 떨어져 있는 것처럼.
> 서로 마음을 주되 서로의 마음을 가지려 하지 마십시오.
> 생명의 손길만이 그대들의 마음을 소유할 수 있습니다.
> 함께 서 있되 너무 가까이 서 있지는 마십시오.
> 사원의 기둥이 서로 떨어져 있듯이, 참나무와 사이프러스 나무도 서로의 그늘 아래서는 자라지 못하는 법입니다."
>
> – 칼릴 지브란(Gibran, 2013)

2 나도 너도 지킬 수 있는 괜찮은 이별하기

에리히 프롬은 '분리(separation)'를 인간의 근본적인 두려움으로 보았다. 우리가 살펴본 애착과 사랑은 모두 '함께함'을 전제한다. 이론들을 통해 살펴본 친밀감, 열정, 헌신, 교환, 확장이란 개념들도 사랑하는 사람이 함께할 때 나타나는 현상이다. 그러나 현실 연애에는 이별이 있다. 사랑은 시작이 있으면 끝이 있다. 사랑이 식을 수도 또는 사랑은 그대로 존재하지만 사람이 떠나기도 한다. 어떤 종류의 이별이든 이별은 우리에게 상실과 심리적 고통을 일으킨다. 이번에는 상실을 살펴보고 이별에 대처하는 방법에 대해서 살펴볼 것이다.

1) 상실의 심리학

(1) 자발적인 이별과 상실

사랑하는 당사자가 의도적으로 단절을 선택하는 이별을 자발적인 이별이라 한다. 사귀던 사람과의 결별, 파혼, 이혼이 그 예다. 자발적인 이별은 여러 이유로 발생한다. 더 이상 서로를 사랑하지 않을 때, 관계에서 지속되는 갈등을 더 이상 해결할 수 없다고 여길 때, 더 나은 개인의 행복을 찾아서, 때론 경제적인 위기 때문에 사람들은 이별한다. 자발적인 이별은 예상할 수 있고 주체적인 의사결정임에도 불구하고 심리적인 상실감을 초래한다. 상실(loss)을 『국립국어원 표준국어대사전』에서는 '어떤 것이 아주 없어지거나 사라짐'으로, 『고려대한국어대사전』에서는 '기억, 정신, 자격, 권리 따위를 잃어버림'으로 정의한다. 사라짐 또는 잃어버림을 상실의 본질로 이해하면 이별이 왜 그렇게 고통스러운 상실감으로 남게 되는지를 이해할 수 있다. 이별 전까지는 나에게 있던 것, 이를테면 사랑하는 사람이라는 존재, 정서적 위안감, 안전기지, 커플이라는 소속감 등 모든 것들이 갑자기 사라진다는 사실은 참을 수 없는 고통이다.

자발적 이별을 선택하였을 때는 상실감을 스스로 초래하였다는 후회를 느낄 수 있다. 동일한 상실감을 상대에게도 주었다는 자책감도 들 수 있다. "내 선택이 잘못된 거면 어쩌지?" "이만한 사람을 만날 수 있을까?" 불안하고 두려운 마음이 들기도 한다. 본인이 한 선택이라는 이유로 사람들에게 고통스러운 마음을 나누고 사회적인 지지를 얻을 기회를 제한할 수도 있다. 비록 자발적인 결정이었더라도 잃어버린 것은 잃어버린 것이다. 이별 후에 올 수 있는 슬픔, 후회, 죄책감, 때론 홀가분함까지도 있는 그대로 인정하고 이별 후 상실감을 정상적인 과정으로 받아들이는 것이 도움이 된다.

(2) 비자발적인 이별과 상실

비자발적인 이별은 이별이 올 것을 예상할 수 없었고, 원하지 않는 사건을 경험하였다는 측면에서 외상(trauma)과 비슷하다. 비자발적인 이별은 문자 그대로 본인의 의지가 아닌 다른 이유로 이별을 경험한 경우다. 죽음으로 인한 이별(사별), 외부 환경으로 인한 이별(전쟁, 사회적 규제, 질병, 경제 상황), 상대가 자신을 떠났을 때(외도, 가출), 폭력으로 인한 이별 등이 예시다. 비자발적인 이별을 겪은 사람은 이별의 상실 외에도 통제 범위를 넘어선 사건에 노출된 경험 때문에 트라우마에 노출된 사람과 비슷한 심리적인 반응을 보인다.

자발적인 이별과 비자발적인 이별 후의 심리적 반응에서 가장 큰 차이를 보이는 것이 '부정'이다. 비자발적인 이별을 경험한 사람은 갑작스러운 상실을 받아들일 수가 없어 "나에게 이런 일이 일어났을 리가 없어."라는 심리적인 부정(denial) 반응을 보이기 쉽다. 분명히 슬픈 상황인데도 아무 일도 없었던 것처럼 일상을 사는 모습, 사랑하는 사람과 여전히 연결된 듯 행동하는 모습, 자존감의 상처를 숨기고 성취에 열중하는 모습 등은 흔히 나타나는 부정 반응이다.

분노와 수치심도 비자발적인 이별과 자주 수반되는 감정이다. 상실의 본질이 '한때 내 것이었던 것을 잃어버림'이라고 본다면 비자발적인 이별은 나의 의도와는 상관없이 내 것을 빼앗긴 경험이다. 분노가 나타나는 것은 당연한 마음이다. 이별 과정에서 외도, 스토킹, 데이트 폭력 등 상대방의 가해 행동이 연관되어 있다면 비자발적인 이별을 경험한 당사자는 수치심과 무력감, 피해자로서의 자기인식 등 혼자서는 해결하기 힘든 복합적인 고통을 경험할 수 있다. 비자발적인 이별은 혼자 감당하기 어려운 문제다. 여러분이 이런 상황에 처해 있다면 반드시 전문가의 도움을 받기를 바란다. 비자발적인 이별은 당장은 깊은 고통만을 남기는 듯 보이지만 회복의 과정을 거친다면 '외상후 성장(posttraumatic growth)'으로 승화될 수 있다.

데이트 폭력

데이트 폭력이란 연인 관계에서 상대방에게 가하는 신체적 · 심리적 · 성적 폭력이다(Straus, 2004). 데이트 폭력은 전 세계적 사회 문제로 떠오르고 있는데 WHO(World Health Organizaion, 2013)의 보고에 따르면, 전체 여성 인구의 1/3(약 30%)가 연인으로부터 폭력을 당한 경험이 있다고 한다. 신체적 폭력은 상대의 신체에 의도적이거나 잠재적으로 의도적인 폭력을 행하는 것이다. 심리적 폭력은 언어 또는 비언어적인 방식으로 상대를 폭력적으로 비난, 모욕, 무시하는 것이다. 성적인 폭력은 상대가 원하지 않음에도 불구하고 성행위를 강요하는 것이다.

연구자들은 데이트 폭력 피해와 관련된 심리적 요인들을 밝히려고 노력 중이다. 다수의 연구는 개인의 관계 중독 성향이 높을수록 연애에서 폭력이 있음에도 이를 허용하고 관계를 이어 나갈 가능성이 높다는 사실을 밝혔다(정오영, 장석진, 2022; 조영주, 심은정, 2023). 또한 성역할 고정관념이 높을수록 데이트 폭력을 가하거나 피해를 당할 가능성 모두 높아진다(강지영, 김성봉, 2021; 박지희, 윤옥경, 2023). 김은지와 하정은(2024)의 연구는 대한민국 초기 성인을 대상으로 한 최근의 연구로 살펴볼 만하다. 그들은 평균 연령 29.3세의 성인 남녀 409명을 대상으로 기본 심리욕구(자율성, 유능성, 관계성), 분노 억제, 데이트 폭력 피해 간의 관계를 연구하였다. 연구는 관계 중독이 높을수록, 자율성이 낮을수록, 분노 억제가 높을수록 데이트 폭력의 피해 수준이 높아진다는 결론을 도출하였다. 연구 결과들을 역으로 활용한다면 데이트 폭력을 예방하기 위한 아이디어를 얻을 수 있다. 청소년기부터 관계 중독 경향을 낮출 수 있도록 진정한 사랑에 관한 사유를 촉진하고, 자기의 인생을 스스로 책임지는 자율성의 중요성을 교육하고, 성역할에 대한 대화의 장과 감정 소통의 경험을 제공하는 사회적인 노력이 필요한 것이다.

활동 과제

데이트 폭력 가해 행동 질문지

번호	문항	전혀 없음	가끔	보통	자주	매우 자주
		1	2	3	4	5
1	못마땅한 표정을 지은 적이 있다.					
2	짜증 난 목소리로 화를 낸 적이 있다.					
3	욕을 한 적이 있다.					
4	고함을 지르거나 큰 소리를 낸 적이 있다.					
5	침묵으로 저항한 적이 있다.					
6	화가 나서 발을 세게 구르거나 문을 세게 닫은 적이 있다.					
7	일부러 술을 먹고 와서 주정을 부린 적이 있다.					
8	연인을 괴롭히기 위해 악의에 찬 말을 한 적이 있다.					
9	상대방의 약점을 잡아 모욕한 적이 있다.					
10	연인의 물건을 던지거나 부순 적이 있다.					
11	때리거나 물건을 던지겠다고 위협한 적이 있다.					
12	다치게 할 수 있는 물건을 연인에게 던진 적이 있다.					
13	연인의 팔을 비틀거나 꼬집은 적이 있다.					
14	연인을 밀친 적이 있다.					
15	연인의 뺨을 때린 적이 있다.					
16	연인을 발로 찬 적이 있다.					
17	다치게 할 수 있는 물건으로 연인을 때린 적이 있다.					
18	연인을 계속해서 심하게 때린 적이 있다.					
19	연인이 원하지 않았음에도 성행동을 조르거나 강력하게 요구한 적이 있다.					
20	성행동을 하기 위해 말로 위협한 적이 있다.					
21	성행동을 하기 위해 잡거나 누르는 등의 완력을 사용한 적이 있다.					
22	성행동을 하기 위해 연인을 때리거나 다치게 할 수 있는 물건으로 위협한 적이 있다.					
합계						

출처: 개정판 갈등책략척도(The Revised Conflict Tactics Scale 2: CTS-2), 김정란, 김경신(1999). 수정 및 번안.

2) 애도의 과정

애도(grief)란 상실을 경험한 후에 겪는 고통을 회복하는 정신 과정을 의미한다. 애도라고 하면 사별 후에만 필요하다고 생각하는데 우리의 삶에는 상실이 만연하다. 광의의 관점에서 상실을 본다면 노화는 젊음을 잃어 가는 과정이고, 전학 또는 이사는 안전한 환경을 잃은 사건이다.

하나의 상실이 다양한 상실을 의미하는 경우를 '복합적인 상실'이라고 한다. 달리기를 취미이자 스트레스 극복의 활동으로 즐기던 사람이 있었는데 무릎에 이상이 생겨 달리기를 하지 못하게 되었다. '이제는 무엇으로 스트레스를 극복할지 모르겠다.'라는 그의 고민은 우리 인생에 하나가 상실되었을 때, 그 대상이 지탱해 주던 삶의 의미와 역할도 함께 상실된다는 사실을 알려 준다. '펫 로스(pet loss)'는 단순히 반려동물과의 이별을 의미하지 않는다. 누군가에게는 반려견의 죽음이 아버지가 돌아가신 이후 억지로 참아 왔던 슬픔을 폭발적으로 터뜨리게 되는 계기이기도 하다. 사귀던 사람과의 이별이 복합적인 상실을 불러오는 예도 있다. 졸업 전에 결혼하고 함께 유학을 가서 도전적인 삶을 꾸리려 하였던 커플이 헤어지면 그들은 이별의 아픔에 더해 혼자 맞게 되는 미래를 다시 그려 가야 한다.

엘리자베스 퀴블러 로스(Elisabeth Kübler-Ross, 2014)는 죽음을 앞둔 환자들과의 상호작용을 통해서 상실을 경험한 사람들이 겪는 5단계의 과정을 설명하였다. 애도의 5단계 과정으로 잘 알려진 이론이다.

(1) 부정: '나에게 이런 일이 일어났을 리가 없어.'

부정(denial)은 정신분석에서 말하는 방어기제 중 하나로 무의식적으로 현실의 고통을 밀어내는 현상이다. 상실을 경험한 사람들은 사실을 있는 그대로 받아들이기 어려워하며 상실의 대상이 본인이 아니라는 무의식적인 부정을 한다. 큰 고통 앞에서 부정은 인간이 자신을 보호하기 위한 당연한 현상이다. 부정은 특히 비자발적인 상실, 트라우마 후 생존과 같이 고통의 강도가 큰 사건 후에 강하게 일어나는데, 사람에 따라 단기적으로 또는 장기적으로 다양한 모습을 보일 수 있다.

(2) 분노: '왜 하필 나일까?'

현실을 의식적으로 인식한 후에는 분노(anger)의 감정이 생길 수도 있다. 분노의 대상은 상실을 가져다준 상대방, 세상, 자기 자신, 운명 등 다양하다. 분노의 단계는 외현적으로 나타나기도 하고 내현적으로 나타나기도 한다. 어떤 사람들은 겉으로는 티 내지 않지만 조용하게 탓을 하며 분노의 단계를 거칠 수도 있다.

(3) 타협: '만약 내가 이걸 하면 상실을 다시 되돌릴 수 있을까?'

타협(bargaining)은 본인의 행동으로 상실을 되돌리고자 하는 시도다. 사랑하는 사람의 질병 앞에서 "그가 낫기만 한다면 제 인생을 하나님께 바치겠습니다."라고 기도하는 것, 마음이 돌아선 연인 앞에서 "한 번만 기회를 주면 내가 정말 잘할게."라고 매달리며 이별을 되돌리기 위해 선언을 하는 것, 본인의 질병 앞에서 "제가 앞으로 건강한 음식만 먹으면 되잖아요, 건강한 음식만 먹을게요."라고 외치며 즉각적인 회복을 기대하는 행동 등이 타협의 예시다. 타협 역시 다른 단계와 마찬가지로 상실의 고통으로부터 자신을 보호하려는 심리적 기제다.

(4) 우울: '어떤 노력도 소용이 없어.'

어떤 노력도 상실을 되돌릴 수 없다는 현실을 마주하게 되면 사람은 깊은 절망에 빠진다. 감정적 슬픔, 비애, 무너짐, 공허, 외로움, 두려움 등이 밀려오는 단계가 우울(depression) 단계다. 상실 후 겪게 되는 우울감은 우울증의 우울과는 다르다. 상실 후 우울은 이별, 사랑하는 사람의 죽음, 질병 등 특정한 원인으로 발생한다. 정서적 슬픔과 무기력을 경험하기는 하지만 회복하는 중에 나타나기 때문에 시간이 지나며 점차 우울감이 완화되고 일상으로 복귀할 수 있다. 반면, 임상적 우울증은 특정한 사건이 없어도 유전적 · 환경적 · 인지적 요인 등 다양한 요인으로 발생할 수 있다. 잃어버린 것에 대한 슬픔뿐 아니라 자기비난, 무망감, 무감각, 죄책감, 집중력의 저하, 자살 사고 등 일상생활을 유지하기 벅찰 정도의 증상이 나타난다. 『정신장애 진단 및 통계 편람(DSM-5-TR)』 기준에 따르면 임상적 우울증은 2주 이상 증상이 지속된다.

지속적 비탄장애(prolonged grief disorder)는 사랑하는 사람의 사망 이후 충분한 시간이 지났음에도 불구하고 강렬한 슬픔과 그리움이 지속되며, 정상적인 애도 과정을 넘어 삶의 기능에 뚜렷한 지장을 초래하는 상태를 가리킨다. DSM-5-TR에서는 성인의 경우 사별 후 12개월 이상, 아동과 청소년의 경우 6개월 이상 증상이 지속될 때 진단할 수 있다고 규정한다. 대표적인 증상은 망자를 향한 강렬한 그리움이나 집착, 정체감의 혼란, 삶의 의미 상실감, 사회적 · 직업적 기능의 저하 등이다. 자살로 인한 사별은 비적응적 비탄 반응의 중요한 위험 요인으로, 다른 원인에 의한 사별보다 발병 가능성을 높이는 것으로 알려져 있다(김혜진 외, 2021). 우리나라는 수년째 OECD 국가 중 자살률 1위를 기록하고 있으므로, 지속적 비탄장애를 예방하고 회복을 지원하기 위한 다각도의 사회적 · 심리적 대책이 필요하다.

(5) 수용: '이제는 바꿀 수 없다는 걸 알겠어. 힘들지만 앞으로 나아갈 거야.'

수용(acceptance)이란 현실을 있는 그대로 인정하고 상실에도 불구하고 자신의 삶을 살아가는 모습이다. 완벽한 애도는 존재하지 않는다. 상실의 상처는 남겠지만 상실을 통해 배운 것과 잃은 것을 인식하고 인생의 일부로 통합할 수 있는 상태가 애도의 마무리 단계라고 할 수 있다. 퀴블러 로스(2014)는 저서 『인생 수업』에서 모든 사람이 상실을 겪는다고 매번 5단계를 거치는 것도 아니고, 상실의 단계가 꼭 순서대로 나타나는 것도 아니라고 하였다. 사람마다 한 단계에 지속적으로 머물 수도, 여러 번 거칠 수도 있으며 단계에 머무르는 시간도 정해져 있지 않다고 한다. 그러나 그녀는 "분명하게 말할 수 있는 한 가지는 시간이 그 모든 것을 치유하리라는 사실"(p. 87)이라고 말한다. 상실을 없앨 수 없는 인생 속에서 우리가 할 수 있는 가장 적극적인 수용은 상실 속에서도 계속 삶을 가꾸어 갈 지혜를 찾아내는 태도일 것이다.

3) 성장과 회복

'외상후 성장(posttraumatic growth)'이라는 말이 있다. '매우 도전적인 환경에 대한 투쟁의 결과로 얻게 되는 주관적으로 지각하는 긍정적인 심리적 변화'라는 심리적 용어로 1990년대 후반 테데스키와 칼훈(Tedeschi & Calhoun)이 만든 개념이다. 외상(trauma)에 대한 심리적 관심이 외상 그 자체와 영향을 최소한으로 남기는 소극적인 대처에 그쳐 왔다면 외상후 성장이란 삶의 주체로서의 인간의 힘을 적극적으로 활용한다는 측면에서 고무적이라고 할 수 있다. 힘든 사건을 겪은 후 우리에게는 단순한 회복을 넘어서 어떤 경험이든 결국에는 우리 삶의 일부로 수용하는 자세가 필요하다. 이런 의미에서 외상후 성장에서 말하는 변화는 질적인 변화 또는 변형(transformation)에 가깝다. 마치 애벌레가 번데기를 거쳐 나비로 거듭나는 신비처럼 말이다.

외상후 성장을 경험한 사람은 분명한 특징을 보인다. 자신과 세계를 이전과는 다르게 지각하며, 사람들과의 관계를 다르게 지각하며, 삶에 대한 철학이 새롭게 정립된다(Tedeschi & Calhoun, 1996). 비슷한 연구 결과가 한국인들의 외상후 성장 경험을 연구한 송승훈 등(2009)의 연구에도 나타났는데 자기를 이전과는 다르게 지각하고, 대인관계의 깊이가 증가하며, 새로운 가능성을 발견하고, 영적이고 종교적인 관심이 증가하였다. 최근의 연구자들은 이러한 '외상후 성장' 개념을 빌려 이별한 성인들의 '실연후 성장' 또는 '이별후 성장'을 연구하기 시작하였다(김은미, 2015; 서은비, 2020; 이소진, 2024; 조민기, 2020) 최근 연인과의 이별로 힘든 사람이 있다면 외상후 성장을 경험한 사람들의 특징을 떠올려 보자. 이별을 통해서 단단해질 수 있는 지표가 될 것이다.

(1) 새로운 시각으로 자신을 지각하게 됨

이별 직후 사람들은 상실과 실망에 사로잡혀 과거를 왜곡해서 바라보곤 한다. 행복한 시절이 존재하였음에도 불구하고 '나는 연애를 못하는 사람이야.' '내가 별로라서 헤어진 거야.' '평생 지속되는 연애는 없어.' 등 관계 자체를 부정적으로 지각하기 쉽다. 그러나 지각이란 외부에서 들어오는 감각, 선행 경험, 자기가 이미 가지고 있는 세계관과 태도, 감정 상태 등의 영향을 받으므로 마음이 힘든 상태에서는 온전한 의미를 깨닫기 어렵다.

외상후 성장을 측정할 수 있는 질문 문항을 보면 '생각보다 내가 더 강하다는 것을 발견하였다.'라는 문항이 있다. 헤어짐이 없었다면 본인이 이별을 견딜 수 있는 사람인지 아닌지를 판단할 수 없었을 것이다. 헤어진 직후에는 힘들었지만, 시간이 지나고 이별 후 성장을 경험하면서 '어라, 내가 생각보다 잘 견디네.'라고 지각하게 된다면 새로운 통찰로 인해 자신을 더 넓은 시각으로 볼 수 있다.

(2) 대인관계의 깊이가 증가함

이별 후 성장을 경험하게 되면 자신의 상처와 감정을 깊이 돌아보게 된다. 자기를 객관적으로 돌아보며 본인이 관계를 통해 기대하였던 것들을 명확히 인식한다. 자기성찰은 본인뿐 아니라 상대가 필요로 하였던 것, 상대의 반응과 마음에 대한 이해의 폭도 넓힐 수 있다. 과거의 경험으로부터 상대의 입장을 존중하는 법을 배운다면 인간관계의 깊이가 증가할 수 있다. 외상후 성장 질문지에 '어려울 때 다른 사람들에게 의지할 수 있다는 사실을 알게 되었다.' '나에게 다른 사람들이 필요하다는 것을 받아들이게 되었다.' 등의 문항들이 좋은 예다. 이 글을 읽는 분 중에는 "저는 연애 후 인간관계 자체에 마음을 닫았어요. 사람한테 너무 의지하지 말아야 한다고 깨달았거든요."라고 말하는 사람도 있을 수 있다. 이런 분들은 상처 자체보다 사람한테 의지하고 싶었던 내면의 목소리 자체에 귀를 기울이기를 바란다. 함께하고자 하는 절박함이 없었다면 마음을 닫을 이유도 없었을 것이다. 내면의 목소리를 가까운 친구들과 관계에서 적절하게 개방해 보기를 바란다. 대화 자체에서 오는 만족감도 느낄 수 있을 것이다.

(3) 새로운 가능성을 발견하게 됨

이별 후 사람들은 외로움을 극복하기 위해 연인의 역할을 대체할 수 있는 취미, 공부, 여행, 사회활동 등을 하는 경향이 있는데 이를 통해 새로운 관심과 능력을 형성할 수 있다. 이별이 늘 힘들다는 생각도 편견일 수 있다. 어떤 이별은 해방과 홀가분함을 가져온다. 서로에 대한 집착과 통제로 연애 또는 결혼 이외의 삶을 상실한 사람에게 이별은 새로운 가능성을 의미한다. '헤어짐'을 '홀로서기'로 만들 수 있다면 이별을 통해서도 새로운 가능성을 발견할 수 있을 것이다.

(4) 영적 · 종교적 관심이 증가함

사랑이 끝나고 홀로 남았을 때 우리는 '나는 누구이며 무엇을 위해 살았는가?'를 자문한다. 사실 인생에서 꼭 필요하고 씨름해야 하는 질문인데 사랑을 할 때는 바쁘고 또 관계가 주는 안정감으로 중요한 질문을 놓치고 살기 쉽다. 이별 후의 상실은 우리가 놓치고 살았던 근본적인 정체성, 유대감, 삶의 의미와 같은 본질적인 영역이 아직 미해결되어 있음을 알려 준다. 외상후 성장 설문지에는 '영적 정신적 세계에 대한 이해가 포함된다. 처음에는 상실로 느껴질지라도, 그 경험을 통해 자의식을 극복하고 타인을 바라보며 삶의 의미를 탐구한다면, 이별의 상실은 결국 희망으로 이어질 것이다.

활동 과제

외상후 성장 질문지

연인과의 이별 후 여러분에게 다음의 문항들의 변화가 얼마나 일어났는지 표기해 보세요.

번호	문항	전혀 그렇지 않다.	그렇지 않다.	약간 그렇지 않다.	약간 그렇다.	그렇다.	매우 그렇다.
1	인생에서 중요한 것에 대한 우선순위에 변화가 생겼다.	1	2	3	4	5	6
2	내 인생의 참된 가치에 대해 이해하게 되었다.	1	2	3	4	5	6
3	새로운 관심사가 생겼다.	1	2	3	4	5	6
4	자신에 대한 신뢰감이 높아졌다.	1	2	3	4	5	6
5	영적인 문제에 대해 보다 잘 이해하게 되었다.	1	2	3	4	5	6
6	어려울 때 다른 사람들에게 의지할 수 있다는 사실을 알게 되었다.	1	2	3	4	5	6
7	내 인생이 나아갈 새로운 길을 개척하였다.	1	2	3	4	5	6
8	다른 사람들과의 친밀감이 높아졌다.	1	2	3	4	5	6
9	나의 감정을 기꺼이 표현하고자 하는 마음이 생겼다.	1	2	3	4	5	6
10	내가 어려움을 다룰 수 있다는 것을 알게 되었다.	1	2	3	4	5	6
11	내 삶에서 더 나은 것들을 할 수 있게 되었다.	1	2	3	4	5	6
12	세상이 돌아가는 방식을 수용할 수 있게 되었다.	1	2	3	4	5	6
13	하루하루가 감사하다.	1	2	3	4	5	6
14	예전에는 가능하지 않았던 새로운 기회들이 생겼다.	1	2	3	4	5	6
15	다른 사람들의 어려움을 이해할 수 있게 되었다.	1	2	3	4	5	6
16	대인관계를 위해 노력하게 되었다.	1	2	3	4	5	6
17	변화가 필요한 것들을 변화시키려고 더욱 노력하는 것 같다.	1	2	3	4	5	6
18	종교적 믿음이 더 강해졌다.	1	2	3	4	5	6
19	생각보다 내가 더 강하다는 것을 발견하였다.	1	2	3	4	5	6
20	사람이 얼마나 훌륭한가를 많이 배웠다.	1	2	3	4	5	6
21	나에게 다른 사람들이 필요하다는 것을 받아들이게 되었다.	1	2	3	4	5	6
합계							

출처: 송승훈 외(2009), pp. 193-214.

제4부

최적의 공부법

조난숙

22 습관: 성공적인 학습을 위한 기초

1 습관이란 무엇인가

습관은 반복적인 행동이 자동화된 상태를 말한다. 우리가 무의식적으로 매일 되풀이하고 있는 행동들처럼 습관은 자동으로, 많은 노력과 주의를 기울이지 않더라도, 행동을 수행할 수 있게 도와준다. 학습 과정에서도 습관은 지식을 습득하고 과제를 완료하는 데 중요한 역할을 한다.

2 습관의 형성 과정

습관은 일반적으로 신호, 반응, 보상이라는 세 가지 단계로 형성된다. 신호는 행동을 촉발하는 자극이다. 반응은 신호에 따라 이루어지는 행동이다. 보상은 행동 후에 받는 긍정적 피드백이다. 이 세 단계가 반복되면서 행동이 자동화되고 습관이 형성된다.

1) 신호: 행동을 시작하게 만드는 자극

신호는 습관이 시작되는 첫 번째 단계다. 습관이 자동으로 작동하기 위해서는 특정한 자극이 필요하다. 이 자극이 바로 신호다. 신호는 환경적, 시간적, 감정적 또는 상황적 요인에 의해 발생할 수 있으며, 개인의 행동을 유도하는 역할을 한다. 신호가 발생하면, 이는 곧 이어질 행동을 촉발한다. 신호의 종류로는 시간, 환경, 감정적 상태 등이 있다. 시간은 특정한 시간대에 반복되는 활동이 습관을 형성하는 데 중요한 신호로 작용할 수 있다. 예를 들어, 오전 7시가 되면 자동으로 일어나서 운동을 시작하는 습관을 만들 수 있다. 물리적 환경 또한 강력한 신호가 될 수 있다. 책상에 앉는 순간, 공부를 시작하는 행동으로 이어질 수 있다. 또한 감정적 상태, 즉 특정 감정이 어떤 행동을 촉발하는 때도 많다. 스트레스를 받으면 간식을 먹는 습관이 생길 수 있으며, 이는 감정이 신호로 작용한 사례다.

신호를 관리하는 것은 매우 중요하다. 습관을 바꾸거나 새로운 습관을 형성하려면 신호를 의도적으로 설정하거나 바꾸어야 한다. 원하는 습관이 형성되기 위해서는 신호가 명확해야 하며, 그 신호가 행동으로 자연스럽게 이어질 수 있어야 한다. 예를 들어, 운동 습관을 기르고 싶다면, 운동복을 눈에 잘 띄는 곳에 두어 운동을 시작하게 만드는 환경적 신호를 설정하는 것이 효과적이다. 아침 운동을 위해 자기 전에 미리 운동 가방을 준비하는 것도 좋은 신호다.

2) 반응: 신호에 따른 행동

반응은 습관 형성의 두 번째 단계로, 신호를 주었을 때 실제로 이루어지는 행동을 의미한다. 이 반응은 신호에 대한 우리의 자동화된 반응이며, 의식적으로 수행하지 않아도 되는 일련의 과정이다. 반응 단계에서는 습관이 행동으로 나타나며, 이 단계에서 행동의 빈도와 일관성이 매우 중요하다. 반응의 유형에는 즉각적 반응, 지연된 반응, 반복적 반응 등이 있다. 즉각적인 반응은 신호를 주자마자 즉시 반응하는 행동이다. 예를 들어, 휴대 전화 알림음이 울리면 곧바로 휴대 전화를 확인하는 것은 즉각적인 반응이다. 지연된 반응은 특정 신호가 주어진 후 약간의 시간이 지난 후 반응하는 행동이다. 예를 들어, 아침에 알람이 울렸을 때 바로 일어나지 않고 몇 분 뒤에 일어나는 것이 지연된 반응이다. 반복적 반응은 습관이 형성되면 특정 신호에 반복적으로 동일한 반응을 보이는 행동이다. 이러한 반복성이 습관을 더욱 공고하게 한다.

반응 관리도 중요하다. 반응이 일관되고 반복될수록 습관이 더 강해진다. 하지만 습관을 형성하는 과정에서 반응이 일관되지 않거나 미루는 행동이 나타나면 습관 형성에 실패할 수 있다. 따라서 긍정적인 반응을 강화하고, 부정적인 반응을 줄이는 것이 중요하다.

3) 보상: 행동을 지속하게 만드는 동기

보상은 습관 형성의 마지막 단계다. 보상은 특정 행동을 반복하게 만드는 강력한 동기 부여 요소다. 보상이 즉각적으로 제공될 때, 행동은 더 쉽게 습관으로 자리 잡는다. 보상은 심리적 만족감, 성취감, 혹은 실질적인 물리적 보상일 수 있으며, 행동의 반복성을 강화하는 데 필수적이다. 보상의 종류에는 즉각적 보상, 장기적 보상, 사회적 보상 등이 있다. 즉각적 보상은 행동 직후 바로 느끼는 보상으로, 학습의 경우 성취감이나 일의 완료 후 느끼는 만족감이 이에 해당한다. 장기적 보상은 즉각적으로는 눈에 보이지 않지만, 장기적으로 이루어지는 보상이다. 예를 들어, 운동을 통해 장기적으로 건강이 개선되는 것이 여기에 해당한다. 사회적 보상은 다른 사람에게 칭찬을 받거나 인정받는 것으로, 이 또한 중요한 보상의 일종이다. 이를 통해 행동에 대한 긍정적 피드백을 얻게 되고, 그 행동을 지속할 가능성이 높아진다.

보상이 없으면 행동은 쉽게 반복되지 않는다. 특히 습관을 처음 형성할 때는 즉각적인 보상이 더 효과적일 수 있다. 예를 들어, 공부를 마친 후 스스로에게 작은 보상을 주는 방식은 학습 습관을 강화하는 데 매우 유효하다.

사례 1 아침 운동 습관

- **신호**: 오전 6시에 알람이 울림
- **행동**: 알람이 울린 후 운동복을 입고 집 근처 공원을 걷기 시작
- **보상**: 운동 후 상쾌한 기분과 건강한 느낌
- 여기서 알람이라는 시간 신호는 운동을 촉발하는 중요한 역할을 한다. 매일 같은 시간에 알람이 울리면서, 운동이라는 행동이 자동으로 연결된다.

사례 2 공부 습관

- **신호**: 매일 오후 8시에 책상에 앉음
- **행동**: 책을 펴고 공부를 시작
- **보상**: 공부 후 스스로 설정한 휴식 시간을 보내거나 작은 보상(예: 좋아하는 간식)을 함
- 여기서는 책상에 앉는 행위 자체가 공부를 시작하게 만드는 신호다. 이런 물리적 환경의 변화가 학습에 대한 습관을 자동화한다.

사례 3 독서 습관

- **신호**: 저녁 식사 후 차 한 잔을 준비
- **반응**: 차를 마시면서 책을 읽기 시작
- **보상**: 독서 후 성취감과 휴식
- 이 경우, 저녁 식사 후 차를 준비하는 신호에 따라 독서가 자연스럽게 이어진다. 이러한 일관된 반응이 습관을 형성하는 중요한 단계다.

사례 4 운동 습관

- **신호**: 운동화 착용
- **반응**: 집 밖으로 나가 달리기를 시작
- **보상**: 운동 후 상쾌함과 건강 증진

- 여기서 신호는 운동화를 신는 행위이며, 그에 따른 반응은 곧바로 달리기를 시작하는 것이다. 이처럼 신호에 따른 빠른 반응은 습관 형성에 매우 효과적이다.

사례 5 건강한 습관

- **신호**: 식사 시간
- **반응**: 건강한 음식을 선택하여 먹기
- **보상**: 건강이 개선되고, 에너지가 향상됨
- 이 경우 건강한 음식을 선택하는 습관의 보상은 에너지 수준이 높아지고 건강이 개선되는 장기적인 만족감이다.

3 학습에서의 좋은 습관 형성

성공적인 학습자는 대부분 좋은 습관을 지니고 있다. 여기 몇 가지 중요한 학습 습관을 소개한다.

1) 계획 세우기

매일 또는 매주 공부 계획을 세우고, 그에 따라 실행하는 것이 중요하다. 구체적인 목표를 설정하고 그 목표에 도달하는 습관을 들이는 것이 학습 효율성을 높여 준다. 계획을 세울 때는 다음과 같은 요소를 고려해야 한다.

(1) SMART 목표 설정

목표는 명확하고 구체적(specific)이어야 하며, 측정 가능하고(measurable), 달성 가능해야 한다(achievable). 또한 현실적(realistic)이면서도 시간 제한(time-bound)이 있는 목표를 세우는 것이 중요하다. 이를 SMART(구체성, 측정 가능성, 달성 가능성, 현실성, 시간 제한) 목표라고 부른다. 예를 들어, '이번 학기에 성적을 올리겠다.'라는 목표는 너무 모호하다. 대신 '이번 학기에 영어 과목에서 A를 받기 위해 매주 3회 2시간씩 복습하고, 20개의 문장을 외우겠다.'라는 구체적인 목표가 더 효과적이다.

(2) 장기와 단기 계획의 균형

계획은 장기 목표와 단기 목표로 나누어야 한다. 장기 계획은 학기나 학년 동안 이루고자 하는 목표를, 단기 계획은 주간 혹은 일일 단위로 설정하는 것이 좋다. 예를 들어, 장기 계획은 '이번 학기 모든 과목에서 B+ 이상을 받겠다.'라는 것이 될 수 있으며, 이를 달성하기 위한 단기 계획은 '매주 과목별로 2시간씩 복습하고 과제는 미리 완료하겠다.'라는 식으로 구체화할 수 있다.

(3) 우선순위 정하기

모든 과목을 한꺼번에 잘하려고 하면 오히려 부담이 커질 수 있다. 따라서 과목별로 중요도를 나누고, 어느 과목에 더 많은 시간을 투자할지 우선순위를 정해야 한다. 시험 일정이나 과제 제출 기한에 맞추어 계획을 조정하는 것도 필요하다. 또한 공부 외에도 휴식, 운동 등 자기관리를 위한 시간도 계획에 포함해야 장기적으로 성과를 유지할 수 있다.

(4) 플래너 또는 일정 관리 앱 활용

계획을 세우는 것만큼 중요한 것은 그것을 실천하는 것이다. 이를 위해 플래너나 일정 관리 앱을 활용해 일일, 주간 계획을 눈에 보이게 정리하는 것이 도움이 된다. 플래너를 쓰면 계획을 세울 때 뇌가 더 집중하게 되어 목표에 대한 동기 부여가 강해진다. 계획한 학습량을 시각화하고 완료 여부를 기록하는 것만으로도 성취감을 느낄 수 있어 지속적인 동기 부여로 이어진다.

2) 시간 관리

효율적인 시간 관리는 공부의 질을 결정하는 중요한 요소다. 시간 관리는 학습의 질을 결정하는 중요한 요소다. 다음은 시간을 효과적으로 관리하는 데 도움이 되는 몇 가지 전략이다.

(1) 포모도로 기법

시간 관리에서 중요한 것은 집중하는 시간과 쉬는 시간을 적절히 배분하는 것이다. 포모도로(pomodoro) 기법은 25분 동안 집중해서 공부하고 5분 동안 휴식하는 방식으로, 짧은 시간 동안 집중력을 최대화하고 휴식을 통해 정신적 에너지를 보충하는 방법이다. 이를 통해 공부의 질을 높이고, 장시간 학습으로 인한 피로감을 줄일 수 있다. 매 4번의 포모도로 세션 후에는 긴 휴식(15~30분)을 취하는 것도 중요하다.

(2) 80/20 법칙

파레토 법칙이라고도 알려진 80/20 법칙은 결과의 80%가 원인의 20%에서 비롯된다는 원리다. 학습 시간의 20%가 성과의 80%를 좌우할 수 있다는 뜻이다. 따라서 시간을 효과적으로 관리하려면 가장 중요한 부분에 집중하는 것이 좋다. 예를 들어, 시험에서 가장 자주 출제되는 부분에 시간을 집중적으로 투자하거나, 자신이 약한 부분을 보완하는 데 시간을 우선하여 배정하는 것이 효율적이다.

(3) 아이젠하워 매트릭스 활용

시간 관리에서 긴급하지 않지만 중요한 일을 먼저 처리하는 것이 좋다. 이를 위해 아이젠하워 매트릭스(Eisenhower matrix)를 활용할 수 있다. 이 매트릭스는 일을 긴급하고 중요한 일, 긴급하지 않지만 중요한 일, 긴급하지만 중요하지 않은 일, 긴급하지도 중요하지도 않은 일 네 가지 범주로 나눈다. 중요한 과제나 시험 준비는 긴급하지 않을 때 미리 시작해 두는 것이 필요하다. 이렇게 하면 스트레스를 줄이고 마감일에 쫓기지 않게 된다. 다음과 같은 사용 팁을 활용해 보자.

중요함 ↑

① 먼저한다 긴급하고 중요함	② 계획한다 중요하지만 긴급하지 않음
③ 맡긴다 긴급하지만 중요하지 않음	④ 제거한다 긴급하지도 중요하지 않음

긴급하지 않음 →

그림 22-1 아이젠하워 매트릭스의 사분면

● 사용 팁

① 하루를 시작하기 전 또는 전날 저녁에 10분 정도 투자해서 할 일을 네 가지 분류로 나눔

② 2사분면에 할 일에 많은 시간을 투자하는 것이 핵심임. 장기적으로 스트레스를 줄이고 효율을 높이게 됨

③ 4사분면을 발견하면 그 시간을 2사분면으로 전환하는 전략을 생각해 봄

④ 매일/매주 끝날 때 완료 여부를 체크하면서 스스로 피드백을 주면 효과가 배가됨

표 22-1 아이젠하워 매트릭스 사분면 개요

분류	정의	예시	행동 전략
1사분면 긴급하고 중요한 일	바로 처리하지 않으면 큰 문제를 일으키는 일	마감 임박 보고서, 갑작스러운 회의, 위기 상황 대응	즉시 실행
2사분면 중요하지만 긴급하지 않은 일	장기적으로 가치 있고 계획이 필요한 일	관계 유지, 건강 관리, 자기 계발, 전략 수립	계획을 세워 실행
3사분면 긴급하지만 중요하지 않은 일	다른 사람의 요청에 따라 급한 일로 보이는 일	전화, 메일, 즉각적인 회신 요청	가능하면 위임
4사분면 중요하지도, 긴급하지도 않은 일	시간 낭비적이고 가치 없는 일	무의미한 웹서핑, TV 시청, 과도한 SNS	제거하거나 최소화

(4) 시간 차단 기법

특정 시간대를 학습에만 전념하도록 차단하는 시간 차단 기법은 집중력을 높이는 데 도움이 된다. 하루 중 가장 집중력이 높은 시간대를 파악해, 그 시간을 학습에 할애하는 방식이다. 예를 들어, 아침 시간이 집중력이 가장 좋다면 그 시간대에 가장 어려운 과목이나 중요한 과제를 할당하고, 나머지 시간은 상대적으로 덜 중요한 작업에 사용한다.

(5) 디지털 기기의 방해 요소 차단

학습 중에 가장 큰 방해 요소 중 하나는 스마트폰이나 컴퓨터 등 디지털 기기다. 시간을 효율적으로 관리하기 위해서는 이러한 기기들에서 오는 알림을 차단하거나, 공부 시간에는 전자 기기를 멀리 두는 것이 좋다. 공부를 시작하기 전에 디지털 기기를 차단할 수 있는 앱을 사용하거나, 특정 시간 동안 인터넷을 차단하는 프로그램을 사용하는 것도 좋은 방법이다.

3) 반복 학습

새로운 정보를 지속적으로 복습하는 습관은 장기 기억으로의 전환을 돕는다. 시험 직전에 벼락치기를 하기보다는 정기적으로 복습하는 것이 더 효과적이다. 새로운 지식을 효과적으로 습득하기 위해서는 반복 학습이 필수적이다. 인간의 뇌는 단기적으로 저장된 정보를 빠르게 잊는 경향이 있기 때문에, 이를 장기적으로 유지하기 위해서는 주기적으로 복습하는 과정이 필요하다.

(1) 망각 곡선과 복습 주기

독일의 심리학자 에빙하우스(Ebbinghaus, 1913)는 '망각 곡선'을 통해 사람이 학습한 내용을 시간이 지나면서 잊는 과정을 설명하였다. 망각 곡선에 따르면, 처음 학습한 지 몇 시간 이내에 기억의 약 70%를 잃어버리게 된다. 이를 방지하기 위해서는 적절한 주기로 복습하는 것이 필요하다. 효과적인 복습 주기는 1일 후, 7일 후 그리고 1개월 후로 알려져 있으며, 이러한 주기적 복습은 기억을 강화하고 장기 기억으로 전환한다.

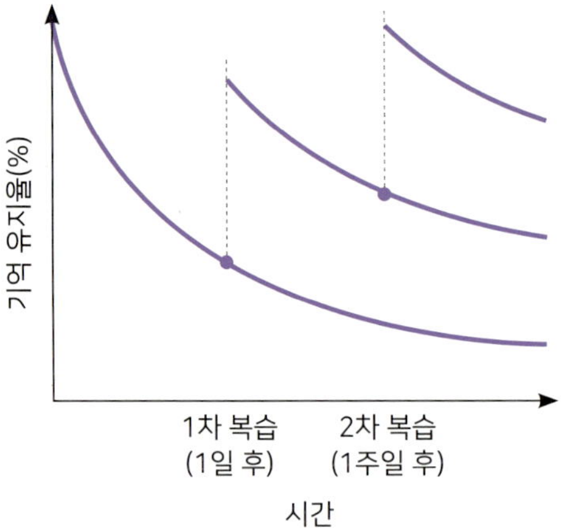

• 그림 22-2 에빙하우스의 망각 곡선

(2) 분산 학습 vs 집중 학습

연구에 따르면, 분산 학습(spaced learning)이 집중 학습(massed learning)보다 더 효과적이라는 결과가 많다. 분산 학습은 학습 시간을 여러 번에 나누어 분산하는 방식으로, 하루에 몰아서 공부하는 것보다 적은 시간 동안 여러 날에 걸쳐 복습하는 것이 기억력과 이해도를 높이는 데 도움이 된다. 예를 들어, 시험 직전에 벼락치기로 한 번에 많은 양을 공부하는 것보다는, 매일 짧은 시간씩 복습하는 것이 더 효과적이다.

(3) 능동적 반복 학습

반복 학습을 더 효과적으로 만들기 위해서는 수동적으로 읽기만 하는 방식보다는 능동적으로 학습에 참여하는 것이 좋다. 예를 들어, 플래시 카드나 퀴즈를 통해 자신이 배운 내용을 테스트해 보거나, 배운 내용을 다시 설명하는 방식(교수학습법)을 활용할 수 있다. 이는 뇌가 정보를 더 깊이 처리하게 만들며, 기억에 오래 남을 수 있게 한다.

(4) 자기 점검 학습

반복 학습 중에 자신이 이해한 내용과 그렇지 못한 내용을 구분하는 과정도 중요하다. 학습한 내용을 자주 점검하고 부족한 부분을 파악하여, 그 부분에 시간을 더 투자해 복습하는 것이 효과적이다. 이를 위해 자기 점검용 퀴즈나 문제 풀이 또는 누군가에게 학습 내용을 설명하는 과정을 통해 자신의 학습 상태를 점검하는 것이 도움이 된다.

4 나쁜 습관 극복하기

나쁜 습관은 학습에 방해가 될 수 있다. 예를 들어, 공부 중에 휴대 전화를 확인하는 습관이나 미루기 성향은 집중력을 떨어뜨리고 성과를 저해한다. 나쁜 습관을 고치기 위해서는 우선 자기 행동 패턴을 인식하고, 그것을 대체할 긍정적인 습관을 만드는 것이 중요하다. 나쁜 습관은 단순한 의지 부족의 결과가 아니며, 반복된 행동이 자동화되어 보상 체계와 연결된 결과다.

1) 미루기 습관

일반적으로 많은 학생이 직면하는 나쁜 습관 중 하나가 미루기다. 과제나 시험 준비를 미루다가 마지막 순간에 벼락치기를 하는 경우, 스트레스가 증가하고 학습의 질이 떨어진다. 이를 극복하기 위해서는 목표를 더 작은 단계로 나누는 것이 효과적이다. 예를 들어, 큰 과제를 하루에 한꺼번에 끝내려 하기보다는, 매일 30분씩 계획적으로 진행하면 미루는 습관을 줄일 수 있다. 또한 작은 목표를 달성할 때마다 자신을 칭찬하는 보상 시스템을 구축하면 동기 부여가 강화된다.

2) 디지털 방해 요소에 노출되기

현대 사회에서 스마트폰이나 SNS, 유튜브와 같은 디지털 기기는 학습에 큰 방해 요소가 된다. 이러한 방해를 줄이기 위해서는 디지털 디톡스를 실천하는 것이 효과적이다. 공부하는 동안 방해받지 않도록 휴대 전화를 손이 닿지 않는 곳에 두거나, 집중해야 하는 시간에는 휴대 전화 사용 시간을 제한하는 앱을 사용하여 방해 요소를 차단하는 것이 좋다. 인터넷 브라우저의 특정 사이트 접근을 차단하는 플러그인도 도움이 될 수 있다.

3) 비효율적인 공부 환경

주변 환경이 어지럽거나 시끄러운 경우, 집중력이 떨어지고 공부 효율이 낮아진다. 비효율적인 공부 환경에서 벗어나기 위해서는 깔끔한 책상을 유지하고, 정돈된 환경을 만드는 것이 중요하다. 특히, 학습 공간과 휴식 공간을 분리하는 것도 도움이 된다. 예를 들어, 침대에서 공부하려고 하면 쉽게 피곤해지고 휴식을 취하게 되므로, 가능한 한 공부할 때는 별도의 공간을 사용하는 것이 좋다.

4) 목표 없는 공부

명확한 목표 없이 그저 공부를 시작하는 습관은 학습의 질을 떨어뜨릴 수 있다. 목표가 없으면 집중력이 낮아지고, 시간만 낭비할 가능성이 높다. 이 문제를 해결하기 위해서는 각 학습 세션마다 구체적인 목표를 설정하고, 그 목표를 달성하였을 때 보상을 받는 방식으로 학습하는 것이 좋다. 이를 통해 목표 지향적인 학습 습관을 형성할 수 있다.

5 습관 변화의 과학

습관을 바꾸는 것은 단순히 의지력에만 의존하지 않으며, 과학적인 이해와 전략적인 접근이 필요하다. 습관은 반복적인 행동이 무의식적으로 실행되는 단계까지 발전한 상태를 의미한다. 이는 우리의 일상과 성취에 큰 영향을 미치며, 좋은 습관은 긍정적인 변화를, 나쁜 습관은 부정적인 결과를 초래할 수 있다. 습관 변화의 과학은 이 과정을 이해하는 데 도움을 준다. 연구에 따르면, 새로운 습관을 형성하는 데는 일정한 시간이 필요하며, 이 과정에서 꾸준한 노력이 요구된다. 또한 환경을 재구성하거나 보상을 설정하는 등의 전략을 활용하면 습관 변화가 더 쉬워질 수 있다. 습관 변화의 과학은 이러한 과정을 더욱 명확하게 이해하는 데 도움을 준다.

1) 습관 형성에 필요한 시간

습관을 바꾸거나 새로운 습관을 형성하는 데 시간이 얼마나 걸리는지는 많은 연구를 통해 밝혀졌다. 런던 대학교(UCL)의 연구 결과에 따르면, 습관을 형성하는 데는 평균적으로 66일이 필요하다(Lally et al., 2009). 이와 같은 연구 결과는 새로운 행동을 자동으로 수행하는 데까지 걸리는 시간이 18일에서 254일 사이로 다양하다는 것을 보여 주었다. 습관 형성 시간은 개인마다 그리고 행동의 복잡성에 따라 달라질 수 있다. 예를 들어, 물 한 잔을 마시는 간단한 습관은 몇 주 만에 형성될 수 있지만, 매일 1시간씩 운동하는 습관은 몇 달이 걸릴 수 있다. 따라서 습관 변화 과정에서 인내와 꾸준함이 필수적이다.

2) 습관 고리: 신호, 반응, 보상의 반복

습관 변화의 핵심은 습관이 형성되는 과정인 '습관 고리(habit loop)'를 이해하는 것이다. 습관 고리는 신호, 반응, 보상이라는 세 가지 요소로 구성된다. 습관 변화는 이 고리를 의도적으로 조작하거나 재구성하는 과정이다. 습관을 변화시키기 위해서는 먼저 신호를 인식하고, 대체할 수 있는 긍정적인 신호를 설정해야 한다. 반응 단계에서는 새로운 습관을 형성하기 위해서 기존의 행동을 더 건강하거나 바람직한 행동으로 대체해야 한다. 예를 들어, 스트레스를 받을 때 간식을 먹는 대신 산책을 하거나 심호흡하는 등 다른 대체 행동을 선택할 수 있다. 보상은 행동이 계속 반복되도록 만드는 요소다. 보상이 있어야만 습관은 고착화된다. 예를 들어, 간식 대신 산책을 선택하였을 때 느끼는 상쾌함이나 체중 감량이 보상으로 작용할 수 있다. 보상이 명확하고 즉각적으로 주어질수록 습관 형성에 효과적이다.

3) 점진적 변화의 중요성

습관 변화는 작은 단계로 시작하는 것이 중요하다. 큰 변화를 한 번에 시도하기보다는, 작은 변화를 꾸준히 유지하는 것이 장기적으로 더 효과적이다. 이를 작은 승리라고 부르며, 작은 성취는 자기효능감을 높이고 더 큰 변화를 유도하는 동기가 된다. 예를 들어, 운동 습관을 들이고 싶다면 처음부터 1시간씩 운동을 계획하기보다는, 매일 10분씩 간단한 운동을 하는 것으로 시작하는 것이 좋다. 작은 변화는 성공 가능성을 높이고, 습관 형성에 대한 심리적 부담을 줄여 준다. 점진적으로 시간을 늘리면서 성취감을 느끼는 과정이 반복되면 더 큰 목표에 도달할 수 있게 된다.

4) 환경의 역할

습관 변화 과정에서 환경은 매우 중요한 역할을 한다. 우리가 속한 물리적 환경과 사회적 환경은 습관 형성에 큰 영향을 미친다. 예를 들어, 책상이 정리되어 있지 않거나 공부와 관련 없는 물건이 많이 놓여 있으면 공부 습관을 형성하기 어렵다. 반면, 공부를 시작하기 전 책상을 정리하고 공부와 관련된 물건만 놓아두면 자연스럽게 학습을 시작하는 신호가 될 수 있다.

사회적 환경도 중요하다. 주변 사람들의 행동이나 지지 역시 습관 형성에 큰 영향을 미친다. 연구에 따르면, 주변 사람이 운동을 꾸준히 하면 자신도 운동을 더 자주 하게 될 가능성이 높다. 따라서 습관 변화 과정에서 긍정적인 환경을 구축하는 것이 필수적이다.

5) 보상과 긍정적 강화

습관 변화에서 보상은 매우 중요한 요소다. 습관을 유지하고 강화하기 위해서는 즉각적인 보상이 필요하다. 예를 들어, 새로운 습관을 성공적으로 수행하였을 때 자신에게 작은 보상을 주는 방식이 효과적이다. 이 보상은 간단한 간식일 수도 있고, 좋아하는 프로그램을 시청하는 시간이 될 수도 있다. 중요한 것은 이 보상이 행동과 밀접하게 연결되어 있어야 한다는 점이다.

또한 장기적 목표를 달성하였을 때 더 큰 보상을 설정하는 것도 동기 부여를 유지하는 데 도움이 된다. 예를 들어, 한 달 동안 매일 운동을 성공적으로 하였다면, 자신에게 선물을 주거나 특별한 휴식을 계획하는 것도 긍정적 강화의 방법이다.

6) 실패에 대한 접근법

습관 변화는 꾸준함과 인내가 필요하며, 때로는 실패할 수도 있다. 그러나 실패는 과정의 일부분으로 이해해야 한다. 중요한 것은 실패를 받아들이고, 다시 시작하는 것이다. 행동을 지속적으로 반복하면 습관은 결국 자리 잡게 된다. 실패하였을 때 자신을 과하게 자책하기보다는, 왜 실패하였는지 분석하고, 다음번에는 어떻게 성공할 수 있을지 계획하는 것이 더 중요하다.

습관 변화는 단순히 의지만으로 이루어지는 것이 아니므로, 과학적 이해와 전략적인 접근이 필요하다. 습관 고리와 환경, 보상 체계 등을 잘 활용하면 긍정적인 습관을 형성하고 유지할 수 있다. 습관을 바꾸는 과정에서 가장 중요한 것은 꾸준함과 작은 변화의 축적이라는 점을 기억해야 한다. 좋은 학습 습관은 대학 생활을 더 성공적으로 만들 수 있는 중요한 요소다. 자신에게 맞는 학습 습관을 찾고, 그것을 유지하는 것은 학업 성취뿐 아니라 장기적으로 자기성장에 도움이 된다. 습관은 시간과 노력이 필요하지만, 그 결과는 인생에 큰 변화를 불러올 수 있다.

6 습관의 복리 법칙

습관의 복리 법칙은 제임스 클리어(James Clear)가 『아주 작은 습관의 힘』에서 강조한 핵심 개념 중 하나다. 이는 '작은 변화가 시간이 지나면서 엄청난 차이를 만든다.'라는 원리를 설명한(Clear, 2019)다. 하루에 1%씩 더 나아지는 습관을 들이면 1년 후에는 지금보다 약 37배 더 성장한 자신이 된다는 것이다. 반대로, 하루에 1%씩 퇴보한다면 거의 무(無)에 가까운 수준으로 전락할 수도 있다.

이 법칙은 금융에서의 복리 효과(compound interest)와 비슷한 원리로 작동한다. 적은 금액이라도 꾸준히 이자를 붙여 저축하면 시간이 흐를수록 기하급수적으로 자산이 불어나는 것처럼, 작고 사소해 보이는 좋은 습관 하나도 지속되면 인생을 바꾸는 힘이 된다. 중요한 것은 변화의 크기가 아니라 방향이다. 즉, 당장은 티도 나지 않는 습관의 힘이지만, 올바른 방향으로 꾸준히 나아갈 때 그것은 장기적인 성공으로 이어진다.

습관의 복리 법칙은 특히 장기적인 목표 달성이나 자기 계발에서 강력한 힘을 발휘한다. 예를 들어, 하루 15분 독서하기, 아침에 일어나 물 한 잔 마시기, 공부 시작 전에 책상 정리하기 같은 작고 단순한 습관들이 시간이 지남에 따라 집중력, 성취감,

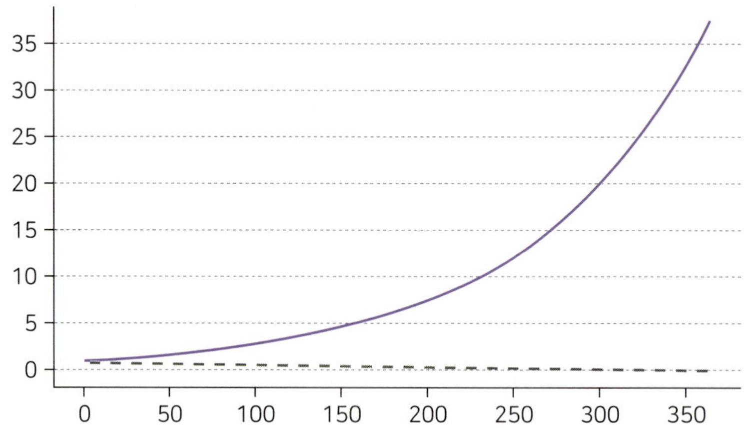

• 그림 22-3 습관의 복리 법칙

자신감으로 이어진다. 이처럼 복리의 법칙은 반복의 힘을 믿고 '조금씩 그러나 꾸준히' 실천하는 태도를 강조한다. 24시간의 1%는 약 15분임을 기억하자.

이 법칙은 동시에 나쁜 습관에도 적용된다. 하루에 단 10분씩 SNS를 보며 시간을 흘려보내는 것이 습관이 되면, 1년 뒤에는 수많은 기회와 집중력을 잃은 자신을 마주하게 될 수 있다. 따라서 좋은 습관을 들이는 것뿐만 아니라, 나쁜 습관을 조기에 바로 잡는 것도 중요하다. 습관의 복리 법칙은 '시간이 흐를수록 효과가 커지는 작은 변화'의 힘을 설명하는 개념이다.

7 습관에 관한 경구들

"우리는 반복적으로 하는 행동으로 이루어진다. 그러므로 탁월함은 행동이 아니라 습관이다(We are what we repeatedly do. Excellence, then, is not an act, but a habit)."

-아리스토텔레스(Aristotle)

"처음엔 우리가 습관을 만들고, 그다음에는 습관이 우리를 만든다(First we make our habits, then our habits make us)."

-찰스 C. 노블(Charles C. Noble)

"동기는 시작하게 하지만, 습관은 계속 나아가게 한다(Motivation is what gets you started. Habit is what keeps you going)."

-짐 륜(Jim Ryun)

"습관의 사슬은 느낄 수 없을 정도로 약하다가, 어느 순간 너무 강해져서 끊을 수 없다(The chains of habit are too weak to be felt until they are too strong to be broken)."

-새뮤얼 존슨(Samuel Johnson)

"젊은 시절에 형성된 좋은 습관이 인생의 차이를 만든다(Good habits formed at youth make all the difference)."

-아리스토텔레스(Aristotle)

"성공한 사람들은 그저 성공적인 습관을 지닌 사람들일 뿐이다(Successful people are simply those with successful habits)."

-브라이언 트레이시(Brian Tracy)

"습관은 가장 훌륭한 하인이 될 수도, 최악의 주인이 될 수도 있다(Habit is either the best of servants or the worst of masters)."

-나다니엘 에먼스(Nathaniel Emmons)

"생각을 심으면 행동을 얻고, 행동을 심으면 습관을 얻으며, 습관을 심으면 성격을 얻고, 성격을 심으면 운명을 얻는다(Sow a thought, and you reap an action; sow an action, and you reap a habit; sow a habit, and you reap a character; sow a character, and you reap a destiny)."

-새뮤얼 스마일스(Samuel Smiles)

"못은 다른 못으로 빼낸다. 습관은 또 다른 습관으로 극복된다(A nail is driven out by another nail. Habit is overcome by habit)."

-에라스무스(Erasmus)

"미래의 비밀은 당신의 일상에 숨겨져 있다(The secret of your future is hidden in your daily routine)."

-마이크 머독(Mike Murdock)

제4부 최적의 공부법

23 학습 동기

1 왜 공부해야 하는가

우리가 공부하는 이유는 매우 다양하고, 이를 심리학적으로 이해하는 것은 개인의 동기와 삶의 목표를 더 명확히 하는 데 중요한 역할을 한다. 이제 이 주제를 더 깊이 탐구해 보겠다.

- 자기실현의 욕구: 자기실현(self-actualization, self-realization)은 많은 철학자와 심리학자에 의하여 강조되어 왔다. 아리스토텔레스(Aristotle)는 개인이 자신의 잠재력을 최대한 발휘하며 도덕적, 지적 미덕을 실현하는 것이 진정한 행복을 가져온다고 주장하였다. 니체(Nietzsche)는 '초인' 개념을 통해 사람들이 자신만의 가치를 창조하며 잠재력을 최대한 실현하는 것을 자기실현으로 보았다. 융(Jung, 1953)은 '개성화(individuation)'라는 개념을 통해 인간이 자신 안의 무의식적 요소들과 의식적 요소를 통합하여 온전한 자기를 형성하는 과정을 강조하였다. 매슬로(Maslow, 1943)는 '욕구위계이론'에서 자기실현을 인간 욕구의 최상위로 두었다. 로저스(Rogers, 1961)는 인간이 본래 성장 지향적인 존

재라고 믿으며, 자기와 경험의 일치성을 이루는 것이 자기실현의 핵심이라고 보았다. 청년들은 여러 학습 활동과 학문적 탐구를 통해 자기 능력을 확인하고, 이를 바탕으로 더 큰 목표를 세우며 나아갈 때 자기실현을 경험할 수 있다. 예를 들어, 무언가를 배우고, 창의적 과제를 해결하거나, 연구 프로젝트를 성공적으로 마쳤을 때 느끼는 성취감은 자기실현의 한 형태다. 이는 개인의 자존감을 높이고, 더 나은 삶을 추구하는 동기로 작용한다.

- 미래의 성공과 안정: 현대 사회에서 학습 능력과 지식의 힘은 직업적 성공과 밀접하게 연결되어 있다. 높은 학위를 소지한 사람들은 더 많은 취업 기회를 얻고, 경제적 안정과 사회적 지위를 확보하는 데 유리하다. 또한 대학 교육은 비판적 사고, 문제 해결 능력, 전문 지식을 배양하는 네 중요한 역할을 한다. 이러한 능력들은 현대 직장에서 필수적인 요소로, 청년들은 이를 습득하기 위해 공부에 몰두한다.
- 지적 호기심과 학문적 열정: 많은 청년은 순수한 지적 호기심에서 학문을 탐구한다. 특정 분야에 대한 깊은 관심과 열정은 학업 성취의 중요한 원동력이 된다. 예를 들어, 물리학을 좋아하는 학생이 우주의 비밀을 풀고자 하는 열망은 단순한 학점을 넘어서 진정한 학문적 탐구로 이어진다. 이러한 학문적 열정은 학문적 연구와 혁신을 촉진하고, 더 나아가 사회 전체의 발전에 기여한다.
- 사회적 연대와 소속감: 대학 시기는 학문적 성취뿐만 아니라 사회적 네트워크를 구축하는 중요한 시기다. 학생들은 다양한 사람들과 교류하며, 협력과 경쟁을 통해 사회적 기술을 배운다. 이러한 경험은 대인관계 능력을 향상하고, 더 넓은 사회적 맥락에서 자신을 이해하는 데 도움을 준다. 또한 공동의 학문적 목표를 향해 나아가는 과정에서 형성된 동료애와 연대감은 학생들의 정서적 안정에 긍정적인 영향을 미치고, 지속적인 학습을 통해 얻은 지식과 기술은 사회에 기여하는 길을 열어 준다.
- 자기존중감의 향상: 학업에서의 성취는 자기존중감을 크게 향상시킨다. 좋은 성적을 받거나 어려운 과제를 성공적으로 완수하였을 때 느끼는 만족감은 개인의 자아인식에 긍정적인 영향을 미친다. 이는 개인이 자신의 능력을 인정하고, 더

큰 도전에 대한 자신감을 가지게 한다. 또한 이러한 긍정적인 자기존중감은 스트레스와 불안감을 줄이고, 전반적인 정신 건강을 개선하는 데 도움을 준다.

청년들이 공부하는 이유는 매우 복합적이며, 단순히 학업 성취를 위한 것이 아니라 개인의 전반적인 성장과 사회적 역할을 이해하고 준비하는 과정이다. 심리학적 관점에서 이러한 동기들을 이해하는 것은 학생들이 자신의 학업 목표를 더 명확히 하고, 공부에 대한 긍정적인 태도를 유지하는 데 중요한 역할을 한다. 다음 절에서는 이러한 다양한 동기들을 심층적으로 분석하고, 청년들이 학업을 통해 어떻게 개인적 성취와 사회적 기여를 동시에 이룰 수 있는지에 대해 탐구할 것이다.

2 학습(공부) 동기에 대하여

동기란 특정 행동을 하도록 유발하는 힘으로, 방향성을 제시하고 활동을 지속하게 하는 핵심 요소다. 영어 단어 중 'mot'로 시작하는 단어들은 일반적으로 움직임이나 동작을 의미한다. '말을 물가로 끌고 갈 수는 있어도 물을 마시게 할 수는 없다.'라는 속담처럼, 학습 동기는 학습 환경과는 별개로 개인의 내적 동기에서 비롯된다. 이는 학습 시작 여부 및 학습 참여 수준을 결정하는 중요한 요소다.

1) 동기의 일반적인 영향

첫째, 동기는 우리의 삶에서 에너지와 활동 수준을 증가시켜 준다. 학습에서도 동기가 높은 학생은 더 많은 에너지를 투입하고, 더 효과적인 방법을 찾기 위해 노력하게 된다. 둘째, 동기는 개인이 특정 목표를 지향하도록 한다. 목표 의식이 없는 학습은 의미가 없으며, 목표 자체가 동기를 강화한다. 셋째, 동기는 활동의 추진력과 지속력을 갖게 한다. 동기가 있는 사람은 어려움에 직면해도 쉽게 포기하지 않는다. 이는 성실성을 높이는 역할도 한다. 넷째, 동기는 학습 전략과 인지 과정을 향상시킨다.

이는 현재 학습 활동의 의미를 명확히 이해하도록 돕고, 메타인지를 가능하게 한다.

2) 결핍 욕구와 성장 욕구

매슬로(1943)의 욕구위계이론에 따르면, 인간의 욕구는 단계적으로 발전하며, 각 단계는 더 높은 수준의 욕구를 충족하기 위한 기초를 제공한다. 이 이론은 결핍 욕구(deficiency needs)와 성장 욕구(growth needs)로 나뉘며, 각 욕구는 인간 행동과 동기 부여에 중요한 역할을 한다.

결핍 욕구는 기본적인 생존과 안전을 위해 필수적인 욕구로, 이러한 욕구가 충족되지 않으면 사람은 스트레스를 받고 동기가 감소한다. 결핍 욕구는 생리적 욕구, 안전 욕구, 사랑과 소속 욕구, 자존감 욕구와 같은 네 가지 주요 범주로 나눌 수 있다. 성장 욕구는 개인의 잠재력을 최대한 발휘하고 자기실현을 이루기 위한 욕구다. 결핍 욕구와는 달리, 성장 욕구는 완전한 충족을 목표로 하지 않으며 지속적인 발전과 성장을 추구한다. 결핍 욕구는 충족되지 않으면 부정적인 영향을 미치며, 충족되면 더 이상 동기로 작용하지 않는다. 반면, 성장 욕구는 충족된다고 해서 끝나는 것이 아니라 지속적인 성장을 통해 더 높은 수준의 성취를 추구하게 한다.

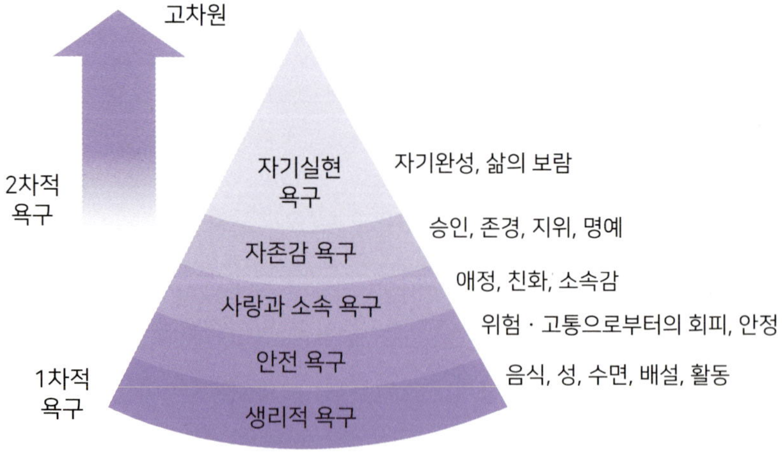

그림 23-1 매슬로의 욕구의 5단계

여기서 성장 욕구가 더 좋아 보이지만 항상 그런 것은 아니다. 결핍 욕구가 충족된 후에야 성장 욕구가 나타나기 때문에, 두 욕구는 상호 보완적인 관계에 있다. 기본적인 생리적 · 안전 욕구가 충족되어야 사랑과 소속, 자존감 그리고 궁극적으로 자기실현을 추구할 수 있다. 다음은 매슬로의 다섯 단계의 욕구에 대한 설명이다.

(1) 생리적 욕구

생리적 욕구(physiological needs)란 인간 생존에 필요한 기본적인 요소들로, 공기, 물, 음식, 수면, 의복, 주거 등이 포함된다. 생리적 욕구는 가장 기본적인 욕구로, 다른 모든 욕구가 이 욕구가 충족된 후에야 중요해진다. 예를 들어, 배고픈 상태에서는 학습이나 자기실현에 집중하기 어렵다.

(2) 안전 욕구

안전 욕구(safety needs)란 신체적 안전, 경제적 안정, 건강 그리고 재난이나 사고로부터의 보호와 같은 욕구다. 안전 욕구는 위험이나 불안으로부터 보호받는 데 필요하다. 안정된 환경이 제공되지 않으면, 개인은 계속해서 불안감을 느끼며, 이는 학습이나 다른 활동에 집중하는 것을 방해한다.

(3) 사랑과 소속 욕구

사랑과 소속 욕구(love and belongingness needs)란 인간관계에서의 애정, 소속감, 우정, 가족과의 관계 등이 포함된다. 이 욕구는 사람들 간의 정서적 유대와 소속감을 통해 충족된다. 소속 욕구가 충족되지 않으면 외로움이나 사회적 고립을 느끼며, 이는 개인의 정서적 건강에 부정적인 영향을 미친다.

(4) 자존감 욕구

자존감 욕구(esteem needs)에는 자기존중과 타인으로부터의 존경이 포함된다. 성취, 인정, 자존감 등이 여기에 속한다. 자존감 욕구가 충족되면 개인은 자신에 대한 긍정적인 감정을 가지게 되며, 이는 자신감과 성취동기를 높인다. 반대로, 이 욕구가 충족되지 않으면 열등감과 무기력을 느끼게 된다.

(5) 자기실현 욕구

자기실현 욕구(self-actualization needs)는 자기 잠재력을 최대한 발휘하고, 개인의 성장과 자기 계발을 추구하는 욕구다. 창의성, 문제 해결, 도덕성, 사실 수용 등이 포함된다. 자기실현 욕구는 개인이 자신의 능력과 재능을 최대한 발휘하여 만족감과 성취감을 느끼게 한다. 이는 지속적인 자기계발과 성장의 과정을 통해 이루어진다. 매슬로는 이 단계를 '자기 자신이 될 수 있는 모든 것을 이루는 것'이라고 정의하였다.

3) 결핍 욕구와 성장 욕구의 구체적인 사례

사례 1 **결핍 욕구의 충족을 통해 학습 동기 유발**

한 고등학생이 학교에서 집중하지 못하고 성적이 저하되는 문제를 겪고 있었다. 상담을 통해 학생이 집에서 충분한 식사를 하지 못하고, 가정 환경이 불안정하다는 것을 알게 되었다. 학교에서 학생에게 무료 급식을 제공하고, 가정 문제 해결을 위해 사회복지사의 도움을 받도록 하였다. 결과적으로 학생의 생리적 욕구와 안전 욕구가 충족되자, 학교에서의 집중력과 학습 의욕이 크게 향상되었다. 이제 학생은 더 나은 성적을 위해 노력하고 있으며, 학습에 대한 긍정적인 태도를 가지게 되었다.

사례 2 **애정과 소속 욕구의 충족**

대학에 갓 입학한 신입생이 새로운 환경에 적응하지 못하고 외로움과 고립감을 느끼며 학업에 집중하지 못하였다. 학교는 신입생을 위한 다양한 동아리와 활동을 소개하며, 같은 관심사를 가진 친구들을 사귈 기회를 제공하였다. 결과적으로 신입생은 동아리에 가입하고 친구들을 사귀면서 소속감과 애정을 느끼게 되었다. 이러한 소속 욕구가 충족되자, 학생은 학업에 더 집중할 수 있게 되었다.

사례 3 **자존감 욕구 충족**

한 직원이 직장에서 자신의 능력이 인정받지 못한다고 느끼며 자존감이 낮아져 업무 효율성이 떨어지고 있었다. 상사는 직원의 노력을 인정하고 성취를 칭찬하며, 더 많은 책임이 따르는 업무를 부여하였다. 결과적으로 직원의 자존감이 높아지면서 업무에 대한 동기 부여가 증가하였고, 이는 업무 효율성 증진과 성과로 이어졌다.

사례 4 **자기실현 욕구를 통한 창의적 성취**

한 예술가는 자신의 작품이 단순히 생계를 유지하기 위한 수단이 아닌, 자기 잠재력을 최대한 발휘하는 기회로 삼고 싶어 하였다. 예술가는 다양한 예술 기법을 배우고, 새로운 스타일을 개발하기 위해 끊임없이 노력하였다. 또한 자기 작품을 전시회와 공모전에 출품하며 더 넓은 무대에서 인정받기 위해 도전하였다. 결과적으로 예술가는 자신의 작품을 통해 큰 만족감과 성취감을 느끼며, 지속적인 창의적 성취를 이루어 가고 있다.

사례 5 **기술 개발을 통한 성장 욕구 충족**

컴퓨터 공학을 전공하는 한 학생은 더 깊이 있는 기술을 배우고자 하는 욕구가 있었다. 학생은 학기 중에는 배우지 않는 최신 프로그래밍 언어에 대한 온라인 강의를 수강하며 실습 프로젝트를 진행하였다. 결과적으로 새로운 기술을 습득한 학생은 이를 기반으로 창의적인 프로그램을 개발하고, 이를 발표하여 동료와 교수로부터 인정을 받았다. 이는 성장 욕구가 충족될 때 얻을 수 있는 성취감을 보여 준다.

이와 같은 다양한 사례는 결핍 욕구와 성장 욕구가 개인의 행동과 동기 부여에 어떻게 영향을 미치는지를 구체적으로 보여 준다. 결핍 욕구가 충족되면 기본적인 안정감과 안전을 제공하여 학습과 성장을 가능하게 하고, 성장 욕구가 충족되면 개인의 잠재력을 최대한 발휘하여 높은 수준의 성취와 만족을 이루게 된다. 따라서 자신에게서 어떠한 결핍 욕구와 성장 욕구가 있는지 잘 인식하여 이를 충족시키고자 노력하여 적절한 조처를 하는 것이 매우 중요하다.

4) 성장 욕구를 개발하고 적용하는 방법

성장 욕구를 개발하고 적용하는 것은 대학생에게 자신의 잠재력을 최대한 발휘하고, 학습과 삶에서 높은 성취감을 얻는 데 중요한 요소다. 이를 위해 다음과 같은 전략들을 적용할 수 있다. 각 전략을 상황에 맞게 적용하면 학습 효율성과 개인적 만족감을 높이는 데 도움이 된다.

- 자기인식과 목표 설정: 자신이 진정으로 무엇을 원하고, 어떤 분야에서 성장하고 싶은지 명확히 이해해야 한다. 자기성찰을 통해 자신의 강점과 약점을 파악하고, 개인적인 가치와 목표를 설정한다.
  - 예: 매주 일기를 쓰거나, 명상을 통해 자기 생각과 감정을 정리한다.
- SMART 목표 설정: 구체적이고, 측정 가능하며, 달성 가능하고, 관련성 있으며, 시간 제한이 있는 목표를 설정한다.
  - 예: '다음 학기 동안 모든 과목에서 A 학점을 받기 위해 매일 2시간씩 공부하겠다.'와 같은 구체적인 목표를 세운다.
- 자기계발을 위한 학습 기회 찾기: 대학에서는 다양한 추가 학습 기회를 제공한다. 강의 외에도 세미나, 워크숍, 온라인 강의를 통해 자신을 계발할 수 있다.
  - 예: Coursera, edX, Khan Academy, K-Mooc와 같은 온라인 플랫폼에서 새로운 기술이나 지식을 배우는 강의를 수강한다.
- 도서 및 자료 활용: 다양한 도서와 자료를 통해 새로운 지식을 습득하고, 기존 지식을 확장할 수 있다.
  - 예: 도서관에서 관련 서적을 읽거나, 연구 논문을 통해 최신 지식을 업데이트한다.
- 도전적인 과제와 프로젝트 수행: 평소에 도전해 보지 않았던 새로운 과제나 프로젝트에 참여하여 자신의 능력을 시험하고, 새로운 경험을 쌓는다.
  - 예: 학교 프로젝트 외에도 인턴십, 연구 프로젝트, 학회 발표 등에 도전한다.
- 프로젝트 기반 학습: 자신의 관심 분야와 관련된 프로젝트를 수행하면서 실질적

인 경험을 쌓는다.

- 예: 팀 프로젝트를 통해 협업 능력을 기르고, 리더십을 발휘해 본다.

- 피드백과 자기평가: 교수나 멘토, 동료들로부터 정기적인 피드백을 받아 자신의 성과를 평가하고 개선할 점을 찾아본다.
  - 예: 학기 중간에 교수와의 상담 시간을 통해 학업 성과에 대한 피드백을 받고, 개선 방안을 논의한다.
- 자기평가: 주기적으로 자신의 목표 달성 여부를 점검하고, 필요시 목표를 수정한다.
  - 예: 매달 목표 달성 여부를 평가하고, 성취한 부분과 부족한 부분을 분석한다.
- 창의성 계발과 활동 참여: 창의력을 발휘할 수 있는 다양한 활동에 참여하여 새로운 아이디어를 탐구한다.
  - 예: 예술, 음악, 글쓰기 등의 창의적 활동을 통해 자신을 표현하고, 창의성을 계발한다.
- 자기실현 활동: 자신이 진정으로 즐기고 열정적으로 할 수 있는 활동을 찾아 꾸준히 참여한다.
  - 예: 봉사 활동, 동아리 활동 등을 통해 자신의 가치를 실현하고, 사회에 기여한다.
- 신체적 건강 관리: 규칙적인 운동과 균형 잡힌 식단을 통해 신체적 건강을 유지한다. 이는 정신적 집중력과 학습 효율성을 높이는 데 도움이 된다.
  - 예: 주 3회 이상의 규칙적인 운동과 건강한 식단을 유지한다.
- 정신적 건강 관리: 스트레스 관리를 위해 명상, 요가, 취미 활동 등을 하면서 정신적 건강을 유지한다.
  - 예: 매일 10분씩 명상하거나, 주말에는 취미 활동을 통해 스트레스를 해소한다.
- 멘토링 프로그램 참여: 경험이 풍부한 멘토로부터 지도를 받으며 개인적 및 학업적 목표를 설정하고 달성하는 방법을 배운다.

- 예: 대학의 멘토링 프로그램에 참여하여 멘토의 피드백과 조언을 통해 성장할 기회를 찾는다.

- **리더십 역할 수용**: 동아리나 학급에서 리더십 역할을 맡아 조직을 이끌고, 팀을 관리하는 경험을 통해 성장한다.
  - 예: 동아리 회장직에 도전하여 리더십 역량을 기르고, 팀원들과 협력하여 목표를 달성한다.

24 내재적 동기와 외재적 동기

동기(motivation)는 특정 행동을 유발하고 지속시키는 힘으로, 학습과 같은 여러 활동에서 중요한 역할을 한다. 동기는 크게 내재적 동기와 외재적 동기로 나눌 수 있다. 내재적 동기와 외재적 동기를 이해하는 것은 대학생이 자신의 학습 동기를 높이고 효율적인 학습 전략을 수립하는 데 중요한 도움이 된다.

1 내재적 동기

내재적 동기(intrinsic motivation)는 외부의 보상 없이도 개인이 흥미와 즐거움을 느껴 자발적으로 어떤 활동을 수행하는 동기를 말한다. 이는 개인의 흥미, 호기심, 도전, 자기만족 등 내적인 요인에서 비롯된다. 내재적 동기는 자신의 흥미와 욕구에서 비롯된 행동이다. 이는 자기주도적으로 과제를 추구하고, 실패하더라도 지속하며, 학습 과정에서 즐거움을 느끼게 한다.

특징

- **자기주도적 학습**: 내재적 동기가 높은 사람은 학습에 대한 흥미와 열정을 가지고 자발적으로 공부한다.
- **자기만족**: 활동 자체에서 만족감을 얻기 때문에 지속적이고 꾸준한 학습이 가능하다.
- **창의성**: 내재적 동기는 창의적 사고와 문제 해결 능력을 증진한다. 자신이 흥미를 느끼는 주제에 관해 깊이 탐구하고 새로운 아이디어를 창출한다.
- **지속성**: 내재적 동기가 높은 사람은 실패나 어려움에 직면해도 쉽게 포기하지 않고, 지속적으로 도전한다.

사례 1 **개인 프로젝트 수행**

컴퓨터 공학을 전공하는 한 대학생이 특정 프로그래밍 언어에 큰 흥미를 느꼈다. 학생은 외부의 지시나 보상 없이 자발적으로 이 언어를 활용한 개인 프로젝트를 시작하였다. 온라인 커뮤니티와 자료를 통해 필요한 정보를 스스로 찾아 가며 학습하였다. 학생은 프로젝트를 통해 실력을 크게 향상시켰고, 이를 바탕으로 자신감도 높아졌다. 이러한 학습 과정에서 얻은 성취감은 그의 내재적 동기를 더욱 강화하였다.

사례 2 **학술 동아리 참여**

생물학을 전공하는 학생이 과학 동아리에 참가하여 다양한 실험과 토론에 참여하였다. 동아리 활동을 통해 생물학적 현상에 대한 깊은 이해를 추구하며, 연구 프로젝트를 자발적으로 진행하였다. 학생은 동아리 활동에서 얻은 경험을 통해 생물학에 대한 흥미와 열정을 더욱 키웠고, 이는 학업 성취로 이어졌다. 이러한 경험은 내재적 동기를 강화하는 데 중요한 역할을 하였다.

사례 3 **예술적 창작 활동**

미술을 전공하는 학생이 졸업 작품 전시회를 준비하며 자신의 작품에 대한 깊은 열정을 가지고 작업하였다. 학생은 외부의 압력 없이 스스로 작품의 주제를 선택하고, 창의적인 표현을 위해 다양한 기법을 실험하였다. 전시회에서 긍정적인 평가를 받았으며, 자신의 창작 과정에서 큰 만족감을 느꼈다. 이는 내재적 동기를 더욱 강화하여, 이후에도 지속적으로 창작 활동을 이어 가도록 하였다.

2 외재적 동기

외재적 동기(extrinsic motivation)는 외부의 보상이나 처벌에 의해 유발되는 동기를 말한다. 이는 보상(예: 돈, 칭찬, 상장)이나 처벌(예: 벌점, 비난)과 같은 외부 요인에서 비롯된다. 외재적 동기인 돈, 선물, 칭찬 등의 외적 보상은 행동을 유발할 수 있지만, 보상이 사라지면 행동도 중단될 가능성이 높다. 데시와 라이언(Deci & Ryan, 1985)의 실험 결과에 따르면, 외재적 보상이 주어질 때 내재적 동기가 감소한다.

특징

- 보상 중심: 외재적 동기가 높은 사람은 주로 외부의 보상으로 동기 부여가 된다.
- 단기적 동기: 외재적 동기는 보상이 주어지는 동안에는 효과적이지만, 보상이 사라지면 동기도 약화할 수 있다.
- 성과 지향: 외재적 동기가 높은 사람은 주로 성과나 결과에 집중하며, 목표 달성 후 보상을 기대한다.
- 경쟁 유도: 외재적 동기는 경쟁을 유도하고, 성과를 향상하기 위한 강한 동기 부여를 제공한다.

사례 1 **성과 기반 장학금**

대학이 학업 성취도가 높은 학생들에게 장학금을 제공하는 프로그램을 운영하고 있었다. 한 학생이 이 장학금을 받기 위해 성적을 올리기로 결심하고, 학기 내내 열심히 공부하였다. 학생은 목표한 성적을 달성하고 장학금을 받았으며, 이는 이후 학업에 대한 동기 부여를 유지하는 데 중요한 역할을 하였다.

사례 2 **인턴십 기회**

한 기업이 우수한 성과를 거둔 학생들에게 인턴십 기회를 제공하여 학생들이 좋은 성과를 내기 위해 노력하도록 유도하였다. 학생들은 인턴십 기회를 얻기 위해 학업 성취도와 과외 활동에 집중하였다. 높은 성적을 받은 학생들은 인턴십 기회를 얻었고, 이는 실제 직무 경험을 통해 경력을 쌓는 중요한 기회가 되었다. 이러한 보상 시스템은 외재적 동기를 크게 높였다.

사례 3 **학업 경쟁**

교수는 학기 말에 성적 상위 10% 안에 드는 학생들에게 특별한 상을 수여하겠다고 발표하였다. 많은 학생이 이 상을 받기 위해 학업에 더 많은 시간을 할애하고, 스터디 그룹을 결성하여 서로 도움을 주고받았다. 상을 받은 학생들은 큰 성취감을 느꼈고, 학업에 대한 긍정적인 태도를 가지게 되었다. 이는 외재적 동기의 효과적인 예시다.

3 내재적 동기와 외재적 동기의 차이점과 상호작용

- 동기 유발 요인: 내재적 동기는 개인의 흥미, 호기심, 도전 등 내적인 요인에서 비롯된다. 외재적 동기는 보상이나 처벌 등 외부의 요인에서 비롯된다.
- 지속성: 내재적 동기는 활동 자체에서 만족감을 얻기 때문에 지속적이고 꾸준한 학습이 가능하다. 외재적 동기는 보상이 사라지면 동기도 약화할 수 있다.

- 성과와 창의성: 내재적 동기는 창의적 사고와 문제 해결 능력을 증진시키며, 학습의 깊이와 질을 높인다. 외재적 동기는 주로 성과와 결과에 집중하며, 단기적인 성과를 높이는 데 효과적이다.
- 내재적 동기와 외재적 동기의 상호작용: 내재적 동기와 외재적 동기는 상호 보완적인 역할을 할 수 있다. 초기에는 외재적 동기로 시작한 활동이 점차 내재적 동기로 전환될 수 있으며, 이는 지속적인 학습과 성장을 촉진한다. 데시와 라이언(Deci & Ryan, 1985)의 자기결정이론(self-determination theory)에 따르면, 내재적 동기는 자율성, 유능성, 관계성이라는 세 가지 기본 욕구가 충족될 때 강화된다. 외재적 동기가 내재적 동기로 전환되기 위해서는 이러한 기본 욕구를 충족시키는 환경이 중요하다.

4 내재적 동기 높이기

- 자기주도적 학습: 학생들이 스스로 학습 목표를 설정하고, 학습 계획을 세우며 자율적으로 학습할 수 있는 환경을 제공한다.
- 흥미와 호기심 자극: 학습 내용에 대한 흥미를 높이고, 호기심을 자극하는 다양한 학습 자료와 활동을 제공한다.
- 도전 과제 부여: 학생들에게 도전적인 과제를 제공하여 성취감을 느끼게 하고, 창의적 사고를 유도한다.
- 자기효능감 증진: 학생들이 자신의 능력을 믿고, 목표를 달성할 수 있다는 자신감을 가질 수 있도록 지원한다.
- 내재적 동기를 활성화하기 위한 조건 형성
  - 과도한 학습 자극 지양: 과제의 난이도와 학습량이 적절해야 한다. 지나친 선행학습은 아이들의 흥미를 떨어뜨릴 수 있다.
  - 수용적 환경 제공: 따뜻하고 지지적인 학습 환경이 필요하다. 엄격한 분위기보다 개방적이고 수용적인 환경이 더 효과적이다.

- 자율성 부여: 적절한 선택권을 부여하여 아이들이 능동적으로 학습할 수 있게 한다.
- 구조적 학습 환경 제공: 학습에 필요한 환경을 교사와 부모가 구성해 주어야 한다.

5 외재적 동기 높이기

- 명확한 보상 체계: 학습 성과에 따른 명확한 보상 체계를 마련하여 학생들이 목표를 달성하기 위해 노력할 수 있도록 한다.
- 구체적인 피드백 제공: 학생들에게 학습 성과에 대한 구체적인 피드백을 제공하여 자신의 발전을 확인할 수 있도록 한다.
- 경쟁 유도: 건강한 경쟁을 통해 학생들이 자신의 성과를 높이기 위해 노력할 수 있도록 한다.
- 단기 목표 설정: 학생들이 단기적인 목표를 설정하고, 이를 달성할 때마다 보상을 받도록 한다.

내재적 동기와 외재적 동기는 학습과 성과에 큰 영향을 미치는 요소다. 내재적 동기는 개인의 흥미와 열정에서 비롯되어 지속적이고 창의적인 학습을 가능하게 하며, 외재적 동기는 보상과 처벌을 통해 단기적인 성과를 높이는 데 효과적이다. 대학생들은 두 가지 동기의 상호 보완적 역할을 이해하고, 이를 효과적으로 활용하여 자신의 학습 동기와 성과를 극대화할 수 있다. 이를 통해 지속적인 학습과 성장을 이루어 나갈 수 있을 것이다.

동기 부여는 학습과 성과에 매우 중요한 요소다. 내재적 동기와 외재적 동기를 이해하고 이를 잘 활용하는 것은 대학생이 자신의 학습 능력을 극대화하고 성공적인 학습을 이루는 데 도움이 된다.

동기의 하위 유형

동기는 지향성과 상태에 따라 숙달접근 동기, 수행접근 동기, 수행회피 동기, 숙달회피 동기로 분류된다.

- **숙달접근 동기**: 학습자가 자신의 성장을 중시하고, 배움 자체에 즐거움을 느끼는 상태다.
- **수행접근 동기**: 학습자가 결과를 중시하고, 남들에게 자신의 능력을 보여 주고자 하는 상태다.
- **수행회피 동기**: 학습자가 자신의 무능함을 숨기기 위해 실패를 피하려는 상태다.
- **숙달회피 동기**: 학습자가 완벽한 자신을 유지하기 위해 실패를 두려워하고 회피하는 상태다.

이와 같은 다양한 동기 유형과 이를 활성화하는 방법들을 통해 학습 동기를 높이고, 학습 효과를 극대화할 수 있다.

25
더 깊이 공부하는 방법

깊이 있는 학습은 단순히 표면적인 이해를 넘어서, 주제에 대한 깊은 통찰과 숙달을 의미한다. 여기서는 더 깊게 효율적으로 공부하는 데 도움이 되는 학습이론 중, 자기주도(조절) 학습, 효과적인 학습 전략과 학습에서 루틴의 중요성을 고찰하고 적용해 볼 것이다.

1 자기주도(조절) 학습

자기주도(조절) 학습(self-regulated learning)은 사회인지이론(social cognitive theory)에서 출발하여, 개인이 목표를 효과적으로 달성하기 위해 학습 과정을 능동적으로 조절하는 것을 의미한다. 사회인지이론은 사람의 행동과 사회적 환경, 인지 과정 간의 상호작용을 설명하는 심리학 이론으로서 알버트 밴듀라(Albert Bandura)에 의해 주로 발전되었다. 밴듀라(1991)는 사람의 학습과 행동이 관찰, 모방, 경험을 통해 이루어진다고 주장한다.

교육학에서는 '자기주도적 학습(Self-Directed Learning: SDL)'이라는 용어로 더 많이 알려져 있으며, 이는 학습자가 스스로 목표와 계획을 세우고 효과적인 전략에 따라 학습 과정을 조절하는 상태를 말한다. 자기주도 학습은 학습자가 자신의 학습 과정에서 주도적인 역할을 맡아 목표를 설정하고, 필요한 자원을 활용하며, 학습 활동을 계획하고 수행하며, 학습 결과를 평가하는 과정을 말한다. 즉, 학습자가 자신의 학습을 주도적으로 관리하고, 목표를 달성하는 데 필요한 전략을 실행하는 학습 방법이다. 이는 성인 교육에서 주로 사용되었지만, 현대 교육에서는 모든 학습자에게 중요한 학습 방법으로 강조되고 있다.

짐머만(Zimmerman, 2002)의 자기조절 학습(Self-Regulated Learning: SRL)은 학습자가 자신의 학습 과정을 계획하고, 수행하며, 성찰하는 능동적 과정을 말한다. 자기조절 학습은 학습자가 자신의 학습 과정을 메타인지(meta-cognition)적으로 이해하고 조절하는 것을 기반으로 한다. 주요 특징은 다음과 같다.

- 자신의 학습 및 기억 용량 이해: 학습자가 자신의 기억력과 학습 능력을 인식하고, 이를 바탕으로 학습 과제를 수행한다.
- 효과적인 학습 전략 인식: 단순한 기계적 학습을 넘어, 더 효과적인 학습 방법을 인식하고 적용한다.
- 학습 계획과 시간 관리: 학습 과제 달성을 위해 필요한 방법을 찾고, 구체적인 계획을 세운다.
- 학습 전략 적용: 학습 전략을 실제 학습 과정에 적용하여 효과적으로 학습한다.
- 지식 수준 점검: 현재 지식 수준을 평가하고, 필요한 추가 지식을 탐색한다.
- 정보 인출 단서 생성: 과거에 저장된 정보를 효과적으로 인출하기 위한 단서를 만든다.

짐머만은 자기조절 학습을 세 단계로 나누고, 각 단계에 핵심 요소들을 제시하였다. 이를 다음과 같이 정리할 수 있다.

표 25-1 짐머만의 자기조절 학습 3단계 모델(3-phase model)

단계	핵심 개념	구체적 적용
1. 계획 단계 (forethought phase)	학습 전에 전략을 준비하고 동기를 조율하는 단계	• 시험 전, 공부 목표를 '단원별'로 구체적으로 정하기(예: 3일 안에 3장 정리) • 암기, 이해, 요약 등 자신에게 맞는 전략을 미리 선택하기 • 공부 이유를 스스로에게 묻고, 과목의 가치 찾기(예: 전공과 연결하기) • "나는 할 수 있다."라는 자기효능감 문장 반복하기
2. 수행 단계 (performance phase)	실제 학습이 이루어지는 동안 주의와 행동을 조절하는 단계	• '포모도로 기법' 활용하기(25분 공부 + 5분 휴식) • 산만함 줄이기(스마트폰 비행기 모드, 집중용 앱 사용 • 스터디 플래너에 공부한 시간과 내용 기록하기 • 중간 점검: "내가 지금 잘하고 있나?" 자문해 보기
3. 자기성찰 단계 (self-reflection phase)	학습이 끝난 후 결과를 평가하고 다음 행동을 계획하는 단계	• 학습 후, 계획 대비 실제 결과를 비교하여 스스로 평가하기 • 실패 요인을 외부 탓보다 전략 부족으로 귀인하기(내가 바꿀 수 있는 원인 찾기) • 공부하면서 느낀 감정(불안, 자신감 등)을 일기처럼 정리하기 • 성과에 따라 다음 학습 전략 수정하기

짐머만의 자기조절 학습의 핵심 특징을 요약하면 다음과 같다.

- 능동적 학습을 전제로 한다. 학습자는 외부 지시에 따라 움직이는 존재가 아니라 스스로 학습을 조절하는 존재다.
- 인지적 · 동기적 · 행동적 요소가 통합되어 있으며, 특히 자기효능감, 동기, 전략 사용이 강조된다.
- 순환적 구조로 되어 있어, 한 번의 학습이 다음 학습에 영향을 미친다. 즉, 자기성찰 단계는 다음 계획 단계에 영향을 준다.

중간고사를 준비하는 대학생 A는 공부 계획을 세우고(계획 단계), 스스로 타이머를 설정해 집중하며(수행 단계), 시험이 끝난 후 공부법을 되돌아본 뒤(자기성찰 단계), 다음 시험에 더 나은 전략을 세운다.

1) 자기주도 학습의 장점

- 높은 학습 성과: 자기주도 학습을 실천하는 학습자는 학습에 대한 책임감을 가지며, 자기주도적으로 학습 활동을 계획하고 수행하기 때문에 높은 학습 성과를 얻을 수 있다.
- 향상된 문제 해결 능력: 학습자가 스스로 학습 문제를 해결하기 위해 다양한 전략을 시도하면서 문제 해결 능력이 향상된다.
- 지속적인 학습 능력: 자기주도 학습을 통해 학습자는 평생 학습자로서의 능력을 기르게 된다. 이는 변화하는 사회와 직업 환경에서 중요한 역량이다.

2) 자기주도 학습의 실천 방법

(1) 학습 목표 설정

- SMART 목표 설정: 구체적이고, 측정 가능하며, 달성 가능하고, 관련성 있으며, 시간제한이 있는 목표를 설정한다. 예를 들어, '다음 달까지 수학 시험에서 90점을 받기 위해 매일 2시간씩 공부하겠다.'와 같은 구체적인 목표를 세운다.
- 장기 및 단기 목표 구분: 장기 목표와 단기 목표를 구분하여 설정하고, 이를 달성하기 위한 단계별 계획을 세운다. 장기 목표는 큰 그림을 제공하고, 단기 목표는 구체적인 행동 지침을 제공한다.

(2) 효과적인 시간 관리

- 일정표 작성: 매일 일정표를 작성하여 공부 시간을 명확히 하고, 이를 엄수한다. 디지털 도구를 활용하여 일정을 관리하면 편리하다.
- 우선순위 설정: 과제에 중요도에 따라 우선순위를 두고, 가장 집중력이 높은 시간대에 이를 집중적으로 학습한다.

(3) 동기 부여 유지

- 자기보상 시스템: 목표를 달성하였을 때 자신에게 작은 보상을 주는 시스템을 도입한다. 예를 들어, 공부를 끝낸 후 좋아하는 간식을 먹거나, 잠깐의 휴식을 취한다.
- 비전 보드: 자신의 목표와 관련된 이미지를 모아 비전 보드를 만들고, 이를 자주 보며 동기 부여를 유지한다.
- 시각화 기법: 목표를 달성하였을 때의 성취감을 시각화하여 동기 부여를 유지한다. 예를 들어, 목표 달성 후의 모습을 상상하거나 관련 이미지를 보면서 동기를 강화한다.

(4) 집중력 향상과 학습 환경 최적화

- 포모도로 기법: 25분 동안 집중해서 공부하고, 5분 휴식하는 포모도로 기법을 활용하여 집중력을 유지한다. 네 번의 포모도로 사이클 후에는 더 긴 휴식을 취한다.
- 방해 요소 제거: 공부하는 동안 휴대 전화를 끄거나 방해 금지 모드를 켜고, 조용한 학습 환경을 조성한다.
- 공부 장소 변경: 집에서만 공부하기보다는 도서관, 카페 등 다양한 장소에서 공부하여 새로운 자극을 제공한다.

(5) 학습 전략 다양화

- 능동적 · 적극적 학습: 단순히 읽기만 아니라, 질문하기, 요약하기, 토론하기 등 능동적인 학습 방법을 사용하여 학습에 능동적이고 적극적으로 참여한다.
- 다양한 자료 활용: 교재 외에도 동영상 강의, 팟캐스트, 실습 자료 등을 활용하여 다양한 방식으로 학습 내용을 접한다.

(6) 주기적 자기점검과 피드백 루프 활용

- 진도 체크: 주기적으로 학습 진도를 점검하고, 목표 달성 여부를 평가한다. 필요

시 학습 계획을 수정한다.

- 자기평가: 모의고사나 퀴즈를 통해 자신의 학습 수준을 평가하고, 부족한 부분을 보완한다. 매일 학습 일지를 작성하여 학습 과정에서 느낀 점, 어려움, 성취한 내용을 기록한다. 이를 통해 자기반성을 하고, 학습 전략을 개선한다.
- 피드백 받기: 교수, 동료, 튜터 등으로부터 피드백을 받아 자신의 학습 방식을 개선한다.

(7) 협력적 학습

- 스터디 그룹: 같은 목표를 가진 동료들과 스터디 그룹을 구성하여 서로의 학습을 도와준다. 이를 통해 나양한 시각에서 학습 내용을 이해하고, 동기 부여를 유지할 수 있다.
- 멘토 찾기: 경험이 풍부한 멘토를 찾아 지도를 받으며 학습 방향을 설정하고 피드백을 받는다.

(8) 적절한 휴식과 건강 관리

- 규칙적인 운동: 규칙적인 운동을 통해 신체적 건강을 유지하고, 정신적 집중력을 높인다.
- 균형 잡힌 식사: 건강한 식습관을 유지하여 학습에 필요한 에너지를 공급한다.
- 충분한 수면: 충분한 수면을 취하여 학습 효율성을 높인다.
- 적절한 휴식: 학습 중간중간 휴식을 취하여 집중력을 유지한다. 포모도로 기법(25분 공부 후 5분 휴식) 등을 활용할 수 있다.

(9) 기술 활용

- 디지털 도구 사용: 다양한 학습 앱과 소프트웨어를 활용하여 학습 계획을 세우고 진도를 추적할 수 있다.
- 온라인 학습 플랫폼: Coursera, edX, Khan Academy, K-Mooc과 같은 온라인 플랫폼에서 제공하는 강의를 통해 자기주도적으로 학습할 수 있다.

(10) 협력적 학습

- 스터디 그룹 참여: 같은 목표를 가진 동료들과 함께 스터디 그룹을 구성하여 서로의 학습을 도와준다. 이는 서로의 동기를 높이고, 다양한 시각에서 학습 내용을 이해하는 데 도움이 된다.
- 멘토링 프로그램: 경험이 풍부한 멘토로부터 지도를 받으며 학습 방향을 설정하고 피드백을 받을 수 있다.

3) 자기주도 학습의 사례

사례 1 대학생 A의 기말고사 준비

- **목표 설정:** 각 과목에서 달성하고자 하는 점수를 구체적으로 설정하였다. 예를 들어, 수학 과목에서는 90점을 목표로 하였다.
- **계획 수립:** 남은 시간을 고려하여 과목별로 공부할 시간을 배분하고, 매일 특정 시간대에 공부하기로 계획하였다.
- **자기동기화:** 매일 공부를 시작하기 전에 목표를 상기하며 동기 부여 영상을 시청하거나, 성취감을 느끼기 위해 작은 보상을 설정하였다.
- **주의 조절:** 공부하는 동안 핸드폰을 끄고, 조용한 도서관에서 공부하였다.
- **학습 전략 적용:** 읽기와 요약 전략을 사용하여 주요 개념을 정리하고, 문제 풀이 연습을 통해 이해를 높였다.
- **자기점검:** 주기적으로 모의고사를 보며 학습 진척 상황을 점검하고, 부족한 부분을 보완하였다.
- **도움 탐색:** 어려운 개념은 교수님이나 동료들에게 질문하여 이해를 도왔다.
- **자기평가:** 기말고사가 끝난 후, 자신의 성적을 평가하고 목표에 도달하였는지 확인하였다.
- **자기반성:** 이번 학기의 학습 전략을 반성하고, 다음 학기에 더 효과적인 방법을 찾기로 하였다.

사례 2 직장인 B의 새로운 기술 습득

- **목표 설정**: 6개월 이내에 특정 프로그래밍 언어를 통달하기로 목표를 설정하였다.
- **계획 수립**: 주말을 포함한 주간 일정표를 만들어 매일 2시간씩 학습 시간을 확보하였다.
- **자기동기화**: 매일 학습 후에 성취감을 느끼기 위해 작은 보상을 설정하고, 학습 과정에서 느낀 성취감을 기록하였다.
- **주의 조절**: 학습 시간 동안 방해 요소를 제거하고, 집중할 수 있는 환경을 조성하였다.
- **학습 전략 적용**: 온라인 강의, 실습 문제 풀이, 프로젝트 기반 학습을 통해 지식을 적용하였다.
- **자기점검**: 매주 학습 진도를 점검하고, 필요시 학습 계획을 수정하였다.
- **도움 탐색**: 온라인 커뮤니티나 포럼에서 질문을 통해 어려운 문제를 해결하였다.
- **자기평가**: 목표한 기간이 지나고, 학습한 내용을 테스트하여 자신의 실력을 평가하였다.
- **자기반성**: 학습 과정에서 효과적이었던 방법과 부족하였던 부분을 반성하여 다음 학습 계획에 반영하였다.

사례 3 고등학생 C의 진학 준비

- **목표 설정**: 특정 대학에 합격하는 데 필요한 점수와 준비 사항을 구체적으로 설정하였다.
- **계획 수립**: 주간, 월간 학습 계획을 세워 주요 과목을 집중적으로 공부하였다.
- **자기동기화**: 목표 대학의 캠퍼스 사진을 보며 동기 부여를 유지하고, 매일 학습 일지를 작성하였다.
- **주의 조절**: 공부하는 동안 친구들과의 연락을 차단하고, 집중할 수 있는 조용한 공간에서 공부하였다.
- **학습 전략 적용**: 과목별로 효과적인 학습 전략을 사용하여 이해와 기억을 높였다.
- **자기점검**: 모의고사를 통해 자신의 학습 진도를 점검하고, 취약한 부분을 보완하였다.
- **도움 탐색**: 학원이나 과외를 통해 추가적인 도움을 받았다.
- **자기평가**: 입시가 끝난 후, 자신의 성적을 평가하고 목표에 도달하였는지 확인하였다.
- **자기반성**: 입시 준비 과정을 돌아보고, 성공과 실패 요인을 분석하여 앞으로의 학습에 반영하였다.

활동 과제

대학생을 위한 자기조절 학습 루틴 표 및 워크북

단계	핵심 전략	학습 활동 워크시트
1. 계획 단계	• 목표 설정 • 전략 선택 • 동기 조절	☐ 이번 주 학습 목표는? - 과목: - 단원: - 학습 목표: ☐ 어떤 전략을 쓸 것인가? - 예: 요약하기, 문제 풀기, 친구에게 설명하기 ☐ 내가 이 과목을 공부해야 하는 이유는? - 내 전공, 진로와 어떻게 연결되는가? ☐ 오늘의 자기다짐 문장: - 예: 나는 ~할 수 있다.
2. 수행 단계	• 주의 집중 • 자기관찰 • 시간 관리	☐ 오늘 공부할 시간은 몇 분인가? - 예: 포모도로 기법(25분 집중, 5분 휴식) ☐ 공부하는 동안 방해 요소는? - 제거 방법: ☐ 학습한 내용을 기록하자: - 오늘 한 일: - 이해한 점: - 어려웠던 점: ☐ 중간 점검: - 지금 집중하고 있는가? - 목표한 대로 수행하고 있는가?

3. 자기성찰 단계	• 자기평가 • 귀인 분석 • 정서 조절	☐ 오늘 학습을 100점 만점으로 평가하면? - 점수: - 이유: ☐ 잘된 점과 부족한 점은? - 잘한 점: - 아쉬운 점: ☐ 실패 또는 미달성의 원인은? - 외부 요인인가, 내부 요인인가? - 전략이 적절하였는가? ☐ 느낀 감정은? - 긍정: - 부정: ☐ 내일은 어떻게 달라질 것인가?

2 효과적인 학습 전략

효과적인 학습 전략을 이해하고 적용하는 것은 학습 성과를 극대화하는 데 중요한 역할을 한다. 다음은 다양한 연구와 실천 사례를 바탕으로 한 효과적인 학습 전략이다. 이미 앞에서 다룬 내용과 중복되기도 하지만 반복해서 기억하고 적용해 보자. 각각의 전략은 상황과 목적에 맞게 적용할 수 있으며, 서로 결합하여 사용할 수도 있다.

- 적극적 학습(active learning): 학습자가 수동적으로 정보를 수용하는 것이 아니라, 학습 과정에 적극적으로 참여하는 방식이다. 적극적 학습은 질문하기, 토론하기, 문제 해결하기, 실습 등을 통해 학습 내용을 깊이 이해하고 적용할 수 있게 한다.
- 분산 학습(spaced practice): 학습 시간을 여러 세션으로 나누어 분산시키는 방법이다. 긴 학습 세션보다는 짧은 학습 세션을 여러 번 가지며, 각 세션 사이에 충분한 간격을 두는 것이 중요하다.
- 자기 점검(self-testing): 학습 내용을 스스로 점검하고 테스트하는 방법이다. 플래시 카드를 사용하거나, 연습 문제를 풀거나, 스스로 질문을 만들어 답하는 방식으로 학습 내용을 테스트한다. 자기 점검은 장기 기억을 강화하고 학습 성과를 향상시킨다.
- 상호 교육(peer teaching): 학습자들끼리 서로 가르치고 배우는 방법이다. 스터디 그룹을 구성하여 각자 학습한 내용을 설명하고, 서로 질문하며 답하는 방식으로 학습한다. 상호 교육은 이해도와 학습 동기를 높이는 데 효과적이다.
- 맥락화(contextual learning): 학습 내용을 실제 생활이나 실무에 적용하여 학습하는 방법이다. 사례 연구, 시뮬레이션, 실습 등을 통해 학습 내용을 실제 상황과 연결한다. 맥락화된 학습은 학습자의 이해와 응용 능력을 향상시킨다.
- 시각적 도구 활용(visual tools): 학습 내용을 시각적으로 표현하여 이해를 돕는 방

법이다. 마인드 맵, 다이어그램, 플로우차트 등을 사용하여 복잡한 정보를 시각적으로 정리한다. 시각적 도구는 복잡한 개념을 이해하고 기억하는 데 도움이 된다.

- **메타인지 전략(meta-cognitive strategies)**: 자신의 학습 과정을 모니터링하고 조절하는 방법이다. 학습 계획을 세우고, 학습 중간에 자신의 진행 상황을 점검하며, 필요시 전략을 수정한다. 메타인지에 대해서는 다음 절에서 자세히 살펴볼 것이다.
- **반복과 복습(review and revision)**: 일정한 간격으로 학습 내용을 복습하며, 이해하지 못한 부분을 다시 학습한다. 에빙하우스의 망각 곡선에 따르면, 반복적인 복습은 기억을 강화하는 데 효과적이다.
- **건강한 생활 습관 유지(healthy lifestyle)**: 신체적 · 정신적 건강을 유지하여 학습 능력을 최적화하는 방법이다. 규칙적인 운동, 균형 잡힌 식단, 충분한 수면을 유지하고, 스트레스를 관리한다. 충분한 수면은 학습 능력과 기억력을 향상시킨다.

3 학습에서 루틴의 중요성과 적용 방법

루틴은 반복하는 일정한 행동의 흐름이다. 루틴은 에너지를 절약하게 하고, 집중력을 높이며, 심리적 안정감을 제공한다. 특히 공부나 학습 과정에서 루틴은 성과를 꾸준히 유지하고 향상시키는 데 중요한 역할을 한다.

대학생은 다양한 과목을 동시에 공부하고, 아르바이트나 인간관계 등 여러 일정을 병행해야 한다. 이러한 상황에서 루틴이 없다면 계획은 쉽게 무너지고, 학습 리듬을 유지하기 어렵다. 반대로, 학습 루틴이 있으면 자동으로 공부에 몰입할 수 있고, 공부를 미루는 일도 줄어든다. 루틴은 '결심'이 아니라 '습관'으로 학습을 이어 가게 한다.

루틴은 '결정 피로(decision fatigue)'를 줄여 준다. 사람은 하루에 수많은 결정을 내리는데, 루틴은 어떤 시간에 무엇을 할지 미리 정해 놓기 때문에 불필요한 고민을 줄

일 수 있다. 예를 들어, 매일 아침 9시부터 11시까지는 도서관에서 전공 공부를 한다는 루틴이 있으면, '언제 공부하지?' '어디서 하지?'를 고민하지 않아도 된다. 이러한 자동성은 학습 지속성을 높이고, 몰입을 촉진한다.

루틴은 또한 뇌에 예측 가능한 패턴을 만들어 심리적 안정을 준다. 불확실한 하루 속에서도 일정한 공부 루틴은 자신을 통제할 수 있다는 감각을 준다. 이는 스트레스를 줄이고 자기효능감을 높인다. 루틴은 공부에 대한 저항감을 줄이고, 꾸준함을 가능하게 만든다.

1) 루틴을 학습에 적용하는 방법

(1) 하루를 블록으로 나누기

하루를 아침, 낮, 저녁으로 나누고 각 시간대에 적절한 공부 활동을 배치한다. 예를 들어, 아침에는 집중력이 필요한 암기 과목, 낮에는 과제와 글쓰기, 저녁에는 복습과 정리로 구성할 수 있다.

- 학습 루틴 트리거 만들기: 특정 행동을 시작 신호로 활용한다. 예를 들어, 책상에 앉아 물 한 잔 마시는 행동을 공부 시작의 신호로 삼으면 뇌는 '이제 공부할 시간'이라고 인식하게 된다.
- 루틴을 시각화하기: 루틴을 표나 다이어리, 캘린더에 표시하고 눈에 보이도록 관리한다. 체크리스트를 만들어 하루를 정리하는 것도 좋은 방법이다.
- 짧고 실현 가능한 루틴부터 시작하기: 처음부터 완벽한 루틴을 만들려고 하면 지속하기 어렵다. 하루 20분 독서, 수업 끝난 후 10분 복습 등 작고 실현 가능한 루틴부터 시작해야 한다.
- 중단해도 다시 돌아오는 구조 만들기: 루틴이 깨지는 날이 있더라도 쉽게 다시 돌아올 수 있도록 일정을 단순하게 유지하고, 실수에 대해 자책하지 않도록 한다. 중요한 것은 완벽함이 아니라 지속성이다.

결론적으로, 루틴은 대학생의 학습을 '의지'가 아닌 '시스템'으로 유지하게 만드는 강력한 도구다. 루틴이 있을 때 공부는 덜 힘들어지고, 더 꾸준해지며, 더 뿌듯해진다. 자신만의 학습 루틴을 설계하고 지속하는 것이 성취를 향한 중요한 첫걸음이다.

〈표 25-2〉와 〈표 25-3〉은 실제로 학업 성취도가 높고 자기관리도 뛰어난 대학생의 주중 루틴과 주말 루틴 예시다.

표 25-2 대학생의 주중 루틴 예시

시간	활동 내용
07:00	기상, 스트레칭, 물 마시기, 샤워
07:30	아침 식사, 당일 일정 확인
08:00	전날 학습 내용 복습(예: 플래시 카드, 요약 노트)
09:00	강의 수강 또는 전공 공부(장소: 도서관)
12:00	점심 식사, 짧은 산책 또는 가벼운 대화
13:00	과제/프로젝트 작업, 리딩 정리
15:00	짧은 휴식(명상, 스트레칭, 간식 등)
15:30	다음 수업 준비 또는 스터디 그룹 참여
17:00	운동(헬스, 러닝, 요가 중 선택)
18:00	저녁 식사, 가벼운 대화 또는 뉴스 확인
19:00	과목별 요약 노트 정리, 짧은 복습
21:00	휴식(독서, 드라마, 친구와 통화 등)
22:30	내일 할 일 정리, 스마트폰 멀리 두기
23:00	취침

표 25-3 **대학생의 주말 루틴 예시**

시간	활동 내용
08:00	기상, 산책 또는 조깅, 간단한 명상
09:00	브런치, 책 읽기 또는 뉴스 아티클 읽기
10:00	교회 예배
12:00	점심 식사, 가족 또는 친구와 시간 보내기
14:00	자유 시간: 영화, 전시회, 독서, 카페 등
16:00	다음 주 계획 세우기, To-do 리스트 점검
17:00	남은 과제 정리, 공부 마무리
19:00	저녁 식사, 취미 시간(기타 연주, 그림 그리기 등)
21:00	나를 위한 시간: 일기 쓰기, 자기성찰 등
22:30	다음 날 준비(가방 정리, 옷 정리 등)
23:00	취침

특징 정리

- 일정한 기상 · 취침 시간 유지: 수면 리듬이 안정되어 뇌가 더 잘 기능함
- 아침 루틴: 하루의 방향을 명확히 잡고 집중 상태로 진입하게 도움
- 복습과 정리 시간 확보: 학습 내용이 장기 기억으로 저장되기 쉬움
- 운동과 취미 포함: 에너지 유지와 스트레스 관리에 효과적
- 주말은 회복+계획의 시간: 다음 주를 준비하고 자신을 재정비함

이 루틴은 사람마다 다르게 조정될 수 있지만, 핵심은 규칙성, 반복성, 균형이다. 루틴을 갖춘 대학생은 공부를 삶의 일부로 만들고, 장기적인 목표에 도달할 가능성이 높다.

26 메타인지와 메타인지 전략

메타인지에 대한 정의는 '자기 자신의 생각에 관한 생각, 인지에 대한 인지(cognition about cognition, thinking about thinking)'이다(Flavell, 1979). 또한 메타인지는 목표를 설정하고, 목표 달성을 위한 전략을 활성화하며, 자신의 진보를 평가하는 점검에 대해 앎으로써(메타인지 지식) 우리의 생각을 점검하는 것을 배우는 발달적 관점에서 설명된다. 자신의 인지적 과정을 이해하고 조작하는 능력을 말하며 자신의 사고에 대해 생각하여 그 방식을 변화시키는 것을 포함한다. 즉, 내가 무엇을 생각하고 있는지, 어떻게 생각하고 있는지, 그래서 그 결과가 어떠하였는지, 그러한 결과는 나의 어떤 사고에서 나온 것인지 등에 관해서 생각하는 자기평가의 과정을 말한다. 일반적으로 학자들은 메타인지를 메타인지에 대한 지식과 메타인지 조절에 해당하는 두 개의 요인으로 구분한다.

1 메타인지의 구성 요소

메타인지는 일반적으로 메타인지 지식, 메타인지 조절 두 가지 주요 구성 요소로 나눌 수 있다.

1) 메타인지 지식

메타인지 지식(metacognitive knowledge)은 개인이 일반적으로 자신만의 인지나 인지에 대해 아는 것을 말한다. 즉, 학습자가 얼마나 많이 자신의 인지 과정이나 그들의 기억과 학습 방법에 대해 이해하고 있는지를 나타낸다. 여기에는 개인적·선언적·절차적·조건적 지식 등이 있다. 개인적 지식(personal knowledge)은 개인이 자신의 학습 과정과 관련된 지식을 말한다. 이는 주로 자신이 무엇을 알고 있는지, 자신의 강점과 약점, 학습 스타일에 대해 이해하고 있는지를 의미한다. 선언적 지식(declarative knowledge)은 사실이나 정보에 대한 지식으로, 특정 주제에 관해 알고 있는 내용을 의미한다. 예를 들어, 특정한 과학적 원리나 역사적 사실이 이에 해당한다. 절차적 지식(procedure knowledge)은 하고 있는 것에 대해 아는 것을 나타낸다. 높은 정도의 절차적 지식을 가진 개인은 과제를 더 자동으로 수행하고, 더 많은 전략을 가지고 있으며, 효과적으로 전략을 배열한다. 조건적 지식(conditional knowledge)은 선언적 그리고 절차적 지식을 언제, 왜 사용하는가를 아는 것이다. 개인적 지식은 개인의 경험에 기반한 인지적 이해를, 선언적 지식은 명시적으로 알고 있는 정보로서 '~에' '대해' 아는 것을 말한다. 절차적 지식은 '~을' 하는 '방법'(하고 있는 것에 대해)을 아는 것을 그리고 조건적 지식은 인지 국면의 '왜'와 '언제'를 아는 것을 나타낸다.

2) 메타인지 조절

메타인지 조절(metacognitive regulation)은 학생이 그들의 학습을 통제할 수 있도록 도와주는 일련의 활동들이다. 즉, 자신의 학습 과정을 계획하고 모니터링하며 평가하는 능력이다. 메타인지 조절은 학습자가 그들의 기억과 학습을 얼마나 잘 조절하는가를 나타낸다. 메타인지 조절은 이론적으로 여러 하위 요소를 포함하고 있다. 계획하기, 선택하기, 모니터링(monitoring), 평가하기 그리고 오류 수정하기 등이 있다(Schraw & Dennison, 1994). 모니터링은 학습 진행 상황을 점검하고, 이해도를 확인하며, 필요시 전략 수정하는 것을 포함하는데 학습 과정에서 필수적이지만 많이 놓치는 부분이다.

2 메타인지 능력을 개발하고 높이는 방법과 전략

메타인지 능력을 개발하고 향상시키는 것은 학습자가 자신의 학습 과정을 인식하고 조절하여 더 나은 학습 성과를 얻는 데 중요하다. 다음은 메타인지 능력을 개발하고 높이는 다양한 방법과 전략들이다.

- 자기질문(self-questioning): 학습 중 스스로 질문을 던져 학습 내용을 점검하는 전략이다.
  - 예: "이 부분이 이해되었는가?" "이 개념을 어떻게 응용할 수 있을까?"
- 자기점검(self-monitoring): 학습 중 자신의 이해도를 주기적으로 점검하는 전략이다.
  - 예: 학습 도중 정기적으로 멈추어 자신이 이해한 내용을 검토하고, 이해되지 않은 부분을 확인한다.
- 자기평가(self-evaluation): 학습이 끝난 후 자신의 성과를 평가하는 전략이다.
  - 예: 학습 목표 달성 여부를 점검하고, 학습 전략의 효과성을 평가한다.
- 목표 설정(goal setting): 명확하고 도전적인 학습 목표를 설정하는 전략이다.
  - 예: SMART 목표를 설정하여 학습의 방향을 명확히 한다.
- 계획 세우기(planning): 학습을 시작하기 전에 학습 목표, 학습 자료, 학습 시간 등

을 계획하는 전략이다.

- 예: 학습 일정을 작성하고, 어떤 자료를 사용할지 미리 결정한다.

- 전략 선택(selecting strategies): 학습 과제에 가장 적합한 학습 전략을 선택하는 과정이다.
  - 예: 읽기 전략, 노트 필기법, 요약하기 등을 상황에 맞게 선택한다.
- 자기반성(self-reflection): 학습 과정과 결과를 반성하여 학습을 개선하는 전략이다.
  - 예: 학습 후 어떤 점이 잘 되었는지, 어떤 점에서 개선이 필요한지를 분석한다.
- 자기교사 역할(self-teaching): 학습자가 마치 교사가 되어 학습 내용을 가르치는 과정을 통해 학습을 강화하는 방법이다.
  - 예: 학습한 내용을 다른 사람에게 가르친다고 상상하면서 설명해 보거나 실제로 친구나 가족에게 학습 내용을 가르쳐 본다. 비디오나 오디오로 자신의 설명을 녹음하고, 이를 다시 들어 보며 개선할 점을 찾아본다.
- 인지적 리허설(cognitive rehearsal): 학습 내용을 반복적으로 상기하고 복습하는 과정이다.
  - 예: 주요 개념이나 사실을 반복적으로 상기하고 복습한다. 중요한 내용을 암송하거나 요약하여 반복한다.
- 에러 분석(error analysis): 학습 과정에서 발생한 오류를 분석하고, 그 원인을 파악하여 개선하는 방법이다.
  - 예: 학습 중 실수나 오류를 기록하고, 그 원인을 분석하며, 동일한 오류를 반복하지 않는 데 필요한 학습 전략을 수정한다.
  - 예: 피드백을 통해 오류를 수정하고, 개선된 학습 방법을 적용한다.
- 메타인지적 대화(metacognitive dialogue): 학습자 간에 자신의 학습 과정을 논의하고 피드백을 주고받는 과정이다.
  - 예: 스터디 그룹을 구성하여 각자의 학습 방법과 전략을 공유하며, 학습 과정에서 어려움을 겪는 부분에 대해 논의하고, 해결책을 모색한다. 서로의 학습 전략에 대해 피드백을 주고받으며 개선한다.

이러한 이론과 전략들을 통해 대학생은 자신의 학습 과정을 더 효과적으로 관리하고, 학습 성과를 향상할 수 있다. 메타인지를 활용하면 학습의 질을 높이고, 평생학습자로서의 역량을 강화할 수 있다.

3 메타인지 전략의 실생활 사례

사례 1 대학생 A의 시험 준비

- **상황:** 대학생 A는 중요한 중간고사를 준비하고 있다. 과목은 생물학이며, 범위가 넓고 어려운 개념이 많다.
- **적용 전략:** 자기점검과 자기평가
- **방법**
  - A는 매일 공부한 내용을 플래시 카드로 만들고, 이를 사용해 자가 테스트를 하였다.
  - 학습 후에는 학습 일지를 작성하여 이해한 내용과 어려운 부분을 기록하였다.
  - 주기적으로 모의시험을 보며 자신의 학습 진도를 평가하였다.
- **결과:** A는 자신의 학습 진행 상황을 지속적으로 점검하고 평가하여, 시험에서 높은 성적을 받을 수 있었다.

사례 2 직장인 B의 프로젝트 관리

- **상황:** 직장인 B는 중요한 프로젝트의 팀 리더로서, 프로젝트를 성공적으로 완수해야 한다.
- **적용 전략:** 계획 세우기와 목표 설정
- **방법**
  - 프로젝트 시작 전 B는 프로젝트 목표를 명확히 설정하고, 세부 계획을 세웠다.
  - 각 팀원에게 역할과 책임을 분담하고, 주기적인 회의를 통해 진행 상황을 점검하였다.
  - 프로젝트 일정표를 작성하여 주요 마일스톤과 데드라인을 관리하였다.
- **결과:** 체계적인 계획과 목표 설정을 통해 B는 프로젝트를 성공적으로 완료하고, 팀의 협업도 강화되었다.

사례 3 고등학생 C의 독서 이해력 행상

- **상황:** 고등학생 C는 문학 작품을 읽고 그 내용을 이해하고 분석하는 데 어려움을 겪고 있다.
- **적용 전략:** 자기 질문과 요약하기
- **방법**
  - 각 장을 읽은 후, C는 "이 장의 주요 사건은 무엇인가?" "주인공의 동기는 무엇인가?"와 같이 스스로에게 질문을 던졌다.
  - 읽은 내용을 요약하여 주요 개념과 정보를 정리하였다.
  - 친구들과 스터디 그룹을 만들어 서로 질문을 주고받으며 이해도를 높였다.
- **결과:** 자기질문과 요약하기를 통해 C는 문학 작품을 더 잘 이해하고 분석할 수 있었다.

사례 4 대학생 D의 언어 학습에서의 자기교사 역할

- **상황:** 대학생 D는 새로운 외국어를 배우고 있으며, 말하기와 쓰기 능력을 향상하고자 한다.
- **적용 전략:** 자기교사 역할
- **방법**
  - D는 학습한 내용을 가르치는 방식으로 친구에게 설명하였다.
  - 자신의 설명을 비디오로 녹화하여 다시 보고, 개선할 점을 찾았다.
  - 언어 교환 파트너와 함께 학습 내용을 가르치고 피드백을 주고받았다.
- **결과:** 자기교사 역할을 통해 D는 말하기와 쓰기 능력을 크게 향상시킬 수 있었다.

사례 5 운동선수 E의 경기 준비

- **상황:** 운동선수 E는 중요한 경기 준비를 위해 훈련 계획을 세우고 있다.
- **적용 전략:** 계획 세우기와 자기점검
- **방법**
  - E는 훈련 목표를 설정하고, 주간 및 월간 훈련 계획을 세웠다.
  - 매일 훈련 후 자신의 퍼포먼스를 평가하고, 개선할 점을 기록하였다.
  - 훈련 중간에 자신의 진행 상황을 점검하고, 필요시 훈련 계획을 조정하였다.
- **결과:** 체계적인 계획과 자기점검을 통해 E는 경기에서 우수한 성과를 거둘 수 있었다.

사례 6 **직장인 F의 시간 관리**

- **상황:** 직장인 F는 여러 업무를 효율적으로 관리하고자 한다.
- **적용 전략:** 시각적 도구 활용과 에러 분석
- **방법**
  - F는 마인드 맵을 사용하여 업무를 시각적으로 정리하고, 우선순위를 설정하였다.
  - 주간 일정표를 작성하여 주요 업무와 데드라인을 관리하였다.
  - 업무 중 발생한 실수를 기록하고, 그 원인을 분석하여 동일한 실수를 반복하지 않도록 하였다.
- **결과:** 시각적 도구와 에러 분석을 통해 F는 업무를 효율적으로 관리하고 생산성을 높일 수 있었다.

메타인지 검사

매우 그렇다.=3, 그렇다.=2, 그렇지 않다.=1, 전혀 그렇지 않다.=0

번호	문항	전혀 그렇지 않다.	그렇지 않다.	그렇다.	매우 그렇다.
1	스스로에 대한 내 평가는 정확한 편이다.	0	1	2	3
2	나는 내가 기억하는 것과 기억하지 못하는 것을 구분할 수 있다.	0	1	2	3
3	나는 어떤 일이 잘못되고 있다는 것을 다른 사람보다 빨리 알아차린다.	0	1	2	3
4	나는 살면서 거짓말을 해 본 적이 없다.	0	1	2	3
5	나는 내 행동이 잘못되었을 때 이를 빨리 알아차린다.	0	1	2	3
6	나는 새로운 것을 배울 때 내가 얼마나 이해할 수 있을지 예상해 본다.	0	1	2	3
7	나는 내가 무슨 생각을 하고 있는지 알고 있다.	0	1	2	3
8	화가 날 때 욕을 한 적이 없다.	0	1	2	3
9	나는 내가 잘하는 것을 알고 있다.	0	1	2	3
10	결정하기 전 다른 사람들도 나의 결정이 적절하다고 할지 생각해 본다.	0	1	2	3
11	나는 어떤 일을 처리할 때 나에게 잘 맞는 방법을 알고 있다.	0	1	2	3
12	나는 무단횡단을 해 본 적이 없다.	0	1	2	3
13	나는 내가 처한 상황에 대해 스스로 평가해 본다.	0	1	2	3

14	나는 내가 알고 있는 것이 무엇인지 안다.	0	1	2	3
15	나는 남에 대한 험담이나 불평을 해 본 적이 없다.	0	1	2	3
16	나는 나의 현재 상태에 대해 생각한 뒤 어떤 행동을 해야 할지 결정한다.	0	1	2	3
17	나는 결정하기 전 다양한 선택에 대해 생각한다.	0	1	2	3
18	나는 나의 진짜 모습을 감춘 적이 없다.	0	1	2	3
19	나는 내가 잘못하였다고 생각되면, 잘못을 바로잡으려고 시도한다.	0	1	2	3
20	나는 과거 경험에 비추어 현재 어떻게 행동할지를 결정한다.	0	1	2	3
21	나는 길에 쓰레기를 버린 적이 없다.	0	1	2	3
22	나는 내가 할 수 없는 일보다는 할 수 있는 일에 더 집중한다.	0	1	2	3
23	나는 내가 모르는 부분에 대해서는 섣부르게 결정하지 않는다.	0	1	2	3
24	나는 진실만을 말한다.	0	1	2	3
25	나는 내 행동이 상황에 적절한지 스스로 생각해 본다.	0	1	2	3
26	나는 그동안 내가 사용한 여러 가지 문제 해결 방법 중 가장 좋은 방법을 선택한다.	0	1	2	3
27	나는 누구보다도 도덕적이고 양심적이다.	0	1	2	3
28	나는 내 행동이 상황에 적절하지 않다고 판단되면, 앞으로 어떤 행동을 취해야 할지 생각해 본다.	0	1	2	3
	합계				

출처: 조혜선(2020).

채점 및 해석

구성 내용	문항 번호	문항 수
메타인식	1, 2, 3, 5, 7, 9, 11, 14	8
모니터링	6, 13, 25, 28	4
메타통제	10, 16, 17, 19, 20, 22, 23, 26	8
허구척도	4, 8, 12, 15, 18, 21, 24, 27	8
채점	메타인지 총점=(메타인식 합/8+모니터링 합/4+메타통제 합/8)	평균=5.62, 표준편차-1.27

* 평균 = 5.62, 표준편차 = 1.27

0~3.1 아주 낮음 / 3.2~4.4 낮음 / 4.5~5.6 약간 낮음 / 5.7~6.9 약간 높음 / 7.0~8.2 높음 / 8.3~ 아주 높음

제4부 최적의 공부법

27
집중력과 주의

1 집중력과 주의의 개념

집중력(concentration)과 주의(attention)는 우리의 일상생활과 학습 과정에서 중요한 역할을 한다. 집중력은 특정 과제나 활동에 에너지를 지속적으로 투입하는 능력을 의미한다. 주의는 주어진 시간에 특정 자극이나 활동에 인지적 자원을 할당하는 능력이다. 이 두 개념은 밀접하게 관련되어 있으며, 집중력은 주의의 지속적이고 강화된 형태로 볼 수 있다. 공부한 내용을 기억하지 못한다면 학습은 의미가 없다. 학습 내용이 안정적으로 기억되기 위해서는 집중이 필수적이다. 기억 과정에서 주의의 역할은 이중 저장 기억 모델로 설명할 수 있다. 정보가 입력되면 감각 등록기에서 아주 짧은 시간 동안 머무른 후 단기 · 작업 기억으로 이동한다. 여기서 유지 시간은 1분이 되지 않다. 마지막 단계인 장기 기억으로 넘어가야만 오랫동안 기억할 수 있다. 입력된 정보가 장기 기억까지 가는 과정의 핵심이 주의 집중이다. 작업 기억은 정보가 정신적으로 처리될 수 있도록 주의를 집중하여 짧은 시간 동안 붙잡아 두는 기제로, 사고가 일어나는 첫 번째 단계다. 감각 등록기에서 작업 기억으로 정보를 옮기려면 그 정보에 주의를 기울여야 하며, 그렇지 않으면 정보는 곧바로 상실된다.

2 주의란 무엇인가

주의는 외부 환경이나 개인 내부의 많은 자극 중 특정 자극을 분명하게 인지하거나 특정 자극에만 반응하는 의식의 활동 및 상태다. 주의는 뇌가 다양한 자극을 처리할 수 있도록 기본적인 통로를 열어 필요 없는 자극을 걸러 내고 목표에 관련된 중요한 정보를 선택하는 과정이다. 주의력이 취약하다는 것은 불필요한 자극에 쉽게 반응한다는 것을 의미한다. 주의는 제한적이며, 전경과 배경을 통해 설명할 수 있다. 전경은 주의를 받는 대상, 배경은 주의를 받지 못하는 대상이다. 여러 자극이 주어지는 상황에서는 전경과 배경이 바뀔 수 있으며, 주의를 하나에서 다른 하나로 재빨리 바꿀 수 있어야 한다. 학습이 진행되는 동안에는 교사의 설명과 학습 과제가 전경이 되어야 한다.

3 주의의 유형

주의는 다양한 형태로 나타나며, 그중 몇 가지 주요 유형은 다음과 같다.

- 수동적 주의(passive attention): 특별한 노력 없이 외부로부터의 감각을 수용하는 능력이다. 수동적 주의를 쉽게 끄는 자극은 시각적이고, 움직임이 있는 것으로 애쓰지 않아도 주의가 집중된다. 아이들이 많이 접하는 게임이나 동영상이 이러한 예다.
- 능동적 주의(active attention): 의식적인 노력에 따라 외부로부터의 감각 정보를 선택하고 적극적으로 처리하는 능력이다. 공부할 때 능동적 주의가 필요하며, 학습자의 태도, 목표 의식, 동기, 효능감에 의해 영향을 받기 때문에 자극을 수용하려는 노력과 에너지가 필요하다.
- 선택적 주의(selective attention): 많은 정보 중에서 특정 정보에 집중하는 능력이

다. 예시로는 파티에서 여러 사람이 동시에 이야기하는 상황에서 특정 사람의 목소리에만 집중하는 것을 들 수 있다. 체리(Cherry, 1953)의 칵테일 파티 효과는 선택적 주의를 설명하는 대표적인 연구다. 이는 우리가 주변 소음 속에서도 특정 소리에 집중할 수 있음을 보여 준다.

- 지속적 주의(sustained attention): 오랜 시간 동안 특정 자극에 주의를 기울이는 능력이다. 예시로는 시험을 볼 때 장시간 동안 문제에 집중하는 것을 들 수 있다. 맥워스(Mackworth, 1948)의 시계 감시 과제는 인간의 지속적 주의력과 경계 상태를 측정하기 위해 고안된 고전적 실험이다. 실험 결과, 시간이 지날수록 정확도가 급감하는 '주의력 저하 현상'이 나타났고, 이는 반복적이고 단조로운 환경에서 주의 유지가 어렵다는 점을 보여 준다.
- 분할 주의(divided attention): 동시에 여러 자극이나 과제에 주의를 기울이는 능력이다. 예시로는 운전하면서 라디오를 듣는 것을 들 수 있다. 스트레이어와 존스턴(Strayer & Johnston, 2001)은 운전 중 휴대 전화 사용이 운전 성능에 미치는 영향을 연구하여, 분할 주의의 한계를 보여 주었다.

4 주의이론

- 여과이론(filter theory): 주의는 필터 역할을 하여 중요하지 않은 정보를 걸러 내고 중요한 정보만을 처리한다. 브로드벤트(Broadbent, 1982)의 초기 선택 모델은 감각 입력이 필터를 통과하여 중요한 정보만이 인지적 자원에 도달한다고 주장한다.
- 용량이론(capacity theory): 주의는 제한된 용량을 가지고 있으며, 여러 과제가 동시에 주의를 요구할 때 용량이 분배된다. 카너먼(Kahneman, 1973)은 주의 용량이 한정되어 있으며, 과제의 복잡성과 중요도에 따라 주의 자원을 배분해야 한다고 설명한다.
- 멀티플 자원이론(multiple resource theory): 주의는 다양한 자원으로 구성되며, 서

로 다른 자원을 사용하는 과제는 동시에 수행할 수 있다. 위킨스(Wickens, 2002)는 주의 자원이 다양한 형태로 존재하며, 시각적-공간적 자원과 언어적-청각적 자원처럼 서로 다른 자원을 사용하는 과제는 동시에 수행할 수 있다고 주장한다.

5 주의력의 한계

인간의 주의력은 매우 명확한 한계가 있다. 주의 집중 대상이 많아도 한 가지만 선택하여 주의를 할당하는 것을 '선택적 주의'라고 한다. 예를 들어, 양분 청취 과제(dichotic listening task)에서는 실험 참가자가 한쪽 메시지를 따라 말하도록 하는데, 집중 대상이 아닌 쪽의 메시지가 변경되었을 때 이를 인식하지 못하는 경우가 많다.

다양한 자극에 동시에 주의를 기울일 때 수행이 저조해지는 것을 '분할된 주의'라고 한다. 분할주의 과제(divided-attention task)는 일정량의 주의를 하나 이상의 과제에 나누도록 하기 위해 두 개 이상의 동시적 메시지에 주의하고 필요에 따라 반응하도록 요구한다. 예를 들어, 운전하면서 휴대 전화를 사용하는 실험에서는 핸즈프리 사용 여부에 따라 반응 속도 차이가 나타났다.

6 집중력 향상에 대한 오해

집중력 부족이 생물학적 요인에 원인이 있다고 생각할 수 있지만, 약물 치료나 뇌파 조절로 해결되는 경우는 드물다. 주의력결핍 과잉행동장애(Attention-Deficit/Hyperactivity Disorde: ADHD) 치료제는 특정 상황에서 주의력을 향상시킬 수 있지만, 일반 아이들에게는 부작용이 있을 수 있다. 뇌파 조절 역시 개인차가 크고, 그 효과가 지속적이지 않을 수 있다. 집중력 향상의 근본에는 '자기조절 능력'이 있으며, 이를 키우기 위한 노력이 장기적으로 가장 유익하다.

7 집중력 영향 요인

- 생물학적 요인: 임산부의 영양 부족, 흡연, 약물 사용, 스트레스, 저체중 출산 등은 주의력결핍 발생 빈도를 높인다. 호흡기 질환은 뇌에 산소 공급을 저하해 주의력을 떨어뜨릴 수 있다.
- 물리적 환경: 공부 환경은 집중력에 큰 영향을 미친다. 책상 구조, 조명, 색조 등도 중요하다.
- 심리적 환경: 우울, 불안이 있을 때 집중하기 어렵다. 학습 실패가 반복되면 부정적인 자아개념이 형성되어 무력감이 생길 수 있다.
- 학습 전략: 학습 자기 교시 지시문 등 초인지 전략을 사용하여 학습 효율성을 높일 수 있다.

집중력과 주의는 학습에서 중요한 역할을 한다. 효과적인 주의 조절 능력은 학업 성취를 높이고, 부정적인 정서를 관리하는 데 도움을 준다. 다양한 주의의 형태와 정보 처리 방향, 수동적 주의와 능동적 주의의 차이를 이해하고, 주의력의 한계와 집중력 향상에 대한 오해를 바로잡으며, 생물학적 · 물리적 · 심리적 환경 요인과 학습 전략을 고려한 종합적인 접근이 필요하다.

8 집중력 향상 방법과 전략

집중력은 학업 성취도와 직접적으로 연결되는 중요한 요소다. 집중력을 향상하기 위한 다양한 방법과 전략을 살펴보겠다. 이러한 방법은 대학생이 학업에 몰두할 수 있도록 도와줄 뿐만 아니라, 나아가 효율적인 시간 관리와 전반적인 학습 경험을 개선하는 데도 도움이 된다. 이를 통해 집중력을 유지하고 향상시킬 수 있다.

- 환경 정비(깨끗한 학습 환경): 책상과 주변을 정리하여 불필요한 물건을 제거한다. 깨끗한 환경은 정신적인 혼란을 줄이고 집중력을 높이는 데 도움을 준다. 밝고 편안한 조명을 사용하며, 소음을 차단할 수 있는 헤드폰을 사용하거나 조용한 장소를 선택한다.
- 디지털 정리: 컴퓨터와 스마트폰의 불필요한 파일과 앱을 정리하여 학습에 방해가 되지 않도록 한다. 집중 모드나 방해 금지 모드를 설정하여 알림을 최소화한다.
- 목표 설정과 계획 수립: SMART 목표를 설정하는 습관을 생활화한다. 주간 목표를 설정하고 이를 달성하기 위한 일간 계획을 세운다. 아이젠하워 매트릭스(Eisenhower matrix)를 사용하여 작업의 중요도와 긴급도를 평가하고 우선순위를 설정한다.
- 시간 관리: 포모도로 기법과 같은 시간 관리 전략을 사용하여 일정 시간 동안 집중하고, 짧은 휴식을 취한다. 예를 들어, 25분 동안 집중해서 공부하고 5분 동안 휴식하는 방법을 반복한다.
- 규칙적인 운동과 균형 잡힌 식단: 매일 30분 이상의 유산소 운동을 한다. 걷기, 달리기, 자전거 타기 등이 포함된다. 운동은 뇌로의 혈류를 증가시켜 집중력과 전반적인 인지 기능을 향상시킨다. 과일, 채소, 단백질, 건강한 지방 등 다양한 영양소가 포함된 식단을 유지한다. 영양소가 풍부한 식단은 뇌 기능을 최적화하고 에너지를 지속적으로 공급하여 집중력을 높인다.
- 충분한 수면: 매일 충분한 수면을 취한다. 규칙적인 수면 습관을 유지하며, 잠들기 전에 전자 기기 사용을 피한다. 충분한 수면은 기억력과 집중력을 높이고, 전반적인 학습 능력을 향상시킨다.
- 명상과 마음챙김(meditation and mindfulness): 매일 일정 시간을 할애하여 명상하거나 마음챙김 연습을 한다. 간단한 호흡 운동이나 집중 명상을 시도할 수 있다. 명상과 마음챙김은 스트레스를 줄이고, 현재 순간에 주의를 집중하는 능력을 향상시킨다.
- 스트레스 관리: 스트레스가 쌓일 때마다 휴식을 취하거나, 운동, 명상, 취미 활동

등으로 스트레스를 해소한다. 스트레스 지수가 낮아지면 집중력이 높아지고, 학습 효율성도 증가한다.

- 자기점검(self-testing): 학습한 내용을 플래시 카드를 사용해 스스로 점검하거나 연습 문제를 풀어 본다. 자기 점검은 장기 기억을 강화하고 학습 성과를 높이는 데 효과적이다.
- 상호 교육(peer teaching): 스터디 그룹을 구성하여 각자 학습한 내용을 설명하고, 서로 질문하며 답하는 방식으로 학습한다. 상호 교육은 이해도와 학습 동기를 높이는 데 효과적이다.
- 디지털 디톡스(digital detox): 일정 시간 동안 디지털 기기 사용을 제한한다. 특정 시간을 정해 스마트폰, 컴퓨터, TV 등을 사용하지 않는다. 디지털 기기의 과도한 사용을 줄이고, 그 시간을 학습이나 휴식에 활용하여 집중력을 높인다.
- 학습 일지 작성: 매일 학습 일지를 작성하여 그날의 학습 목표 달성 여부, 학습 내용, 느낀 점 등을 기록한다. 학습 일지는 자신의 학습 패턴을 파악하고, 지속적인 개선을 통해 집중력과 학습 효율성을 높이는 데 도움을 준다.

9 주의력결핍과 과잉행동장애

주의력결핍 과잉행동장애(ADHD)는 발달상의 신경발달장애로, 아동기부터 시작되어 성인기까지 지속될 수 있다. 주요 증상은 주의력결핍, 과잉행동, 충동성의 세 가지 영역에서 나타난다.

- 주의력결핍 증상: 주의 집중이 어렵고, 쉽게 산만해진다. 세부 사항을 놓치거나 부주의한 실수를 자주 한다. 지시를 끝까지 따르지 못하거나, 과제를 완수하지 못하는 경우가 많다. 정리 정돈이 서툴고, 정신적으로 지속적인 집중이 필요한 활동을 피하거나 싫어한다. 외부 자극에 쉽게 주의가 산만해지고, 자주 물건을 잃어버린다.

- **과잉행동 증상**: 자리에 가만히 있지 못하고 몸을 꿈틀거리거나 손발을 끊임없이 움직인다. 수업 중에 자주 자리를 떠나며, 불필요하게 뛰거나 기어오르는 행동을 한다. 조용히 놀이하거나 여가 활동에 참여하는 데 어려움을 보이고, 마치 '모터가 달린 듯이' 끊임없이 움직인다.
- **충동성 증상**: 질문이 끝나기 전에 불쑥 대답하거나, 차례를 기다리지 못한다. 다른 사람의 말을 자주 끊고, 상황을 고려하지 않고 갑작스러운 행동을 보인다. 또래와의 관계에서 문제를 일으킬 수 있다.

이러한 증상은 일시적인 것이 아니라 최소 6개월 이상 지속되어야 하며, 두 가지 이상의 환경(예: 학교와 가정)에서 나타나야 진단할 수 있다. 또한 발날 수준에 비해 과도한 행동이어야 한다. 관리와 치료 전략은 다음과 같다.

- **인지행동치료**: ADHD를 관리하기 위한 주요 치료법 중 하나로, 부정적인 사고 패턴을 긍정적으로 바꾸고, 행동을 개선한다.
- **약물 치료**: 메틸페니데이트와 같은 약물은 주의력 향상과 과잉행동 감소에 도움을 줄 수 있다.
- **생활 습관 개선**: 규칙적인 운동, 건강한 식습관, 충분한 수면은 ADHD 증상 관리에 도움을 줄 수 있다.

집중력과 주의는 학습과 일상생활에서 중요한 역할을 한다. 선택적 주의, 지속적 주의, 분할 주의와 같은 다양한 주의의 형태는 각각의 다른 상황에서 중요한 기능을 한다. 집중력을 향상시키기 위한 다양한 전략과 주의이론을 이해함으로써, 우리는 더 나은 학습 성과를 얻고, 일상생활에서 효율성을 높일 수 있다. 이러한 개념들은 대학생들이 학업과 일상생활에서 더 높은 성취를 이루는 데 중요한 도구가 될 것이다.

28 몰입

우리가 자주 듣는 말 중 하나가 "좋아하는 일을 찾아서 즐기라."다. 그래서인지 좋아하지 않고 즐길 수 없는 일을 지속하여 하는 것이 부끄럽고 불행인 듯한 분위기가 있다. 하지만 다음의 경구(황농문, 2007)를 마음에 새겨 볼 필요가 있다.

> "내가 좋아하는 일을 함으로써 행복을 추구하지 말고, 내가 해야 할 일을 좋아함으로써 행복을 추구하라."

현실적으로 우리는 좋아하지 않아도 해야 할 일이 참 많다. 대학생으로서 여러 강좌를 수강할 때 좋아하지 않는 과목을 수강해야 할 때도 있을 것이다. 또한 좋아하지 않지만, 지속해야 할 관계성도 많다. 이때 해야 할 일을 즐겁게 하기 위해 가장 중요한 것은 그 행위가 수동적이지 않고 능동적이어야 한다는 것이다. 어떻게 하면 능동적으로 될까?

아인슈타인이 모든 법칙의 제1법칙이라고 말한 '엔트로피 법칙'에 대한 설명은 아주 다양한데, 그중 하나가 '어떤 일이 일어나려면 반드시 그것을 일으키는 추진력(driving force)이 있어야 한다.'라는 것이다. 이 추진력을 갖게 해 주는 것이 몰입이라고 볼 수 있다. 몰입은 한마디로 여러 가지 활동에 분산된 관심과 에너지를 중요한 한곳에 모아서 집중하는 것이다.

어떤 일을 할 때 높은 몰입도를 유지하기 위해서는 다른 것에 방해받지 않는 연속된 시간을 확보하는 것이 무엇보다 중요하다. 이와 같이 한 번에 한 가지 일에만 매달릴 수 있는 시간을 확보하는 것은 몰입의 개념을 업무나 학습에 적용할 때 핵심적인 조건이다.

이 절에서는 칙센트미하이(Csikszentmihalyi, 2014)와 황농문(2007)이 각각 설명한 '몰입'에 대하여 살펴보겠다.

1 몰입의 정의와 중요성

칙센트미하이는 몰입을 심리학적 개념으로 제시한다. 몰입은 높은 집중과 도전과제를 해결하는 과정에서 발생하는 심리적 상태로, 행복과 성취감을 느끼게 하는 중요한 경험이라고 설명한다. 그는 몰입을 삶의 질과 행복에 연결된 중요한 개념으로 보고, 사람들이 다양한 활동에서 몰입을 통해 더 큰 만족을 얻을 수 있다고 강조한다.

황농문은 몰입을 두뇌의 활동과 학습 능력에 중점을 두어 설명한다. 특히 뇌과학적 접근을 통해 몰입이 학습과 문제 해결에 얼마나 중요한 역할을 하는지를 강조한다. 황농문은 몰입을 통해 복잡한 문제를 해결하거나 학습 속도를 극적으로 높일 수 있다고 설명하며, 특히 문제 해결 능력과 생산성을 높이는 방법으로 몰입을 제시한다.

2 몰입의 훈련 가능성

칙센트미하이의 몰입 이론은 자연 발생적인 측면이 강하다. 몰입은 적절한 환경과 상황에서 자연스럽게 발생할 수 있는 심리 상태로, 특별한 훈련보다는 적절한 도전과 환경이 중요한 역할을 한다고 본다.

황농문은 몰입이 훈련과 의식적 노력을 통해 개발할 수 있다고 강조한다. 그는 몰입이 단순한 심리적 경험이 아닌, 꾸준한 연습을 통해 습득할 수 있는 능력이라고 주장하며, 이를 통해 고도의 문제 해결 능력과 학습 능력을 키울 수 있다고 말한다.

3 몰입 상태의 촉진 방법

칙센트미하이는 몰입이 발생하기 위한 조건으로 도전과 능력의 균형을 강조한다. 몰입 상태는 개인의 능력과 과제의 난이도가 적절히 일치할 때 발생하며, 외부 환경과 목표 설정, 피드백이 몰입을 촉진하는 데 중요한 요소라고 본다. 몰입은 다양한 활동에서 자연스럽게 발생할 수 있는 상태로, 일상의 다양한 부문에서 행복을 느끼는 방법을 탐구한다.

황농문은 의도적으로 몰입 상태를 훈련하는 방법에 집중한다. 그는 몰입을 단순한 심리적 경험 이상으로, 훈련과 연습을 통해 개발할 수 있는 능력으로 본다. 특히, 문제를 반복해서 깊이 생각하는 과정에서 몰입 상태가 도달되며, 이러한 깊은 사고 과정이 고도의 집중력과 창의적인 문제 해결로 이어진다고 주장한다. 그는 '깊은 몰입'을 강조하면서, 훈련과 시간의 투자가 필요하다고 본다. 그에 따르면, 학습에 대한 몰입도를 올리기 위해서는 대략 30분~1시간 정도를 견디면 된다. 이때 몰입도를 올리기 위해서는 어느 정도 힘든 시간을 보내야 함을 강조한다. 자신의 기량을 올리기 위해 바둥거릴 때 비로소 몰입도가 올라간다. 다시 말해 힘들고 지루하게 여겨지는 시간은 몰입도를 올리기 위한 필요 조건인 것이다.

4 몰입의 결과

칙센트미하이는 몰입의 결과를 내적 행복과 삶의 만족으로 연결한다. 몰입 상태를 자주 경험하는 사람들은 일상에서 더 큰 행복감을 느끼며, 외부적 보상에 의존하지 않고 활동 그 자체에서 성취감을 찾을 수 있다고 본다. 몰입을 통해 개인은 더 풍요로운 삶을 살아갈 수 있으며, 몰입이 개인의 삶의 질을 향상시키는 중요한 요소라고 설명한다.

황농문은 몰입의 결과를 문제 해결과 능력 향상에 집중한다. 그의 몰입이론은 고도의 집중과 사고 과정을 통해 어려운 문제를 해결하거나 새로운 통찰을 얻는 데 중점을 둔다. 몰입 상태에서 뇌는 더 창의적으로 작동하고, 학습의 효율성이 극대화된다. 그는 몰입이 생산성 향상과 뇌의 잠재력 개발에 중요한 역할을 한다고 주장한다.

5 활용 분야

칙센트미하이는 몰입을 예술, 스포츠, 학문, 일상생활 등 다양한 분야에서 경험할 수 있는 것으로 본다. 몰입은 특정 활동에 국한되지 않고, 개인이 즐기고 도전할 수 있는 모든 활동에서 나타날 수 있으며, 이러한 경험을 통해 사람들이 삶의 질을 높일 수 있다고 주장한다.

황농문은 특히 학습과 문제 해결, 창의적 사고와 같은 지적 작업에서 몰입이 중요한 역할을 한다고 강조한다. 그는 몰입을 통해 복잡한 문제를 해결하는 과정에서 뇌가 더욱 깊이 작동할 수 있으며, 특히 수학적 사고나 과학적 문제 해결과 같은 분야에서 몰입의 효과를 극대화할 수 있다고 본다.

칙센트미하이는 몰입을 심리적 상태로 정의하며, 삶의 질과 행복을 높이는 중요한 경험으로 본다. 몰입을 경험하기 위해서는 도전과 능력의 균형이 필요하며, 자연스럽게 발생하는 상태로 설명한다. 황농문은 몰입을 두뇌의 집중과 학습 효율성을 높이는 도구로 보며, 훈련을 통해 의도적으로 몰입 상태에 도달할 수 있다고 강조한다. 그는 몰입이 복잡한 문제 해결과 학습 능력 향상에 중점을 둔다. 이 두 저자의 몰입 이론은 몰입의 중요성을 강조하면서도, 그 접근 방식과 중점이 다르다.

6 몰입을 위한 훈련 과정

황농문이 제시하는 몰입을 위한 훈련 과정은 고도의 집중력과 깊은 사고를 통해 문제 해결 능력과 학습 성과를 극대화하는 방법을 설명한다. 그는 몰입 상태에 도달하는 것이 단순히 심리적 경험이 아니라, 꾸준한 훈련을 통해 발전시킬 수 있는 능력이라고 강조하며, 특히 다음과 같은 훈련 과정을 제시한다.

1) 문제를 반복적으로 깊이 생각하기

황농문의 몰입 훈련의 핵심은 반복적이고 깊이 있는 사고 과정이다. 그는 복잡하고 어려운 문제일수록 쉽게 해결하려는 시도를 하지 말고, 오히려 문제를 오랫동안 고민하며 계속해서 생각할 것을 강조한다. 이를 통해 뇌가 표면적인 사고에서 벗어나 깊이 있는 사고를 하게 되고, 몰입 상태에 가까워지게 된다.

이 과정에서 중요한 것은 바로 문제에 대해 깊이 파고들기다. 처음부터 빠르게 해결책을 찾으려고 하기보다는 문제를 여러 각도에서 깊이 있게 분석하고, 가능한 해결책들을 고려하는 사고 과정 자체가 몰입을 촉진하는 역할을 한다. 이는 특히 과학적 문제 해결이나 창의적 사고를 요구하는 과제에서 효과적이다. 일상에서도 관련된 내용에 대해 동료나 친구들과 대화를 나누거나 대화할 상대가 없으면 혼자 중얼거리면서 자기 자신과 대화를 나눈다.

2) 고도의 집중력 유지

몰입 상태에 도달하려면 집중력이 필수적이다. 황농문은 고도의 집중력을 기르기 위해 다음과 같은 훈련 방법을 제시한다.

- 방해 요소 제거: 몰입 훈련에서 첫 번째 단계는 주변의 방해 요소를 제거하는 것이다. 스마트폰, 소셜미디어, 소음과 같은 외부의 방해 요소를 최대한 차단해야 한다. 이러한 환경을 조성함으로써 뇌는 온전히 하나의 과제에 집중할 수 있게 된다.
- 집중 시간을 늘려 가기: 처음부터 긴 시간 동안 몰입을 유지하기는 어렵기 때문에, 집중 시간을 조금씩 늘려가는 훈련이 필요하다. 예를 들어, 처음에는 10~15분의 집중 시간을 설정하고, 그 시간을 점차 늘려 가는 방식으로 몰입 상태에 도달하는 능력을 길러 나간다.
- 하나의 과제에 몰두하기: 동시에 여러 과제를 처리하는 멀티태스킹을 피하고, 하나의 과제에만 몰두하는 것이 중요하다. 몰입 훈련은 단일 작업에 집중할 때 효과적이므로, 한 번에 한 가지 일에 집중하도록 훈련하는 것이 필요하다.

3) 문제에 대한 지속적인 의문 제기

몰입 상태는 단순히 집중하는 것만으로 이루어지지 않는다. 황농문은 지속적인 의문 제기를 강조한다. 문제에 대해 단순히 답을 찾으려고 하기보다, 그 문제의 본질을 더 깊이 이해하고 더 나은 해결책을 찾기 위해 끊임없이 질문하는 자세가 필요하다. 이를 위해 다음의 과정을 제안한다.

- '왜?'라는 질문 반복하기: 문제를 더 깊이 이해하기 위해서 "왜 이 문제가 발생하였는가?" "왜 이 방식이 유효한가?" 등을 스스로에게 반복적으로 질문한다. 이러한 질문을 통해 문제의 핵심을 파악하고, 더 창의적인 해결책을 찾을 수 있다.

- 다양한 각도에서 사고하기: 문제를 해결할 때, 한 가지 관점에서만 접근하지 않고 다양한 관점에서 사고하는 것이 중요하다. 문제를 해결하는 다양한 경로와 방법을 모색함으로써 더 깊은 몰입 상태에 도달할 수 있다.

4) 끈기와 인내심 기르기

몰입 훈련 과정에서는 끈기와 인내가 매우 중요한 요소로 작용한다. 황농문은 몰입을 통해 복잡한 문제를 해결하기 위해서는 짧은 시간 내에 해결책을 기대하는 태도에서 벗어나, 오랜 시간 깊이 생각하고 노력하는 과정이 필요하다고 설명한다. 몰입 상태에서 문제를 해결하는 데는 시간이 필요하므로, 이러한 인내심을 기르는 것이 필수적이다. 훈련 과정에서 반복적인 실패와 실수를 수용하고, 문제를 해결하는 데 시간이 걸린다는 점을 인지하는 것이 중요하다. 인내심을 통해 점차 몰입 상태에 들어가며, 더 나은 결과를 얻을 수 있다.

5) 몰입을 위한 몸과 마음의 관리

몰입 상태는 단순히 정신적 훈련만으로 이루어지지 않는다. 몸과 마음의 관리도 몰입 훈련에서 중요한 요소다. 황농문은 집중력과 사고력을 유지하기 위해 충분한 수면, 규칙적인 운동, 건강한 식사 등을 통해 뇌의 에너지를 최적화하는 것이 필요하다고 강조한다.

- 수면의 중요성: 몰입 상태를 유지하기 위해 충분한 수면이 필수적이다. 수면 부족은 집중력을 떨어뜨리고 사고 능력을 저하한다. 따라서 충분한 수면을 통해 뇌의 기능을 최적화해야 한다.
- 규칙적인 운동: 운동은 뇌에 활력을 불어넣고, 스트레스를 해소하는 데 도움이 된다. 운동을 통해 신체적 에너지를 유지하면 몰입 상태를 유지하는 데 더 효과적이다.

6) 스스로 성과 평가와 피드백

몰입 훈련의 마지막 단계는 스스로 성과를 평가하고 피드백을 하는 과정이다. 몰입 상태에서 학습하거나 문제를 해결한 후에는 그 과정을 객관적으로 돌아보고, 개선할 부분이나 잘한 점을 분석한다. 이 과정을 통해 더 나은 몰입 상태에 도달할 수 있도록 다음 훈련에 반영할 수 있다. 황농문은 특히 자신의 한계를 넘어서는 도전적인 목표를 설정하고, 이를 단계적으로 성취해 나가며 피드백을 받는 것이 몰입 훈련에서 중요한 역할을 한다고 설명한다.

제4부 최적의 공부법

29 기억

학습 과정에서 기억력과 몰입은 성취에 결정적인 역할을 한다. 이 두 가지 능력을 향상시키는 방법을 이해하는 것은 더 효율적인 학습을 위해 필수적이다. 이 절에서는 기억의 메커니즘과 몰입의 상태를 살펴보고, 이를 효과적으로 활용할 수 있는 전략을 제시하겠다.

1 기억의 메커니즘

기억은 크게 감각 기억, 단기 기억, 장기 기억으로 나뉜다. 정보는 감각 기억에서 일시적으로 저장되며, 단기 기억으로 이동한 후 적절한 처리가 이루어지면 장기 기억으로 저장된다.

- 감각 기억(sensory memory): 짧은 시간 동안 외부 자극을 기록하는 단계로, 시각적 혹은 청각적 정보를 몇 초간 유지한다. 이 단계에서 중요한 정보를 선별해 단기 기억으로 전환한다.

- 단기 기억(short-term memory): 단기 기억은 정보가 처리되는 임시 저장소로서, 한 번에 5~9개의 항목을 처리할 수 있다. 이 정보는 반복이나 심화된 처리 없이는 몇 초 또는 몇 분 동안 유지된다.
- 장기 기억(long-term memory): 장기 기억은 무한히 많은 정보를 저장할 수 있는 단계로, 정보를 효과적으로 장기 기억에 저장하기 위해서는 '암기'나 '의미화'와 같은 과정이 필요하다.

2 기억력을 향상시키는 방법

- 간격 반복 학습(spaced repetition): 일정한 간격을 두고 반복적으로 복습하는 방법은 장기 기억에 정보를 저장하는 데 탁월하다. 짧은 간격보다는 점차 간격을 늘려 가며 복습하는 것이 효과적이다.
- 인출 연습(retrieval practice): 단순히 읽는 것보다 자신이 기억한 내용을 적극적으로 떠올리는 훈련이 필요하다. 시험을 보거나 질문에 답하는 방식으로 학습 내용을 회상하면 기억에 더욱 오래 남는다.
- 의미화(elaboration): 학습 내용을 자신의 기존 지식과 연결하거나, 실제 상황에 적용해 보는 것은 정보를 장기 기억에 저장하는 데 효과적이다. 예를 들어, 이론을 현실 문제에 적용해 보거나 사례를 통해 이해하는 방식이 의미화를 촉진한다.
- 시각적 이미지화(visual imagery): 이미지를 통해 학습하면 정보가 더 잘 기억된다. 특히 복잡한 개념은 시각적으로 표현하거나 다이어그램을 그려 보면 기억에 오래 남는다.

3 기억력을 성장시키는 실질적인 방법과 예시

기억력은 타고난 능력이라기보다 훈련과 습관을 통해 충분히 향상시킬 수 있는 능력이다. 특히 대학생처럼 많은 정보를 학습하고 이해해야 하는 시기에는 기억력을 전략적으로 키우는 것이 학습 효율을 높이는 데 매우 중요하다. 다음은 기억력을 실제로 향상할 수 있는 과학적이고 실천 가능한 방법들과 그에 해당하는 구체적인 예시들이다.

- 능동적 회상(active recall): 단순히 읽고 넘어가는 것보다 스스로 기억해 내는 연습이 기억에 훨씬 더 오래 남는다. 능동적 회상이란 정보를 외우기보다는 떠올리는 연습을 반복하는 전략이다.
  - 예: 강의를 듣고 난 후, 노트나 교재를 덮고 "오늘 수업에서 어떤 내용을 배웠지?"라고 자문하며 주요 개념을 스스로 적어 본다. 또는 플래시 카드를 만들어 질문과 답을 반복해서 퀴즈 형식으로 연습한다.
- 분산 학습(spaced repetition): 한번에 몰아서 외우는 것보다, 시간을 두고 반복적으로 복습하는 것이 기억에 더 오래 남는다. 이를 '간격을 둔 반복'이라고 하며, 뇌는 시간이 흐른 후 다시 떠올린 정보를 더 중요하게 인식한다.
  - 예: 시험 3일 전에 하루에 3시간 몰아서 공부하는 대신, 2주 전부터 하루 30분씩 주요 개념을 복습하는 방식으로 계획한다. 이를 위해 'Anki' 같은 반복 학습 앱을 활용할 수 있다.
- 정보를 연결 짓기(meaningful association): 기억은 고립된 정보보다 이미 알고 있는 정보와 연결될 때 더 잘 저장된다. 새로운 개념을 기존 지식이나 경험과 연결하면 의미 있는 기억으로 정착된다.
  - 예: 심리학 수업에서 '고전적 조건 형성'을 배울 때, 강아지가 종소리를 듣고 침을 흘리는 파블로프의 실험을 친구의 반려견 행동과 연결해 설명해 본다.
- 이미지화와 장소법(visualization & method of loci): 정보를 시각적 이미지로 바꾸거

나, 공간적 순서에 따라 기억하는 전략은 기억력 향상에 매우 효과적이다. 이 방법은 특히 복잡한 개념이나 목록을 기억할 때 유용하다.

- 예: 발표할 내용을 기억할 때 집 구조에 따라 각 방에 핵심 내용을 배치한다. 예를 들어, 현관문 앞엔 서론, 거실엔 첫 번째 논점, 주방엔 두 번째 논점 등을 상상하며 내용을 떠올린다.

● 수면과 운동의 병행: 수면은 뇌가 정보를 장기 기억으로 전환하는 시간이며, 운동은 뇌의 혈류를 촉진해 인지 기능을 향상시킨다. 기억력을 키우기 위해서는 충분한 수면과 규칙적인 운동이 필수다.

- 예: 시험 전날 밤을 새워 공부하는 대신, 7시간 이상 충분히 자고 아침에 20분간 가볍게 산책한다. 이로 인해 정보 회상률이 더 높아진다.

● 교차 학습(interleaved practice): 한 가지 주제만 반복하기보다는 서로 다른 주제를 번갈아 공부하는 것이 기억력에 도움이 된다. 이는 뇌가 더 유연하게 사고하게 만들고, 장기 기억 형성에도 효과적이다.

- 예: 수학 문제를 공부할 때, 같은 유형을 반복하는 대신 여러 유형의 문제(예: 미분, 적분, 행렬)를 섞어서 연습한다. 이 과정에서 문제 해결에 필요한 개념 간 연결이 강화된다.

기억력은 단순히 머리로 '외우는' 것이 아니라, 뇌를 어떻게 활용하느냐에 따라 달라진다. 능동적으로 떠올리고, 분산시켜 복습하고, 연결 짓고, 이미지화하며, 수면과 운동을 병행하는 습관이 기억력 향상의 핵심이다. 이런 전략들을 꾸준히 실천한다면, 기억력은 점차 강해지고, 학습의 질도 눈에 띄게 높아진다.

제4부 최적의 공부법

30
마인드 맵핑

토니 부잔(Tony Buzan)은 마인드 맵핑(mind mapping)의 창시자로, 이 기법을 통해 정보를 시각적으로 구조화하고, 기억력과 창의성을 극대화할 수 있다고 주장한다(Buzan & Buzan, 2002). 마인드 맵핑은 복잡한 정보를 효율적으로 정리하고, 연관된 개념들을 시각적으로 표현하는 도구로서, 학습과 문제 해결, 계획 수립 등에 널리 활용된다.

1 마인드 맵핑의 기본 원리

마인드 맵핑은 중심 주제를 중심에 두고, 관련된 아이디어나 개념들을 가지 형태로 확장해 나가는 시각적 다이어그램이다. 이는 우리의 뇌가 비선형적이고 연상적 사고를 하는 방식에 맞추어져 있다.

- 중심 이미지: 마인드 맵핑의 중앙에 위치하며, 주요 주제를 나타낸다. 중심 이미지는 시각적으로 강렬하고, 주제를 명확히 표현할 수 있도록 디자인된다.

- 주요 가지: 중심 이미지에서 뻗어 나가는 첫 번째 수준의 가지들로, 주요 개념이나 아이디어를 나타낸다. 각 가지는 다른 색상으로 표현하여 시각적 차이를 두고, 쉽게 구분할 수 있게 한다.
- 하위 가지: 주요 가지에서 더 세부적인 정보로 분기되는 가지들이다. 이러한 하위 가지는 추가적인 세부 사항이나 관련 개념을 나타낸다.
- 키워드: 각 가지와 하위 가지에 연결된 단어들은 간단하고 기억하기 쉽게 표현된다. 복잡한 문장 대신 단어 하나 또는 짧은 구문을 사용하여 정보를 효율적으로 요약한다.
- 이미지와 아이콘: 마인드 맵핑 내에 이미지를 추가하면 정보의 기억과 연상을 더욱 강화할 수 있다. 시각적 요소는 뇌가 정보를 더 잘 기억하게 도와준다.

2 마인드 맵핑의 단계

마인드 맵핑을 만드는 과정은 다음과 같다.

- 1단계: 중심 주제 선택

다루고자 하는 주제를 명확히 정하고, 이를 대표하는 이미지를 중심에 그린다.

- 2단계: 주요 가지 추가

중심 주제에서 주요 개념이나 아이디어로 이어지는 가지들을 그린다. 각 가지에는 색상을 다르게 하여 시각적 구분을 쉽게 한다.

- 3단계: 키워드 작성

각 가지에 연결된 키워드를 작성한다. 키워드는 핵심 아이디어를 간결하게 표현해야 한다.

- 4단계: 하위 가지 확장

주요 가지에서 더 세부적인 정보로 이어지는 하위 가지들을 추가한다. 이를 통해 정보를 계층적으로 구조화한다.

- 5단계: 이미지와 아이콘 추가

적절한 위치에 이미지나 아이콘을 추가하여 시각적 효과를 극대화한다.

3 마인드 맵핑의 장점

- 정보의 구조화: 정보를 계층적으로 정리하여 쉽게 이해하고 기억할 수 있다.
- 창의적 사고 촉진: 비선형적 사고를 촉진하여 아이디어를 떠올리기 쉽게 한다.
- 기억력 향상: 시각적 요소와 연상적 구조 덕분에 기억이 더 오래 지속된다.
- 효율적 학습: 복잡한 정보를 단순화하고 핵심을 파악하기 쉽게 하여 학습의 효율성을 높인다.
- 문제 해결과 계획 수립: 문제의 요소들을 시각적으로 정리하여 문제 해결과 계획 수립에 도움을 준다.

4 마인드 맵핑의 활용 분야

마인드 맵핑은 다양한 분야에서 활용될 수 있다.

- 학습과 교육: 학생들이 복잡한 과목을 이해하고 시험 준비를 할 때 유용하다.
- 비즈니스: 프로젝트 계획, 브레인스토밍, 전략 수립 등에 효과적이다.
- 개인 생활: 목표 설정, 일일 계획, 문제 해결 등 개인의 다양한 삶의 영역에서 사용할 수 있다.

토니 부잔의 마인드 맵핑은 정보를 시각적으로 정리하고 창의적 사고를 촉진하는 강력한 도구다. 중심 주제를 중심으로 가지를 확장해 나가며, 키워드와 이미지를 활용해 정보의 기억과 이해를 돕는다. 다양한 분야에서 활용될 수 있는 이 기법은 학습의 효율성을 높이고, 창의적 문제 해결과 계획 수립에 큰 도움이 된다. 마인드 맵핑은 다양한 상황에서 유용하게 활용될 수 있다. 다음은 마인드 맵핑의 실제 예들이다.

사례 1 학습과 시험 준비

학생들이 마인드 맵핑을 활용하여 효율적으로 학습하고 시험 준비를 할 수 있다. 예를 들어, 역사 과목의 특정 주제에 대해 마인드 맵을 작성할 수 있다.

- **중심 주제:** 프랑스 혁명
- **주요 가지**
  - 원인: 경제적 문제, 사회적 불만, 정치적 갈등
  - 주요 사건: 바스티유 감옥 습격, 국민 의회, 테니스코트 서약
  - 결과: 왕정의 몰락, 공화국 수립, 나폴레옹의 등장
  - 주요 인물: 루이 16세, 마리 앙투아네트, 로베스피에르

사례 2 프로젝트 계획

프로젝트 매니저가 프로젝트 계획을 수립할 때 마인드 맵을 활용할 수 있다. 예를 들어, 새로운 소프트웨어 개발 프로젝트를 계획하는 경우가 있다.

- **중심 주제:** 소프트웨어 개발 프로젝트
- **주요 가지**
  - 목표: 주요 기능 개발, 사용자 인터페이스 디자인, 성능 최적화
  - 팀 구성: 개발팀, 디자이너, QA 팀, 프로젝트 매니저
  - 스케줄: 계획 단계, 디자인 단계, 개발 단계, 테스트 단계, 출시
  - 자원: 소프트웨어 도구, 서버, 예산, 인력

사례 3 브레인스토밍과 아이디어 창출

마인드 맵핑은 브레인스토밍 세션에서 창의적인 아이디어를 도출하고 정리하는 데 유용하다. 예를 들어, 새로운 마케팅 캠페인을 계획하는 경우가 있다.

- **중심 주제:** 마케팅 캠페인 아이디어
- **주요 가지**
  - 타겟 고객: 20대 초반, 직장인, 주부
  - 프로모션 전략: 소셜미디어, 이메일 마케팅, 이벤트
  - 콘텐츠 유형: 비디오, 블로그 포스트, 인포그래픽
  - 예산: 광고비, 제작비, 인건비

사례 4 개인 목표 설정

개인이 자신의 목표를 설정하고 계획을 세울 때 마인드 맵을 활용할 수 있다. 예를 들어, 개인의 연간 목표를 설정하는 경우가 있다.

- **중심 주제:** 2024년 개인 목표
- **주요 가지**
  - 건강: 규칙적인 운동, 건강한 식단, 정기 건강 검진
  - 직업: 새로운 기술 습득, 승진 목표, 네트워킹 강화
  - 재정: 예산 관리, 저축 목표, 투자 계획
  - 여가: 취미 활동, 여행 계획, 가족과의 시간

마인드 맵핑은 학습, 프로젝트 관리, 브레인스토밍, 개인 목표 설정 등 다양한 상황에서 유용하게 활용될 수 있다. 이를 통해 복잡한 정보를 시각적으로 정리하고, 창의적인 아이디어를 도출하며, 목표를 체계적으로 달성할 수 있다.

제5부

진로와 직업

황선미

31
나를 찾아가는 여정

프로이트는 인간의 성숙을 '사랑할 수 있는 능력'과 '일할 수 있는 능력'으로 설명한 것으로 전해지며, 이 생각은 후대에 "사랑하고 일하라, 일하고 사랑하라. 그것이 삶의 전부다."라는 표현으로 널리 알려지게 되었다. 사랑하고 일한다는 것은 삶을 지탱하는 두 기둥과 같다. 제3부에서 살펴보았듯이 사랑은 단순한 로맨스 이상으로 연결됨과 애착을 포괄하는 관계적 현상이다. 마찬가지로 일도 단순한 직업에 그치는 것이 아니라 한 사람이 평생토록 하는 모든 생산적인 활동을 포함한다. 여러분은 중고등 시절 동안 시간과 에너지를 들여서 학습이라는 생산 활동하였고 대학에 입학하였다. 대학에 온 이후에는 아르바이트로 경제활동을 학생도 있을 것이다. 큰 범주에서 보면 전자도 일이고 후자도 일이다. 일을 통해 우리는 자기표현, 성장, 목표 등 다양한 것들을 이룬다.

일의 이런 광의적인 의미를 잘 설명해 주는 단어가 '진로(career)'다. 심리학에서 진로란 단순히 일을 통해 이익을 얻는 개념을 넘어서 개인의 성격, 취향, 가치관, 삶의 의미 등이 반영된 생애 전반에 걸친 직업적 경험과 발전의 과정을 뜻한다. 진로는 특정 직업에만 국한되지 않고 다양한 직업 경험, 교육, 훈련, 자기 발견을 포함하는 개념이므로 나아갈 진(進)과 방향 로(路), 나아갈 방향이라는 한자의 의미가 꼭 들어맞는다. '나'라는 정체성이 어디에서 어떻게 발휘하면서 나아갈까의 문제를 평생에 걸쳐 고민하고 발전시키는 과정이 진로의 과업이라 할 수 있다.

1 20대의 진로 고민, 왜 이리도 어렵게 느껴질까

최근 10년 동안 20대를 대상으로 한 국내의 연구 530편의 동향 분석에 따르면, '소득' '프로그램' '창업' '문화'가 20대의 핵심 주제어였다고 한다. 소득의 맥락에서는 임금, 가구, 성별, 소속, 기업, 규모가, 프로그램의 맥락에서는 제도, 직장, 직업, 진로가, 창업의 맥락에서는 기업가 정신, 교육, 성공 모델 수립이, 문화의 맥락에서는 세대, 소비, 가치가 연관되어 있었다(방미현, 이영민, 2020). 핵심 주제어와 관련된 단어들이 시사하듯이 20대의 삶에 진로 선택과 의사결정은 빠질 수 없는 이슈다.

관계를 중시하는 우리나라의 문화에서는 진로를 결정할 때 가족의 기대를 고려해야 하는 어려움이 따른다. 대학을 졸업하고 원하는 직업을 결정하였다고 하더라도 기회를 얻기 위해서는 경쟁적인 취업의 문을 통과해야 하는 어려움도 있다. 박제일과 임승환(2002)의 연구 결과에 따르면, 대학생들이 학생생활상담소를 찾게 하는 고민 1위가 '학업 및 진로'다. 이렇듯 진로 고민은 개인의 심리적인 요인과 현대 사회의 복잡한 변화가 복합적으로 함께 작용하는 특성상 인생의 어려운 숙제 중의 하나다. 다음으로는 진로 결정을 어렵게 만드는 몇 가지 원인을 구체적으로 살펴보겠다.

1) 불확실성에 대한 불안함

진로는 미래에 관한 일이다. 진로의 이런 본질적 특성이 진로 고민을 어렵고도 난해하게 만든다. 인간이 아무리 노력해도 미래를 예측할 수 없으므로 진로에 대해 생각하는 순간 자기 인생에 대한 불확실성에 직면하게 된다. 게다가 진로 선택은 단순히 직업 하나를 고르는 데 그치지 않고 앞으로의 삶의 방향과 방식, 인생을 통해 이루고자 하는 목표를 설정하는 과정이다. 우리는 각자 그리는 그림에 따라 직업적 성취뿐 아니라 삶의 만족도, 사회적 위치, 대인관계 등 자기 삶의 전반적인 면모에 영향이 있으리라는 사실을 알고 있다. 그러므로 불확실성 속에서 어떤 선택을 해야 만족스러울지 고민하게 되고, 최대한 후회 없이 선택하고 싶은 마음이 드는 것은 당연하다. 안타깝게도 누구도 선택을 대신 해 줄 수 없고, 누구도 어떤 방향이 옳은지 확언을 해 줄 수 없다는 사실이 우리를 불안하게 만든다. 많은 청소년이 겪어야 하였던 입시 경쟁은 성적에 따라 대학과 학과가 달라지는 제한된 목표와 선택 안에서의 수동적인 의사결정이다. 그러나 대학을 졸업 할 즈음에 하는 결정, 예를 들어, '대학원을 가서 공부를 더 할 것인가, 취업을 준비할 것인가?' '바로 경제적 보상을 얻을 수 있는 일을 할 것인가?' '경험을 위해 투자를 할 것인가?' '나는 어느 정도의 구조적 안정성이 확보된 직종을 선호하는가?' 등의 고민은 선택의 자유와 동시에 책임이 부여되는 능동적인 의사결정이다. 필연적으로 불확실성 속에서도 선택하고 책임을 지는 능력이 필요한 일이다.

게다가 현대 사회는 기술 발전, 글로벌화, 기후 변화, 인공지능(AI) 등으로 급격히 변하고 있다. 이런 변화는 직업 구조에도 영향을 미쳐 어떤 직업이 사라지고 어떤 직업이 존재할지, 미래 사회에는 어떤 능력이 요구될지 예측하기가 더욱 어려운 시대가 왔다. 인플루언서나 크리에이터 등 10년 전에는 명명하기 어려웠던 직업군에 종사하는 사람들이 많아졌지만 그렇다고 그 직업들이 공식적인 직종 코드에는 반영되지 않는 유동적인 시대가 요즘이다. 진로에 대한 인식 변화와 재교육의 필요성, 평생 성장해야 하는 부담감도 진로 선택의 불안함을 가중하고 있다.

2) 자기이해와 탐색의 부족

진로 선택이 어려운 또 다른 이유는 아동, 청소년들이 자기에 대한 이해와 탐색을 할 수 있는 기회가 부족하기 때문이다. 국내의 중고등학교 교육은 여전히 학업 성취와 입시를 중시하고 있다. 물론 과거에 비교하자면 교내 진로 탐색 프로그램, 진로 심리 검사 등 진로 및 심리 조력 프로그램이 증가하였지만 이런 시도들은 여전히 학기별 단기적으로 실시되고 있어, 학생들이 매일의 학교생활 속에서 자기의 특성을 알아차리고 다양한 경험을 할 기회가 부족하다. 결과적으로 학생들은 흥미나 적성을 충분히 고려하지 못하고 성적에 맞추어 대학과 전공을 선택하기 쉽다.

학과 적응도는 학생들의 고질적인 자기이해 부족의 문제를 보여 주는 지표다. 진로미결정 대학생의 진로 고민에 대한 선혜연 등(2012)의 연구에서 '전공이 나의 적성과 맞지 않음'과 '진로 목표의 부재'는 대부분의 참가자가 고민이라고 말한 응답이었다. 전공과 적성의 불일치로 인해 외적으로는 성적의 부진과 흥미의 저하, 부모와의 갈등이 일어나고, 내적으로는 의욕 상실, 불안 및 초조, 자신감 하락, 정체성 혼란의 문제가 파생된다. '수능 점수가 낮아서' '학과의 특성을 잘 몰라서' '부모의 강압적 권유 때문에' 등의 이유로 학과를 선택하였을 때 학업에 대한 충분한 정보와 자기의 특성을 고려하지 못하므로 혼란을 경험하기 쉽다(임은미, 2011). 실제로 대학생 상담을 하다 보면 자신의 전공과 적성이 맞지 않는다고 느끼는 학생이 다수다. 부모의 기대에 맞추어 법대에 진학하였지만, 암기 위주의 법률 공부가 맞지 않아 생물학과를 목표로 다시 수능을 본 학생, 성적에 맞추어 사회복지학과에 들어왔지만 휴먼 서비스 분야에 어떤 흥미도 생기지 않아 학업 중단을 고민하는 학생 등의 모습은 입시 전부터 충분한 자기 탐색과 진로 상담이 필요성을 보여 준다.

3) 사회적 기대와 부담감

직업은 단순히 개인의 선택을 넘어 그 사람의 가치와 사회적 지위를 평가하는 기준이 되기도 한다. 부모와 가족 친구, 사회 전반에서 특정 직업에 대한 기대가 높으면 사람들은 사회적 시선을 의식해서 진로를 결정해야 한다는 부담감을 느낀다. 이 과정에서 자신이 진정으로 원하는 길을 고려하기보다 사회적으로 인정받을 수 있는 길을 선택해야 한다는 부담감이 생긴다.

20대는 부모로부터 자립하여 자기만의 길을 찾고자 하는 욕구가 강하다. 그러나 실제로 대학을 졸업한 후 맞닥뜨리는 사회의 현실은 20대가 경제적 독립을 이루기 어렵게 한다. 고용 시장의 불안정과 경쟁 심화로 인해 과거보다 취업이 훨씬 어려워졌고 당연히 경제적인 독립이 늦어지고 있다. 그런데도 사회는 여전히 자립과 성공을 추구하라는 메시지를 보내고, 이를 내면화한 청년 세대도 본인에 대한 높은 기대감을 부여하여 스스로에게 큰 부담을 지운다.

만족의 기준을 어디에 두어야 할지를 결정하기도 어려운 일이다. 부모 세대는 안정적인 직업과 표준화된 성공을 이룰 수 있는 삶의 방식을 권장하지만 소셜 미디어의 발달로 우리는 타인의 이례적인 성공 사례에 쉽게 노출되어 있다. 때론 개성을 살리며 나답게 살아야 한다는 메시지조차 하나의 사회적 기준이 되어 자신이 선택한 길이 과연 올바른지에 대한 불안감과 압박감을 자주 느낄 수도 있다.

4) 실패에 대한 두려움과 완벽주의

진로 선택이 어려운 심리적 이유 중의 하나는 실패에 대한 두려움 때문이다. 실패에 대한 두려움은 완벽한 선택을 해야 한다고 생각하게 한다. 우리는 미래도, 자신에 대해서도 무엇이 옳은지 알 수 없다. 어떤 길로 가야 자신에게 최선인지, 장기적으로 만족감을 느낄 것인지에 대해 확신할 수도 없다. 실패에 대한 두려움은 미래의 불확실성과 맞물려 쉽게 결정을 내리지 못하게 만든다. 특히 청년 시기는 자기에 대한 이해와 경험이 부족한 상태에서 진로를 결정해야 하므로 두려움이 가중된다.

실패는 그 자체로도 두렵지만 사회적 평가를 불러일으킨다는 측면에서 더욱 부담스러울 수 있다. 특히 타인의 인생을 온라인 세계에서 가까이 들여다볼 수 있는 현대 시대는 성공한 타인과의 자신을 비교하는 일이 빈번히 일어나므로 작은 실패도 더 두드러지게 느껴질 수 있다. 결과적으로 진로를 선택하는 과정에서 실패에 대한 두려움은 자신이 원하는 삶이 무엇인지 생각하고 도전하기를 망설이게 하는 걸림돌이 된다.

실패에 대한 두려움은 완벽주의의 원인이 될 수 있다. 완벽주의와 완벽함을 혼동하는 사람들이 있는데 완벽주의는 모든 상황에서 실수 없이 완벽하게 수행하려는 태도로 오히려 사람들을 완벽함으로부터 멀어지게 한다. 완벽주의를 추구하는 태도는 비현실적이고 강박적인 특징이 있다. 완벽주의를 가진 사람들은 너무 많은 요소를 고려하느라 정보 수집에 지나치게 몰두하고 비교하곤 한다. 가끔 사람들이 "저는 결정장애가 있어서요."라고 웃어넘기는데, 선택하는 데 필요한 조건은 완전히 충분할 수 없다. 그런데도 완벽주의는 '아직 충분히 준비되지 않았다.'라는 이유로 의사결정과 선택을 미루게 한다. 미루기 또는 꾸물거림(procrastination)은 '시작하지 않으면 실패도 없다.'라는 회피 전략으로 이어질 수 있다. 이 글을 읽는 여러분도 리포트를 잘 써야 한다는 생각에 한 줄을 쓰고 지우는 행동을 반복하거나, 좋아하는 사람이 있어도 차일까 봐 두려워 고백도 못 한 경험이 있을 수 있다. 두려움은 지속적으로 위험을 회피하게 만들어 미성숙한 진로 태도를 키우므로 실패에 대한 두려움과 완벽주의를 극복하기 위한 노력도 장기적으로는 진로발달에 도움이 된다.

2 진로의 다양한 개념

진로는 '개인이 평생 수행하는 역할'(Niles & Harris-Bowlsbey, 2002)로 흔히 역할과 관련하여 정의된다. 진로와 함께 거론되는 용어로는 일, 직업, 천직, 소명 등이 있다. 각 개념을 살펴보자.

1) 일

일(work)은 단순히 어떤 목적을 이루기 위해 에너지를 소비하여 업무나 과업을 수행하는 행위를 의미한다. 일은 꼭 경제적 보상을 목표로 하지 않을 수 있다. 예를 들어, 집 청소와 같은 가사 노동을 할 때도 우리는 일을 한다고 한다. 자원봉사와 같은 비영리 활동도 일에 포함될 수 있다. 심리학적 관점에서는 일이 개인의 심리적 상태에 영향을 미칠 수 있으며, 자기존중감, 스트레스 수준, 정서적 안정 등과도 밀접한 관계가 있다. 진로와 달리 일은 지속적인 직업적 성장이나 정체성에 초점을 맞추기보다는, 특정한 작업이나 책임을 수행하는 활동에 가깝다.

2) 직업

직업(job)은 특정 기간 특정 역할을 수행하는 직무를 의미한다. 경제적 보상을 목적으로 하는 경우가 많으며, 개인의 장기적인 진로나 정체성에 큰 영향을 미치지 않는 일도 있다. 가령 예술가로서의 진로를 지향하는 과정에서 생계를 유지하기 위하여 투잡, 쓰리잡을 뛰는 사람을 많이 보았을 것이다. 진로가 생애 전반에 걸쳐 발전하는 성장 과정을 의미한다면, 직업은 단기적이고 구체적인 직무에 집중하여 일정한 수입을 얻으려는 방법으로 여겨질 수 있다. 비슷한 용어로 직종(occupation)은 흔히 유사한 직업군을 말하는데 일상적으로 직업과 직종은 구분 없이 쓰이기도 한다.

3) 천직

career와 vocation은 통상 '진로'로 해석되지만, 두 개념에는 미묘한 차이가 있다. career가 인생 전반적으로 일어나는 직업적 경험과 경력의 과정을 의미한다면 vocation은 특정 직업이나 활동을 통해 자신만의 가치와 의미를 실현하고자 하는 내적 소명과 직업적 정체성을 의미한다. 이런 맥락에서 career는 진로, vocation은 천직에 더 가깝다. 예를 들어, 누군가가 타인의 삶을 변화시키는데 깊은 가치를 두고 교사가 되기로 결심하였다면 타인에게 긍정적 영향을 줄 수 있는 교육자는 본인의 천직(vocation)이라고 부를 수 있다.

4) 소명

소명(calling)은 개인이 자기의 욕구나 선택을 넘어서 외부적 · 초월적인 힘으로 특정한 일이나 역할에 '부름을 받았다.'라고 느끼는 것을 의미한다. 소명은 종교, 철학, 영적인 문맥에서 자주 사용된다. 소명에 따라 일을 하는 사람들은 직업적 만족보다는 사회적 기여, 자기 초월적인 목표를 위해 사명감을 가지고 세상에 이바지하려는 특징이 있다.

표 31-1 진로의 다양한 개념

개념	정의 및 목적	의미의 초점
진로(career)	생애 전반에 걸친 직업적 경험과 발전 과정 포함	개인의 성장과 정체성
일(work)	목적을 이루기 위한 과업 수행	일 자체와 역할 수행
직업(job)	특정 역할을 수행하여 보상을 받는 직무	단기적 수입과 직무 수행
천직(vocation)	내적 가치와 소명을 실현하는 직업적 정체성	내적 만족과 자기실현
소명(calling)	사회적 선을 추구하는 내적 소명과 열망	자기초월적 가치와 의미

3 나에게 적합한 진로 선택

진로 뒤에 항상 따라오는 단어로는 '선택'이 있다. 세상의 수많은 활동 중에 어떤 기준으로 직업을 선택해야 하는가는 어려운 문제다. 특히 정답이 없는 인생의 문제들은 더욱 그렇다. 정답이 없기에 '적합성'을 고려해서 자신에게 가장 맞는 선택을 해야 하는데 그러기 위해서는 흥미, 적성, 성격, 가치와 같은 개인적인 측면을 깊이 들여다볼 필요가 있다. 즉, 최고의 선택을 하기 위해서는 다양한 옵션들을 탐색하는 사전 작업이 필요하다. 탐색의 재료는 '나'다. 흥미는 내가 무엇에 끌리고 즐거움을 느끼는지에 관한 것으로 만족감을 높이는 중요한 요인이다. 적성은 '어떤 능력과 재능을 갖추었는가?'에 대한 답으로 선택한 분야와 적성이 어느 정도는 맞아야 일을 하기가 수월해진다. 성격은 내가 어떤 방식으로 일을 하고 사람들과 어울리는지에 대한, 즉 나와 환경이 어떻게 상호작용을 하는지에 대한 이해로 자신의 성격을 잘 파악한다면 적합한 직업 환경을 만들 수 있다. 가치도 빼놓을 수 없다. 흥미, 적성, 성격에 모두 적합한 일이라도 본인이 가치 있다고 느끼지 못하는 활동에서는 그 활동이 본인의 천직이라든가 소명을 이루었다는 만족감을 느끼지 못할 것이다. 그러므로 흥미, 적성, 성격, 가치의 네 요소는 적합한 진로 설정을 위하여 진로 상담에서 전통적으로 고려하는 선택의 기준이 된다.

1) 흥미

흥미(interest)는 스스로 끌리는 활동과 분야를 의미한다. 흥미가 있는 일은 자연스럽게 몰입과 만족감을 느낄 수 있게 해 준다. 흥미는 곧 동기 부여와 연관되어 있으므로 흥미를 고려해서 진로를 설계하면 열정을 유지하기가 수월해진다. 자기결정성 이론(self-determination theory)에 따르면, 사람들은 본인이 자발적으로 선택한 일을 할 때 내적 동기를 발휘하고 몰입한다. 굳이 누가 시키지 않아도 중계방송을 챙겨 보며 스포츠 용어와 최근의 축구 동향을 꿰고 있는 사람을 보면 흥미가 열정과 동기를 유지하게 한다는 사실을 알 수 있다. 좋아하는 일을 해야 열성을 내고, 힘들어도 포기하지 않을 가능성이 클 것이다. 관심과 흥미를 보인다는 자체가 곧 진로 탐색의 시작을 의미하므로 다양한 진로이론과 상담 개입, 검사(Strong 직업흥미 검사 등)들은 흥미를 진로의 주요한 요인으로 고려한다.

취미 활동은 자신의 흥미를 탐구하고 시도해 보는 중요한 수단이 될 수 있다. 예를 들어, 평소에 글쓰기 습작을 즐겨 하던 취미를 바탕으로 창의력을 활용하는 직업을 생각해 볼 수 있다. 널리 알려졌다시피 『해리 포터』 시리즈의 저자 J. K. 롤링은 원래는 전업 작가가 아니었지만 힘든 상황 속에서도 자녀를 위해 글을 쓰던 열정이 빛을 발해 세계적인 작가가 되었다. 오디션 프로그램을 통해 이름을 알린 몇몇 가수도 다른 직업이 있었음에도 자기의 흥미를 따라 도전하여 전업 가수가 된 예시다. 좋아하는 취미를 통해 흥미를 확장하고 진로 선택으로 이어지는 경우는 내적인 동기를 유지할 수 있는 이상적인 진로 선택이다.

그러나 흥미 한 가지 요소로만 직업을 선택한다면 문제가 생길 수 있다. 좋아하는 일이 잘하는 일과 항상 일치하지는 않는 우리 삶의 흔한 비극 때문이다. 축구에 남다른 열정을 가지고 있지만 기본적인 역량을 갖추지 못하였다면 선수로서 기대하는 성과를 내기 어려울 수 있다. 이럴 때는 축구를 직업(job)이 아닌 일(work)과 활동으로 생각하는 방법을 활용할 수 있다. '축구'라는 키워드를 놓고 다양한 변수를 고려해 볼 수 있고, 축구라는 활동이 자신에게 어떤 매력을 주는지를 탐색해 보고 그 활동이 가지고 있는 가치에 집중할 수도 있다. 직업적응이론을 창시한 도위스(Dawis)와 로

프퀴스트(Lofquist)는 흥미를 능력과 가치에서 파생된 것으로 보았다. 그들의 관점을 적용한다면, 축구에 대한 흥미는 신체 능력을 활용하여 성취감을 느낄 수 있고 바쁘게 몸을 움직일 수 있는 활동성, 즉 '성취'와 '활동성'에 대한 가치를 반영한다. 그러므로 축구가 아니더라도 성취와 신체적 활동성의 가치를 이룰 수 있는 진로를 찾는다면 대안의 범위를 넓힐 수 있다. 진로란 나를 찾아가는 복잡한 여정이다. 흥미만을 고려한 선택은 한계가 있지만 흥미를 잘 들여다보면 나라는 사람의 생각과 특성을 알 수 있다.

2) 적성

적성(aptitude)은 특정 활동을 잘 해낼 수 있는 잠재력을 의미한다. '적성 검사'를 키워드로 검색하면 인 · 적성 검사의 정보들이 나온다. 기업들은 다양한 인 · 적성 검사(또는 시험)들을 채용에 적극적으로 활용하는데, 현재 실시하는 시험의 결과가 미래의 수행 능력을 예측할 수 있다고 해석하는 것이다. 즉, 적성은 한 사람이 '그 일을 얼마나 잘하는가?'의 능력과 '앞으로도 얼마나 잘 해낼 수 있는가?'의 가능성까지 포괄하는 종합적인 개념이다(정석용, 이규은, 2013). 적성에 맞는 일을 선택해야 한다는 것은 특별한 이론적 근거를 대지 않아도 공공연하게 받아들여지는 사실이다. 스스로 잘할 수 있고, 앞으로도 잘할 수가 있으리라 믿는 일을 한다면 상대적으로 긍정적인 성과를 낼 가능성이 높다. 주위의 긍정적인 피드백도 받을 테니 자기효능감(self-efficacy)도 올라갈 것이다.

적성은 여러 가지 방식으로 분류할 수 있다. 다중지능이론(multiple intelligences theory)은 하버드 대학교의 심리학자 하워드 가드너(Howard Gardner)가 1983년에 제안한 이론으로 인간의 지능이 단일한 지표로 평가될 수 없다는 생각에서 출발하였다. 전통적으로 지능은 언어적 지능과 수리적 지능으로 측정되었으나, 가드너는 다차원적인 지능의 개념을 제시하고 여덟 가지 유형으로 분류하였다. 여덟 가지는 각각 언어적 지능(linguistic intelligence), 논리-수리적 지능(logical-mathematical intelligence), 공간적 지능(spatial intelligence), 음악적 지능(musical intelligence),

신체-운동적 지능(bodily-kinesthetic intelligence), 대인관계 지능(interpersonal intelligence), 자기성찰 지능(intrapersonal intelligence), 자연탐구 지능(naturalistic intelligence)이다. 그는 추후에 존재와 삶에 대한 의미를 찾고 본질을 탐구하는 능력, 즉 실존적 지능(existential intelligence)을 덧붙일 가능성을 언급하기도 하였다(Gardener, 1983; 2006; 2007).

커리어넷에서 제공하는 주요능력효능감 검사(〈표 31-2〉 참조)는 가드너의 여덟 가지 다중지능이론에 창의력을 추가하여 사람들이 자기 적성을 자가 점검할 수 있게 돕고 있다. 진로교육정보망은 교육부의 지원을 받아 한국직업능력연구원에서 운영하는 포털사이트로 방대한 양의 진로 정보를 제공한다. 사이트를 통해 '진로 정보망 커리어넷'에 들어가면 초 · 중 · 고 · 대학생, 일반인에 개별적으로 맞춘 심리 검사와 진로 상담을 무료로 받을 수 있다.

표 31-2 주요능력효능감 검사의 주요 능력 분류

주요 능력	내용
신체 운동 능력	기초체력을 바탕으로 효율적으로 몸을 움직이고 동작을 학습할 수 있는 능력
공간 지각 능력	머릿속으로 그림을 그리며 생각할 수 있는 능력
음악 능력	노래 부르고 악기를 연주하며 감상할 수 있는 능력
창의력	새롭고 독특한 방식으로 문제를 해결하는 능력
언어 능력	말과 글로써 자기 생각과 감정을 표현하며, 다른 사람의 말과 글을 잘 이해할 수 있는 능력
수리 논리 능력	수리적으로 사고하여 문제를 해결하는 능력
자기성찰 능력	자기 생각과 감정을 알며, 자신을 돌아보고 감정을 조절할 수 있는 능력
대인관계 능력	다른 사람들과 더불어 살아가는 능력
자연친화 능력	인간과 자연이 서로 연관되어 있음을 이해하며, 자연에 관하여 관심을 가지고 탐구 · 보호할 수 있는 능력

출처: 한국직업능력연구원.

표 31-3 아홉 가지 적성 분류

주요 능력	내용
언어 능력	정확한 의사소통을 위해 정확한 단어를 선택하고, 어휘를 연상하고 문장의 뜻을 이해하고, 의사를 발표하는 능력을 말하며, 이 언어 능력을 언어적 개념을 중요한 요인으로 하는 사회과학 분야에서 요구되는 적성이다.
공간 지각 능력	입체적 공간관계를 이해하는 능력으로서 시각을 통하여 실체적 물체를 취급하고 실체적 물체를 회전 또는 분해하였을 때의 형태를 상상하는 능력이다. 이 능력은 제도, 설계, 건축, 미술, 가구 등 제도에서부터 재단에 이르기까지 입체 구성 능력을 요구하는 직업 분야의 적성이다.
계산력	정확하고 빠르게 계산하는 능력을 말하며, 이 능력은 대부분의 직업에서 필요한 기초적 능력이지만, 특히 사무 분야에서 중요한 적성이다.
추리력	원리를 추구하고 응용하는 능력이다. 자연과학, 사회과학 등의 분야에서 필요로 하는 적성이다.
기계 추리력	각종 기계 기구 및 물리학적 원리를 이해하고 추리하는 능력을 말하며, 이 능력은 토목, 기계 수리 기술자, 조립 기술자, 기타 각종 이공학 시설 분야 및 공장 등에서 요구되는 적성이다.
척도 해독력	척도, 그래프, 차트, 계기 등을 신속 정확하게 읽는 능력을 말하며, 이 능력은 이공학, 화학, 생물, 수학, 의학 등의 과학 분야와 실업 및 기술 분야에서 요구되는 적성이다.
수공 능력	운동감각의 정확성과 신속히 반응하는 능력이다. 이 능력은 전자공, 전기공, 인쇄공, 세공 등의 직업 분야에서 중요한 적성이다.
사무 지각 능력	문자나 기호를 정확하고 신속하게 식별하는 능력을 말하며, 경리, 서기, 전화교환 등 사무 분야에서 필요한 적성이다.
형태 지각 능력	실물이나 도해를 정확하고 빠르게 비교, 변별하는 능력을 말하며, 이 능력은 통신, 타자 등의 사무 분야와 도안, 디자인 등의 응용미술 분야 그리고 기타 기능적 분야에서 필요한 적성이다.

출처: 임두순(2000); 정석용, 이규은(2013), pp. 110-111에서 재인용.

활동 과제

적성 탐색하기

다음은 홍길동(남, 대학 1년)의 주요능력효능감 검사 결과입니다. 결과를 보고 홍길동의 적성에 잘 맞을 것 같은 직업을 추천해 보세요.

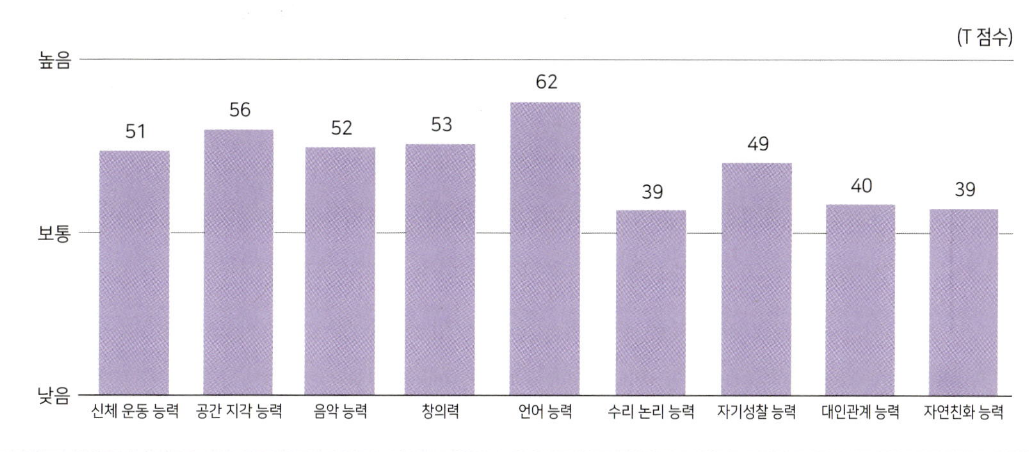

주요 능력	정의	원점수	백분위	T점수	판정 유형
신체 운동 능력	기초 체력을 바탕으로 효율적으로 몸을 움직이고 동작을 학습할 수 있는 능력	16	51%	51	보통
공간 지각 능력	머릿속으로 그림을 그리며 생각할 수 있는 능력	23	72%	56	충분
음악 능력	노래 부르고 악기를 연주하며 감상할 수 있는 능력	21	58%	52	보통
창의력	새롭고 독특한 방식으로 문제를 해결하는 능력	18	63%	53	보통
언어 능력	말과 글로써 자신의 생각과 감정을 표현하며, 다른 사람의 말과 글을 잘 이해할 수 있는 능력	29	89%	62	충분
수리 논리 능력	수리적으로 사고하여 문제를 해결하는 능력	12	13%	39	보완
자기성찰 능력	자신의 생각과 감정을 알며, 자신을 돌아보고 감정을 조절할 수 있는 능력	21	48%	49	보통
대인관계 능력	다른 사람들과 더불어 살아가는 능력	18	15%	40	보완
자연친화 능력	인간과 자연이 서로 연관되어 있음을 이해하며, 자연에 관하여 관심을 가지고 탐구 · 보호할 수 있는 능력	7	15%	39	보완

3) 성격

성격은 개인이 환경과 상호작용을 하는 일관적이고 고유한 방식을 말한다. 진로 심리학에서 흥미와 적성만큼이나 중요하게 생각하는 개인의 특징이 성격이다. 성격은 개인의 직업 선택, 직업 적응, 직장 내 인간관계 및 만족도 등과 깊은 관련이 있다.

일과 사람도 궁합이 있다. 누군가가 "나는 혼자 하는 일이 영 안 맞아."라고 할 때, 그 누군가는 함께 어울리며 일하고 싶어 하는 본인의 성격을 바탕으로 말을 하고 있다. 이런 맥락에서, 사람의 성격과 직무가 궁합이 잘 맞아야 수월하게 성과를 내고 만족감을 얻을 수 있다는 개념이 '성격과 직무 적합성(person-job fit)'이다.

성격을 이해하려면 내면 탐구, 주요한 타인에게 피드백 받기, MBTI나 BIG 5와 같은 성격유형이론과 심리 측정 도구를 활용할 수 있다. 이론과 심리 측정 도구는 개인이 자신의 성격적 특성을 객관적으로 파악할 수 있게 돕고, 때론 각 성격 유형에 적합한 직업을 추천하기도 한다. 일상에서 쉽게 적용할 수 있는 심리 측정 도구로는 융의 성격이론을 기반으로 개발한 MBTI 성격 유형 검사가 있다.

(1) 외향과 내향

외향(extravert)과 내향(introvert)은 '그 사람의 에너지가 어느 방향으로 흐르는가?' 쉽게 말해 본인의 에너지를 어디에 쓰기를 즐기며, 어디에서 에너지를 얻는가를 나타내는 성격의 지표다.

외향적인 사람들은 외부와 상호작용을 하며 에너지를 사용한다. 외부와의 상호작용은 '사람을 좋아하고 말이 많다.'와 같은 단순한 해석 이상이다. 자신을 둘러싼 외부 환경(자연, 사회)과 타인에게 다가가 탐색하고, 정보를 교환하고, 영향을 주고받는 방식은 외향형의 사람들에게는 자연스러운 흐름이다. 외부 세계와의 상호작용은 외향형의 사람들에게는 가장 익숙한 생존 방식이므로 이들은 자연스럽게 사람들에게 다가가 말을 걸고 탐험을 한다. 얼마나 사교적인가, 소통을 잘하는가는 개인에 따라 다르지만, 내향적인 사람들과 비교하였을 때 이들은 자연이나 타인과 함께 일하며 협력을 통해 문제를 해결하기를 선호한다.

외향형의 사람들에게 추천할 만한 직업

- 사람들과의 소통과 설득력이 중요한 일
- 상호작용을 통해 영향력과 열정을 느낄 수 있는 일
- 사람들과의 네트워킹과 협업이 중요한 일
- 사람 또는 자연과 직접적으로 접촉해서 문제를 해결하는 일
- 새로운 환경을 탐험할 수 있는 일
- 상사나 동료들의 지지를 받을 수 있는 일

외향형의 사람들의 스트레스 요인

- 지나치게 고립된 환경과 일
- 혼자만의 의사결정이 강요되는 일

내향형의 사람들은 내부와 상호작용 하며 에너지를 사용한다. 사람의 내면에는 생각, 감정, 가치, 아이디어, 동기 등이 존재한다. 모든 내향형의 사람이 '사람을 좋아하지 않는다.'라거나, 모든 외향형의 사람이 '활발하다.'와 같은 결론을 내린다면 이는 생각을 단순하게 해서 생기는 오류다. 외향과 내향을 가르는 핵심 질문은 생존을 위해 '외부에 다가가는가? 아니면 내면에 접촉하는가?' '외부와 내면 중 어느 방향에 다가가는 것이 더 자연스러운가?'다. 내향형의 사람들은 생각과 감정을 정리하고, 가치를 탐색하며, 아이디어에 집중하며 그 결과물을 활용하여 사람들과 교류한다.

내향형의 사람들에게 추천할 만한 직업

- 데이터를 다루는 일
- 독립적인 작업환경에서 집중할 수 있는 일
- 아이디어를 구조화하고 결과물로 낼 수 있는 일
- 정밀함과 분석력을 요구하는 일

내향형의 사람들의 스트레스 요인

- 과도한 회의와 협업

(2) 감각과 직관

감각과 직관은 사람이 정보를 받아들이는 방식을 말한다. 사람들은 오감(보고, 듣고, 맛보고, 만지고, 냄새 맡는)이라고 불리는 감각(sensing)을 이용하거나, 보이지 않는 직관(intuition)의 능력을 이용해서 정보를 인식한다. 사실 인간은 감각과 직관을 모두 사용한다. 다만 감각과 직관, 둘 중의 하나는 다른 능력보다 더 쉽고 자연스러울 뿐이다. 이를 '선호도'라고 하는데 자신이 선호하는 심리 기능을 잘 알고 활용한다면 '나'라는 존재를 보다 적합하게, 보다 나답게 살게 할 수 있다는 생각이 이 이론의 기본 전제라고 할 수 있다.

감각형의 사람들은 현실에 초점을 맞추고, 실제적인 정보를 선호하며, 단계적으로 결론에 도달하는 경향이 있다. 직관형의 사람들은 가능성에 초점을 맞추고, 보이지 않는 추상적인 정보를 선호하며, 큰 그림으로 통합하는 경향이 있다.

감각형의 사람들의 자원

- 현재의 기쁨
- 현실 파악
- 날카로운 관찰력
- 과거와 현재 경험의 세부 내용을 기억하기
- 구체화하기
- 실용성

직관형의 사람들의 자원

- 상상의 기쁨
- 개념 연결
- 추상적 사고력

- 가능성을 감지하고 창조하기
- 통합하기
- 추상성

(3) 사고와 감정

감각과 직관으로 받아들인 정보를 기반으로 사람들은 사고와 감정을 활용하여 의사결정을 내린다. 사고형(thinking)은 객관적인 사실, 논리적인 연관성과 인과관계를 기본으로 옳고 그름을 판단한다. 사고형의 사람들이 사람과 관련된 의사결정을 해야 한다면 모두를 위한 '공정한' 결정을 내리려고 상당히 노력할 것이다. 반면, 감정형(feeling)은 자신의 결정이 가져올 결과적인 가치를 놓고 적합성의 판단을 내린다. 가치란 본래 사람에 따라 다르기에 감정형의 사람들이 인간관계에 관하여 의사결정을 해야 한다면 상대방에게 적합한 가치를 '이해하려고' 상당히 노력할 것이다. 흔히 사고형을 '냉정한 T'로, 감정형을 '우유부단한 F'로 오해하는데 이는 융의 성격 유형 이론을 잘못 사용하는 실수다. 이 부분에 대해 『MBTI Form M 매뉴얼』(2013, p. 25)은 융의 저서를 인용하며 다음과 같이 밝혔다.

> 감정을 이용한 판단 과정에서 이들이 애정(affect)이나 정서(emotion)를 사용한다는 것 역시 잘못된 고정관념이다. 이러한 점에 대해, 융은 "감정(Feeling)은 지각할 수 있을 만한 신체적 신경감응을 생산하는 애정(affect)과는 분명히 차별된다. 즉, 감정기능은 일반적인 사고기능과 별다른 차이가 없다(1921/1971, p. 434)."라고 하였다.

(4) 인식과 판단

감각과 직관은 정보를 받아들이고 세계를 인식하는 심리적 기능이다. 사고와 감정은 자신의 기준에 따라 합리적인 결정을 내리고 판단하는 심리적 기능이다. 인식형(perception)의 사람들은 합당한 의사결정을 내리기까지 최대한 많은 정보를 받아들이려고 노력한다. 이것이 이 유형의 사람들이 인식형이라고 불리는 이유다. 결과적으로 인식형의 사람들은 새롭게 들어온 정보에 개방적이고, 정보 유입에 수반하는 변화도 자연스럽게 수용하는 태도를 보인다. 판단형(judging)의 사람들은 자신에게 필요한 일정 수준의 정보를 파악한 후에는 의사결정을 내리고 싶어 한다. 단계적인 의사결정과 판단이 없다면 이후 단계의 행동을 취할 수 없고, 그렇기에 이들에게 계획이란 생존을 위한 노력이다. 판단형의 사람들은 결과를 만들어 내기 위해 현실에 구조를 더하고 조직적으로 행동한다.

인식형의 특성

- 새로운 상황과 변화에 잘 적응한다.
- 변화에 개방적이나.
- 결정을 과도하게 지연한다.
- 너무 많은 프로젝트를 시작하고, 이러한 것들을 끝내기 어려워한다.
- 흥미로운 일이 발견되면 지루한 일을 지연한다.
- 새로운 일에 관해서는 모든 것을 알기 원한다.
- 일이나 상황, 사람에 대한 새로운 시각에 호기심을 갖고 환영하는 경향이 있다.

판단형의 특성

- 자신이 계획하고자 하고 또한 그 계획을 따라 일할 때 가장 잘한다.
- 일을 결정하고 끝내는 것을 좋아한다.
- 너무 빨리 결정한다.
- 갑작스러운 일 때문에 집중하고 있는 프로젝트가 방해받는 것을 싫어한다.
- 이미 하고 있는 일을 완수하려는 욕구 때문에 해야 할 필요가 있는 새로운 일에 주의를 기울이지 않는다.
- 일을 시작하는 데 있어서 필요한 핵심만을 원한다.
- 한번 판단 내린 후에는 일이나 상황, 사람에 대해 만족해한다.

4) 가치

흥미, 적성, 성격은 개인의 진로를 탐색할 때 '어떤 일을 좋아하는가?' '어떤 일을 잘할 수 있는가?' '어떤 환경이 나에게 잘 맞는가?'와 같은 개인의 내적인 특성과 선호를 중심으로 고려하는 요인들이다. 반면, 가치는 '어떤 삶을 살고 싶은가?' '자신의 일을 통해 무엇을 사회에 기여하고 싶은가?'와 같은 삶의 방향성과 사회적 의미를 반영하는 요소다. 따라서 가치는 진로를 단순한 직업 선택이 아닌 개인의 삶과 사회적 역할을 연결하는 통합적 관점에서 바라보도록 돕는 중요한 요인이다.

이와 관련하여 로프퀴스트와 도위스는 일의 가치(work values)를 진로 선택의 핵심 요인으로 제시하며, 개인이 직무에서 중요하게 여기는 가치가 충족될 때 직무 만족도와 지속성이 높아진다고 설명하였다. 이들은 가치를 직무 수행 중 얻는 강화물로 보고 여섯 가지 주요 가치를 제시하였다.

- 성취(achievement): 자기 능력을 발휘하고 의미 있는 결과를 만들어 내는 것을 중요하게 여김
  - 예시 직업: 연구원, 창작자, 엔지니어
- 편안함(comfort): 근무 조건, 일정, 안정성 등 물리적 · 정서적 안락함을 중시함
  - 예시 직업: 공무원, 다양한 영역의 사무 업무
- 지위(status): 사회적 인정, 승진 기회, 리더십을 추구함
  - 예시 직업: 기업 임원, 다양한 영역의 전문가
- 이타성(altruism): 타인을 돕거나 사회에 기여하는 데서 만족을 느낌
  - 예시 직업: 사회봉사자, 교사, 상담사, 종교인
- 안정성(safety): 예측 가능하고 체계적인 환경을 선호함
  - 예시 직업: 행정직, 교사, 공무원, 다양한 영역의 사무 업무
- 자율성(autonomy): 독립적으로 일하고 의사결정을 내릴 수 있는 자유를 중요시함
  - 예시 직업: 다양한 영역의 프리랜서, 자영업

이처럼 직업의 가치는 개인이 중요하게 여기는 삶의 기준을 반영하며, 진로 선택 시 이러한 가치가 얼마나 충족될 수 있는지를 고려하는 것이 지속 가능하고 만족스러운 진로를 설계하는 데 중요한 기준이 된다.

32
진로발달이론

1 홀랜드의 육각형 모델

존 홀랜드(John L. Holland, 1919~2008)는 미국의 심리학자로 진로심리학 분야에서 중요한 공헌을 한 인물이다. 그는 1919년 미국 네브래스카주에서 태어나 미네소타 대학교에서 심리학 박사 학위를 받았다. 그는 제2차 세계대전 기간에 군대에서 복무하였는데 병사들의 성격에 따른 복무 배치를 도우며 사람들의 성격과 직업 간의 관련성 분야에 관심을 두게 되었다.

홀랜드(Holland, 1997)는 직업 환경과 성격 유형을 여섯 가지로 분류하여 '일하는 환경-그 일을 하는 사람의 성격'이 동일한 유형일수록, 다시 말해 제대로 매칭될수록(fit) 긍정적인 진로 경험을 한다고 믿었다. 여섯 가지 유형을 기본으로 하고 있기에, 이 유형은 육각형 모델(hexagon model)로도 널리 알려져 있다. 여러분이 중고등학교에서 자주 접하였을 진로 심리 검사(홀랜드 직업적성 검사, 홀랜드 전공적성 검사, Strong 직업흥미 검사 등)는 홀랜드의 육각형 모델의 토대 위에 만들어졌다. 잡월드와 같은 진로 체험관의 진로 심리 검사 결과에서 여러분은 [그림 32-1]과 같은 그림을 자주 보았을 것이다.

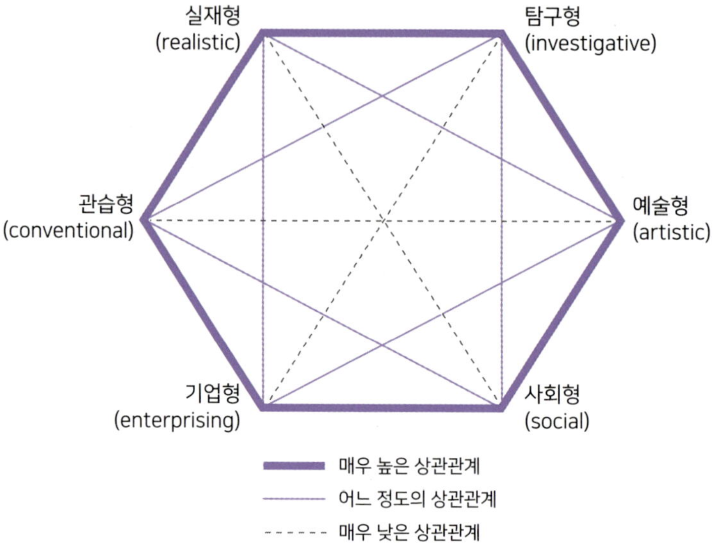

그림 32-1 **홀랜드의 육각형 모델**

출처: Holland (1997).

실재형, 탐구형, 예술형, 사회형, 기업형, 관습형 여섯 가지 유형은 각각 사람들의 성격을 나눈 분류이기도 하지만 일의 특성 분류이기도 하다. 예를 들어, 탐구적 성격 유형은 분석하고 지적인 방식으로 문제 해결하기를 즐기는 사람들이다. 연구직, 프로그램 개발자 등의 일은 논리적인 사고력을 발휘할 수 있는 분야이므로 탐구적 성격 유형의 사람이 탐구적 직업 환경을 잘 찾아갈 수 있도록 도와주는 방향으로 이 이론을 적용할 수 있다. 유형은 주로 두 가지 또는 세 가지의 조합(예: SA 사회형-예술형 / CSA 관습형-사회형-예술형)으로 설명한다.

1) 실재형

실재형(realistic)의 사람들은 주로 현실적이고 실질적인 문제를 해결하기를 즐긴다. 그들은 손으로 무언가를 만들고 물리적인 환경에서 직접적으로 활동하기를 선호한다. 사람보다는 사물(기계, 도구, 자연환경)과 작업하는 것을 편안해하는 사람들이다. 실재형은 현실형으로 불리기도 하는데 두 명칭 다 이들의 실용적인 성격을 잘 설명한다. 이들은 추상적인 이론보다는 실제로 자기가 노력해서 얻어 낸 구체적인 기술, 문제 해결 방식, 실력을 믿는다. 그러므로 신체적인 능력, 사물을 능숙하게 조작하는 능력, 실제적인 기술을 습득하고 눈에 보이는 결과를 만들어 낼 수 있는 능력이 요구되는 일들이 이들에게 잘 어울린다(예시 직업: 운동선수, 엔지니어, 정비사, 기계기술자, 농부, 전기기사, 소방 공무원, 경찰 공무원 등).

2) 탐구형

탐구형(investigative)의 사람들은 지적 호기심이 강하고 논리적이고 과학적인 문제 해결을 선호한다. 이들은 현상을 관찰하고 관찰한 결과로부터 개념을 도출하는 등의 지적 활동을 즐긴다. 자신의 논리를 사용하여 문제를 해결하고 싶어 한다. 이들은 특히 수학과 과학 분야에 관심이 많다. 사물보다는 사물에서 도출할 수 있는 데이터, 사람보다는 사람들의 특성 등의 자료와 독립적으로 일하기를 즐긴다. 논리적으로 생각하는 능력, 창의력, 추상적인 사고를 통해 문제를 해결하는 능력이 요구되는 분야가 이들에게 적합하다. 지적인 성장을 꾸준히 자극받을 수 있는 도전적인 업무 분위기도 탐구형의 사람들이 선호하는 직업 환경이다(예시 직업: 연구원, 과학자, 데이터분석가, 프로그래머, 각 분야의 학자, 교수, 의사, 개발자 등).

3) 예술형

예술형(artistic)의 사람들은 창의적이고 정서적인 표현을 선호한다. 그들에게 자기표현은 매우 중요한 욕구이므로 이를 이룰 수 있도록 허용하는 개방적인 환경에서 자유롭게 일하기를 즐긴다. 이들은 미술, 음악, 문학, 요리 등이 예술 활동에 관심이 많고, 예술을 통해서 무언가를 창조하고 만들어 가는 데 흥미를 느낀다. 이들은 자신의 고유성에서 존재감을 느끼곤 한다. 심미성, 상상력, 자기를 표현하는 능력, 창의성을 발휘하여 새롭게 바라보고 구성하는 능력이 요구되는 일들에 잘 어울린다(예시 직업: 작가, 음악가, 디자이너, 화가, 배우, 요리사, 각 분야의 예술가, 무대 디자이너, 감독, 크리에이터 등).

4) 사회형

사회형(social)의 사람들은 다른 사람들을 돕고 가르치는 등 타인과의 긍정적인 상호작용을 만들고 싶어 하는 사람들이다. 이들은 사회 문제에 책임 의식을 가지고 인류애의 가치를 지향한다. 이들이 문제를 해결하는 방식은 사람들과의 협력과 의사소통을 통해서다. 협업, 토론, 팀워크 분야에 강점을 가지고, 대화를 즐기는 경향이 있다. 비언어 및 언어 소통 능력, 사회적 기술, 사회적 영향력 등의 요구되는 일들에 잘 어울린다(예시 직업: 교사, 간호사, 사회복지사, 상담사, 코치, HR 담당자, 학교관리자, 정신과 의사, 강사, 등).

5) 기업형

기업형(enterprising) 또는 진취형으로 불린다. 사회형의 사람들과 마찬가지로 사람들과 함께 일하기를 즐긴다. 차이가 있다면 이들은 개인과 공동체의 목표를 보다 중시하고, 결과를 만들기 위해서 사람들을 지도하고 설득하는 경향이 있다. 판매, 정치, 관리와 같은 분야처럼 노력을 기울여서 이익을 창출할 수 있는 활동을 선호한다. 이들은 자주 자신감 있고 확신에 찬 태도를 유지하는 경향이 있다. 리더십, 시선을 끄는 능력, 설득하는 언어적 기술, 경영과 관리 능력 등이 요구되는 일들에 잘 어울린다(예시 직업: 기업가, 정치인, 부동산 중개인, 변호사, 경영자, 판매관리자, 방송인, 투자자, 마케터, 상품 개발자 등).

6) 관습형

관습형(conventional)의 사람들은 구조적이고 체계적인 업무를 선호한다. 그들은 자기와 주변을 조직화하는 능력이 있으며, 잘 정리된 환경 안에서 편안함을 느낀다. 문제를 해결하기 위해서 이들은 구체적이고 잘 정리된 지침을 따른다. 지침이 없다면 이들은 문제를 조직화해서 신뢰할 수 있는 지침을 만들어 낼 것이다. 조직화 능력, 사무 능력, 계산 능력, 데이터를 다루는 능력, 통제하는 능력 등이 요구되는 일들에 잘 어울린다(예시 직업: 회계사, 행정가, 은행원, 서기, 사서, 기록 관리사, 데이터 입력 담당자, 공무원 등).

진로 고민을 시작할 무렵 홀랜드의 육각형 모델을 활용한다면 도움이 될 것이다. 그러나 단일 유형으로 대표되는 사람과 직업은 드물다는 사실을 반드시 기억해야 한다. 대부분의 직업에 필요한 역량은 다차원적이다. 예를 들어, 최근 많이 선택하는 직업으로 빅데이터 분석가가 있다. 빅데이터 분석가는 주로 탐구형의 특성을 가진 직업으로 알려졌지만 관습형의 체계적인 분석 능력과 실재형의 기술적 구현 능력도 필요하다. 마케터도 마찬가지다. 전통적으로 마케팅은 진취형의 업무로 여겨졌지만, 최근에는 소셜 미디어를 기반으로 한 콘텐츠 마케터들의 활동이 증가하며 예술형의 표현 능력이 요구된다. 또한 고객의 반응과 구매 전환율 등의 데이터를 빠르게 습득하고 분석해야 하므로 탐구형의 능력도 필요하다고 볼 수 있다.

활동 과제

흥미 탐색

1. 다음 유형별로, 자신에게 얼마나 흥미가 있는지를 5점 척도로 표시해 보세요.

* 1=전혀 흥미 없음, 2=대체로 흥미 없음, 3=보통, 4=약간 흥미 있음, 5=매우 흥미 있음

유형	특징	점수
R(실재형)	손이나 도구를 사용해 무언가를 만들거나, 스포츠 · 야외 활동 선호	
I(탐구형)	과학적 연구, 실험, 지적 호기심, 문제 해결에 관한 관심	
A(예술형)	미술 · 음악 · 글쓰기 등 창의적 활동, 독창적 표현, 자유로운 환경 선호	
S(사회형)	사람들과 소통, 협력, 도움 제공, 교육 · 상담 · 봉사활동 등에 흥미	
E(기업형)	리더십, 조직 운영, 목표 설정 · 추진, 설득 · 협상, 혁신 사업 등에 흥미	
C(관습형)	자료 정리, 체계화, 규칙 준수, 정확성과 효율성 추구, 조직 내 역할 수행 선호	

2. 점수를 적어 보세요.

R	
I	
A	
S	
E	
C	

3. 나의 상위 1~3위 유형은? (예: E, S, C)

4. 예상했던 유형과 실제 유형이 일치하나요?

5. 유형이 학과, 동아리, 아르바이트, 대외 활동 등 지금 하고 있는 활동과 잘 맞나요?

6. 유형이 잘 발휘될 수 있도록 시도할 수 있는 활동이나 진로 방향은 무엇이 있을까요?

2 슈퍼의 전 생애 진로발달이론

도날드 슈퍼(Donald E. Super, 1910～1994)는 진로 상담 분야에 선구적인 심리학자로 인간의 진로발달을 전 생애에 걸치는 과정으로 설명하였다. 그는 진로를 단순히 개인의 어떠한 특성과 직업이 매칭되는 개념이 아니라, 개인의 성장과 역할을 수행할 수 있는 장으로 여겨 진로에 대한 관점을 포괄적으로 넓혔다. 특히 슈퍼의 이론 중 자아개념, 인간의 인생 주기(life-span)에 따른 생애 역할은 지금까지도 널리 적용된다(Super, 1957).

1) 전 생애 진로발달단계와 자아개념

슈퍼는 진로발달을 전 생애(life-span)적인 관점에서 이해하고 이를 단계별로 구분하였다. 초기의 진로이론들이 진로를 인생의 어느 한 구간에서 이루어지는 선택과 결정으로 보았다면 그는 인간이 나이를 먹듯이 진로도 전 생애적으로 이루어지는 발달의 과정이라고 여겼다. 각 발달단계에서 인간은 자신을 이해하고 자신의 정체성을 진로에 반영한다. 자아개념(self-concept)은 한 사람이 자기와 자기를 둘러싼 주위 환경을 바라보는 관점과 시각을 뜻한다. 자아개념은 슈퍼의 이론에서 핵심적인 개념으로 슈퍼는 개인의 자아개념 역시 발달 과정에서 환경과 상호작용을 하며 변할 수 있다고 보았다.

(1) 성장기

성장기(stage of growth)는 전 생애 진로발달이론의 첫 번째 단계로 출생에서부터 약 14세까지를 포함한다. 이 단계는 한 사람의 자아개념과 진로와 관련한 태도 및 가치관의 기초가 형성되는 시기다. 성장기는 주로 호기심, 환상, 흥미, 능력을 거쳐 발달한다.

호기심(curiosity)은 유아들이 세상에 대해 본능적으로 갖는 관심이고 탐색을 위한 전제 조건이다. 유아는 주변 환경에 대해 호기심을 갖고 난 후에는 다양한 방식으로 탐색을 한다. 가령 유아들이 벽에 달린 콘센트의 구멍을 지나치지 못하고 젓가락을 넣어 확인하는 행동은 인간의 본능적인 호기심을 반영한다. 조금 더 큰 아동의 경우에도 끊임없이 '왜?'를 질문하며 세상에 대한 궁금증을 표현한다. 세상에는 왜 다양한 색이 존재하는가, 공을 던지면 이후에는 무슨 일이 일어나는가, 어른들은 무슨 일을 하는가? 호기심의 단계에서 아동은 특정 직업이나 활동을 정확하게 이해하지는 못하지만, 직업 세계의 밑바탕이 되는 환경과의 상호작용을 통해 진로의 초기 태도를 형성한다.

환상(fantasy)은 보통 초등 저학년까지의 아동이 자기 상상력을 자유롭게 발휘하며 되고 싶은 이미지를 형성하는 방식이다. 아동은 자신의 조건, 능력, 자격, 환경을 고려하지 않고 자주 접하고 멋있어 보이는 직업을 선택하고자 한다. 크고 멋진 굴착기가 되고 싶은 아이, 스파이더맨을 꿈꾸는 아이, 좋아하는 아이돌이 되고 싶은 아이, 엄마(아빠)가 되고 싶은 아이는 환상적이고 이상화된 이미지에 따라 직업을 바라보는 모습이다.

호기심과 환상은 아동이 점차 자신에 대한 이해와 관심사, 선호도를 구체화하면서 흥미(interest)와 능력(capacity)으로 발전된다. 개별적인 차이는 있지만 초등기(약 10~14세)에 접어든 아동들은 자신이 특정 과목에는 흥미를 느끼지만, 다른 과목에는 흥미를 느끼지 않는다는 점을 구별하기 시작한다. 또한 음악을 즐기는 것과 본인의 음악 실력은 별개의 문제라는 사실도 구별하기 시작한다. 능력기는 자신에게 어떤 역량이 있고 그렇지 않은가, 그 직업이 요구하는 환경적인 특성은 무엇인가 등 진로 선택에서 필요한 현실적인 여건을 고려하기 시작하는 시기다.

호기심, 환상, 흥미, 능력으로 연결되는 성장기의 진로발달단계는 상호 연속적이며 초기의 진로발달에 중요한 역할을 한다. 특히 전 생애 동안 자라나는 진로의 발달이 호기심과 환상에서 시작된다는 슈퍼의 생각은 인간에게 다양한 경험과 상상의 재료가 충분히 제공되어야 할 필요성을 강조한다.

(2) 탐색기

탐색기는 전 생애 진로발달이론에서 청소년기에서 성인 초기에 이르는 단계다. 약 15세에서 24세에 해당하는 이 시기에는 전기에서부터 형성한 자아개념을 지속적으로 발전시키고 구체적으로 진로를 탐색하고 선택을 준비한다. 탐색기는 결정화, 구체화, 실행을 거쳐 발전한다.

결정화(crystallization) 단계는 그동안 발견하였던 자신의 흥미와 능력 등을 바탕으로 자신에게 적합하다고 여겨지는 직업들을 그려 보는 시기다. 전 단계의 진로 설정이 막연한 아이디어 수준이었다면 결정화 단계에 들어서면서부터 개인은 자신의 자아개념과 직업 세계를 연결한다. 특정 학과, 직업, 직업군 등의 정보를 탐색하기도 하고 자신의 강점과 약점을 평가하며 방향성을 잡아 간다. 구체화(specification) 단계는 자신의 진로 목표를 이루기 위한 계획과 노력이 더 구체화 되는 시기다. 가령 상담 전문가가 되고 싶다면 필요한 교육은 무엇인지, 임상 훈련 프로그램은 어느 곳에서 제공하는지, 자격증 준비는 어떻게 해야 하는지, 평균 연봉은 어느 정도이며 주로 어떤 환경의 근무 조건이 제공되는지 자신의 진로 목표를 달성하기 위한 현실적이고 구체적인 준비를 하는 단계다. 결정화와 구체화를 토대로 우리는 진로의 어느 방향을 선택하고 실행(implementation)을 한다. 누군가에게 실행은 취업, 인턴십 등 직업군의 일원이 되는 행동이겠고, 누군가에게 실행은 경력을 개발하기 위한 노력의 시간일 수도 있다. 사회의 변화에 따라 탐색하는 모습은 다르겠지만 진로의 발달 과정에서 탐색기는 한 사람이 자기를 현실적인 직업 세계에 접속하는 첫 시도를 한다는 점에서 매우 중요한 시기다.

(3) 확립기

슈퍼는 진로발달을 자아개념의 실현 과정으로 볼 만큼 자아개념을 중요시하였는데 확립기에서 사람들은 환경과 지속적인 상호작용을 통해 자신의 직업적 정체성을 확립하고 안정감을 느끼고자 한다고 하였다. 문헌 대부분에서 슈퍼의 확립기를 약 25세에서 45세의 시기로 제시하고 있다. 하지만 이 이론의 초기 아이디어가 1950년대에 형성된 사실을 고려해 본다면 경력의 형성과 안정성 확보를 목표로 하는 확립기라는 개념의 관점, 직업적으로 성인기에 해당하는 나이 등에 대한 수정이 필요할 것이다. 확립기는 안정화, 공고화, 발전을 거쳐 발달한다.

안정화(stablization) 단계에서 사람들은 본인이 선택한 특정 직업에 적응하여 직무를 수행하며 안정적으로 성과를 내기 시작한다. 이를 통해 일의 세계에서 자신감을 얻고 직업인으로서 사회의 일원이 된다. 지속적으로 일을 하며 사람들은 안정감뿐 아니라 유능성, 사회적 인정, 경력 개발의 기회 등을 얻을 수 있는데 이를 공고화(consolidation)라고 한다. 안정화와 공고화 후에는 조직에서 더 높은 지위를 얻거나 많은 책임과 보상을 감당해야 하는 발전(advancing)이 이루어진다.

슈퍼의 확립기는 성인기로 직업적인 경력과 성취에 중요한 시기다. 그만큼 많은 도전을 감당해 내야 하는 시기로 과도한 업무 스트레스의 조절, 일과 삶의 균형 유지(work and life balance), 소진을 예방하려는 노력 등이 필요하다.

(4) 유지기

유지기는 약 45세에서 65세까지로, 직업적으로는 자신의 위치를 고수하면서도 사회적 흐름에 따라 역량을 갱신하고 혁신하는 시기다. 한편 노년기의 삶을 준비하는 시기다. 과거 삶에서 이루어온 직업적 성취와 미래에도 일을 지속할 수 있을까에 관한 고민, 즉 안정성과 지속성을 추구하는 단계로 기대 수명이 늘어난 현시점에서는 유지기를 현명하게 보낼 필요성이 더욱 증가하였다. 유지기는 고수(holding), 갱신(updating), 혁신(innovating)의 하위 단계가 있다.

고수는 말 그대로 자신의 위치를 고수하는 것이다. 기존 직무에서 지속적으로 성과를 내고 안정적인 입지를 유지한다. 그러나 새로운 기술과 사회적 분위기에 따라 개인은 자신의 역량을 지속해서 발전시켜야 하는 도전을 받는다. 불과 10년 전까지도 엑셀과 PPT를 잘 다루는 기술은 사무직의 충분 조건이었다. 그러나 AI 기술이 발전되면서 특정 도구를 다루는 능숙성은 대체되기 쉬운 역량이 되어 버렸다. 현재의 시대적 요구는 트렌드를 예측하고 질문을 생성할 수 있는 사고력을 갖춘 인재상이다. 이 역시 언제 바뀔지 모르는 사회이다보니 변화에 개방적이고 유연하게 대처할 수 있는 역량을 갖추는 것이 중요하다. 평생교육 프로그램에 참여하고 새로운 직무 역량을 개발하려는 노력, 호기심과 에너지를 유지하려는 노력 등이 갱신과 혁신의 단계에서 필요하다.

(5) 이탈기

이탈기는 슈퍼의 전 생애 진로발달이론의 마지막 단계로 65세 이후의 삶에 대항한다. 슈퍼는 초기에 이 시기를 쇠퇴기(decline)라고 불렀으나 부정적인 어감 때문에 이탈기(disengagement)로 바꾸었다. 일의 세계에서는 이탈하나 인생에서는 새로운 세계로 들어간다는 의미일 것이다. 이탈기는 감속, 은퇴 계획, 은퇴 생활을 거쳐 마

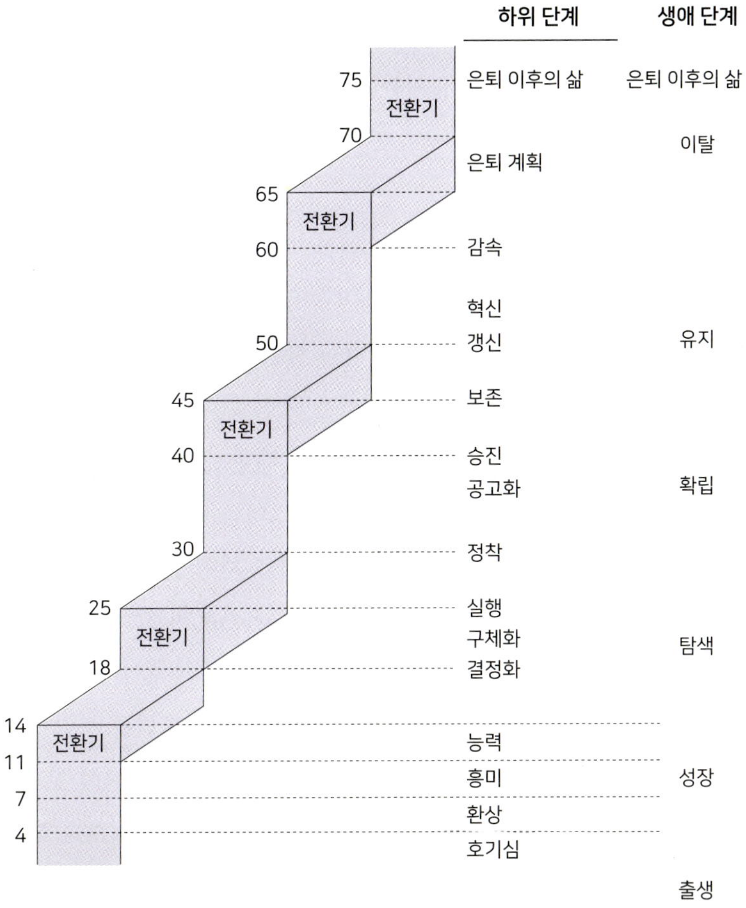

그림 32-2 슈퍼의 전 생애 진로발달단계

무리된다.

감속(decelerating)은 말 그대로 맡은 일과 책임으로부터 점점 물러나는 단계다. 비단 일의 양뿐 아니라 업무에 집중하는 시간, 심리적인 책임감, 정서적인 강도 등을 서서히 줄이고 은퇴를 준비하는 시기다. 은퇴(retirement)는 사람과 직업에 따라 그 의미가 다를 수 있다. 누군가에게는 다니던 직장에서 공식적으로 은퇴하고 노년기의 비직업적인 활동(예: 여가, 가족돌봄, 지역사회 봉사 등)을 즐기는 삶이 퇴직 후 생활일 수 있다. 그러나 갑작스러운 퇴직으로 사회적 고립감과 재정의 빈곤의 어려움이 생길 수도 있다. 이런 경우에는 노년기에 적합한 새로운 진로로 전향하는 경우가 많은데, 평생 다니던 직장에서 퇴직 후 작은 가게를 경영하여 소규모 판매를 경우도 새롭게 등장한 은퇴 생활의 모습이다. 성공적인 이탈기 준비는 삶의 만족도를 높이고 은퇴 후에도 긍정적인 자기 개념을 유지하는 데 중요한 공헌을 한다.

2) 재순환

성장기, 탐색기, 확립기, 유지기, 이탈기는 누구에게나 선형적인 경로로 나타나지 않는다. 슈퍼는 진로발달이 어느 시점에서는 특정 단계로 다시 돌아가 순환될 수 있다고 하였다. 슈퍼의 재순환(recycling) 개념은 특히 현대 사회에서 중요한 진로발달의 특성이다. 대기업의 마케터였던 지인이 꽃에 대한 관심을 키워 플라워 스튜디오를 운영하고 있다는 이야기를 들은 적이 있다. 그녀는 확립기에서 유지기로 넘어가 안정을 추구할 수 있었으나 자신의 흥미와 능력을 재평가하며 진로를 다시 설정하였다. 퇴근 후, 휴가와 주말을 이용하여 교육을 들음으로써 그녀의 진로발달은 다시 탐색기에 들어갔다. 플로리스트가 되는 법부터 넓게는 국내의 꽃 사업의 현황까지 새로운 정보를 다시 탐색하고, 자신이 꽃에 끌리게 된 스토리를 사람들에게 알리면서 그녀는 진로의 재순환 과정을 경험하였다. 단일 경로의 경력이 보편적이었던 과거와는 달리 현대에의 진로 설계는 다중 역할과 포트폴리오 중심으로 이루어진다. 또한 평생 학습의 기회가 발달하면서 재순환이 충분히 가능한 환경이 되고 있다.

3) 생애 역할

슈퍼는 개인이 평생 다양한 역할을 수행한다고 하였다. 가령 이 수업을 듣는 여러분은 자녀, 학생, 여가인, 시민, 가정 관리자의 역할을 동시에 수행하고 있을 수 있다. 어떤 역할은 현시점에서 더 중요하게 여겨지며, 어떤 역할은 아직 적응이 되지 않아 생소할 수도 있다. 인생의 단계가 넘어가는 과정에서는 시간의 흐름에 따라 자연스럽게 역할도 변한다. 슈퍼는 만족스러운 삶을 위해서는 역할 사이에 조화를 이루는 것이 중요하다고 하였다.

생애 역할의 예

- 자녀(child): 가족과의 관계를 통해 사회화 과정에 참여하고 역할의 기초를 형성함
- 학생(student): 지식과 기술을 습득하고 미래를 준비함
- 여가인(leisurite): 여가 활동을 통해 인생을 즐기고 심리적 균형을 유지함
- 시민(citizen): 사회적 책임과 기여를 함
- 근로자(worker): 직업적 역할을 통해 자아개념을 실현하고 성취함
- 배우자(spouse): 결혼 관계에서 정서적·사회적 안정을 주고받음
- 부모(parent): 자녀를 돌보고 양육함
- 가정관리자(homemaker): 가정을 돌보는 역할
- 은퇴자(pensioner): 직업적 역할에서 물러나 다른 역할에 중점을 두는 사람

슈퍼는 1952년 미국심리학회 상담심리분과 회장 연설에서 소개한 명제를 바탕으로 추후 진로발달에 관한 열네 가지 명제를 남겼다(Swanson & Fouad, 2005).

1. 사람들은 저마다 다르다. 능력, 성격, 가치관, 욕구, 흥미, 특성, 자아개념 등 여러 측면에서 차이를 보인다.
2. 서로 다른 이러한 특성들에 따라 사람들은 여러 직업에 적합성을 갖추게 된다.

3. 특정한 직업은 특정한 역량과 성격 특성이 요구된다. 그러나 그 요구 범위에는 어느 정도 '유연성'이 존재한다. 즉, 한 직업에도 다양한 유형의 사람이 종사할 수 있고, 한 사람이 여러 직업에 부합될 수도 있다.

4. 직업적 선호와 역량, 살고 일하는 환경, 자아개념은 시간과 경험에 따라 변화한다. 다만 자아개념은 사회적 학습의 산물로서 청소년 후기부터 성인기의 후기까지 점점 더 안정되어 직업 선택 및 적응 과정에서 어느 정도 일관성을 제공한다.

5. 변화 과정은 '대순환(maxi-cycle)'이라 불리는 생애 단계로 요약될 수 있는데, 이는 성장기(growth), 탐색기(exploration), 확립기(establishment), 유지기(maintenance), 이탈기(disengagement)로 구분된다. 각 단계는 발달 과업에 따라 더 세분화할 수 있다. 한 단계에서 다음 단계로 넘어갈 때, 혹은 질병이나 사고, 기업의 인력 감축, 인적 자원 수요의 변화, 기타 사회경제적 · 개인적 사건 등으로 인해 개인의 진로가 불안정해졌을 때, 더 작은 '소순환(mini-cycle)'이 발생한다. 이러한 불안정하거나 여러 번 시도되는 경력은 새롭게 성장하고, 다시 탐색하며, 재확립하는 과정을 반복하는 '재순환(recycling)'을 수반한다.

6. 개인이 걷게 되는 진로 패턴(career pattern)은 부모의 사회경제적 지위, 교육 수준, 지적 능력, 성격 특성, 진로 성숙도, 그들이 접할 기회 등에 의해 결정되고 형성된다.

7. 어떤 진로 단계에서든 개인이 주변 환경과 개인 내부의 요구를 성공적으로 해결해 나가는 데는, 그러한 요구를 다룰 준비가 어느 정도 되어 있는지, 즉 진로 성숙도가 관건이다.

8. 진로 성숙도(career maturity)는 심리 · 사회적 개념으로, 성장부터 이탈까지 이어지는 생애 단계와 하위 단계에서 나타나는 개인의 전반적인 발달 수준을 나타낸다. 사회적 관점에서 진로 성숙도는 개인이 현재 처한 발달 과업과 해당 연령대에서 일반적으로 예상되는 발달 과업을 비교하여 가늠한다. 심리적 관점에서 진로 성숙도는 당면한 문제에 대처하기 위해 개인이 현재 사용하는 자원(인지적 · 정서적)과 그 과업을 성공적으로 해결하는 데 필요한 자원을 비교하여 정의한다.

9. 진로발달은 현실 검증(reality testing), 자아개념의 발달, 능력 · 흥미 · 대처자원의 성숙과 같은 과정을 통해 촉진될 수 있으므로 이 과정을 돕는 상담이나 교육적 지원이 중요하다.

10. 진로발달은 궁극적으로 '자아개념을 직업 세계 속에서 구체화해 나가는 과정'이다. 이는 타고난 적성, 신체적 특성, 다양한 역할들을 보고 수행하였던 기회 그리고 그 결과에 대해 상사나 동료들에게 받았던 인정 경험 등이 상호작용을 하여 자아개념에 통합(synthesizing)되고 절충(compromising)되는 과정이다.

11. 개인적 요인과 사회적 요인, 자아개념과 현실, 이 사이에서 벌어지는 통합 및 절충 과정은 역할 수행(role-playing)과 피드백을 통한 학습 과정이다. 역할 수행은 상상이나 상담 인터뷰에서도 또는 수업이나 동아리 활동, 아르바이트, 이제 막 시작한 일과 같은 실제 활동에서도 이루어질 수 있다.

12. 자기 능력, 욕구, 가치관, 흥미, 성격, 자아개념을 직업 활동을 통해 어느 정도로 표현하고 충족하는지에 따라 직업 만족, 나아가 삶의 만족이 달라진다.

13. 사람들이 직업에서 느끼는 만족감은 자신이 자아개념을 어느 정도 실현하였느냐에 비례한다.

14. 일과 직업은 대부분의 성인에게 있어 삶의 중심이자 성격 형성의 주된 기반이다. 그러나 일부 사람들에게는 그 중요성이 덜하거나 심지어는 존재하지 않을 수도 있는데, 이들에게는 여가인이나 가정관리자의 역할이 더 중요할 수도 있다. 성역할 고정관념, 모방학습, 인종적 · 민족적 편견, 기회 구조의 차이, 개인적 차이는 근로자, 학생, 여가인, 가정관리자, 시민 등의 역할에 대한 선호를 결정하는 중요한 요인이 된다.

활동 과제

생애 무지개 그리기

1. 다음 공간에 가로축을 그려 나이대를 표시하세요. 세로축에는 '자녀, 학생, 여가인, 직장인'처럼 당신이 경험했던 역할을 5~7개 정도 적어 보세요. 각 역할이 언제 시작되어 언제 끝나는지(또는 계속되는지) 예상하여, 무지개 모양의 줄로 그려 보세요. 아직 경험하지 않은 역할(예: 직장인, 부모)은 앞으로 어떤 시기에 시작되기를 원하는지 생각해서 그려 넣으세요.

2. 지금 당신이 맡고 있는 역할 중에서 가장 에너지를 많이 쓰는 역할은 무엇인가요?

3. 중요하다고 생각하는 역할에 더 집중하려면, 앞으로 어떤 역량이나 자원을 개발해야 하나요?

4. 앞으로 직장인, 사업가, 부모와 같은 역할을 언제쯤 시작하고 싶나요?

5. 동시에 여러 역할을 해야 할 때 예상되는 시간과 에너지의 갈등을 어떻게 예방할 수 있을까요?

6. 각각의 역할이 서로 어떤 방식으로 도움을 주고받을 수 있을까요?

7. 생애 무지개를 다 그리고 난 뒤, 느낀 점이나 새롭게 깨달은 점을 나누어 보세요.

3 내러티브 진로이론

기존의 진로이론들이 개인의 특성과 직업적 환경을 매칭하는데 중점을 두었다면 비교적 최신 이론인 내러티브 진로이론은 진로를 포함한 개인이 삶을 하나의 이야기로 보고, 자신의 이야기를 형성해 가는 주체로서의 자기에 관심을 둔다. 심리학에서 내러티브이론은 구성주의와 맥락을 같이한다. 심리적 구성주의(constructivism)에 따르면 인간은 단순히 외부 세계를 받아들이는 것이 아니라 자신의 경험, 문화, 언어를 바탕으로 자신이 처한 현실을 해석하고 재구성한다. 따라서 지식의 주관성과 개인이 처한 사회적 · 문화적 · 언어적 맥락을 살펴보아야지만 한 사람을 이해할 수 있다. 구성주의는 내러티브 치료(narrative therapy)의 근간을 형성하였다. 이 치료에 따르면 삶은 하나의 이야기다. 모든 사람은 고유한 정체성을 가지고 자신의 이야기를 구성하는데, 이야기에서 문제가 발생하였을 때는 이야기를 다시 해석하고 대안적 이야기를 만들어 재구성할 수 있다. 마찬가지로 내러티브 진로 상담에 따르면 한 사람이 자신의 진로를 바라보는 관점과 의미는 각자의 경험과 맥락 속에서 구성된다.

1) 코크런의 내러티브 진로이론

래리 코크런(Larry Cochran)은 캐나다 브리티시 컬럼비아 대학교(University of British Columbia)의 교육학 및 상담심리학(Counselling Psychology) 분야에서 교수로 재직하였다. 그는 1990년대 이후, 진로 상담을 이야기 기반으로 접근하는 '내러티브 진로 상담(narrative career counseling)'의 이론적 기초를 만들었다. 코크런의 저서인 『The Sense of Vocation』(1987), 『Career Counseling: Narrative Approach』(1997)를 보면 진로를 포함한 인생의 다양한 선택을 서사적 관점에서 풀어내는 그의 접근을 배울 수 있다. 다음은 『Career Counseling』(1997)의 서문에 나오는 내용이다.

> 적합한 직업이란 단순히 사람과 일자리를 맞추는 데 그치는 것이 아니라, 특정

한 이야기(drama) 속에서 한 인물이 자신의 역할을 온전히 펼칠 수 있도록 해 주는 적절한 매개체(vehicle)라고도 할 수 있다.

이 문장에는 진로 상담에서 가장 중요하게 고려될 영역은 한 사람이 자신의 진로 이야기를 능동적으로 만들 수 있도록 조력하는 것이라는 그의 생각이 잘 담겨 있다. 내러티브 진로이론은 개인의 과거 경험과 현재의 상태를 하나의 이야기로 정리하고, 이를 미래의 비전과 연결하여 새로운 미래의 표상(representation)을 만들고자 한다. 이야기를 서술하는 과정에서 사람들은 환자(patient)가 아닌 주체자 또는 행위자(agent)가 되어 과거와 현재를 통합하고 미래를 형성해 나간다.

(1) 문제를 명료화하기(elaborating a concern)

내담자의 진로 고민(문제)이 무엇인지를 드러내며 시작한다. 상담에 왔다면 왜 오게 되었는지, 어떤 어려움이나 혼란이 있는지 자유롭게 이야기한다. 일화(anecdote)는 일상에서 겪은 결정적인 이야기로, 일화를 탐색하면서 그 사람을 이해하고 현재의 어려움을 명료화할 수 있다.

(2) 과거 및 현재 이야기 구성하기(composing a life history)

내담자가 가진 중요한 과거 경험, 가족 및 사회·문화적 배경, 현재의 관심사, 가치관 등을 탐색한다. 인생 곡선이나 진로 가계도와 같은 시각 기법, 다양한 질문이 도움이 된다.

- 가장 기억에 남는 사건은 무엇인가요?
- 가장 힘들었던 순간은 무엇인가요?
- 성공했던 경험, 성취감을 느꼈던 경험을 말해 보세요.
- 그 성공을 만들어 낸 당신의 강점은 무엇인가요?

(3) 미래 이야기 끌어내기(eliciting a future narrative)

코크런은 개인이 능동적으로 만들어 내는 미래 이야기를 거듭 강조한다. 내담자에게 '이상적 미래' 혹은 '바라는 방향'을 상상하고 말해 보도록 한다. '5년 뒤, 10년 뒤 나의 모습은 어떨까?' '만약 아무런 제약이 없다면 어떤 일을 하고 싶나?' 등의 질문을 통해 자신의 미래를 그려 볼 수 있다. 미래의 자서전 쓰기, 묘비명에 남기고 싶은 말, 미래의 진로 보고서 쓰기 등 실제적인 활동을 사용하여 미래 이야기를 현실화할 수 있다.

(4) 현실 구성하기(reality construction)

과거와 현재, 미래에 관한 이야기를 모두 만든 후, 현실에서 가능한 선택지와 제약요인을 검토한다. 거듭 강조하지만 내러티브 진로이론은 미래 이야기를 실제화시키는 능동적인 행동을 중요시하므로 현실을 구성하는 이 단계는 필수적이다.

> 이미 시도해 본 것과 아직 시도해 보지 않은 것은 무엇인가?
> 지금 내가 갖춘 역량과 부족한 역량은 무엇인가?

(5) 삶의 구조 바꾸기(changing a life structure)

과거의 부정적 인식(실패 경험 등)을 재저작하거나, 아직 활용하지 못한 강점을 재발견하는 등 이야기를 좀 더 긍정적이고 발전적인 방향으로 수정해 나가는 단계다. 재저작(re-authoring)은 지금껏 실패라고 인식하였던 사건에서 배운 것은 무엇인지 새롭게 재조명하고, 새로운 가능성의 시나리오로 다시 쓰는 방식이다. 이런 개입을 통해 사람들은 익숙한 시각에서 벗어나 새롭게 의미를 부여하고 전환점을 만들 수 있다.

(6) 역할 실연하기(enacting a role)

바뀐 이야기를 현실에서 작은 행동으로 시도해 본다. 만약 재구성된 이야기가 '나는 사람을 돕는 것에 열정을 느낀다.'라면 그 이야기를 작게라도 경험해 볼 수 있는 역할을 찾아 실천해 본다. 단기 자원봉사, 인턴십, 동아리 가입과 같은 직접 경험뿐 아니라 누군가에게 자기의 노하우를 알려 주기 등 간접 경험 등 이야기를 실제 삶에서 시도해 보는 과정이다.

(7) 결정을 구체화하기(crystallizing a decision)

마지막 단계는 진로 의사결정을 구체화하는 단계다. 재해석된 이야기와 시도해 본 경험을 토대로, '어떤 공부(전공)를 할지, 어느 회사 · 직무를 선택할지, 내 삶의 목표를 어떻게 설정할지' 등을 명확하게 결정한다.

활동 과제

미래의 시나리오 쓰기

앞으로 3년 뒤(또는 5년 뒤), 내가 바라는 가장 이상적인 모습은 어떤 모습인가요? 어떤 일을 하고 있으며, 일과는 어떠하고, 주위에는 어떤 사람들이 있는지, 어떤 환경에서 살고 있는지 구체적으로 상상하며 이야기를 만들어 보세요.

1. 그때 나는 어떤 일을 하고 있나요?

2. 어떤 장소(지역, 회사, 조직, 환경)에서 일하고 있나요?

3. 함께 있는 사람들은 누구인가요(가족, 동료, 친구, 연인 등)?

4. 아침부터 저녁까지 일과(루틴)는 어떻게 되나요?

5. 이 일과 환경에서 내가 가장 즐겁다고 느끼는 순간은 언제인가요?

6. 나는 어떤 역할(캐릭터, 인물)로 살아가고 있나요? ('해결사처럼 문제를 해결하고 다니는 사람' '타인을 돌보는 서포터' '새로운 아이디어를 끊임없이 내놓는 혁신가' 등으로 자유롭게 표현해 보세요.)

7. 나는 어떤 강점이나 가치를 발휘하고 있나요?

8. 내가 상상한 미래를 조금이라도 더 빨리 체험하거나, 그 목표에 가까이 가기 위해 지금(이번 학기) 당장 실천할 수 있는 작은 행동, 실천 사항 세 가지를 적어 보세요.

   ① ______________________________

   ② ______________________________

   ③ ______________________________

9. 마지막으로, 미래의 나에게 보내는 응원의 메시지를 한마디 적어 보세요.

2) 사비커스의 진로구성이론

한 사람이 자신의 진로를 바라보는 관점과 의미는 각자의 경험과 맥락 속에서 구성된다.

이러한 관점은 마크 사비커스(Mark L. Savickas)의 진로구성이론(career construction theory)에서도 찾아볼 수 있다. 사비커스(2016)는 진로를 객관적으로 '선택'하는 것이 아니라, 개인이 자기 삶의 경험을 토대로 의미를 부여하고 이야기를 구성해 가는 과정으로 보았다. 그는 특히 자기를 하나의 '작가(author)'로 보며, 개인은 진로를 통해 자기 삶에 줄거리를 만들고 정체성을 형성해 간다고 강조하였다. 이 이론은 진로 상담에서 내담자가 자신의 과거 경험 속에서 반복되는 주제와 의미를 발견하고, 이를 바탕으로 어떤 이야기를 써 내려갈지를 함께 구성해 가는 상담 접근을 지향한다. 바로 뒤이어 나오는 활동지 '진로구성 면담'을 잘 따라간다면 진로구성이론의 내러티브를 경험해 볼 수 있을 것이다.

활동 과제

진로구성 면담

사비커스는 사람들은 각자 자신의 정체성을 담은 진로 이야기를 구성한다고 하였습니다. 다음의 질문들은 그가 제안한 '진로구성 면담(career construction interview)'의 질문입니다. 질문을 따라가며 당신의 이야기를 떠올려 보세요.

1. 자라면서 당신이 존경하고 닮고 싶었던 롤모델은 누구였나요?

2. 자주 즐겨 보는 잡지, TV 프로그램, 유튜브, 콘텐츠는 무엇인가요?

3. 영화, 책, 드라마 속에서 특히 마음에 와닿는 이야기나 장면은 무엇인가요?

4. 좋아하는 좌우명을 말해 보세요.

5. 지금 떠오르는 어린 시절의 기억은 무엇인가요?

6. 위 질문들을 통해 떠오른 나의 이야기에서 앞으로 어떤 진로 이야기를 써 나가고 싶은지 말해 보세요.

4 진로 결정 과정에서의 심리적 요인

진로에 관한 다양한 이론이 존재한다는 사실은 진로 결정이 단순히 직업을 선택하는 문제가 아니라 개인의 성격, 정체성, 발달적 상황, 더 나아가서는 사회적 맥락을 포괄하는 복합적인 심리적인 과정이라는 것을 말해 준다. 특히 20대는 청소년에서 성인기로 넘어가는 인생의 중요한 전환점을 지나는 시기로 진로 선택이라는 중대한 선택을 마주하게 된다. 이 시점에서의 의사결정은 향후 삶의 모습에 상당한 영향을 미친다.

의사결정이란 여러 선택지 중에서 여러 선택지 중에서 최선의 대안을 선택하는 인지적 과정이다. 그 과정에서 자신이 지금껏 탐색해 왔던 흥미, 적성, 성격, 가치 등의 기준에 따라 제할 것을 제하고, 취할 것을 취하는 능력을 한껏 발휘해야 하므로 복잡하면서도 어려운 문제라고 할 수 있다.

1) 자기효능감

자기효능감(self-efficacy)은 스스로 무언가를 성공적으로 해낼 수 있다는 믿음을 의미한다. 자기효능감은 꼭 능력과 비례하지 않는다. 뛰어난 능력이 있어도 실패할까 봐 늘 전전긍긍하면서 불안해할 수 있는 반면, 타인이 볼 때는 부족해 보여도 자기 능력에 대한 신뢰가 있을 수 있다. 자기효능감에는 자기 능력에 대한 주관적인 기대가 반영되기 때문이다. 밴듀라(Bandura, 1977)는 자기효능감을 '목표한 과업을 완성하기 위해 필요한 행동을 계획하고 수행할 수 있는 자기 능력에 대한 신념'이라고 정의하였다. 밴듀라에 따르면 자기효능감은 과거의 성취 경험, 주변 사람들로부터의 대리적 경험, 타인의 격려와 지지, 정서적인 안정감으로 강화될 수 있다. 즉, 최근 도전한 인턴십에서 긍정적인 피드백을 받았다면, 자기와 비슷한 도전을 한 사람이 성공한 사례를 자주 목격하였다면, 주변의 사람들로부터 할 수 있다는 격려와 지지를 많이 받는다면, 심리적 불안정 요소를 효과적으로 관리한다면, 자기효능감은 높아질 수 있다.

밴듀라의 자기효능감을 진로에 적용한 개념이 '진로 결정 자기효능감(career decision making self-efficacy)'이다. 진로 결정 자기효능감이란 '진로 결정과 관련된 과제들을 성공적으로 완수할 수 있다는 자신감, 진로 선택과정에서 현명한 의사결정을 내릴 수 있다는 개인적 확신성'을 의미한다(Taylor & Betz, 1983). 높은 진로 결정 자기효능감을 가진 사람은 더 다양한 대안을 탐색하고 실패에 대한 두려움이 적으므로 문제가 생겨도 적극적으로 문제를 해결할 수 있다. 따라서 많은 연구자는 대학생들의 진로를 조력하기 위해서는 학생들의 진로 결정 자기효능감을 개발할 수 있도록 다양한 경험과 프로그램이 제공되어야 함을 강조하고 있다. 이종찬과 홍아정(2013)의 대학생 481명을 대상으로 한 연구에서는, 특히 대학교 저학년(1, 2학년) 학생들의 경우 진로 결정 자기효능감이 증진될 때 진로를 준비하는 행동이 증가하였다. 고학년(3, 4학년) 학생에게 진로는 당면한 현실이므로 고용가능성에 따라 동기 수준이 달라지는 반면, 아직 시간이 있는 저학년 학생들은 자신의 의사결정에 관한 전반적인 자신감에 따라 진로를 준비하는 행동이 달라지는 것으로 보인다. 이런 맥락에서 볼 때 비교적 시간적 여유가 있는 대학 초년생부터 자기 탐색과 더불어 의사 결정에 관한 자기효능감을 증진시킨다면 전반적인 진로 설정에 도움이 될 것이다.

진로 결정 자기효능감은 다음 다섯 가지 영역에서 나타나는 효능감의 총합으로 볼 수 있다.

표 32-1 진로 결정 자기효능감의 영역

영역	의미	언어적 예시
자기평가	자기 능력과 가치, 욕구 등을 정확히 평가하고 그에 적합한 직업을 평가할 수 있다는 자신감	"나는 내가 어떤 강점이 있는지 충분히 알고 있고, 그걸 활용할 수 있어."
정보 수집	관심 있는 직업을 찾아내고 그 직업의 조건들을 구체적으로 탐색할 수 있다는 자신감	"새롭게 관심이 생긴 직업이 있으면, 직접 발로 뛰어서 관련 정보를 조사해 볼 거야."

목표 설정	자신의 학업이나 진로를 후회 없이 결정할 수 있다는 자신감	“내가 진짜 원하는 목표가 무엇인지 알고 있으니, 그 방향으로 결정을 내릴 수 있어.”
진로 계획	진학, 취업에 대한 계획을 세우고 실천할 수 있다는 스스로의 믿음	“앞으로 1년간 어떤 자격증을 딸지, 무슨 경험을 쌓을지 계획해 뒀으니 실행만 하면 돼.”
문제 해결	진로상의 난관에 부딪혔을 때 스스로 헤쳐 나갈 수 있다는 믿음	“예기치 못한 상황이 와도 스스로 해결책을 찾고 이겨 낼 수 있다고 믿어.”

출처: Betz et al. (1996); 이종찬, 홍아정(2013)에서 재구성.

(2) 완벽주의

진로를 결정하는 과정에서 완벽주의는 추가적인 부담과 심리적 압박을 유발한다. 완벽주의란 완벽에 가까운 과도하게 높은 기준을 충족해야 한다는 믿음으로 자신을 몰아붙이는 성향을 말한다. 완벽주의는 개인의 내면에서 비롯되는 ‘자기지향 완벽주의(self-oriented perfectionism)’ 뿐만 아니라, 주변의 기대와 압력을 지각하며 형성되는 ‘사회부과 완벽주의(socially prescribed perfectionism)’도 있다. 사회부과 완벽주의는 타인, 특히 가족과 같은 중요한 타인이 자신에게 높은 기준을 가지고 있어 이를 이행하는 것이 타인의 인정을 받는 방법이라고 믿는 비합리적인 신념으로 정의된다(유달림, 2023). 예를 들어, 주변으로부터 무엇이든지 잘한다고 기대와 주목을 받아온 대학생 A는 학점, 자격증, 공모전 수상 같은 모든 스펙을 완벽하게 갖추지 않으면 남들에게 실망을 줄 것이라는 압박을 느낀다. 이를 충족하지 못할 경우 사회적 평가에서 낙오될 것 같다는 두려움 때문에 지원서와 포트폴리오를 수정에 수정을 거듭하며 제출 시기를 놓치거나, 정작 원하는 분야가 있어도 ‘충분히 완벽하지 않다.’라는 생각에 지원을 포기하기도 한다. 결국 타인의 기대감을 자신의 기준으로 내면화하면서, 진로 결정이 더욱 어려워지고 불안은 커지는 악순환이 발생한다. 이런 학생들을 상담해 보면 정작 자신이 실망시키지 않으려 노력하였던 타인은 본인이 예상하는 만큼 자기에게 기대를 하지 않는 경우도 많다. 반면, 완벽하게 해내지 못하면 인정받을 수 없다는 본인의 두려움 때문에 쉽사리 의사결정을 하지 못하고 심리적 부담감을 느낀다. 다양한 연구를 통해 타인의 기대를 충족시켜야 한다는 완벽주의가 높을수록 취업을 대하는 불안감이 증가하며, 결과적으로 졸업을 지연하거나 결정을 회피하는 경향이 높아지는 사실이 발견되고 있다(김더미, 정주리, 2021; 유달림, 2023; 정다은, 2022).

우리나라의 경우 특히 '좋은 대학 입학 = 안정적 취업'으로 이어지는, 이른바 학벌 위주의 성공 문화가 만연해 왔다. 개인은 가족이나 친구, 매체를 통해 접하는 메시지를 무의식적으로 내재화하는 경향이 있으므로, 대학에 입학한 후에도 학점, 어학, 성적, 자격증, 심지어 소셜 미디어 활동까지 높은 수준의 스펙을 갖추어야만 안정을 보장받을 수 있다는 생각이 사회적 압력이 되기 쉽다. 이러한 압력은 자신이 정한 가치가 아니라 외부의 평가 기준에 맞추어 진정한 자기 탐색과 성장의 기회를 놓칠 위험이 있으므로 본인이 완벽주의(특히 사회부과 완벽주의) 성향이 있는지 점검해 보고 대비할 필요가 있다.

활동 과제

완벽주의 조절하기

1단계: 나의 완벽주의 점검하기

다음은 '사회부과 완벽주의'를 알아볼 수 있는 질문입니다. 질문을 읽고 자신에게 가장 가깝다고 생각되는 곳에 체크해 보세요.

번호	문항	전혀 그렇지 않다.	거의 그렇지 않다.	별로 그렇지 않다.	보통이다.	조금 그렇다.	거의 그렇다.	매우 그렇다.
1	다른 사람들이 내게 기대하는 것을 만족시키기가 어렵다.	1	2	3	4	5	6	7
2	나의 주위 사람들은 내가 실수할 수도 있다고 쉽게 인정한다.	7	6	5	4	3	2	1
3	내가 일을 잘할수록 사람들은 내가 더 잘할 것으로 기대한다.	1	2	3	4	5	6	7
4	내가 일을 훌륭하게 못 해낸다면 사람들은 나를 형편없다고 생각할 것이다.	1	2	3	4	5	6	7
5	나의 주변 사람들은 내가 모든 일을 성공시키기를 기대한다.	1	2	3	4	5	6	7
6	내가 모든 일을 다 잘하지 않더라도 다른 사람들은 나를 좋아할 것이다.	7	6	5	4	3	2	1
7	일을 성공시킨다는 것은 다른 사람을 기쁘게 하도록 더욱 열심히 일을 해야만 하는 것이다.	1	2	3	4	5	6	7
8	내가 어떤 일을 성공시키지 못하더라도 사람들은 나를 괜찮은 사람이라고 생각한다.	7	6	5	4	3	2	1
9	나는 사람들이 나에게 너무 많은 요구를 한다고 생각한다.	1	2	3	4	5	6	7
10	내가 실수하였을 때 사람들은 비록 겉으로 나타내지는 않지만 매우 실망할 것이다.	1	2	3	4	5	6	7
11	나의 가족은 내가 완벽하기를 기대한다.	1	2	3	4	5	6	7
12	부모님은 내가 하는 모든 일에서 뛰어나기를 기대하지는 않는다.	7	6	5	4	3	2	1
13	사람들은 나에게서 완벽함을 기대한다.	1	2	3	4	5	6	7
14	사람들은 내가 할 수 있는 것보다 많은 것을 내게 기대한다.	1	2	3	4	5	6	7
15	나의 주위 사람들은 내가 실수할 때도 여전히 나를 유능하다고 생각한다.	7	6	5	4	3	2	1
합계								

* 2, 6, 8, 12, 15는 역채점.

출처: 유달림(2023).

최근 일주일 동안 완벽주의적 태도로 인해 스트레스를 받거나 의사결정을 미룬 상황을 떠올려 보세요. 얼마나 자주 그런 일이 있었나요?

2단계: 불완전함 수용하기

1. 일상에서 조금은 부족한 상태로 무언가를 제출하거나 도전해 볼 일이나 활동을 정해 보세요.

2. 과거에 완벽하지 않았던 결과나 시도, 도전의 과정 속에서 얻은 장점 세 가지를 찾아 적어 보세요.

3단계: 생각 전환하기

1. 완벽주의적인 태도를 보였을 때, 머릿속에 자동으로 드는 생각을 찾아보세요.

   예 "조금이라도 미흡하면 사람들이 나를 무능하다고 볼 거야."
   "이번 시도에서 떨어지면 다음번에는 기회가 없을 거야."

2. 위의 생각을 조금 더 유연하게 바꾸어 보세요.

   예 "지금은 부족하다고 느껴질 수 있지만, 이 경험을 토대로 더 성장할 수 있지 않을까?"
   "기회는 다양한 곳에 있게 마련이야. 한 번의 시도로 되는 사람은 없어."

4단계: 현실적 목표 세우기

자신의 역량, 시간, 우선순위, 현실성을 반영하여 현재의 목표를 점검해 보고 구체적인 실천 방안을 세워 보세요.

항목	현재 나의 목표	조정 후 목표	조정 이유
학업/성적			
자격증/스펙			
외부 경험			
취업			

5단계: 긍정적 피드백하기

완벽주의를 단기간에 해결하기란 쉽지 않습니다. 조금은 부족한 시도를 한 자신에게 따뜻한 격려의 말을 해 주세요.

33 변화하는 직업 세계

1 새로운 진로 패턴

1) 무경계 진로

무경계 진로(boundaryless career)란 특정 조직이나 직업에 한계를 두지 않고 경계를 넘나들며 커리어를 쌓아 가는 진로 태도를 가리킨다(Sharf, 2016). 무경계를 이해하기 위해 연구자들은 물리적 이동성과 심리적 이동성을 주로 거론한다. 물리적 이동성을 추구하는 방식으로는 한 조직에 소속되지 않고 직장 또는 직업 간 유연성을 강조하는 프리랜서 등의 고용 형태가 있다. 심리적 이동성은 개인이 자기 일의 종류, 양, 경력 개발 등에 자율성을 발휘하여 직업적 성공의 기준을 보다 내적인 기준에 두는 방식으로 보장된다. 이러한 변화가 가능하게 된 배경에는 디지털 기술과 다양한 플랫폼의 발전, 예측할 수 없을 정도로 빠르게 변하는 사회적 흐름이 있다. 또한 성공을 정의하는 기준 자체가 개인화된 사회에서 자율성을 발휘하고 싶어 하는 사람들의 욕구가 반영된 결과라고 볼 수 있다.

소셜 미디어가 유행하며 한창 유행하던 말 중에 N잡러가 있다. N잡러란 '여러 개를 뜻하는 수학기호 N'+'직업(job)'+'사람을 뜻하는 영어 접미사(-er)'가 조합된 신조어로 두 개 이상의 직업을 병행하는 사람을 의미한다. 공식적으로 N잡러는 주로 소득을 위해 복수의 일자리에 종사하는 사람을 가리키는데, 한국노동연구원의 통계에 따르면 그 비중은 2018년 1.9%, 2019년 2.1%, 2019년 2.1%, 2020~2022년 2%의 수준으로 전체 인구의 2% 수준이다(연합뉴스 동북아센터 2024년 2월호, 재인용). 그러나 더 많은 소득을 위한 복수 노동은 주로 '투잡'으로 불리므로 2%의 인구를 N잡러라고 보기보다는 투잡, 쓰리잡을 소유한 사람의 숫자로 이해하는 것이 정확할 것이다. 현대인의 인식 수준에서 N잡러는 낮에는 교사이지만 밤에는 글을 쓰는 사람처럼 다양한 직업적 정체성을 가지고 본인의 주 캐릭터와 부 캐릭터(본캐와 부캐)를 함께 성장시키고 싶어 하는 사람들, 직업에서의 자율성과 독립성을 추구하며 자아 성취 및 자기만족감을 느끼고자 하는 사람들(하선민 외, 2024)을 가리키는 용어다. 이렇게 추정해 본다면 N잡러의 인구 비율은 2%를 훌쩍 뛰어넘으리라 예상된다.

미국의 유명 인사인 오프라 윈프리는 자신을 가리키며 "나는 방송인인가? 나는 작가인가? 나는 강사인가?"라는 물음을 던진다. 플랫폼 경제가 발달한 세상 속에서 낮에는 방송국에서 일하고, 틈틈이 글을 쓰며, 유튜브 콘텐츠를 통해 강사로 활동을 할 수 있는 세상이기에 오프라 윈프리라는 사람은 한 가지 직업으로 정의될 수 없다. 무경계 진로자와 N잡러의 등장은 불안정한 취업 환경 속에서도 주도권을 가지고 진로를 추구하고자 하는 시대의 흐름이 담겨 있다.

2) 프로티언 진로

프로티언 진로는 기술 혁신이나 시장 변화의 최전선에서 새로운 분야를 주도하는 경력 패턴이다(Sharf, 2016). 그리스 신화에 등장하는 프로테우스는 변신의 신으로 자신을 쫓는 사람을 피하기 위해 자유자재로 형태를 바꾸는 존재이다. 이 이름에서 파생된 단어인 프로티언(protean)은 변화에 유연하고 다재다능하다는 뜻을 지닌다. 즉, 프로티언 진로는 급변하는 시대 흐름에도 불구하고 자기주도적이고 내적 가치를 중시하는 유연한 진로 태도를 의미한다.

프로티언 진로의 특징

- 자기주도성: 내가 진로의 주체가 된다.
- 가치지향성: 외적 보상보다 내적 가치를 우선시한다.
- 유연성: 환경의 변화에 따라 방향을 유연하게 전환할 수 있다.
- 적응성: 새로운 역할이나 과업에 적극적으로 적응한다.
- 평생학습: 자신의 경력을 위해 지속적으로 학습하고 자신을 업데이트한다.
- 내적 성공: 사회적 기준보다 자기의 만족과 의미를 추구한다.
- 유연한 정체성: 한 가지 직업에 자신을 고정시키지 않고 다양한 정체성을 받아들인다.
- 심리적 이동성: 조직을 떠나더라도 새로운 가능성을 두려워하지 않고 탐색하는 태도를 지닌다.
- 자기갱신: 주기적으로 경력을 점검하며 새로운 목표로 스스로를 갱신한다.
- 의미 중심의 진로관: 진로를 삶의 의미를 실현하는 과정으로 본다.

3) 만화경 진로

만화경 진로(kaleidoscope career)는 개인이 삶의 각 단계에서 중요한 가치나 역할이 달라질 때마다 진로를 유연하게 재설계하는 방식이다(Sharf, 2016). 가령 청년기에는 전문성을 우선시하더라도, 어느 시점에는 가정 · 육아를 위해 일시적으로 커리어를 조정하거나, 중년기에 새로운 학위를 도전하는 식으로 경력 경로가 유동적으로 변화한다. 만화경을 돌릴 때마다 제각각 아름다운 무늬가 펼쳐지듯, 경력도 일정한 방향성보다는 다층적 · 순환적인 형태를 띤다는 것이 이 개념의 핵심이다.

직장 생활 3년 차에 창업과 대학원 진학을 동시에 고민하던 이 씨는, 과감히 회사를 그만두고 디지털 마케팅 석사 과정을 시작하였다. 공부하면서 자녀 양육도 병행해야 하였기에, 학업 속도는 느렸지만, 주말마다 프리랜서 컨설팅을 진행하며 실무 감각을 유지하였다. 졸업 후 다시 대기업에 입사하기보다는 지인과 함께 스타트업을 차려 '학업+육아+창업'의 삼중주를 이어 가는 중이다. 사회적 시선에 비추면 계획 없이 이리저리 움직이는 것처럼 보일 수 있지만, 이 씨는 “내 삶의 중요도를 그때그때 다시 점검하면서 선택하고 있다. 그게 나만의 만화경 진로다.”라고 말한다.

아시아를 대표하는 전문 미래학자, 최윤식(아시아미래인재연구소 소장)은 저서, 『당신 앞의 10년 미래학자의 일자리 통찰』을 통해 미래 시대에는 세 가지 유형의 노동자를 눈여겨볼 필요가 있다고 한다. 첫째는 플랫폼 노동자(platform worker)다. 플랫폼 노동자는 애플리케이션이나 웹사이트와 같은 디지털 플랫폼을 통해 일거리를 찾고, 플랫폼을 통해 일을 제공하는 사람을 가리킨다. 대표적인 예가 숙박 공유 플랫폼, 배달 플랫폼, 프리랜서 중개 사이트를 통해 고객을 찾고 일을 하는 사람이다. 이런 형태의 시장은 재즈 연주자들이 그때그때 뮤지션을 섭외해 공연(긱)을 하는 것과 비슷하다고 하여, ‘긱 이코노미(gig economy)’라고 부르기도 한다. 기존의 노동자와 플랫폼 노동자의 가장 큰 차이라고 한다면 일하는 시간과 기간을 노동자가 자율적으로 결정한다는 부분이다. 최윤식(2020)에 따르면, 선진국에서는 부업으로, 개발도상국에서는 본업으로 플랫폼 노동을 하는 비율이 높아지고 있는데 미국은 10%, 독일 6%, 영국 7%인 반면, 중국은 33%, 인도는 31%라고 한다. 수치에 관해서는 다양한 해석이 가능해 보인다. 선진국에서는 이미 안정적인 일자리와 사회 제도가 있으므로 개인들이 추가 소득과 시간의 편의성을 위한 선택으로 플랫폼 노동을 활용하는 반면, 개발도상국에서는 정규직이 비교적 부족하므로 플랫폼 노동이 핵심 생계 수단으로 활용되는 현황으로 보인다. 다른 관점에서 보자면, 선진국은 오랜 시간 동안 아날로그 시스템을 안정적으로 운영해 왔기 때문에, 산업을 디지털로 전환하려면 기존 시스템과의 충돌을 해소하고 이를 보완해야 하는 과제를 안고 있다. 반면, 개발도상국에서는 기존의 기술을 건너뛸 수 있는 립프로그(leapfrog) 현상이 일어나므로 오히려 모바일 결제와 송금 등을 활용해야 하는 디지털 플랫폼의 빠른 확산에 유리한 환경이기도 하다.

두 번째 유형은 고급 프리랜서 노동자다. 최윤식(2020)은 개인 자본주의(individual capitalism)를 고급 프리랜서 노동자와 연결하며, AI의 등장과 함께 3개의 뇌(인공지능 뇌, 네트워크 뇌, 생물학적 증강 뇌)로 무장한 ‘증강된 개인’들이 두 번째 유형인 고급 프리랜서 노동을 제공하리라 예측한다.

고급 프리랜서 노동자의 특징

- 강력한 지능과 역량
- 자신이 추구하는 가치와 목적을 따라가는 자유
- 본래의 자아를 유지하려는 진실성
- 자기 이름을 내걸기 때문에 부여받는 책임감
- 성공을 스스로 정의하고 만들어 감

눈여겨볼 세 번째 유형의 미래 인력은 '가상 노동자'다. 그는 가상 노동자를 설명하기 위해 인공지능(artificial intelligence)과 가상현실(artificial world)의 앞 글자를 딴, 'A세대(Generation A)'를 소개하였다. 즉, A세대는 인공지능과 함께 성장한 첫 세대로 현실과 가상이 결합한 증강현실(Augmented Reality: AR)을 구축해 나가고 그 속에서 자연스럽게 일상을 보내는 인류다. A세대로 대표되는 가상 노동자에게는 현실적 제약들이 극복된 3차원의 가상 세계가 주 무대가 될 것이다.

2 AI와 디지털 시대의 직업 변화

직업은 사회가 개개인에게 요구하는 역할들의 모음이다. 그러므로 사회 문화적 흐름과 사회적 필요가 달라지면 사람들의 직업도 달라질 수밖에 없다. 전기가 아닌 기름으로 등불을 켜던 시절, '등대지기'는 밤바다를 지키는 사람들이었다. 안전을 위해 매일 같은 시간 등불을 비추고, 아침이 되면 퇴근을 하던 사람들의 존재는 전기가 보급화되면서 동요 속에만 만날 수 있게 되었다. 비교적 최근의 예로는, 고객서비스(CS)의 대응 업무, 텔레마케팅, 단순한 서빙 등이 있다. 대다수의 단순한 고객 응대는 AI 챗봇으로 바뀌었고, 주문은 키오스크가 담당한다.

역사 속에서 직업의 소멸과 생성이 새로운 일은 아니다. 그러나 변화의 흐름이 기술의 발전 속도에 맞추어 가속화되고 있다. 전문가들은 AI가 보편화될수록 반복적이고 단순한 업무, 복잡하더라도 규칙성이 있어 매뉴얼화할 수 있는 업무는 자동화로 쉽게 대체되리라 예견한다. 예측이 어려운 변화는 사람들의 불안을 가중하고 있다. 실제로 스타트업 상담실에서 만났던 많은 내담자가 본인 업무의 고유성이 사라질 수도 있다는 불안감을 호소하였는데 그들 중 다수가 전통적으로 안정적이라고 여겨졌던 직종인 방송국 프로듀서(PD), 디자이너, 심지어 법률이나 세무 분야에 종사하고 있었다. 방송을 TV에서만 볼 수 있었던 시절이 불과 20여 년 전인데 지금은 다양한 영상 편집 앱을 사용하여 누구나 방송을 만들어 제공할 수 있다. 각 산업군에서 일어나는 디지털 전환(digital transformation)으로 전통적인 방송국 PD와 유튜버의 차이가 없는 시대가 도래하였다. 새로운 관점으로 직업을 바라보아야 할 때다.

대체되기 쉬운 직업의 특징

- 반복되고 단순한 업무
- 규칙과 절차가 명확하여 자동화되기 쉬운 업무
- 기존의 데이터에 기반하는 업무
- 사람 간의 상호작용이 필요하지 않은 업무
- 판단의 기준이 명확한 업무
- 정답이 있으면서도 정확성이 중요한 업무

반면, 새로운 시대가 열리면 새로운 인력도 필요하다. 사람과 사람이 모이면 문제가 생기는데, 아무리 시대가 바뀐다고 해도 필요를 감당하고 문제를 해결하는 사람들이 필요할 것이다. 그러므로 새로운 기술의 도입은 또 다른 역할과 직업을 만들어 낸다. 유튜브에는 다양한 사람들이 자신을 ChatGPT 강사, AI 분석가, 데이터 사이언티스트로 소개하고 있다. 디지털 마케팅 전문가, 콘텐츠 마케팅, UX/UI 디자이너같이 생소하였던 직업의 이름들이 보편화되었다. 사회가 디지털화되며 보다 긴밀히 연결되고 싶은 사람들의 욕구는 '소통 전문가'와 같은 신생 직업을 만들어 내고 있다.

대체되기 어려운 직업의 특징

- 사람과 사람, 기술과 사람을 연결하는 업무

- 인간의 고유한 능력이 발휘되어야 하는 업무
- 커뮤니케이션이 중점인 업무
- 창의성이 필요한 업무
- 모험과 도전 정신이 필요한 업무
- 변화에 유연하게 대처하는 업무

3 변화에 준비하기

1) 미래에 필요한 역량을 알기

앞으로 도래할 시대에는 어떤 역량이 필요할까? 박가열, 이은수(2023)는 혁신 성장 분야의 일자리에서 중요하게 여겨질 능력을 열다섯 가지로 선정하였다. 열다섯 가지 역량은 다음과 같다.

- **기계 협업 능력**: 컴퓨터 코딩과 디지털 기술을 활용하여 지능화된 기계와 상호작용을 하면서 새로운 방식으로 업무를 수행하는 능력
- **다양성 포용력**: 가치와 생각, 문화와 다양성을 인정하고 이해하는 능력
- **미래 예측력**: 환경 분석을 통해 미래 사회의 변화 흐름을 예측하고 새로운 틈새시장을 찾아내는 능력
- **위기 대처 능력**: 대처하기 힘들고 어려운 문제 상황에서도 맡은 업무를 끝까지 해내는 능력
- **다학제간 지식 융합력**: 인접 또는 타 분야의 지식을 자신의 업무에 맞게 접목 · 적용하는 능력
- **자기주도 학습력**: 업무에 필요한 지식을 스스로 찾고 학습하는 능력
- **차별화 전략 능력**: 자신만의 차별화된 능력을 파악하고 향상하는 능력
- **전체 조망력**: 자신의 분야에 영향을 줄 수 있는 산업 내 다양한 요소들을 수직 ·

수평으로 연결하면서 전체 산업의 흐름을 이해하는 능력

- 통찰적 실행력: 자신이 몸담은 산업에 필요한 정보나 기술을 파악하고 이를 산업 전반으로 확장하여 적용하는 능력
- 호기심 탐구 능력: 자신의 분야에 포함된 다양한 세부 요소들을 연계·결합해 나갈 것인지 끊임없이 탐구하는 능력
- 포용적 협업 능력: 업무 분야(부문) 간 협력과 사회적 연대를 추구하는 능력
- 데이터 분석 및 활용 능력: 여러 정보에 대한 이해, 분석, 모델링 능력
- 기초 기술 활용 능력: 씨앗 기술을 실제 자신의 업무에 적용하여 상용화하는 능력
- 변화 수용력: 미래의 변화를 이해하고 자기 삶에 받아들이는 능력
- 업무 윤리성: 기술의 효용성보다 안전성을 중시하며, 업무 상황에서 발생할 수 있는 윤리적인 가치, 쟁점을 이해하고 도덕적으로 올바로 판단하는 능력

나열된 열다섯 가지 미래 직업 역량을 살펴보면 단편적인 기술은 거의 없고 대부분이 태도와 능력, 확장된 시각을 바탕으로 한 종합적인 역량이라는 사실을 알 수 있다. 이러한 종합적인 역량을 포괄하는 심리학적 용어로 통찰력(insight)이 있다. 통찰력은 자신과 세계를 깊이 이해하고 새로운 가능성을 발견해 내는 힘을 의미한다. 개인이 자신의 내적 세계(경험, 지식, 감정, 사고 과정 등)와 외부 세계(환경, 타인, 시대적 흐름 등)를 객관적으로 인식하고 그 결과들을 통합해 새로운 의미를 도출하는 통찰 능력은 변화하는 미래 사회에서 그때그때에 따라 전체 맥락을 파악하고 대안적 관점을 창출하기 위한 필수적인 능력으로 보인다.

심리학에서는 통찰력을 발달시키는 방법으로 자기성찰, 메타인지 훈련, 정서적 경험에 대한 재해석, 타인의 관점 수용, 감수성 발달, 보이지 않는 연결고리를 발견하는 직관 훈련 등을 강조한다. 자기 내면의 동기와 감정, 가치관을 성찰하고 타인과 나누며 피드백을 받는 상호작용을 지속하다 보면 어느새 보이지 않는 것들을 보는 힘, 연결고리를 파악하는 능력이 키워진다. 종합하자면 미래 시대의 인재상은 타인을 공감하여 필요를 읽어 내고 새로운 연결과 해석을 만들어 낼 수 있는 사람이다.

단편적인 지식을 습득하여 활용하는 시대가 저물어 가고 있다는 사실은, 사실 인간이 단순노동으로부터 해방되어 가고 있다는 기쁨이기도 하다. 기존 세대가 그리하였듯이 앞으로의 세대도 변하는 세상에 적응하며 더 발전된 모습으로 나아갈 수 있을 것이다.

2) 강점을 살리기

빠르게 변화하는 시대에는 무엇이든 잘하기보다는 자신이 원하는 분야를 세분화하여 정의하고, 강점을 살리는 전략이 중요하다. 강점을 진로에 활용할 때 널리 사용되는 모델 중 하나는 긍정심리학에서 제시하는 강점 기반 접근법이다. 긍정심리학은 인간의 강점과 잠재력, 웰빙과 행복을 탐구하는 분야로 1990년대 후반 마틴 셀리그먼(Martin Seligman)에 의해 체계화되었다. 전통적인 심리학 이론들이 증상의 원인을 결핍에서 찾고 병리에 초점을 맞추었다면 긍정심리학은 지금의 자원을 활용하여 삶의 만족감과 행복을 구축하도록 돕는 것을 목표로 한다(Seligman, 2002). 예를 들어, 사회성을 강점으로 가진 사람은 대인관계를 중시하는 직업에서 성과를 거둘 가능성이 높다. 반면, 분석력이나 창의성이 강점인 사람은 문제 해결이나 혁신을 요구하는 직무에서 뛰어난 역량을 발휘할 수 있다.

강점을 진로에 활용하기 위해서는 무엇보다도 본인의 강점을 제대로 인식하고 이를 진로 개발 과정에 구체적으로 반영해야 한다. 다양한 강점 검사, 자기인식 활동, 피드백 등을 활용한 진로 탐색이 도움이 될 수 있다. 조직과 기업의 측면에서는 인력의 강점을 제대로 파악하고 개인이 가장 최적의 역량을 발휘할 수 있도록 배치를 할 수 있다. 앞 단락에서 예시로 들었던 사회성을 강점으로 가진 사람은 그가 사회성을 발휘할 수 있도록 도와주는 다른 사람들의 존재가 선행되어야 한다. 자신의 노하우를 활용하여 신입을 교육하고 서로 피드백을 공유하며 사회적 영향력을 발휘할 수 있는 업무 환경이어야 강점이 잘 나타날 수 있다. 비슷한 맥락으로 창의력이 강점인 사람에게는 아이디어를 실행하고 이에 대한 책임도 질 수 있는 자율적인 업무 환경이 필요할 것이다.

VIA(Values in Action Inventory of Strengths)는 셀리그먼과 크리스토퍼 피터슨(Christoper Peterson)이 긍정심리학을 바탕으로 개발한 강점 검사다. VIA는 인간의 보편적인 강점을 스물네 가지로 제시한다. 스물네 가지의 강점은 지혜(wisdom), 용기(courage), 인간애(humanity), 정의(justice), 절제(temperance), 초월성(transcendence) 여섯 가지 상위 강점으로 분류된다(Peterson & Seligman, 2004).

VIA의 스물네 가지 강점 목록

- 지혜
  - 호기심(curiosity): 새로운 것을 배우고 경험하는 것에 관한 관심
  - 학구열(love of learning): 지식과 기술을 배우고 발전시키려는 열정
  - 판단력(judgment): 객관적이고 비판적으로 생각하며 상황을 다각도로 평가하는 능력
  - 창의성(creativity): 새로운 아이디어를 생성하고 도전적인 방법으로 문제를 해결하는 능력
  - 통찰력(perspective): 넓은 시야로 상황을 이해하고 타인에게 지혜롭게 조언할 수 있는 능력

- 용기
  - 용감함(bravery): 두려움을 극복하고 위험에 맞서는 용기
  - 끈기(persistence): 어려움에도 불구하고 목표를 끝까지 완수하고자 하는 의지
  - 정직(honesty): 진실되고 진정성 있게 행동하며 자신의 감정과 생각을 솔직하게 표현하는 능력
  - 열정(zest): 삶에 대한 열정과 활력을 지니고 활동적으로 행동하는 성향

- 인간애
  - 사랑(love): 깊고 진실한 인간관계를 형성하고 유지하는 능력
  - 친절(kindness): 다른 사람을 배려하고 도우려는 마음가짐과 행동

- 사회적 지능(social intelligence): 타인의 감정과 동기를 이해하고 민감하게 반응하는 능력

● 정의

- 공정성(fairness): 공평하게 대하고 모든 사람을 동등하게 존중하는 능력
- 리더십(leadership): 팀을 이끌고 목표를 위해 협력하며 타인에게 동기를 부여하는 능력
- 팀워크(teamwork): 다른 사람들과 함께 협력하고 팀의 일원으로 충실히 참여하는 능력

● 절제

- 자기조절(self-regulation): 자신의 감정과 행동을 통제하고 조절하는 능력
- 신중함(prudence): 충동을 억제하고 사려 깊게 결정하는 능력
- 겸손(humility): 자신의 강점을 과시하지 않고 겸허한 태도를 유지하는 능력
- 용서(forgiveness): 타인의 잘못을 용서하고 미움을 품지 않는 능력

● 초월성

- 감사(gratitude): 삶에서 받은 것에 대해 감사하며 그 가치를 인식하는 능력
- 희망(hope): 긍정적 미래를 기대하고 목표를 향해 나아가는 태도
- 유머(humor): 유쾌함과 웃음을 통해 어려운 상황을 극복하는 능력
- 심미성(appreciation of beauty and excellence): 자연, 예술, 인간의 탁월함을 깊이 감상하고 존경하는 능력
- 종교적 신앙, 영성(spirituality): 삶의 의미를 찾고 고차원의 목적과 연결된 느낌을 갖는 능력

활동 과제

강점 찾기

1. 다음 강점 목록을 읽고 나의 강점이라고 생각하는 항목에 체크하세요. 그중에서 나의 주요한 강점 세 가지를 골라 보세요.

호기심, 학구열, 판단력, 창의성, 통찰력, 용감함, 끈기, 정직, 열정, 사랑, 친절, 사회적 지능, 공정성, 리더십, 팀워크, 자기조절, 신중함, 겸손, 용서, 감사, 희망, 유머, 심미성, 종교적 신앙/영성

2. 강점을 잘 발휘하여 성공했던 경험을 말해 보세요.

3. 나의 강점이 구체적으로 어떻게 도움을 주었나요?

4. 강점을 발휘했던 경험을 통해 배운 점은 무엇인가요?

5. 현재 강점을 어떻게 활용하고 있는지 생각해 보고, 각 강점을 보다 발전시킬 수 있는 아이디어를 생각해 보세요.

3) 자신만의 성공을 정의하기

성공이 무엇일까? 인생의 목적에 따라 사람들은 성공을 다르게 정의한다. 물질적 풍요, 안정된 커리어와 같은 객관적인 지표가 충족되면 성공하였다고 생각하는 사람이 있는 반면, 주관적인 만족감이 유지되는 인생을 성공으로 생각할 수도 있다. 성공의 기준이 객관적이든 주관적이든, 우리가 애써 진로를 고민하는 이유가 보다 나은 삶을 위해서라면 자신만의 성공과 행복의 기준에 대해 생각해 볼 필요가 있다. 하버드대학 졸업생을 포함한 814명의 성인을 대상으로 실시된 '하버드 성인 발달 연구'는 성공과 행복 분야에서 단연 가장 잘 알려진 종단연구다. 연구팀의 리더인 조지 베일런트(George E. Vaillant, 2012)는 행복의 조건은 성숙한 방어기제, 교육, 안정된 결혼 생활, 금연, 금주, 운동, 알맞은 체중, 인간관계 등 다양하다고 한다. 1938년도부터 시작된 방대한 종단연구는 현재까지 계속되고 있다. 이 연구의 네 번째 총책임자인 로버트 월딩거(Robert Waldinger, 2023)는 행복의 다양한 변인 중에서도 특히 좋은 인간관계는 풍요로운 삶에 큰 영향을 미친다고 하였다. 그리고는 "좋은 인생은 직업적으로 성공한 뒤, 먼 미래에 만날 수 있는 게 아니다. 좋은 인생은 바로 눈앞에 있고 때로는 팔만 뻗으면 닿을 수 있다."라는 말을 덧붙인다.

1938년부터 지금까지 세상의 변화를 생각해 보자. 국제 정세는 제2차 세계대전 이후로 냉전의 시대로 진입하였고 끝나지 않을 것 같았던 이념의 대립도 탈냉전과 함께 누그러들었다. 사람들은 개인용 PC와 핸드폰을 소지하게 되었고 인터넷과 디지털의 발전으로 전 세계 어디에 있더라도 연결을 유지할 수 있게 되었다. 사람들이 긴장하며 예상하는 미래의 변화만큼이나 인류가 겪어 온 과거의 변화도 급진적이었다. 하지만 과거 급격한 변화의 시간 동안 '행복이란 무엇인가?'를 연구해 온 연구팀은, 행복한 삶을 만드는 다양한 조건들이 있는데 그중에서도 사람들과 좋은 관계를 유지하는 것이 도움이 된다는 단순한 조언을 덧붙인다. 사회가 어떻게 변하던, 어떤 진로를 선택하던 미래의 삶에도 적용이 가능한 조언이 아닐까? 진로에 대한 고민이 궁극적으로는 성공하고 행복한 삶으로 가기 위한 하나의 관문이라면 조금은 여유로운 마음으로 자신만의 성공을 정의하고, 그 마음을 주변 사람들과 나누기를 바란다.

참고문헌

제1부: 자기정체성과 자존감

고영성, 신영준(2017). 완벽한 공부법. 로크미디어.

권석만(1996). 자기개념의 인지적 구조와 측정도구의 개발: 서울대학생 표집의 자기개념 특성. 서울대학교 학생연구, 31(1), 11-38.

권석만(1997). 인간관계 심리학. 학지사.

김미례, 정현주, 이성직, 김희숙, 박동혁, 조난숙, 황매향(2022). 부모교육 및 상담. 학지사.

김주환(2019). 회복탄력성 (리커버): 시련을 행운으로 바꾸는 마음 근력의 힘. 위즈덤하우스.

김종운(2017). 인간관계심리학. 학지사.

김창대(2009). 인간변화를 촉진하는 다섯 가지 조건에 관한 가설: 상담이론의 관점에서. 인간이해, 30(2), 21-43.

문호영, 윤영진, 김미례(2023). 교류분석 이론에 근거한 청소년용 드라이버 척도개발 및 타당화 연구. 교류분석상담연구, 13(1), 21-47.

윤홍균(2016). 자존감 수업. 심플 라이프.

이무석(2011). 나를 사랑하게 하는 자존감. 비전과 리더십.

조난숙(2014). 구조방정식모형을 통한 초월상담과 자기심리학의 통합적 연구. 횃불트리니티 신학대학원대학교 박사학위논문.

조난숙(2019). 마음에도 공식이 있나요?. 덴스토리.

Adler, A. (1907). *Study of organ inferiority and its psychical compensation: A contribution to clinical medicine*. F. Deuticke.

Bandura, A. (1977). Self-efficacy: Toward a unifying theory of behavioral change. *Psychological Review*, *84*(2), 191215. https://doi.org/10.1037/0033-295X.84.2.191

Bandura, A. (1997). *Self-efficacy: The exercise of control*. Macmillan.

Bandura, A. (1986). The explanatory and predictive scope of self-efficacy theory. *Journal of Social and Clinical Psychology, 4*(3), 359-373.

Berne, E. (1961). *Transactional analysis in psychotherapy: A systematic individual and social psychiatry*. Grove Press.

Branden, N. (1995). *Six pillars of self-esteem: The definitive work on self-esteem by the leading pioneer in the field*. Bantam.

Brown, B. (2017). *Rising strong*. Spiegel & Grau.

Brown, B. (2022). *The gifts of imperfection: Let go of who you think you're supposed to be and embrace who you are*. Simon and Schuster.

Clear, J. (2019). 아주 작은 습관의 힘 [*Atomic habits*]. (이한이 역). 비즈니스 북스. (원저는 2017년에 출판).

Cohen, S., Kamarck, T., & Mermelstein, R. (1983). A global measure of perceived stress. *Journal of Health and Social Behavior, 24*(4), 385396.

Duckworth, A. (2016). 그릿 [*Grit*]. (김미정 역). 비즈니스 북스. (원저는 2018년에 출판).

Dweck, C. (2017). *Mindset-updated edition: Changing the way you think to fulfil your potential*. Hachette UK.

Erikson, E. H. (1959). *Identity and the life cycle*. W. W. Norton & Company.

Hill, C. E., & O'Brien, K. M. (1999). *Helping skills*. American Psychological Association.

Jacoby, M. (1991). *Shame and the origins of self-esteem: A Jungian approach*. Routledge.

Jacoby, M. (2016). *Shame and the origins of self-esteem: A Jungian approach*. Routledge.

James, W. (1890). *The principles of psychology volume II by William James*. Henry Holt and Company.

Kahneman, D. (1973). *Attention and effort*. Prentice-Hall.

Kaufman, G. (1977). *The psychology of shame: Theory and treatment of shame-based syndromes*. Springer Publishing Company.

Kaufman, G. (2004). *The psychology of shame: Theory and treatment of shame-based syndromes*. Springer Publishing Company.

Kohut, H. (2009). *The restoration of the self*. University of Chicago Press.

Kroenke, K., Spitzer, R. L., & Williams, J. B. W. (2001). The PHQ-9: Validity of a brief depression severity measure. *Journal of General Internal Medicine, 16*(9), 606613.

Lasch, C. (1979). *The culture of narcissism: American life in an age of diminishing expectations*. W. W. Norton.

Lasch, C. (2019). The culture of narcissism. In *American social character* (pp. 241-267). Routledge.

Maier, S. F., & Seligman, M. E. (1976). Learned helplessness: theory and evidence. *Journal of Experimental Psychology: General*, *105*(1), 3.

Marcia, J. E. (2002). Identity and Psychosocial Development in Adulthood. *Identity*, *2*(1), 7-28.

Masten, A. S. (2025). *Ordinary magic*. Guilford publications.

McKay, M., & Fanning, P. (2016). *Self-esteem: A proven program of cognitive techniques for assessing, improving, and maintaining your self-esteem*. New Harbinger Publications.

Morrison, A. P. (2011). The psychodynamics of shame. In R. L. Dearing & J. P. Tangney (Eds.), *Shame in the therapy hour* (pp. 23-43). American Psychological Association. https://doi.org/10.1037/12326-001

Munley, P. H. (1975). Erik Erikson's theory of psychosocial development and vocational behavior. *Journal of Counseling Psychology*, *22*(4), 314.

Reivich, K., & Shatté, A. (2002). *The resilience factor: 7 essential skills for overcoming life's inevitable obstacles*. Broadway books.

Rosenberg, M. (1965). *Society and the adolescent self-image*. Princeton, NJ: Princeton University Press. Rosenberg Self-Esteem Scale (RSES)

Rogers, C. R. (1961). *On becoming a person: A therapist's view of psychotherapy*. Houghton Mifflin.

Schwarzer, R., & Jerusalem, M. (1995). Generalized Self-Efficacy scale. In J. Weinman, S. Wright, & M. Johnston (Eds.), *Measures in health psychology: A user's portfolio. Causal and control beliefs* (pp. 3537). NFER-NELSON.

Seligman, M. E. P. (1975). *Helplessness: On depression, development, and death*. W. H. Freeman

Spitzer, R. L., Kroenke, K., Williams, J. B. W., & Lwe, B. (2006). A brief measure for assessing generalized anxiety disorder: The GAD-7. *Archives of Internal Medicine*, *166*(10), 10921097.

Watson, D., Clark, L. A., & Tellegen, A. (1988). Development and validation of brief measures of positive and negative affect: The PANAS scales. *Journal of Personality and Social Psychology*, *54*(6), 10631070.

Winnicott, D. W. (1960). Ego distortion in terms of true and false self. In D. W. Winnicott

(Ed.), *The Maturational Process and the Facilitating Environment: Studies in the Theory of Emotional Development* (pp. 140-152). International Universities Press.

Zimmerman, B. J. (2002). Becoming a self-regulated learner: An overview. *Theory Into Practice*, *41*(2), 6470. https://doi.org/10.1207/s15430421tip4102_2

제2부: 성격에 대한 이해

국길숙, 이미숙(2003). 청소년이 지각한 부모-자녀간 의사소통과 청소년의 자아존중감과의 관계. **생활과학연구논집**, 23(1), 89-107.

권석만(2017). **인간 이해를 위한 성격심리학**. 학지사.

김교헌, 심미영, 원두리(2005). **성격심리학: 성격에 대한 관점들**. 학지사.

김광은(2004). 성인 애착 유형과 요인에 따른 성격 특성 및 스트레스 대처방식. **한국심리학회지: 상담 및 심리치료**, 16(1), 53-69.

김미례, 정현주, 이성직, 김희숙, 박동혁, 조난숙, 황매향(2022). **부모교육 및 상담**. 학지사.

박경, 강문희(2000). MBTI 성격 유형과 Holland의 직업적 유형과의 관계. **한국심리학회지: 상담 및 심리치료**, 12(1), 109-125.

박영신, 김의철(2009). 한국 성인 남녀가 행복에 이르는 길: 직업 성취, 자녀 성공, 정서적 지원과 자기효능감의 영향. **한국심리학회지: 여성**, 14(3), 467-495.

정유경(2022). 고등학생의 Big 5 요인과 Holland 직업흥미검사의 상관관계 연구. 한양대학교 교육대학원 석사학위논문.

Adler, A. (1907). *Study of organ inferiority and its psychical compensation: A contribution to clinical medicine*. F. Deuticke.

Allport, G. W. (1961). *Pattern and growth in personality*. Holt, Rinehart & Winston.

Clear, J. (2019). **아주 작은 습관의 힘** [*Atomic habits*]. (이한이 역). 비즈니스 북스. (원저는 2017년에 출판).

Dugan, K. A., Vogt, R. L., Zheng, A., Gillath, O., Deboeck, P. R., Fraley, R. C., & Briley, D. A. (2024). Life events sometimes alter the trajectory of personality development: Effect sizes for 25 life events estimated using a large, frequently assessed sample. *Journal of Personality*, *92*(1), 130146. https://doi.org/10.1111/jopy.12837

Ebstein, R. P., Novick, O., Umansky, R., Priel, B., Osher, Y., Blaine, D., & Belmaker, R. H. (1996). Dopamine D4 receptor (DRD4) exon III polymorphism associated with the human personality trait of Novelty Seeking. *Nature Genetics*, *12*(1), 7880.

Erikson, E. H. (1959). *Identity and the Life Cycle*. W. W. Norton & Company.

Freud, S. (1894). The neuro-psychoses of defence. In J. Strachey (Ed. & Trans.), *The standard edition of the complete psychological works of Sigmund Freud* (Vol. 3, pp. 4161). Hogarth Press, 1962.

Freud, S. (1900). *The interpretation of dreams* (J. Strachey, Trans.). In J. Strachey (Ed.), *The standard edition of the complete psychological works of Sigmund Freud* (Vols. 45). Hogarth Press, 19531957.

Freud, S. (1923). The ego and the id (J. Riviere, Trans.).In J. Strachey (Ed.), The standard edition of the complete psychological works of Sigmund Freud (Vol. 19, pp. 1266). Hogarth Press, 1961.

Furnham, A. (1996). The big five versus the big four: the relationship between the Myers-Briggs Type Indicator (MBTI) and NEO-PI five factor model of personality. *Personality and Individual Differences*, *21*(2), 303-307.

Goldberg, L. R. (1999). A broad-bandwidth, public domain, personality inventory measuring the lower-level facets of several five-factor models. In I. Mervielde, I. Deary, F. De Fruyt, & F. Ostendorf (Eds.), *Personality psychology in Europe* (Vol. 7, pp. 728). Tilburg University Press.

McCrae, R. R., & Costa Jr, P. T. (1989). Reinterpreting the Myers-Briggs type indicator from the perspective of the five-factor model of personality. *Journal of Personality*, *57*(1), 17-40.

Myers, I. B., & Myers, P. B. (1995). *Gifts differing: Understanding personality type*. Nicholas Brealey.

Loehlin, J. C., & Nichols, R. C. (1976). H*eredity, environment, and personality: A study of 850 sets of twins*. University of Texas Press.

Sauer-Zavala, S., Fournier, J. C., Jarvi Steele, S., Wang, M., Farchione, T. J., & Barlow, D. H. (2016). Does the unified protocol really change neuroticism? Results from a randomized trial. *Psychological Medicine*, *46*(12), 112. https://doi.org/10.1017/S0033291716001098

Selye, H. (1975). *Stress without distress*. J. B. Lippincott.

제3부: 데이트와 연애

강지영, 김성봉(2021). 대학생의 성역할 고정관념이 데이트폭력 허용도에 미치는 영향: 성적 자기주장의 매개효과. 제주대학교 교육과학연구, 23(1), 79-103.

권석만(2022). 사랑의 심리학. 학지사.

김은미(2015). 애착과 자아탄력성이 대학생의 이별 후 성장에 미치는 영향. 충북대학교 대학원 박사학위논문.

김은지, 하정희(2024). 초기 성인의 관계중독과 데이트폭력 피해의 관계: 기본심리욕구와 분노억제의 매개효과. 청소년학연구, 31(4), 57-84.

김정란, 김경신(1999). 대학생의 이성교제 중 폭력과 대처행동. 대한가정학회지, 37(8), 73-90.

김혜진, 송혜원, 이예진, 송인한(2021). 사별 경험자의 복합 비애에 영향을 미치는 요인. 보건사회연구, 41(3), 75-91.

박지희, 윤옥경(2023). 대학생들의 성역할 고정관념이 데이트폭력에 대한 허용도와 인식에 미치는 영향. 교정담론, 17(2), 97-126.

서은비(2020). 이별을 경험한 대학생의 고통감과 이별후 성장의 관계: 의도적 반추와 대처유연성의 조절된 매개효과. 동덕여자대학교 대학원 석사학위논문.

송승훈, 이홍석, 박준호, 김교헌(2009). 한국판 외상후 성장 척도의 타당도 및 신뢰도 연구. 한국심리학회지: 건강, 14(1), 193-214.

송연주, 하문선(2020). 한국 단축형 사랑중독 척도(Korean-Love Addiction Questionnaire-Short Form: K-LAQ-SF) 타당화 연구. 한국심리학회지: 문화 및 사회문제, 26(4), 501-524.

이소진(2024). 초기성인기 미혼 남녀의 이별 고통감과 이별 후 성장의 관계. 이화여자대학교 대학원 석사학위논문.

정선영(2017). 삶의 만족도에 미치는 개인 가치관의 영향력. 가정과 삶의질 연구, 35(1), 71-81.

정오영, 장석진(2022). 부정적 양육 태도, 내현적 자기애, 관계중독 성향, 데이트 폭력 가해행동의 구조적 관계. 학습자중심교과교육연구, 22(15), 425-438.

조영주, 심은정(2023). 비합리적 관계신념이 데이트폭력에 미치는 영향에서 관계중독의 매개효과: 성차를 중심으로. 한국심리학회지 상담 및 심리치료, 35(2), 587-608.

조민기(2020). 연인과의 이별을 경험한 대학생의 불안 애착이 이별 후 성장에 미치는 영향: 침습적 반추와 의도적 반추의 이중매개 효과. 아주대학교 석사학위논문.

황명구, 송현정(2019). 관계중독 연구 활성화 위한 동향 분석: 2005년부터 2019년까지. 한국

콘텐츠학회, 19(10), 98-111.

Ainsworth, M. D. S., Blehar, M. C., Waters, E., & Wall, S. (1978). *Patterns of attachment: A psychological study of the strange situation*. Hillsdale, NJ: Erlbaum.

Ainsworth, M. D. S., & Wittig, B. A. (1970). Attachment, exploration, and separation: Illustrated by the behavior of one-year-olds in a strange situation. *Child Development*, *41*(1), 49-67.

Altman, I., & Taylor, D. A. (1973). *Social penetration: The development of interpensonal relationships*. Holt, Rinehart, & Winston.

American Psychiatric Association. (2023). 정신질환의 진단 및 통계 편람 제5판 수정판 [*Diagnostic and statistical manual of mental disorders: DSM-5-TR*]. (권준수 외 역). 학지사. (원저는 2022년에 출판).

Bartholomew, K., & Horowitz, L. M. (1991). Attachment styles among young adults: A test of a four-category model. *Journal of Personality and Social Psychology*, *61*(2), 226-244.

Bowlby, J. (1944). Forty-four juvenile thieves: Their characters and home-life. *International Journal of Psycho-Analysis*, *25*, 19-52.

Carnes, P. (2001). *Out of the shadows: Understanding sexual addiction*. Hazelden Publishing.

Ellis, A. (2016). 비로소 나를 사랑하는 방법 [*How to Make Yourself Happy and Remarkably Less Disturbable*]. (정태연, 이민희역). 솔과학. (원저는 1999년에 출판).

Fletcher, K., Nutton, J., & Brend, D. (2015). Attachment, a matter of substance: The potential of attachment theory in the treatment of addictions. *Clinical Social Work Journal*, *43*(1), 109-117.

Flores, F. (2010). 애착장애로서의 중독 [*Addiction as an attachment disorder*]. (김갑중, 박춘삼 역). NUN. (원저는 2004년에 출판).

Fosha, D. (2022). 속성경험적 역동심리치료 AEDP: 변화로 이끄는 감정 경험의 힘 [*Transforming power of affect: A model for accelerated change*]. (전명희, 박정아, 김현화, 김정수 역). 학지사. (원저는 2000년에 출판).

Fromm, E. (2006). 사랑의 기술 [*Art of loving*]. (황문수 역). 문예출판사. (원저는 1956년에 출판).

Hazan, C., & Shaver, P. R. (1987). Romantic love conceptualized as an attachment process. *Journal of Personality and Social Psychology, 52*, 511-524.

Holt-Lunstad, J., Smith, T. B., & Layton, J. B. (2010). Social relationships and mortality risk: a meta-analytic review. *PLoS Medicine, 7*(7), e1000316.

George, C., Main, M., & Kaplan, N. (1985). *Adult Attachment Interview (AAI)* [Database record]. APA PsycTests.

Gibran, K. (2013). 예언자 [*Prophet*]. (유정란 역). 더클래식. (원저는 1923년에 출판).

Gottman, J., & Silver, N. (2015). *The seven principles for making marriage work: A practical guide from the country's foremost relationship expert*. Harmony.

Kübler-Ross, E., & Kessler, D. (2014). 인생수업 [*Life lessons: Two experts on death and dying teach us about the mysteries of life and living*]. (류시화 역). 이레. (원저는 2001에 출판).

Lee, J. A. (1977). A typology of styles of loving. *Personality and Social Psychology Bulletin, 3*(2), 173-182.

Main, M., & Solomon, J. (1990). Procedures for identifying infants as disorganized/disoriented during the Ainsworth Strange Situation. In M. T. Greenberg, D. Cicchetti, & E. M. Cummings (Eds.), *Attachment in the preschool years: Theory, research, and intervention* (pp. 121-160). The University of Chicago Press.

Mellody, P., Miller, A. W., & Miller, K. (1989). *Facing codependence*. HarperOne.

Parke, R. D., Ornstein, P. A., Rieser, J. J., & Zahn-Waxler, C. (2010). 발달심리학 거장들의 핵심이론 연구 [*A century of developmental psychology: APA centennial celebration project*]. (이민희, 정태연 역). 학지사. (원저는 1999년에 출판).

Redcay, A., & Simonetti, C. (2018). Criteria for love and relationship addiction: Distinguishing love addiction from other substance and behavioral addictions. *Sexual Addiction & Compulsivity: The Journal of Treatment & Prevention, 25*(1), 80-95.

Rokeach, M. (1973). *The nature of human values*. The Free Press.

Schwartz, S. H. (2012). An overview of the Schwartz theory of basic values. Online Readings in *Psychology and Culture, 2*(1).

Spitz, R. A. (1945). Hospitalism—An Inquiry Into the Genesis of Psychiatric Conditions in Early Childhood. *Psychoanalytic Study of the Child, 1*, 53-74.

Sternberg, R. J. (1986). A triangular theory of love. *Psychological Review, 93*(2), 119-135.

Sternberg, R. J. (2000). 사랑은 어떻게 시작하여 사라지는가 [*Cupid's arrow: The course of love through time*]. (이상원, 류소 역). 사군자. (원저는 1998년에 출판).

Straus, M. A. (2004). Prevalence of violence against dating partners by male and female university students worldwide. *Violence Against Women, 10*(7), 790-811.

Sussman, S. (2010). Love Addiction: definition, etiology, treatment. *Sexual Addiction & Compulsivity, 17*, 31-45.

Tedeschi, R. G., & Calhoun, L. G. (1996). The Posttraumatic Growth Inventory: Measuring the positive legacy of trauma. *Journal of Traumatic Stress, 9*(3), 455-471.

Timmereck, T. C. (1990). Overcoming the loss of a love: Preventing love addiction and promoting positive emotional health. *Psychological Reports, 66*(2), 515-528.

Tolstoy, L. N. (2011). 톨스토이 단편소설 47선. (편집부 편역). 아인스북.

Weinhold, J. (2024). *How to break free of the drama triangle and victim ㅊonsciousness*. Motw Productions.

World Health Organization. (2013). *Global and regional estimates of violence against women: Prevalence and health effects of intimate partner violence and non-partner sexual violence*. WHO.

제4부: 최적의 공부법

고영성, 신영준(2017). 완벽한 공부법. 로크미디어.

김주환(2019). 회복탄력성(리커버): 시련을 행운으로 바꾸는 마음 근력의 힘. 위즈덤 하우스.

오영삼(2020). 한국사회의 이타적 집단행동 재해석: 공동체 차원에서 칙센트미하이(Csikszentmihalyi)의 몰입이론 적용. 한국보건사회연구, 40(1), 238-270.

이순주(2013). 공과대학생의 MBTI 성격유형과 학업성적과의 관계. 아시아교육연구, 14(2), 189-212.

이지혜(2010). 자기결정성 학습동기, 메타인지, 자기주도적 학습능력 및 학습몰입과 학업성취 간의 구조적 관계. 교육학연구, 48(2), 67-92.

조혜선(2020). 메타인지 척도의 개발과 타당화. 충북대학교 일반대학원 박사학위논문.

황농문(2007). 몰입: 인생을 바꾸는 자기 혁명, Think Hard! (Vol. 2). 알에이치코리아.

Bandura, A. (1991). Social cognitive theory of self-regulation. *Organizational Behavior and Human Decision Processes, 50*(2), 248287. https://doi.org/10.1016/0749-5978(91)90022-L

Broadbent, D. E. (1982). Task combination and selective intake of information. *Acta Psychologica, 50*(3), 253-290.

Buzan, T., & Buzan, B. (2002). *How to mind map.* London: Thorsons.

Carter, R. (2007). 뇌 맵핑 마인드 [*Mapping the mind*]. (양영철, 이양희 역). 말글빛냄. (원저는 2010년에 출판).

Clear, J. (2019). 아주 작은 습관의 힘 [*Atomic habits*]. (이한이 역). 비즈니스 북스. (원저는 2017년에 출판).

Cherry, E. C. (1953). Some experiments on the recognition of speech, with one and with two ears. *Journal of the Acoustical Society of America, 25*, 975-979.

Csikszentmihalyi, M. (2014). *Applications of flow in human development and education* (pp. 153-172). Dordrecht: Springer.

Deci, E. L., & Ryan, R. M. (1985). *Intrinsic motivation and self-determination in human behavior.* New York: Plenum Press.

Duckworth, A. (2016) 그릿 [*Grit*]. (김미정 역). 비즈니스 북스. (원저는 2018년에 출판).

Ebbinghaus, H. (1913). *Memory: A contribution to experimental psychology* (H. A. Ruger & C. E. Bussenius, Trans.). Teachers College, Columbia University. (Original work published 1885)

Flavell, J. H. (1979). Metacognition and cognitive monitoring: A new area of cognitive-developmental inquiry. *American Psychologist, 34*(10), 906.

Jung, C. G. (1953). *Two essays on analytical psychology* (R. F. C. Hull, Trans.). Princeton University Press. (Original work published 19171928)

Kahneman, D. (1973). *Attention and effort.* Englewood Cliffs, NJ: Prentice-Hall.

Lally, P., Van Jaarsveld, C. H. M., Potts, H. W. W., & Wardle, J. (2009). How are habits formed: Modelling habit formation in the real world. European *Journal of Social Psychology, 40*(6), 9981009. https://doi.org/10.1002/ejsp.674

Lawlor, K. B. (2012). Smart goals: How the application of smart goals can contribute to achievement of student learning outcomes. In *Developments in business simulation and experiential learning: Proceedings of the annual ABSEL conference* (Vol. 39).

Mackworth, N. H. (1948). The breakdown of vigilance during prolonged visual search. *Quarterly Journal of Experimental Psychology, 1*(1), 6-21.

Marcia, J. E. (2002). Identity and Psychosocial Development in Adulthood. *Identity, 2*(1), 7-28. https://doi.org/10.1207/S1532706XID0201_02

Maslow, A. H. (1943). A theory of human motivation. *Psychological Review, 50*(4), 370396. https://doi.org/10.1037/h0054346

Rogers, C. R. (1961). *On becoming a person: A therapist's view of psychotherapy*. Houghton Mifflin.

Ryan, R. M., & Deci, E. L. (2000). Intrinsic and extrinsic motivations: Classic definitions and new directions. *Contemporary Educational Psychology, 25*(1), 54-67.

Schraw, G., & Dennison, R. S. (1994). Assessing metacognitive awareness. *Contemporary Educational Psychology, 19*(4), 460-475.

Selye, H. (1974). *Stress without distress*. Lippincott.

Strayer, D. L., & Johnston, W. A. (2001). Driven to distraction: Dual-task studies of simulated driving and conversing on a cellular telephone. *Psychological Science, 12*(6), 462-466.

Tversky, A., & Kahneman, D. (1992). Advances in prospect theory: Cumulative representation of uncertainty. *Journal of Risk and Uncertainty, 5*, 297-323.

Vallerand, R. J. (2000). Deci and Ryan's self-determination theory: A view from the hierarchical model of intrinsic and extrinsic motivation. *Psychological Inquiry, 11*(4), 312-318.

Wickens, C. D. (2002). Multiple resources and performance prediction. *Theoretical Issues in Ergonomics Science, 3*(2), 159-177.

Zimmerman, B. J. (2002). Becoming a self-regulated learner: An overview. *Theory into Practice, 41*(2), 64-70.

제5부: 진로와 직업

강윤경(2024). 연합뉴스 동북아센터 마이더스, 2, 92-93.

김더미, 정주리(2021). 대학생의 사회부과 완벽주의와 취업불안의 관계: 자기개념 명확성과 불확실성에 대한 인내력 부족의 매개효과. 연세대학교 교육연구소, 34(2), 133-154.

박가열, 이은수(2023). 혁신성장 분야의 미래 직업역량 요구분석. 직업과 자격 연구, 12(3), 1-19.

박제일, 임승환(2002). 대학생 내담자가 호소하는 문제유형과 성격유형과의 관계 연구. 심리유형과 인간발달(구 한국심리유형학회지), 9, 15-29.

방미현, 이영민(2020). 20대 청년세대에 관한 연구 동향 분석. 한국콘텐츠학회논문지, 20(7), 223-232.

선혜연, 이제경, 김선경(2012). 진로미결정 대학생의 진로고민 내용 및 원인과 결과 합의적 질적 분석을 중심으로. **아시아교육연구**, 13(2), 1-24.

유달림(2023). 대학생의 분리개별화와 진로결정수준 간의 관계에서 사회부과 완벽주의 및 취업불안의 매개효과. 부산대학교 석사학위논문.

임두순(2000). **진로상담과 진로교육**. 원미사.

임은미(2011). 대학생의 진로결정 과정과 개입요인 탐색 상세보기. **상담학연구**, 12(2), 447-466.

이종찬(2013). 대학생의 진로결정자기효능감에 관한 이론적 고찰 및 연구성과의 비교분석. **취업진로연구**, 3(1), 49-66.

이종찬, 홍아정(2013). 대학생의 셀프리더십이 진로준비행동에 미치는 영향: 진로결정자기효능감과 고용가능성의 매개효과. **진로교육연구**, 26(1), 69-92.

정다은(2022). 고학년 대학생의 직업가치관, 취업불안, 진로미결정 간의 관계에서 진로적응성의 매개효과: 코로나 발생 이전 대학생과 코로나를 겪은 대학생 간 다집단 분석. 이화여자대학교 대학원 석사학위논문.

정석용, 이규은(2013). **자기개발과 직업**. 동문사.

최윤식(2020). **당신 앞의 10년: 미래학자의 일자리 통찰**. 김영사.

하선민, 전용찬, 문찬영, 송지훈(2024). N잡러가 경험한 심리적 소진 회복에 관한 근거이론적 접근. **한국콘텐츠학회논문지**, 24(6), 408-424.

한국직업능력연구원. (n.d.). 주요능력효능감검사. 커리어넷. https://www.career.go.kr/cloud/w/inspect/effect/intro

Bandura, A. (1977). Self-efficacy: Toward a Unifying Theory of Behavioral Change, *Psychological Review*, *84*(2), 191-215.

Betz, N. E., Klein, K. L., & Taylor, K. M. (1996), Evaluation of a short form of the career decision-making self-efficacy scale, *Journal of Career Assessment*, *4*(1), 47-57.

Cochran, L. (1997). *Career counseling: A narrative approach*. Sage Publications, Inc.

Gardner, H. (1983). *Frames of mind: The theory of multiple intelligences*. Basic Books.

Gardner, H. (2006, June 1). A resurgence of interest in existential intelligence: Why now? Howard Gardner - Official Website. https://www.howardgardner.com/howards-blog/a-resurgence-of-interest-in-existential-intelligence-why-now

Gardner, H. (2007). **다중지능** *[Multiple Intelligences]*. (문용린, 유경재 역). 웅진지식하우스. (원저는 2006년에 출판).

Holland, J. L. (1997). *Making vocational choices: A theory of vocational personalities and work environments* (3rd ed.). Psychological Assessment Resources.

Myers, I. B., McCaulley, M. H., Quenk, N. L., & Hammer, A. L. (2013). MBTI Form M 매뉴얼 [*MBTI form M manual* (3rd ed.)]. (김정택, 심혜숙 역). 어세스타.

Niles, S. G., & Harris-Bowlsbey, J. A. (2002). *Career development interventions in the 21st century*. Upper Saddle River, NJ: Merrill Prentice Hall.

Peterson, C., & Seligman, M. E. P. (2004). *Character strengths and virtues: A handbook and classification*. Oxford University Press / American Psychological Association.

Savickas, M. L. (2016). 커리어 카운슬링 [*Career Counseling*]. (김봉환, 김소연, 정희숙 역). 박영스토리. (원저는 2011년에 출판).

Seligman, M. E. P. (2002). *Authentic Happiness: Using the new positive psychology to realize your potential for lasting fulfillment*. Free Press.

Sharf, R. S. (2016). 진로상담: 아동기부터 성인기까지 진로상담 이론의 적용(6판) [*Applying career development theory to counseling*]. (김진숙, 김정미, 서영숙 역). 박학사. (원저는 2013년 출판).

Super, D. E. (1957). *The psychology of careers*. Harper & Row.

Swanson, J., & Fouad, N. A. (2005). 사례로 배우는 진로 및 직업상담 [*Career theory and practice*]. (황매향 역). 학지사. (원저는 1999년 출판).

Taylor, K. M., & Betz, N. E. (1983). Applications of self-efficacy theory to the understanding and treatment of career indecision. *Journal of Vocational Behavior, 22*(1), 63-81.

Vaillant, G. E. (2012). *Triumphs of experience: The men of the Harvard Grant Study*. Belknap Press of Harvard University Press.

Waldinger, R., & Shulz, M. (2023). 세상에서 가장 긴 행복 탐구 보고서 [*Good life: Lessons from the world's longest scientific study of happiness*]. (박선령 역). 비즈니스북스. (원저는 2023년에 출판).

찾아보기

인명

내용

ㅅ

ㅇ

저자 소개

조난숙(Nhansook Cho)
서울대학교 수학교육과 졸업
서울대학교 수학과 석사
미국 위스콘신대학교 수학과 박사
횃불트리니티신학대학원대학교 기독교상담심리학 석·박사
상담심리전문가 1급(한국상담심리학회), 전문상담사 1급(한국상담학회)
한국기독교상담심리학회 1급
한국정신분석심리상담학회 1급
청소년상담사 1급(여성가족부)
현 한성대학교 교양학부 교수

〈주요 저서〉

『부모교육 및 상담』(공저, 학지사, 2022), 『미분방정식』(3판, 공저, 경문사, 2019), 『마음에도 공식이 있나요?』(덴스토리, 2019), 『기초공학수학』(공저, 교우사, 2014) 등

〈주요 역서〉

『상호주관적 대상관계이론』(공역, 학지사, 2025), 『상호주관적 자기심리학』(공역, 학지사, 2024), 『불안장애와 공포증』(공역, 학지사, 2022) 등

황선미(Sunmi Hwang)

중앙대학교 심리학과 졸업

미국 Southwestern Baptist Theological Seminary 결혼과 가족상담 석사

미국 Christ for the Nations Institute, Leadership cerfiticate

횃불트리니티신학대학원대학교 기독교상담심리학 박사

상담심리전문가 1급(한국상담심리학회), 전문상담사 1급(한국상담학회)

국제 PCIT(부모-자녀 상호작용) 치료사

현 횃불트리니티신학대학원대학교, 그레이스미션대학교 객원교수

코헬렛 카운슬링 대표

〈주요 저서〉

『희망가족』(지식과감성, 2022), 『처음 시작하는 MMPI』(초록북스, 2020), 『나도 내 감정과 친해지고 싶다』(메이트북스, 2018), 『받아들이면 알게 되는 것들』(소울메이트, 2016)

〈주요 역서〉

『권위 있는 양육과 부모-아동 상호작용』(공역, 학지사, 2025)

20대를 위한 심리학

성장과 관계를 위한 탐구

Psychology for the Twenties

2026년 1월 15일 1판 1쇄 인쇄
2026년 1월 20일 1판 1쇄 발행

지은이 • 조난숙 · 황선미
펴낸이 • 김진환
펴낸곳 • (주) 학지사
04031 서울특별시 마포구 양화로 15길 20 마인드월드빌딩
대표전화 • 02)330-5114 팩스 • 02)324-2345
등록번호 • 제313-2006-000265호

홈페이지 • http://www.hakjisa.co.kr
인스타그램 • https://www.instagram.com/hakjisabook

ISBN 978-89-997-3608-7 93180

정가 25,000원